# 린 프로덕트 플레이북

The Lean Product Playbook

# THE LEAN PRODUCT PLAYBOOK:
## How to Innovate with Minimum Viable Products and Rapid Customer Feedback

Copyright ⓒ 2015 by Dan Olsen

# 린 프로덕트 플레이북:
## 시장에서 살아남는 프로덕트를 개발하는 6단계 프로세스

**초판 1쇄 발행** 2025년 1월 10일 **지은이** 댄 올슨 **옮긴이** 김정혜 **펴낸이** 한기성 **펴낸곳** (주)도서출판인사이트 **편집** 김지희 **영업마케팅** 김진불 **제작·관리** 이유현 **용지** 월드페이퍼 **출력·인쇄** 예림인쇄 **제본** 예림원색 **등록번호** 제2002-000049호 **등록일자** 2002년 2월 19일 **주소** 서울특별시 마포구 연남로5길 19-5 **전화** 02-322-5143 **팩스** 02-3143-5579 **이메일** insight@insightbook.co.kr **ISBN** 978-89-6626-460-5 책값은 뒤표지에 있습니다. 잘못 만들어진 책은 바꾸어 드립니다. 이 책의 정오표는 https://blog.insightbook.co.kr에서 확인하실 수 있습니다.

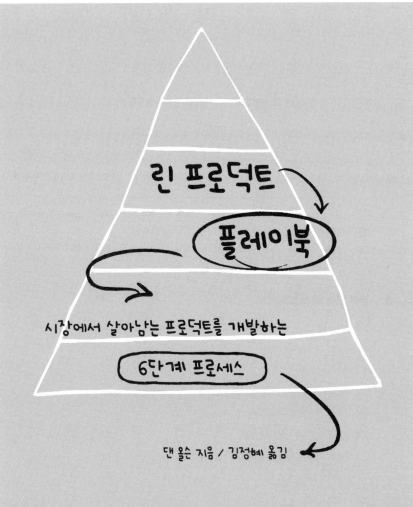

린 프로덕트

플레이북

시장에서 살아남는 프로덕트를 개발하는

6단계 프로세스

댄 올슨 지음 / 김정혜 옮김

인사이트

# 차례

# 추천사

"고객이 사랑하는 혁신적이고 성공적인 프로덕트를 만들고 싶다면 댄 올슨의 플레이북은 꼭 읽어 봐야 한다."

히텐 샤(Hiten Shah), 키스메트릭스(KISSmetrics)와 크레이지 에그(Crazy Egg)의 공동 창업자

"박스(Box)를 창업하고 성장시키는 초창기에 댄 올슨의 프로덕트 전문성은 그야말로 천군만마였다. 내게는 올슨의 조언이 놀랍도록 가치 있었다. 성공적인 프로덕트를 만들고 싶은 사람 모두에게 올슨의 아이디어는 내게 그랬듯이 굉장한 선물일 것이다."

에런 레비(Aaron Levie), 박스의 CEO

"프로덕트 마켓 핏을 달성하고 사람들이 사랑할 무언가를 만드는 방법을 담은 훌륭하고 상세한 가이드이다. 프로덕트를 만드는 사람이라면 모두 반드시 읽어야 할 책이다."

로라 클라인(Laura Klein), 《린 스타트업 실전 UX(UX for Lean Startups)》 저자

"댄 올슨은 프로덕트 개발을 단순하고 논리적으로 설명한다. 멋진 프로덕트를 만들고 싶다면 이 책을 꼭 읽어라."

데이브 매클루어(Dave McClure), 500 글로벌(500 Global) 창립 멤버이자 트러블메이커

"댄 올슨의 플레이북이 나옴으로써 린 스타트업 원칙을 적용하는 방법을 알려 주는 매뉴얼이 온전하게 완성되었다. 이 책은 성공적인 프로덕트를 구축하기 위해 알아야 하는 모든 것을 종합적으로 쉽게 안내한다."

숀 엘리스(Sean Ellis), 퀄러루(Qualaroo)와 그로스해커스닷컴(GrowthHackers.com) 창업자, 베스트셀러 《진화된 마케팅 그로스 해킹(Hackin Growth)》 저자

"댄 올슨은 린 스타트업을 새로운 차원으로 끌어올리며, 훌륭한 프로덕트를 만들기 위한 단계별 가이드를 제시한다! 디자이너, 비즈니스 종사자, 엔지니어, 이 모두를 위한 책이다."

카렌 핸슨(Kaaren Hanson), JP모건 체이스(JPMorgan Chase) 소비자 금융(Consumer and Community Banking) 부문의 최고 디자인 책임자(Chief Design Officer)

"댄 올슨은 실리콘밸리에서 인정받는 린 프로덕트 전문가이다. 올슨의 책은 프로덕트 팀이 프로덕트 마켓 핏을 찾아내고 MVP를 만든 후 이를 점진적이고 체계적으로 개선하는 단순하고 명쾌한 방법을 제시한다."

켄 파인(Ken Fine), 어피니티(Affinity) CEO

"린 스타트업 개념을 실질적이고 단계별로 적용하는 방법을 설명하는 진정한 책은 댄 올슨의 신작이 처음이라고 생각한다. 많은 기업과 프로덕트 부문에서 협업한 경험을 통해 올슨은 프로덕트 분야의 권위자가 되었다. 스타트업이든 대기업이든 프로덕트를 만드는 사람에게 이 책은 가치를 매길 수 없는 보배가 될 거라고 장담한다."

짐 샤인먼(Jim Scheinman), 메이븐 벤처스(Maven Ventures) 창업자 겸 CEO

"이론에 강하지만 실전에는 약한 많은 프로덕트 대가들과 달리 댄 올슨은 오랫동안 여러 회사와 다양한 프로덕트에서 선수 겸 코치로서 현장에서 부딪히며 자신의 접근법을 검증해 왔다. 올슨의 단순하면서도 완벽한 이 플레이북은 프로덕트 팀이 위대한 프로덕트만이 아니라 위대한 기업을 만들 수 있는 최고의 기회를 제공한다."

제프 마지온칼다(Jeff Maggioncalda), 파이낸셜 엔진스(Financial Engines) 전 CEO이자 1호 직원

"댄 올슨은 내 첫 스타트업에서 우리 프로덕트가 성공하는 데 결정적인 역할을 한 매우 뛰어난 프로덕트 리더이다. 올슨은 자신의 전문 지식과 조언에서 알짜만을 모아 쉽게 따라 할 수 있는, 진정한 고객 가치를 전달하는 프로덕트를 만드는 가이드로 펴냈다. 프로덕트 또는 서비스를 이끌거나, 개발하거나, 마케팅하는 모든 사람에게 이 책을 강력히 추천한다."

크리스천 퍼크너(Christian Pirkner), 무드로직(MoodLogic) 엔젤 투자자이자 공동 창업자

"댄 올슨은 혼돈 상태였던 우리의 프로덕트 개발 프로세스를 기름칠이 잘된 기계로 바꿔 놓았다. 이 책을 읽는 누구든지 올슨의 탁월하고 실용적인 접근법에서 득을 볼 수 있다. 조직의 혁신 역량을 높이고 싶다면 이 책을 반드시 읽어라."

잭 린치(Jack Lynch), 프레즌스러닝(PresenceLearning) 공동 창업자, 와일드호크(Wildhawk, Inc.) 창업자 겸 CEO

"성공적인 프로덕트를 만들기 위해 린 스타트업 개념을 효과적으로 적용하고자 하는 모든 이들에게 이 책은 귀중한 청사진이다. 댄 올슨은 프로덕트 분야에 대해 깊이 알고 있으며 자신의 지식과 경험을 아낌없이 공유해 린 원칙에 생명을 불어넣었다."

마이클 J. 놀런(Michael J. Nolan), 뉴라이더스 중요한 목소리(New Riders Voices That Matter) 시리즈의 작가이자 전 수석 편집자

"댄 올슨처럼 비즈니스와 고객 니즈를 세심한 프로세스와 프로덕트 디자인으로 조화롭게 결합할 줄 아는 사람은 정말 드물다. 올슨이 제시한 베스트 프랙티스는 원 메디컬(One Medical)의 임직원은 물론이고 실리콘밸리에서 우리와 비슷한 길을 가는 기업에 도움을 주었다."

톰 리(Tom Lee), 갈리레오(Galileo) CEO, 원 메디컬의 전 CEO

"더욱 체계적인 접근법으로 성공적인 프로덕트를 만들려는 사람들을 위해 댄 올슨은 현대적인 기법과 경험을 결합해 성공적인 프로덕트를 만드는 과정을 단계별로 안내한다."

마티 케이건(Marty Cagan), 《인스파이어드: 감동을 전하는 제품은 어떻게 만들어지는가(Inspired: How To Create Products Customers Love)》 저자, 실리콘 밸리 프로덕트 그룹(Silicon Valley Product Group) 창업자

"댄 올슨은 린 스타트업 원칙에 입각해 꾸준히 좋은 프로덕트를 만드는 방법에 관한 수수께끼를 풀어낸다. 올슨의 프레임워크와 단계별 지침은 따라 하기 쉬우며 규모를 떠나 모든 팀이 적용할 수 있다. 이 책은 프로덕트 개발에 관여하는 사람이라면 누구나 꼭 읽어야 한다."

그레그 코언(Greg Cohen), 《프로덕트 매니저의 성공 동반자, 애자일(Agile Excellence for Product Managers)》 저자

"댄 올슨의 책은 놀랍도록 치밀하고 실용적이다. 이 책은 당신의 프로덕트가 적합한 프로덕트인지 확인할 수 있도록 단계별로 귀중한 지침을 제공하며 더불어 프로덕트를 제대로 만드는 방법에 관한 훌륭한 조언도 제시한다. 모든 혁신가와 기업가를 위한 필독서이다."

알베르토 사보이아(Alberto Savoia), 《프리토타입이 먼저다(Pretotype It)》 저자, 프리토타입 랩스(Pretotype Labs LLC) 공동 창업자, 구글의 전 혁신가

"내가 사업을 시작했을 때 이 책이 있었다면 얼마나 좋았을까! 댄 올슨의 조언에 따라 아이디어를 구현하기 전에 아이디어를 검증하는 방법을 배우면 귀중한 시간과 돈을 아낄 수 있다. 이 필수 플레이북은 전체 프로세스를 명확히 설명하며 '유레카'를 외치게 만드는 통찰로 가득하다."

샘 크리스코(Sam Crisco), 파이잽(piZap) 창업자

"댄 올슨은 유센드잇(YouSendIt, 현 하이테일(Hightail))이 첫 번째 투자 라운드로 벤처 자금을 유치한 직후, 우리가 첫 구독형 프로덕트를 출시할 수 있게 도와주었다. 이 책에 담긴 올슨의 프로덕트 전문 지식 덕분에 우리 회사의 프로덕트 관리 엔진이 제대로 가동하기 시작했다. 그 결과 고객이 사랑하는, 황금알을 낳는 프로덕트가 탄생했다."

란지스 쿠마란(Ranjith Kumaran), 노티비제(Notivize) 창업자 겸 CEO, 하이테일 공동 창업자이자 전 CEO

"혁신 속도를 끌어올리고 리스크를 줄이고 고객이 사랑하는 프로덕트를 만드는 것은 모두가 열망하는 목표이다. 그러나 적절한 기법 없이는 이 목표를 이루기 어렵다. 댄 올슨의 저서는 이 목표를 실제로 달성할 수 있는 전술적인 방법론과 계획을 제시한다."

스티븐 콘(Steven Cohn), 윈웨어(Winware) 창업자 겸 CEO

"댄 올슨의 프로덕트 전문 지식은 클라이언트인 우리에게 직접적인 도움이 되었다. 이제 올슨이 귀중한 이 모든 지식을 책으로 펴냈으니 성공적인 프로덕트를 만들고 싶은 사람은 반드시 이 책을 읽어야 한다."

제프 탕그니(Jeff Tangney), 에포크라테스(Epocrates) 창업자, 독시미티(Doximity) 창업자 겸 CEO

내게 끊임없이 배우고 꿈꾸라고 가르쳐 주신 부모님께
내 인생의 동반자이자 매일 더 큰 놀라움을 선사하는 바네사에게
소피아와 제이비어에게, 두 배 더 많이 배우고 두 배 더 크게 꿈꾸는 너희들의 미래를 응원하며
이 책을 바친다.

# 들어가며: 프로덕트는 왜 실패하고 린은 게임을 어떻게 바꾸는가

훌륭한 프로덕트를 만드는 것은 어렵다. 우리 모두는 프로덕트의 높은 실패율을 보고하는 냉혹한 통계에 익숙하다. 애플(Apple), 구글(Google), 메타(Meta) 그리고 당신에게 들리는 다른 성공 스토리만큼 프로덕트가 실패해 문을 닫은 회사가 셀 수 없이 많다.

작년 한 해 동안 사용한 프로덕트를 모두 떠올려 보라. 이 중 지금도 사랑하는 프로덕트는 몇 개이고, 싫어하는 프로덕트는 몇 개인가? 심지어 기억할 수 있는 프로덕트는 몇 개나 되는가? 대부분 사람은 사용하는 프로덕트 중에 아주 적은 수의 프로덕트만 실제로 *사랑한다*.

자신이 만든 프로덕트를 고객이 사랑할 때의 기분이란 경험해 본 사람은 다 안다. 환상적이다. 열혈 사용자는 자신이 사랑하는 프로덕트를 침이 마르도록 칭찬하는 법이다. 비즈니스 지표는 기하급수적으로 우상향하고 엄청난 수요는 감당하기 벅찰 정도이다. 고객은 이 프로덕트를 원할 뿐만 아니라 *가치 있게* 생각한다.

하지만 불운하게도 이런 프로덕트가 매우 드문 것이 현실이다. 고객이 사랑하는 프로덕트를 만드는 것은 왜 이렇게 어려울까? 그토록 많은 프로덕트가 실패하는 이유는 무엇일까?

## 프로덕트는 왜 실패할까

나는 커리어 내내 많은 프로덕트에 관여했고 많은 프로덕트를 조사했다. 프로덕트가 실패하는 근본적인 원인을 분석해 보니 공통된 패턴이 나타났다. 실패하는 프로덕트의 주된 이유는 고객 니즈를 경쟁자보다 더 나은 방식으로 만족시키지 못했기 때문이었다. 이는 프로덕트 마켓 핏(Product-Market Fit, PMF)의 본질이다. 한 시대를 풍미한 넷스케이프(Netscape)[1]를 창업한 마크 앤드리슨(Marc Andreessen)이 2007년 블로그 게시글에서 프로덕트 마켓 핏이란 용어를 처음 사용했다. 앤드리슨은 이 글에서 스타트업이 실패하는 이유도 진단하는데 내가 생각하는 이유와 일치한다. 스타트업은 "결국 프로덕트 마켓 핏을 달성하지 못해 실패한다."

에릭 리스(Eric Ries)가 촉발한 린 스타트업 운동은 프로덕트 마켓 핏 아이디어는 물론이고 프로덕트 마켓 핏을 달성하는 것이 얼마나 중요한지 널리 알리는 데에 한몫했다. 린 스타트업이 폭넓게 인기를 끄는 이유 하나는 사람들이 성공적인 프로덕트를 만들기가 정말 어렵다는 것을 잘 알기 때문이다. 나도 린 스타트업 원칙의 열성 팬이다.

린 스타트업 아이디어를 처음 접하면 가슴이 벅차고 직접 시도하려는 열의로 끓어오르는 사람들이 많다. 하지만 이야기해 보면 이들 중 상당수가 정확히 무엇을 해야 하는지 잘 알지 못한다. 그들은 상위 개념은 이해하지만 이를 적용하는 방법은 모른다.

이는 건강 관리에 더욱 신경 쓰겠다고 다짐하는 것에 비유할 수 있다. 운동에 매진하겠다는 의욕에 가득 차서 헬스장에 등록하고 운동복을 장만하는 사람들이 많다. 그리고는 당장 운동을 시작하고 싶어 조바심치며 헬스장을 찾는다. 하지만 그들은 헬스장에서 무엇을 해야 하는지 아무것

---

1 (옮긴이) 세계 최초의 상용 웹 브라우저

도 모른다. 어떤 운동을 해야 할까? 어떤 기구를 사용해야 하지? 올바른 운동법은 뭘까? 그들은 확실하게 동기가 부여되었지만 정확히 무엇을 해야 하는지에 관한 구체적인 지식이 부족하다.

## 이 책을 왜 썼을까

나는 이 책으로 린 스타트업 원칙을 적용해서 프로덕트를 만들고자 하는 많은 사람이 직면하는 지식 격차를 메우고 싶었다. 이 책은 성공적인 프로덕트를 구축하게 도와주는 명확한 단계별 지침을 제시한다. 아주 다양한 프로덕트 팀과 일하면서 나는 그들이 직면했던 각양각색의 도전을 직접 목격했고 수많은 성공과 실패 사례도 눈으로 확인했다. 이러한 경험을 쌓으며 나는 프로덕트 마켓 핏을 달성하는 방법을 안내하는 프레임워크와 프로세스를 개발하게 되었다.

### 프로덕트 마켓 핏 피라미드

내가 프로덕트 마켓 핏 피라미드(Product-Market Fit Pyramid)라고 명명한 이 프레임워크는 프로덕트 마켓 핏을 다섯 가지 핵심 구성 요소로 나눈다. 타깃 고객, 고객의 충족되지 않은 니즈, 가치 제안, 기능 집합, 사용자 경험(User Experience, UX)이다. 각 요소는 사실상 테스트할 수 있는 가설이다. 이들 가설은 서로 어떻게 관련 있는지에 따라 논리적인 순서로 배열되고, 프로덕트 마켓 핏 피라미드에서 보이듯 이는 계층 구조로 나타난다.

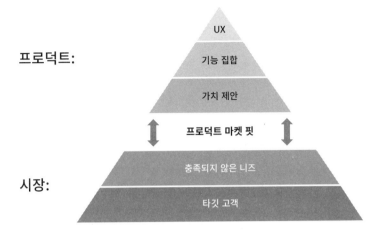

프로덕트 마켓 핏 피라미드

## 린 프로덕트 프로세스

프로덕트 마켓 핏 피라미드를 개발한 다음 나는 이를 활용할 수 있도록 간단한 이터레이션 프로세스를 만들었다. 린 프로덕트 프로세스(Lean Product Process)라고 부르는 이것은 피라미드의 맨 아래에서 시작해 꼭대기까지 각 계층을 안내하는 로드맵이다. 이 프로세스는 프로덕트 마켓 핏을 구성하는 다섯 요소 각각에 대해 핵심 가설을 명확히 하고 테스트하는 데 도움을 준다. 린 프로덕트 프로세스는 아래 여섯 단계로 이뤄진다.

1. 타깃 고객을 선정하라
2. 충족되지 않은 고객 니즈를 식별하라
3. 가치 제안을 정의하라
4. 최소 기능 제품(Minimum Viable Product, MVP) 기능 집합을 구체화하라
5. MVP 프로토타입을 만들어라
6. 고객을 대상으로 MVP를 테스트하라

이 책은 린 프로덕트 프로세스의 각 단계를 관련 있는 실제 사례를 통해 자세히 설명한다. 이뿐만 아니라 프로세스를 어떻게 적용할 수 있는지 알려 주고자 심층적인 엔드투엔드 사례에 한 장을 온전히 할애한다.

## 포괄적인 지침

훌륭한 프로덕트를 만들려면 제대로 해야 하는 일이 아주 많기 때문에 포괄적인 지침을 제공하고 싶었다. 이 책은 린 프로덕트 프로세스 말고도 여러 핵심 주제를 다룬다. 예를 들어 UX 디자인과 애자일 개발을 상세히 설명한다. 또한 분석(analytics)을 깊이 있게 다루고 프로덕트를 최적화하기 위해 지표를 사용하는 방법도 세세히 알려 준다.

　린 프로덕트 프로세스를 포함해 이 책의 모든 조언과 통찰은 내 커리어 전반에서 하이테크 프로덕트를 만들었던 – 성공작도 실패작도 있었다 – 실제 경험과 이 과정에서 배운 교훈에 기반한다.

## 나는 누구일까?

나는 테크와 비즈니스 기술을 아우르는 배경을 갖고 있는데 열 살 때 생애 첫 컴퓨터가 생긴 뒤로 이를 연마하기 시작했다. 몇 년 지나지 않아 처음으로 창업했고, 노스웨스턴 대학교(Northwestern University)에 진학해 전기공학을 공부했으며, 졸업 후 핵추진 잠수함을 설계하는 일로 하이테크 세상에 발을 들였다. 직장을 다니며 버지니아 공대(Virginia Polytechnic Institute and State University, Virginia Tech) 야간 대학원에서 산업공학 석사 과정을 밟았고, 이곳에서 린 스타트업 운동에 영감을 주었던 린 제조(Lean Manufacturing) 원칙을 배웠다.

　스탠퍼드 경영대학원(Stanford Business School)을 다니기 위해 실리콘밸리로 이사했고 이후 인튜이트(Intuit)에 둥지를 틀었다. MBA를 마친 내게 인튜이트는 프로덕트 관리, 프로덕트 개발, 고객 리서치, 사용자 경험 디자인, 마케팅을 배우는 놀라운 훈련소였다. 나는 퀴큰(Quicken) 프로덕트 팀을 이끌고 성장시켜 기록적인 매출과 이익을 달성했다. 배움이 깊어질수록 어떤 욕구가 자라났다. 내가 배운 지식을 스타트업에서 적용해 보고 싶었다. 그렇게 인튜이트를 떠난 이래로 지금까지 대부분 시간 동안 스타트업에서 일하거나 스타트업과 협업해 왔다.

몇 년 전부터는 여러 회사에 컨설팅 서비스를 제공하고 린 원칙을 적용하여 성공적인 프로덕트를 만들도록 힘을 보탰다. 내 컨설팅 접근법은 참여형이라고 할 수 있다. 즉, 클라이언트 회사의 CEO나 경영진과 긴밀히 협력하고 프로덕트 매니저, 디자이너, 개발자와 현장에서 함께 일한다. 클라이언트 회사에서 대개는 프로덕트 담당 임시 부사장 역할을 수행하고 종종 최고 프로덕트 책임자로 일하기도 한다.

다양한 기업과 협력하면서 이 책의 조언과 통찰을 테스트하고 다듬었다. 메타, 박스(Box), 하이테일(Hightail), 마이크로소프트(Microsoft), 에포크라테스(Epocrates), 메달리아(Medallia), 차트부스트(Chartboost), 싱(XING), 파이낸셜 엔진(Financial Engines), 원 메디컬 그룹(One Medical Group)이 내 클라이언트 명단에 이름을 올렸다. 이들 클라이언트는 초기 단계의 작은 스타트업부터 상장 대기업까지 규모도 제각각이고 산업 분야(vertical industry), 타깃 고객, 프로덕트 유형, 비즈니스 모델도 각양각색이다. 하지만 이 책의 아이디어를 이들 모두에 적용하는 데는 아무런 문제가 없었다.

나는 가능한 한 많은 사람과 린 프로덕트 아이디어를 공유하고 토론하는 것을 즐긴다. 강연과 워크숍을 주기적으로 열고 슬라이드셰어(Slide-Share)에 슬라이드도 자주 올린다.[2] 또한 실리콘밸리에서 매달 린 프로덕

2  *http://slideshare.net/dan_o/presentations*

트 미트업을 주관하고 있으니 확인해 보라.[3] 이러한 행사의 모든 참석자가 질문과 제안, 피드백을 제공함으로써 이 책의 지침을 다듬고 발전시킬 수 있게 도와주었다.

## 이 책은 누가 읽어야 할까?

린 스타트업, 고객 개발(Customer Development), 린 UX, 디자인 씽킹(Design Thinking), 프로덕트 관리, 사용자 경험 디자인, 애자일 개발, 분석, 이 중 하나라도 관심 있다면 이 책을 읽어라. '하우투' 매뉴얼이 필요하다면 이 책에서 찾을 수 있다. 고객 가치를 창출할 프로덕트를 만들려면 실천해야 하는 단계별 프로세스도 제공한다.

이 책은 누가 읽어야 할까?

- 프로덕트나 서비스를 만들려는 사람
- 기존 프로덕트나 서비스를 개선하려는 사람
- 기업가
- 프로덕트 매니저, 디자이너, 개발자
- 마케터, 분석가, 프로그램 매니저
- CEO와 경영진
- 모든 직장인. 회사 규모는 상관없다.
- 훌륭한 프로덕트를 만들고픈 열정이 있는 사람

이 책이 제시하는 지침은 소프트웨어 프로덕트에 적용했을 때 가장 가치 있다. 하지만 하드웨어와 웨어러블 기기는 물론이고 심지어 비기술 제품(nontechnical product) 같은 여타 제품 카테고리와도 관련이 있다. 이뿐만 아니라 B2C와 B2B를 포함해 다양한 비즈니스 맥락에도 적용할 수 있다.

3  *http://meetup.com/lean-product*

**이 책은 어떻게 구성됐을까?**

이 책은 3부로 이뤄진다. 1부는 '핵심 개념'으로 두 가지 근본적인 아이디어를 설명한다. 프로덕트 마켓 핏과 문제 영역 대 해결 영역이다.

2부 '린 프로덕트 프로세스'는 각 단계에 한 장씩 할애해 여섯 단계 프로세스를 단계별로 상세히 소개한다. 또한 아래 내용을 장별로 다룬다.

- 훌륭한 UX를 디자인하는 원칙
- 이터레이션으로 프로덕트 마켓 핏을 개선하는 방법
- 린 프로덕트 프로세스를 적용한 상세한 엔드투엔드 사례

3부 '프로덕트 구축과 최적화'는 MVP 프로토타입으로 프로덕트 마켓 핏을 검증한 뒤에 적용하는 지침을 제공한다. 첫 번째 장은 애자일 개발을 사용해 프로덕트를 구축하는 방법부터 테스트, 지속적 통합, 지속적 배포까지 두루 다룬다. 분석을 다루는 나머지 두 장은 지표를 활용해 프로덕트를 최적화하는 방법론을 설명하고 또 다른 실제 사례를 심층적으로 소개한다.

이 책을 쓰면서 커리어 전반에서 갈고 닦은 아이디어, 학습한 교훈, 축적한 조언을 많은 사람과 공유할 수 있는 기회를 얻었다. 나는 멘토와 동료만이 아니라 훌륭한 프로덕트를 구축하는 아이디어를 열정적으로 공유하고 자신의 생각을 기꺼이 나눠 준 많은 사람에게 정보를 얻고 영향을 받으며 경험을 쌓았다. 프로덕트 분야는 끊임없이 진화하며 늘 새로운 아이디어가 등장하고 있다. 이 책의 컴패니언 웹사이트[4]를 새로운 아이디어를 공유하고 토론할 수 있는 공간으로 사용하고자 하는 이유이다. 이곳에 방문해 최신 정보를 얻고 토론에 참여해 보자.

---

4  *http://leanproductplaybook.com*

1부

# 핵심 개념

1장

# 린 프로덕트 프로세스로
# 프로덕트 마켓 핏을 달성하라

프로덕트 마켓 핏은 훌륭한 프로덕트를 만드는 것이 무슨 뜻인지 핵심을 잘 포착한 환상적인 용어이다. 프로덕트 마켓 핏은 프로덕트 성공에 결정적인 영향을 미치는 모든 요소를 절묘하게 압축한다. 프로덕트 마켓 핏은 린 스타트업에서 가장 중요한 아이디어 중 하나이며 이 책은 이를 성취하는 방법을 보여 줄 것이다.

프로덕트 마켓 핏에 관한 글이 아주 많은 만큼 해석도 다양하다. 실제 사례는 이처럼 다양하게 해석되는 개념을 설명하는 훌륭한 방법이다. 이 책에서 프로덕트 마켓 핏을 달성했거나 달성하지 못한 프로덕트에 관한 많은 사례를 만나 보자. 먼저 프로덕트 마켓 핏이 무엇인지 그 정의부터 명확히 짚어 보는 게 좋겠다.

## 1.1 프로덕트 마켓 핏은 무엇일까

'들어가며'에서 소개했듯이 마크 앤드리슨이 '중요한 한 가지(The only thing that matters)'라는 제목의 유명한 블로그 게시글에서 프로덕트 마켓 핏이라는 용어를 처음 사용했다. 앤드리슨은 이 글에서 "프로덕트 마켓 핏은 좋은 시장에 이 시장을 만족시킬 수 있는 제품을 갖고 있다는 뜻이다."라고 말한다. 내가 정의하는 프로덕트 마켓 핏은 - 앤드리슨의 개념과 일치한다 - 당신이 상당한 수준의 고객 가치를 창출하는 프로덕트를 만드는 것이다. 이는 당신의 프로덕트가 실제 고객 니즈를 경쟁자보다 더 나은 방식으로 충족시킨다는 의미이다.

어떤 사람은 프로덕트 마켓 핏을 훨씬 광범위하게 해석해서 핵심 정의를 넘어 검증된 수익 모델을 확립하는 것까지 - 프로덕트로 수익화할 수 있는 것 - 프로덕트 마켓 핏에 포함시킨다. 또한 어떤 사람은 프로덕트 마켓 핏이 비용 효율적인 고객 획득 모델을 수립하는 것을 포함한다고 해석한다. 사실상 이러한 정의는 프로덕트 마켓 핏을 수익성 좋은 비즈니스를 구축하는 것과 동일시한다. 나는 '프로덕트 마켓 핏'을 '수익성'의 다른 표현으로 사용하는 것은 그 자체로 독립적인 개념이 될 수 있는 이 아이디어의 본질적인 측면을 얼버무리고 넘어가는 것이라고 생각한다.

이 책에서는 앞의 핵심 정의를 따른다. 비즈니스에서 가치 창출과 가치 확보는 엄연히 다르다. 가치를 확보하려면 먼저 가치를 창출해야 한다. 비즈니스 모델, 고객 획득, 마케팅, 가격 책정 같은 측면이 비즈니스 성공에 대단히 중요한 것에는 이견의 여지가 없다. 또한 각각은 책 한 권의 주제로도 손색이 없다. 이 책은 비즈니스의 이러한 측면 모두를 간략히 소개하니 이를 개선하고 싶다면 이 책이 알려 주는 정성적 기법과 정량적 기법을 사용하라. 실제로 13장과 14장에서 비즈니스 지표를 최적화하는 방법을 설명하지만, 이 책 대부분은 프로덕트 마켓 핏의 핵심 정의에 초점을 맞추고 이를 달성할 수 있는 로드맵을 제공한다.

### 1.1.1 프로덕트 마켓 핏 피라미드

단 하나의 정의로 프로덕트 마켓 핏을 달성하는 데 필요한 지침을 제공하기는 어렵다. 이런 이유로 나는 쉽게 적용할 수 있는 프레임워크를 만들었는데, 그림 1.1에 소개한 프로덕트 마켓 핏 피라미드이다. 계층 구조인 이 모델은 프로덕트와 시장을 다섯 가지 핵심 요소로 나누는데 각 요소가 피라미드의 계층 하나씩을 차지한다. 프로덕트는 세 계층으로 이뤄진 피라미드 상단에, 시장은 두 계층으로 구성된 피라미드 하단에 각각 자리한다. 프로덕트 영역과 시장 영역에서 각 계층은 바로 아래 계층에 의존한다. 프로덕트 마켓 핏은 이 피라미드의 상단과 하단 사이에 있다.

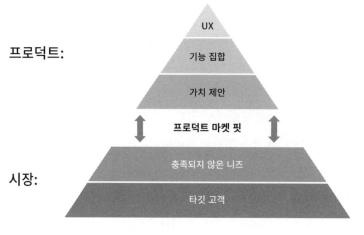

프로덕트:

시장:

그림 1.1 프로덕트 마켓 핏 피라미드

### 1.1.2 시장

피라미드의 계층 구조를 고려할 때 맨 아래에 있는 시장 영역부터 시작해 거슬러 올라가 보자. 시장이란 기존 고객과 잠재 고객, 아울러 특정 니즈 또는 관련된 니즈를 공통 분모로 묶은 고객 전체를 의미한다. 예를 들어 소득세 신고 의무가 있는 모든 미국인은 미국 세금 신고 시장의 고객군 이다. 시장 규모는 시장 내 전체 고객 수 또는 이들 고객이 발생시키는 총 매출 규모로 설명할 수 있다. 둘 중 어떤 척도로도 시장의 현재 규모나 잠 재적인 미래 규모를 나타낼 수 있다.

　동일 시장의 고객이라도 니즈를 충족하려고 선택하는 솔루션은 제각각 이다. 세금 신고 시장의 경우, 에이치앤드알 블록(H&R Block) 같은 전문 서 비스를 이용하는 고객이 있는가 하면 수작업 또는 터보택스(TurboTax) 같 은 소프트웨어를 사용해 세금을 직접 신고하는 고객도 있다.

　특정 시장 내에서는 경쟁하는 제품 각각의 시장 점유율을 — 각 제품이 시장에서 차지하는 비율 – 분석할 수 있다. 예를 들어 스마트폰 시장에서 애플과 삼성의 시장 점유율을 비교하는 식이다. 또는 (아이오에스(iOS), 안드로이드(Android) 등) 운영체제(OS)를 기준으로 스마트폰 시장을 세분화하는 것도 가능하다. 브라우저도 각각의 시장 점유율이 면밀히 추적된다.

마트에 가면 치약, 샴푸, 세탁 세제, 시리얼, 요거트, 맥주 등 다양한 시장 카테고리에 속한 제품들이 즐비하다. 시장마다 수명 주기 단계가 다르다. 우유, 계란, 빵과 같은 많은 제품은 상대적으로 성숙한 시장이며 혁신이나 변화가 거의 없다. 반면에 새로 부상하는 시장도 있다. 예를 들어 페브리즈는 세탁하지 않고 섬유에서 냄새를 제거하는 신제품을 앞세워 사실상 독자적인 시장을 창조했다. 페브리즈가 등장하기 전에는 섬유 탈취제 시장이 아예 존재하지 않았다. 알다시피 많은 시장에서 치열한 경쟁이 한창이며 기업은 제품 혁신으로 시장 점유율을 높이려 고군분투한다.

프로덕트 마켓 핏 피라미드는 시장을 두 개의 독립적인 요소로 나눈다. 타깃 고객과 이들 고객의 니즈이다. 이 피라미드 모델에서는 니즈 계층이 타깃 고객 계층 위에 자리하는데, *타깃 고객의 니즈가 프로덕트 마켓 핏 달성과 관련 있기 때문이다.*

고객에게 가치를 가져다주려면 좋은 시장 기회에 부합하는 구체적인 니즈를 식별할 필요가 있다. 기존 솔루션이 자신의 니즈를 충족시키는 방식에 고객들이 더없이 만족하는 시장에 진입하고 싶은 사람은 없을 것이다. 프로덕트를 개발하거나 기존 프로덕트를 개선한다면 충분히 충족되지 않은 고객 니즈를 해결하는 게 좋다. 그래서 나는 이 계층을 '충족되지 않은 니즈'라고 명명한다. 고객은 당신의 프로덕트를 경쟁자와 비교해 판단한다. 따라서 당신의 프로덕트가 고객 니즈를 얼마나 충족시키는지는 경쟁 환경에 달려 있다. 이제 프로덕트 마켓 핏 피라미드의 프로덕트 영역을 알아보자.

### 1.1.3 프로덕트

제품은 고객 니즈를 충족시키기 위한 목적으로 제공되는 구체적인 물건이다. 이 정의에 따르면 프로덕트 마켓 핏 개념은 제품뿐만 아니라 *서비스*에도 적용되는 것이 명백하다. 제품과 서비스의 대표적인 차이는 제품이 물리적인 재화인 반면 서비스는 형체가 없다는 점이다. 하지만 웹과 모바일 디바이스를 통해 제품을 전달하게 되면서 제품과 서비스를 이런 식으로 구분하는 경계가 모호해졌고, 익숙한 용어가 된 *서비스형 소프트웨어*(Software as a Service, SaaS)가 이런 현상을 단적으로 보여 준다.

소프트웨어의 경우 프로덕트 자체는 무형의 코드이며 종종 고객이 절대 볼 수 없는 서버에서 실행된다. 소프트웨어 프로덕트를 현실에 구현하여 고객이 눈으로 보고 사용할 수 있게 한 것이 사용자 경험(UX)이며 이는 프로덕트 마켓 핏 피라미드의 맨 꼭대기에 위치한다. 이는 소프트웨어만이 아니라 고객이 상호작용하는 모든 프로덕트에 해당된다. UX는 사용자를 위해 프로덕트의 기능성(functionality)에 생명력을 주입하는 요소이다.

프로덕트가 제공하는 기능성은 다수의 기능으로 구성되고 각 기능의 목적은 고객 니즈를 충족하는 것이다. 이런 모든 기능이 합쳐져 프로덕트의 기능 집합(feature set)을 이루는데 이 집합은 프로덕트 마켓 핏 피라미드에서 UX의 바로 아래에 자리한다.

어떤 기능을 개발할지 결정하려면 프로덕트가 해결해야 하는 구체적인 고객 니즈를 식별할 필요가 있다. 이는 당신의 프로덕트가 시장의 다른 솔루션에 비해 어떤 경쟁 우위를 가질지 판단하고 싶어서이다. 이것이 프로덕트 전략의 핵심이다. 프로덕트로 충족하려는 니즈가 당신의 가치 제안을 형성하고 가치 제안은 프로덕트 마켓 핏 피라미드에서 '기능 집합'

바로 아래에 자리한다. 가치 제안에서 한 층을 내려가면 고객 니즈 계층이 있고, 가치 제안은 근본적으로 프로덕트가 해결하는 니즈가 고객 니즈와 얼마나 일치하는지 결정한다.

종합해 보면 가치 제안, 기능 집합, UX 세 계층이 프로덕트를 정의한다. 그림 1.1을 보면 알 수 있듯이 프로덕트와 시장은 프로덕트 마켓 핏 피라미드에서 별도의 영역이다. 고객 가치를 창출할 때의 목표는 프로덕트와 시장의 핏을 잘 맞추는 것이다.

### 1.1.4 프로덕트 마켓 핏

프로덕트 마켓 핏 피라미드의 관점에서 보면 프로덕트 마켓 핏은 프로덕트(피라미드의 상단 세 계층)가 시장(피라미드의 하단 두 계층)을 얼마나 만족시키는지 측정한다. 타깃 고객은 프로덕트가 자신의 니즈에 얼마나 적합한지 판단한다. 고객은 다시 프로덕트의 적합도를 경쟁자의 적합도와 비교해 상대적으로 평가할 것이다. 프로덕트가 프로덕트 마켓 핏을 달성하려면 충족되지 않은 니즈를 경쟁자보다 더욱 잘 만족시켜야 한다. 지금부터 이 일을 성공적으로 해낸 한 프로덕트를 알아보자.

### 1.1.5 퀴큰: 47등에서 1등으로

경쟁자들이 과밀한 시장에 진입해 프로덕트 마켓 핏을 거머쥔 프로덕트에 관한 좋은 사례는 인튜이트의 개인 재무 관리 소프트웨어 퀴큰이다. 스콧 쿡(Scott Cook)과 톰 프루(Tom Proulx)는 린 스타트업 아이디어가 세상에 나오기 한참 전에 인튜이트를 창업했음에도 불구하고 린 원칙을 실천했다. 퀴큰이 출시되었을 때 이미 시장에서는 46개의 개인 재무 프로덕트가 경쟁 중이었다. 하지만 인튜이트의 공동 창업자들은 고객 리서치를 실시한 결과, 46개 프로덕트 모두 프로덕트 마켓 핏을 달성하지 못했다는 결론을 얻었다. 기존 프로덕트들은 고객 니즈를 충족하지 못했고 사용법도 어려웠다. 쿡과 프루는 당시 모든 미국인이 일상적으로 개인 수표를 사용했으므로 개인 수표책(checkbook) 기반의 디자인이 효과적일 거라는 가설을 수립했다. 결국 그들의 가설은 옳았음이 입증되었다. 수표책 콘셉트 디자인을 사용해 구축한 UX는 고객들의 마음을 사로잡았고, 퀴큰은 이내 개인 재무 소프트웨어 시장에서 선두 주자로 올라섰다.

퀴큰이 성공할 수 있었던 주요한 비결 하나는 인튜이트가 오늘날 린이라고 불리게 된 원칙을 채택한 것이었다. 인튜이트는 소프트웨어 개발에 필요한 정보를 얻기 위해 고객 리서치와 사용자 테스트를 활용하는 접근법을 개척했다. 인튜이트는 프로덕트 출시 전에 각 버전의 사용성 테스트를 매번 실시했고 공개 베타 테스트를 조직했다. 이런 아이디어는 몇 년 뒤에 주류가 되었다. 또한 인튜이트는 '가정 방문'(follow me home)을 도입했는데, 직원들이 매장에서 기다리다가 퀴큰을 구매하는 사람이 나타나면 동의를 얻어 구매자의 집을 방문해 퀴큰을 실제로 사용하는 모습을 관찰하는 것이었다. 이는 퀴큰 소프트웨어를 접하는 고객의 첫인상을 이해하는 데 큰 도움이 되었다.

이제 프로덕트 마켓 핏 피라미드를 사용해 퀴큰을 평가해 보자. 세금 신고 시장에는 고객이 많았고 퀴큰은 확실히 실질적인 고객 니즈를 해결했다. 사람들은 수표책의 잔고를 맞추고, 계좌 잔액을 추적하고, 지출 항목을 확인하기 위해 도움이 필요했던 것이다. 컴퓨터 소프트웨어는 이러한 도움을 제공할 수 있는 적합한 도구였지만, 시장에 프로덕트가 46개나 있음에도 고객 니즈는 여전히 충족되지 않은 상태였다. 인튜이트의 공동 창업자들은 고객과의 대화에서 얻은 결과를 토대로 퀴큰의 기능 집합이 이러한 고객 니즈를 확실히 해결하도록 만들었다. 그들의 디자인 인사이트는 혁신적인 UX로 이어졌고 고객은 이 UX가 훨씬 사용하기 쉽다고 생각했다. 이처럼 사용 용이성을 극적으로 개선한 것이 사실상 퀴큰의 가치 제안에서 핵심적인 차별점이었다. 퀴큰은 프로덕트 마켓 핏을 달성해 치열한 경쟁의 승자가 되었고 창업자들은 '47번째 진입자 우위'(47th mover advantage)를 획득했다며 농담 삼아 말했다.

### 1.1.6 린 프로덕트 프로세스

이제 상세한 프로덕트 마켓 핏 모델이 생겼으니 지금부터는 프로덕트 마켓 핏을 달성할 수 있는 방법을 알아보자. 많은 팀과 함께 무수한 프로덕트에 프로덕트 마켓 핏 피라미드를 적용한 경험을 토대로 나는 프로덕트 마켓 핏에 도달할 수 있는 간단한 이터레이션 프로세스를 만들었다. 그림 1.2에서 보다시피, 린 프로덕트 프로세스는 프로덕트 마켓 핏 피라미드

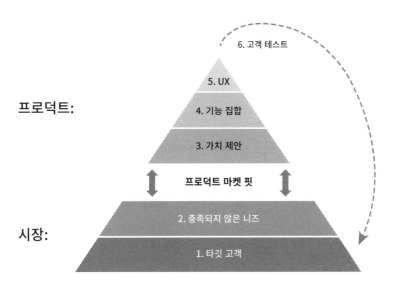

그림 1.2 린 프로덕트 프로세스

의 맨 아래부터 꼭대기까지 각 계층을 안내하는 로드맵이다. 이 프로세스는 프로덕트 마켓 핏을 구성하는 다섯 요소 각각에 대해 핵심 가설을 명확히 하고 이를 테스트하는 데 유용하다.

린 프로덕트 프로세스 여섯 단계는 이 책 2부에서 한 장씩 할애해 자세히 설명하겠다.

1. 타깃 고객을 선정하라(3장)
2. 충족되지 않은 고객 니즈를 식별하라(4장)
3. 가치 제안을 정의하라(5장)
4. 최소 기능 제품(MVP)의 기능 집합을 구체화하라(6장)
5. MVP 프로토타입을 만들어라(7장)
6. 고객을 대상으로 MVP를 테스트하라(9장)

마지막 세 단계는 중요한 린 개념인 최소 기능 제품(MVP)과 관련 있다. 6장과 7장에서 상세히 설명하겠지만 간단히 말하면 MVP는 타깃 고객이 가치 있다고 여기는, 즉 고객에게 가치를 충분하게 제공하는 최소한의 기능성이다. 프로덕트를 개발할 때는 고객을 대상으로 가설을 테스트할 수 있는 수준의 기능성이면 충분하고 그 이상은 필요하지 않다. MVP는 새 프로덕트의 버전 1(줄여서 v1이라고 한다)을 개발할 때 명확하게 적용된다. 게다가 기존 프로덕트의 디자인을 변경하거나 v2를 만들 때도 MVP 아이디어를 사용할 수 있다.

또한 린 프로덕트 프로세스는 기존 프로덕트를 개선하거나 기능성을 추가하는 것처럼 프로덕트 전체를 만들지 않을 때도 적용된다. 이러한 경우에는 린 프로덕트 프로세스를 '최소 기능'(Minimum Viable Feature, MVF)에 적용되는 단계로 생각해도 좋다. 그게 더 명확하다면 말이다.

5단계도 MVP 프로토타입을 가리킨다. 이 책은 고객을 대상으로 테스트할 수 있는 다양한 프로덕트 산출물을 포괄하기 위해 프로토타입이라는 광범위한 용어를 의도적으로 사용한다. 고객 테스트에 사용하는 첫 번째 '프로토타입'이 라이브 프로덕트일 수도 있지만, 프로덕트를 만들기 전에 가설을 테스트하면 더 적은 리소스로 더 빨리 배울 수 있다.

모든 프로덕트나 기능에 이 여섯 단계가 전부 필요한 것은 아니다. 일부 단계는 새 프로덕트를 개발할 때만 요구된다. 타깃 고객을 선정하고, 충족되지 않은 니즈를 식별하고, 가치 제안을 정의하는 단계가 여기에 해당한다. 프로덕트를 개발하기 위해 이러한 단계를 성공적으로 끝내고 나면 한동안은 이러한 작업을 되풀이할 필요가 없을지도 모른다. 그러나 v1 프로덕트를 론칭한 뒤에는 나머지 세 단계를 순환 반복하면서 기능성을 지속적으로 개선하고 추가할 것이다. 개발할 기능을 구체화하고, 기능을 만들고, 고객을 대상으로 이러한 기능을 테스트하는 과정 말이다.

린 프로덕트 프로세스는 프로덕트 마켓 핏을 달성할 가능성을 높이기 위해 어느 정도의 엄격한 프로덕트 중심 사고(product thinking)를 촉진하도록 설계되었다. 어찌 보면 린 프로덕트 프로세스는 프로덕트를 개발할 때 필요한 핵심 가정과 의사결정을 빠뜨리지 않도록 도와주는 체크 리스트와 같다. 이러한 가정과 의사결정을 명시적으로 하지 않는다면 이것이 암묵적으로 이뤄지게 된다. 린 프로덕트 프로세스는 자신이 머릿속으로 생각하는 가정과 가설을 명확히 표현하게 해 준다(가정과 가설은 나중에 이터레이션 프로세스에서 수정할 수 있다). 이러한 비판적인 사고 단계를 생략한다면 타깃 고객과 프로덕트 전략 같은 중요한 요소를 운에 맡기는 셈이다.

린 스타트업에 영감을 주었던 린 생산 방식의 핵심 개념 하나는 *재작업*

(rework)이다. 재작업은 처음에 올바르게 만들지 않은 무언가를 고치느라 시간을 소요하는 것이다. 재작업을 최소화하는 것은 낭비를 제거하는 핵심 전술이다. 린 프로덕트 프로세스는 프로덕트 마켓 핏을 달성하도록 돕는 것에 그치지 않고 재작업을 줄여 프로덕트 마켓 핏을 더 빨리 달성하게 해 준다.

분명히 말하자면 린 프로덕트 프로세스를 따르는 동안 일부는 재작업이 필요할 것이다. 진전을 이루면서 가설, 디자인, 프로덕트를 수정하는 것은 – 이러한 모든 일을 재작업이라고 생각해도 무방하다 – 꼭 필요한 이터레이션 프로세스이다. 린 프로덕트 프로세스의 목표는 프로덕트 마켓 핏을 가능한 한 빠르게 달성하는 것이고 따라서 재작업을 피하거나 줄이는 신속하되 엄격한 사고는 이 목표를 이루게 해 준다.

린 프로덕트 프로세스를 공수도 수련자가 승급 계단을 하나씩 올라가면서 배우고 연습하는 훈련으로 생각해도 좋다. 수련자가 훈련으로 핵심 기술을 완벽히 익혀서 검은 띠 유단자가 된 뒤에는 이제껏 배운 기술을 섞고 조합하고 수정하여 자신만의 독특한 스타일을 창조할 수 있다. 전설의 무술 고수 이소룡이 주옥 같은 말을 남겼다. "원칙을 따르되 얽매이지 마라." 그는 또한 말했다. "유용한 것은 받아들이고 쓸모없는 것은 버리고 자신만의 독특한 무언가를 더하라." 이 책의 아이디어와 지침을 읽고 실천하는 동안 그의 조언을 유념하기 바란다.

말이 나온 김에 한 가지만 부탁하자. 이 책의 아이디어를 적용하면서 겪은 경험은 물론이고 질문이나 피드백을 들려주면 좋겠다. 무엇이든 이 책의 컴패니언 웹사이트[1]에 자유롭게 남겨 주길 바란다. 여기에서 이 책과 관련 있는 최신 정보도 확인하고 훌륭한 프로덕트를 개발하는 방법에 관한 토론에도 참여할 수 있다.

1  *http://leanproductplaybook.com*

린 프로덕트 프로세스의 첫 단계에 발을 들이기 전에, 문제 영역(problem space) 대 해결 영역(solution space)이라는 중요한 개념부터 알아보자. 이 기본적인 아이디어를 이해하면 프로덕트 마켓 핏 피라미드의 여섯 단계를 하나씩 올라가는 동안 명확하게 사고할 수 있게 될 것이다.

2장

# 문제 영역 대 해결 영역

린 프로덕트 프로세스는 프로덕트 마켓 핏을 달성하기 위해 필요한 비판적 사고를 한 단계씩 안내해 줄 것이다. 이 프로세스는 3장부터 자세히 살펴보고 지금 2장에서는 중요한 상위 개념 하나에 집중해 보자. 바로 문제 영역과 해결 영역을 명확히 분리하는 것이다. 이 개념은 수년 전부터 내 강연의 단골 주제였는데 요즘 들어 이러한 용어들이 더 자주 사용되고 있어 무척 반갑다.

당신이 만든 모든 프로덕트는 해결 영역에 속하며, 목업(mockup), 와이어프레임(wireframe), 프로토타입 같은 프로덕트 디자인도 마찬가지이다. 해결 영역에는 고객이 사용하거나 고객이 사용하기 위한 목적의 프로덕트 또는 프로덕트 형상(representation)까지 전부 포함된다. 이는 빈 서판(blank slate)과 정반대되는 개념이다. 프로덕트를 만들 때 이미 구체적인 구현 방법을 선택한 것이다. 명시적으로든 아니든 프로덕트의 외형, 기능, 작동 방식을 이미 결정한 것이다.

반면에 문제 영역에는 프로덕트나 디자인이 전혀 존재하지 않는다. 대신에 문제 영역은 프로덕트로 해결하고 싶은 모든 고객 니즈가 자리한 곳이다. '니즈'의 의미를 너무 좁게 해석해서는 안 된다. 고객의 페인 포인트(pain point), 욕구(desire), 고객 핵심과업(Job To Be Done, JTBD), 사용자 스토리(user story) 모두 문제 영역에 속한다.

## 2.1 스페이스 펜

문제 영역 대 해결 영역 개념을 설명하는 사례로 내가 가장 좋아하는 이야기는 우주에서 사용하는 스페이스 펜 이야기이다. 첫 유인 우주선 프로젝트를 추진하던 당시 미국 항공 우주국(NASA)은 일반적인 볼펜이 우주에서는 무용지물일 거라는 사실을 잘 알았다. 볼펜은 잉크가 중력에 따라 흘러내리는 원리로 작동하는데 우주에는 중력이 없기 때문이다. NASA의 협력업체 중 하나였던 피셔 펜 컴퍼니(Fisher Pen Company)는 무중력인 우주 공간에서도 작동할 펜을 개발하기로 결정했고 연구개발 프로그램을 시작했다. 폴 피셔(Paul Fisher) 사장은 사재 100만 달러를 투자해 1965년 스페이스 펜(Space Pen)을 발명했다. 스페이스 펜은 무중력에서도 훌륭히 작동하는 놀라운 기술이다.

똑같은 문제에 직면한 러시아 우주 당국은 우주인에게 연필을 사용하게 했다. 오늘날 '러시아 우주 펜'은 누구든 구매할 수 있다(영리하게도 빨간색 연필을 포장한 것에 불과하다).

이 이야기는 해결 영역으로 성급하게 뛰어들 때의 위험과 문제 영역에서 시작할 때의 장점을 단적으로 비교해 준다. '무중력에서 작동하는 펜'으로 사고를 제약하면 연필처럼 창의적이면서도 더 저렴한 솔루션을 고려하지 않게 될 수도 있다. 반면에 (해결 영역의 아이디어를 철저히 배제하고) 문제 영역을 명확히 이해하면 창의적인 솔루션을 더 다양하게 도출할 여지가 생기는데 이는 더 높은 투자 수익률을 제공할 수 있다. 연필과 우주 펜이 똑같이 적절한 솔루션이라면 누가 보더라도 연구개발비 100만 달러를 아끼는 게 바람직한 선택이다.

펜 기반의 솔루션에 고착되지 않으려면 문제 영역을 다르게 표현하는 것도 방법이다. '무중력에서 작동하는 필기구.' 이렇게 보면 당연히 연필도 하나의 솔루션 후보가 된다. 그러나 여전히 '필기구' 솔루션에서 벗어나지는 못한다. 이보다는 '나중에 참조할 수 있게 무중력에서 기록하고 사용하기에도 편리한 방법'이라고 문제 영역을 구성하는 게 더 낫다. 이럴 경우 재생 기능을 가진 녹음기처럼 더욱 창의적인 솔루션까지 감안하게 된다. 실제로 독창적인 솔루션 아이디어를 고려하면 설사 아이디어에 실현 가능성이 없더라도 문제 영역 정의를 다듬는 데에 도움이 된다. 앞의 사례에서 녹음기는 스페이스 펜만큼 좋은 솔루션은 아닐 것이다. 전원은 당연하고 기록을 다시 참조하려면 재생 기능도 필요할 게 아닌가. 녹음기에서 기록을 찾아 듣는 일은 눈으로 훑으며 읽는 방법보다 번거롭다. 하지만 이러한 사고 훈련으로 문제 영역을 더 정교하게 정의하고 다듬을 수 있다. '나중에 편리하게 참조하기 위해 무중력에서 기록할 수 있으면서도 사용하기 쉽고 저렴하며 외부 전원이 필요하지 않는 방법'처럼 말이다.

이 이야기에서 NASA를 희화화하려는 의도가 전혀 없다는 것을 명백히 밝힌다. 이 비유는 내가 말하고 싶은 요지를 강조하기 위한 하나의 방법일 뿐이다. 사실 최고의 솔루션은 NASA가 도출한 결론이었다는 게 밝혀졌다. 우주에서 연필을 사용하지 말아야 하는 데는 합당한 여러 이유가 있다. 부러진 흑연 연필심이 떠다니다 우주 비행사의 눈을 찌르거나 전자 회로에 합선을 야기할 위험이 있기 때문이다. 1967년 아폴로 1호에서 발생한 비극적인 화재 사건 이후 NASA는 필기구를 포함해 우주선 내부의 모든 물체에 불연성 소재를 사용하도록 의무화했다. 스페이스 펜은 명실상부 유용한 혁신이었고 러시아 우주 당국도 이 펜을 채택했다.

강연 중에 스페이스 펜 이야기를 꺼내면 근거 없는 괴담이나 가짜 뉴스라고 주장하는 사람이 종종 있다. 절대 그렇지 않다. NASA[1]와 피셔 스페이스 펜(Fisher Space Pen) 홈페이지[2]에서 관련 내용을 확인할 수 있다. 연구개발비 100만 달러를 누가 부담했는지는 주요 논쟁거리이다. NASA? 피셔? 앞서 말했듯 100만 달러는 피셔의 개인 주머니에서 나왔다.

1  *http://history.nasa.gov/spacepen.html*
2  *http://fisherspacepen.com/pages/company-overview*

## 2.2 문제가 시장을 정의한다

인튜이트의 창업자 스콧 쿡은 내가 프로덕트 세계에 입문한 초창기에 문제 영역 대 해결 영역 개념을 확실히 정립하게 해 주었다. 쿡은 프로덕트 매니저를 대상으로 터보택스에 관한 이야기를 하다가 "터보택스의 최대 경쟁자는 누구일까요?"라고 물었다. 여기저기서 손이 올라왔다. 당시 세금 신고 시장의 다른 강자는 에이치앤알 블록의 택스컷(TaxCut)이었다. 누군가가 확신에 찬 목소리로 "택스컷입니다."라고 말했다. 이에 스콧은 터보택스의 최대 경쟁자는 사실 펜과 종이라고 말하며 참석자 모두의 허를 찔렀다. 스콧은 미국 국세청(Internal Revenue Service, IRS) 양식을 사용해 여전히 수작업으로 세금을 직접 신고하는 미국인이 모든 세금 신고 소프트웨어의 사용자 수를 합친 것보다 더 많다고 지적했다.

　이 사례는 문제 영역을 명확하게 사고할 때 따라오는 또 다른 장점을 부각시킨다. 프로덕트가 실제로 경쟁하고 있는 시장을 더욱 정확하게 이해할 수 있다는 점이다. 나를 포함해 그날 참석자들은 양대 소프트웨어 프로덕트로 대변되는 '세금 신고 소프트웨어' 시장이라는 해결 영역에 갇힌 채로 사고했다. 쿡은 더 광범위한 '세금 신고' 시장이라는 – 세금 신고 업무를 대행하는 세무사까지 포함할 수 있다 – 문제 영역에서 생각했다. 1장에서 설명했듯이 시장에는 관련 있는 고객 니즈가 모여 있으며 이러한 니즈는 명백히 문제 영역에 존재한다. 시장은 이러한 니즈를 충족하는 어떤 솔루션과도 관련이 없다. '시장 교란'(market disruption)이 벌어지는 것도 이 때문이다. 이는 새로운 유형의 제품(해결 영역)이 시장 니즈(문제 영역)를 더 만족스럽게 충족하는 경우를 가리킨다. 신기술은 비슷한 편익을 훨씬 저렴하게 전달함으로써 종종 시장 교란을 일으킨다. 전통적인 유선 전화 서비스를 대체한 음성 인터넷 프로토콜(Voice-over-Internet-Proto-col, VOIP)은 파괴적 기술의 훌륭한 사례이다. 처음에는 통화 음질이 전통적인 유선 전화와 비교도 되지 않았지만 VOIP는 요금이 아주 저렴해서 유선 전화 시장의 많은 사용자에게 탁월한 솔루션이 되었다.

## 2.3 '무엇'과 '어떻게'

인튜이트에서 프로덕트 매니저로 일하며 해결 영역으로 넘어가지 않고 문제 영역에 머무르면서 프로덕트 요구사항(product requirements)을 상세하게 작성하는 법을 배웠다. 우리는 프로덕트가 고객을 위해 달성할 필요가 있는 '무엇'에 먼저 집중하게끔 훈련받았다. 프로덕트가 이를 '어떻게' 달성할지 고민하는 건 차후의 일이었다. 흔히 말하듯 유능한 프로덕트 팀은 '무엇'과 '어떻게'를 명확히 구분한다. '무엇'은 프로덕트가 고객에게 제공해야 하는 편익을 – 프로덕트가 고객을 위해 해결하거나 고객이 직접 해결하도록 해 주는 것 – 가리킨다. '어떻게'는 프로덕트가 '무엇'을 고객에게 전달하는 방식이다. '어떻게'는 프로덕트의 디자인이며 프로덕트를 구현하기 위해 사용되는 특정한 기술이다. '무엇'은 문제 영역이고 '어떻게'는 해결 영역이다.

## 2.4 아웃사이드-인(outside-in) 프로덕트 개발

문제 영역을 명확히 이해하지 못한 상태로 해결 영역에 진입하는 것은 '인사이드-아웃'(inside-out) 프로덕트 개발 접근법을 사용하는 기업과 팀에 만연한 현상이다. 여기서 '인사이드'는 기업을 '아웃사이드'는 고객과 시장을 가리킨다. 이러한 팀에서는 한 명이든 여러 명이든 누군가 개발하면 좋겠다고 생각하는 무엇에서 프로덕트 아이디어가 잉태된다. 그들은 아이디어가 프로덕트로 실현되었을 때 실질적인 고객 니즈를 해결하는지 검증하기 위해 고객을 대상으로 아이디어를 테스트하지 않는다. 인사이드-아웃 사고방식의 위험을 줄일 수 있는 가장 좋은 방법은 프로덕트 팀이 고객과 대화하는 것이다. 스티브 블랭크(Steve Blank)[3]가 프로덕트 팀에 '현장으로 나가라'(Get Out of the Building, GOOB)고 강조한 것도 이래서이다.

반면에 '아웃사이드-인'(outside-in) 프로덕트 개발은 고객의 문제 영역을 이해하는 데서 출발한다. 아웃사이드-인 프로덕트 팀은 고객 니즈뿐만 아니라 고객이 기존 솔루션에서 무엇을 좋아하고 싫어하는지 이해하려고 그들과 먼저 대화하는데 이로써 프로덕트 디자인을 시작하기 전에 문제 영역을 확실하게 정의할 수 있다. 린 프로덕트 팀은 자신들의 가설을 명확히 표현할 뿐만 아니라 이러한 가설을 테스트하기 위해 초기 디자인 아이디어에 대해 고객 피드백을 구한다. 이러한 접근법은 – 사실 사용자 중심 디자인(User-Centered Design, UCD) 실무자들이 수년 전에 이 접근법을 최초로 주장했다 – 린의 핵심이다.

## 2.5 고객의 목소리를 꼭 들어야 할까?

사용자 중심 디자인을 비판하는 일부 사람들은 사용자의 목소리를 듣는다고 혁신적인 솔루션을 찾을 수 있는 것은 아니라고 항변한다. 이들 비판가는 걸핏하면 헨리 포드(Henry Ford)의 유명한 발언을 들먹인다. "사람들에게 무엇을 원하냐고 물었다면 그들은 더 빠른 말을 원한다고 대답했을 것이다." 그들이 좋아하는 또 다른 사례는 스티브 잡스(Steve Jobs)와 애플이 '인사이드-아웃' 프로덕트 개발 프로세스와 비슷해 보이는 접근법을

---

3 (옮긴이) 고객 개발 방법론의 창시자

사용해 출시한 많은 프로덕트가 성공했다는 것이다. 실제로 스티브 잡스는 2008년 《포브스(Forbes)》와의 인터뷰에서 헨리 포드의 발언을 인용하기도 했다.

고객이 어떤 프로덕트 카테고리에서 차세대 혁신 솔루션을 식별하기는 어려울 것이다. 그럼에도 왜 군이 고객에게 이런 기대를 할까? 고객은 프로덕트 디자이너도, 프로덕트 매니저도, 기술 관련 전문가도 아닌데 말이다. 고객과 대화하거나 그들의 니즈와 선호도를 이해하는 것이 중요하지 않은 이유를 합리화하기 위해 내세우는 이런 주장은 사고의 오류를 동반한다. 이 주장을 펼치는 대부분의 사람은 '인사이드-아웃' 철학을 채택하고 싶은 마음에 그저 고객과 이야기하지 않으려는 핑계로 이를 이용할 뿐이다. 그들은 자신이 모든 대답을 알고 있다고 생각하기 때문에 고객과 이야기하는 일을 순전히 시간 낭비로 치부한다. 요컨대 그들은 문제 영역 대 해결 영역을 이해하지 못하는 것이다.

고객이 당신을 위해 혁신적인 프로덕트를 발명하지는 않을 것이다. 그렇다고 해서 고객의 니즈와 선호도를 이해하는 것이 시간 낭비라는 뜻은 아니다. 사실은 정반대이다. 프로덕트 팀이 고객의 니즈와 선호도를 잘 이해하면 잠재적인 솔루션을 조사하면서 고객이 각 솔루션을 얼마나 가치 있게 생각할지 추정할 수 있다.

사용자 중심 디자인을 비판하는 사람들은 자신의 관점을 정당화하려고 "애플은 고객과 이야기하지 않는다."라는 주장을 입버릇처럼 내세운다. 이는 하나만 알고 둘은 모르는 소리이다. 스티브 잡스는 1997년 세계 개발자 회의(Worldwide Developers Conference)[4]에서 린 프로덕트 프로세스와 일맥상통하는 더욱 진보된 관점을 피력했다.

---

4  (옮긴이) 애플이 개최하는 연례 개발자 콘퍼런스

여러분은 고객 경험에서 시작해 기술로 거슬러 가야 합니다. 기술에서 시작한 다음 그것을 어디에서 판매할지 알아내려고 해서는 안 됩니다. (…) 이제까지 우리가 애플의 전략과 비전을 도출하려 노력했을 때 출발점은 늘 똑같았습니다. 우리가 고객에게 제공할 수 있는 굉장한 편익은 무엇일까? (…) 엔지니어들과 머리를 맞대고 앉아 우리에게 있는 굉장한 기술을 찾은 다음 이를 어떻게 시장에 팔지 알아보는 식으로 시작하지 않았습니다. 나는 이것이 우리가 가야 하는 올바른 길이라고 믿습니다.

## 2.6 애플의 두 가지 기능 이야기

애플이 실제로 프로덕트 출시 전에 고객 피드백을 구하지 않는 것으로 유명함에도 불구하고 애플 제품이 크게 성공한 주된 이유는 고객 피드백을 구하지 않고서도 고객 니즈를 깊이 이해했기 때문이다. 애플이 아이폰 5S에 탑재한 지문 인식 센서 터치 ID를 생각해 보라. 터치 ID는 진보된 기술을 활용한다. 두께가 170마이크론(0.17mm)에 불과한 고해상도 센서가 500dpi(dots per inch)를 캡처한다. 버튼은 센서를 보호하기 위해 ─ 오늘날 가장 투명하고 가장 견고한 물질 중 하나인 ─ 사파이어 크리스털로 만든다. 또한 버튼이 렌즈 역할을 해서 센서는 사용자의 지문에 정확히 초점을 맞출 수 있다. 터치 ID는 각 지문 융선에서 육안으로 볼 수 없는 아주 미세한 특징까지 매핑하고 360도 어떤 방향에서든 다양한 지문을 인식할 수 있다.

어떤 아이폰 고객도 이러한 솔루션을 생각하기란 어려웠을 것이다. 아마 애플도 터치 ID를 출시하기 전에 대규모 사용자 테스트를 실시하지 않왔을 것이다. 그렇지만 아이폰 팀은 문제 영역을 잘 이해했을 뿐 아니라 고객이 터치 ID를 가치 있게 생각할 거라는 확신이 있었다고 봐야 한다. 터치 ID는 아이폰의 잠금 해제와 앱스토어 로그인을 위한 전통적인 방식을 대체하는 솔루션이다. 터치 ID는 인증 시 고객에게 편리성과 보안성을 제공하므로 기존 방식보다 한 수 위이다. 대개의 경우 이 두 가지 고객 편익은 상충 관계에 있는데 인증 메커니즘의 편리성이 높을수록 보안성이 낮아진다(그 반대도 마찬가지이다).

대부분의 아이폰 사용자는 평소에 상당히 자주, 하루에도 수차례 잠금을 해제한다. 사람들은 자신의 시간을 가치 있게 생각하므로 잠금 해제 시간 단축은 확실한 편익이다. 아이폰 사용자는 보안도 가치 있게 여긴다. 그들은 권한이 없는 사람이 자신의 아이폰에 무단으로 접근하는 것을 바라지 않는다. 폰을 분실했거나 도난당했을 때는 더욱 그렇다. 네 자리 숫자 암호의 경우 누군가 당신의 암호를 알아맞힐 수 있는 확률은 10,000분의 1이다. 애플의 설명에 따르면 터치 ID가 동일하다고 인식될 만큼 두 사람의 지문이 비슷할 확률은 50,000분의 1이다(게다가 숫자 조합을 달리하는 것보다 손가락을 바꾸는 것이 훨씬 어렵다).

터치 ID로 인증하면 잠금 해제 암호나 앱 스토어 비밀번호를 입력하는 것보다 훨씬 빠르다. 또한 사용자가 암호나 비밀번호를 기억하지 않아도 되므로 더 편리하다.

터치 ID가 기존 솔루션보다 시간을 아껴 주고 편리성과 보안성이 더 높은 게 분명했기 때문에, 아이폰 팀은 사용자 테스트로 직접 검증하지 않았음에도 고객이 이 기능을 가치 있게 생각할 거라고 확신할 수 있었을 것이다. 하지만 애플이 고객을 대상으로 터치 ID를 테스트하지 않았다면 여전히 예상치 못한 부정적인 결과가 나타날 위험이 있었다. 애플이 직원을 (종종 고객을 대신하는 좋은 대리자(proxy)이다) 대상으로 프로덕트를 내부적으로 테스트한다는 점은 주목할 가치가 있다. 자신의 프로덕트를 직접 사용하는 이런 내부 테스트 전술은 '도그푸딩'(dogfooding)이라고 불린다.

오해하지는 마라. 애플이 완벽하다는 이야기가 아니다. 예를 들어 고객들은 애플이 2013년 맥북 프로 전원 버튼에 시도한 제품 '개선'이 마음에 들지 않았다. 이전 버전의 맥북 프로에서 전원 버튼은 키보드에서 멀리 떨어진 곳에 자리했는데 다른 키들보다 크기가 더 작았고 색상도 달랐고 매립형이었다. 이런 모든 특징 덕분에 사용자가 실수로 전원 버튼을 누르는 경우가 별로 없었다. 이전 버전에서는 전원 버튼을 눌렀을 때 재부팅, 대기, 시스템 종료와 더불어 어떤 액션이든 취소할 수 있는 기능까지 총 네 개의 선택지를 보여 주는 대화창이 나타났다. 하지만 애플은 2013년형 맥북 프로의 전원 버튼 디자인을 변경하기로 결정했다. 애플은 버튼 모양을 키보드의 다른 모든 키와 비슷하게 만들었을 뿐만 아니라 키보드에 추가(예전에 미디어 꺼내기(eject) 키가 있던 맨 윗줄 오른쪽 끝자리였다)했다. 새로운 전원 버튼은 '삭제' 키, 볼륨 높이기 키와 붙어 있었는데 두 키 모두 사용 빈도가 높았다. 사용자들은 실수로 전원 버튼을 누르기 시작했다(이는 다시 취소 버튼을 클릭할 수밖에 없게 만들었다).

애플의 헛발질은 이게 끝이 아니었다. 애플은 뒤이어 배포한 운영체제 업데이트에서 – OS X 매버릭스(Mavericks) – 전원 버튼 동작을 변경했다. 매버릭스에서 전원 버튼을 누르면 여러 선택지를 제공하는 대화창이 나타나는 대신에 컴퓨터가 곧장 대기 모드로 전환됐다. 이러한 두 가지 변경이 (전원 버튼의 위치 이동과 동작 변경) 결합된 결과 노트북이 예상하지 못한 순간에 갑자기 대기 모드로 바뀌자 사용자들은 불만을 토로했다. 이와 같은 사용성 이슈는 고객 테스트로 - 심지어 소수의 사용자 테스트에서도 - 쉽게 식별할 수 있다.

지금까지 소개한 애플의 두 가지 사례를 비교해 보자. 터치 ID에는 명확한 편익이 있었고 예상치 못한 위험이 전혀 발생하지 않았다. 전원 버튼을 변경한 것은 어떤 고객 편익을 의도했을까? 고객에게 어떤 편리함과 이익을 제공하고 싶었는지 명확하지 않다. 아마도 새로운 전원 버튼 디자인으로 심미성과 관련된 회사 내부 목표를 해결하거나 비용을 절감하지 않았을까. 애플 내부 사정과는 별개로 새로운 전원 버튼 디자인과 동작은 고객 불만을 불러왔다. 고객이 획기적이고 혁신적인 프로덕트라는 약속의 땅으로 당신을 이끌지는 못하겠지만 고객 피드백은 어둠을 밝혀 주는 손전등과 같다. 당신이 어둠 속에서 길을 찾을 때 절벽에서 떨어지지 않도록 해 준다.

## 2.7 해결 영역을 활용해 문제 영역을 발견한다

고객은 또한 문제 영역에 자리한 니즈를 은쟁반에 담아 가져다 주지도 않을 것이다. 고객이 추상적인 편익과 각 편익의 상대적인 중요성을 이야기하기는 어려운데 그렇게 하더라도 종종 부정확하고 오류투성이다. 따라서 이러한 니즈를 찾고 문제 영역을 정의하는 것은 프로덕트 팀의 일이다. 한 가지 방법은 고객을 인터뷰하고 고객이 기존 프로덕트를 사용하는 모습을 관찰하는 것이다. 이러한 기법을 '맥락적 조사'(contextual inquiry) 또는 '고객 발견'(customer discovery)이라고 한다. 고객 인터뷰를 하면 고객이 명확하게 표현하지 않더라도 그들이 마주하는 페인 포인트를 관찰할 수 있다. 현재 솔루션에서 무엇을 좋아하고 싫어하는지 고객에게 직접 물어도 된다. 고객 니즈와 각 니즈의 상대적인 중요성에 관한 가설을 세울 때 이러한 기법을 사용하여 가설을 검증하고 개선할 수 있다.

현실적으로 고객은 해결 영역에서 피드백을 훨씬 더 잘한다. 프로덕트나 디자인을 보여 주면 고객은 좋고 싫은 점을 콕 집어 말한다. 또한 다른 솔루션과 비교하여 장점과 단점을 파악한다. 해결 영역에서 고객과 논의하는 것이 문제 영역에서 고객과 논의할 때보다 명백하게 훨씬 더 얻을 게 많다. 해결 영역에 관한 고객 피드백은 실제로 문제 영역 가설을 테스트하고 개선하는 데 도움이 된다. 문제 영역에 대한 최고의 인사이트는 당신이 만든 해결 영역 산출물에 대한 고객의 피드백에서 얻을 수 있다.

그림 2.1을 보면 알 수 있듯이 문제 영역과 해결 영역은 프로덕트 마켓 핏 피라미드에서 필수적인 부분이다. 프로덕트에서 – 고객이 눈으로 보고 반응할 수 있는 – 기능 집합과 UX는 해결 영역에 속한다. 피라미드의 나머지 세 계층은 문제 영역에 자리한다. 문제 영역과 해결 영역 사이의 중요한 접점은 가치 제안과 기능 집합 사이에서 발생한다. 기능 집합과

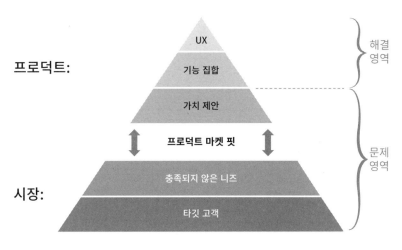

그림 2.1 문제 영역 대 해결 영역

UX는 당연히 당신이 원하는 대로 얼마든지 변경할 수 있다. 타깃화할 수 있어도 변경할 수 없는 고객과 그들의 니즈와는 달리, 가치 제안은 문제 영역에서 당신이 최대한의 통제력을 발휘할 수 있는 계층이다.

500 글로벌(500 Global)의 데이브 매클루어(Dave McClure)의 말을 새겨듣 자. "고객은 당신의 솔루션에 관심이 없다. 고객은 자신의 문제에 집중할 뿐이다." 반복적으로 가설을 테스트하고 개선하는 동안 문제 영역과 해결 영역을 분리한 채 두 영역을 오가는 것이 프로덕트 마켓 핏을 달성하는 가장 확실한 길이다. 린 프로덕트 프로세스는 이러한 단계별 로드맵을 제공한다. 지금부터 프로세스의 첫 번째 단계를 시작해 보자. 바로 타깃 고객 식별하기이다.

2부

# 린 프로덕트 프로세스

3장

# 타깃 고객을 선정하라
# (1단계)

린 프로덕트 프로세스는 프로덕트 마켓 핏 피라미드에서 맨 아래 계층에 위치하는 타깃 고객을 식별하는 것으로 시작된다. 당신이 찾아내고 싶은 문제 영역 편익은 특정 고객 세그먼트와 관련 있다. 고객마다 니즈가 다를 것이며 동일한 니즈를 가진 고객조차 각 니즈의 상대적인 중요도는 다르게 보일 수 있다.

## 3.1 고객을 낚다

타깃 고객에 대한 구체적인 논의 없이 프로덕트를 출시하는 기업이 많다. 기업은 하나의 타깃 고객을 염두에 두고 프로덕트를 출시하지만 막상 뚜껑을 열어 보니 타깃 고객과 약간 다른 고객 세그먼트를 끌어들이게 되는 경우도 가끔 있다. 프로덕트와 타깃 고객을 일치시키는 것은 낚시와 비슷하다. 프로덕트는 물속에 던지는 미끼이고 미끼를 무는 물고기는 타깃 고객이다. 어떨 때는 목표했던 종류의 물고기를 낚고 또 어떨 때는 기대와는 다른 종류의 물고기를 잡는다. 타깃 시장에 대한 가설을 세우고 구체화할 수는 있지만, 실제 고객이 누구인지는 물속에 낚싯바늘을 던져 어떤 종류의 물고기가 무는지 확인하기 전까지는 알 수 없다. 즉, 고객에게 보여 줄 프로덕트나 프로토타입이 준비되었을 때 유인하려는 타깃 시장의 실체를 명료하게 알 수 있다.

미끼로 하나 이상의 고객 유형을 유인하는 것도 얼마든지 가능하다. 예컨대 퀵큰은 개인이 가계 재무를 쉽게 관리할 수 있도록 설계되었다. 그런데 사용하기가 아주 쉬워 중소기업 경영자까지 회사 재무 관리에 퀵큰을 사용하기 시작했다. 미끼 하나로 원하던 물고기에 더해 뜻밖의 물고기까지 낚이자 퀵큰 팀은 깜짝 놀랐다. 인튜이트는 고객 리서치로 사용자의 약 3분의 1이 회사 재무 관리에 퀴큰을 사용한다는 사실을 알게 되었다. 인튜이트는 이들 중소기업 경영자 고객의 고유한 니즈를 더욱 잘 해결하려고 개인 재무용 퀴큰을 기반으로 퀴큰 홈 앤드 비즈니스(Quicken Home and Business) 소프트웨어를 개발했다. 이렇게 타깃 시장을 발견한 것을 계기로 인튜이트는 기업 재무 관리 전용 회계 소프트웨어 퀵북스(Quick-Books)를 출시했다.

기업은 종종 타깃 시장을 확장하거나 바꾸고 싶어 한다. 일부 기업은 '더 큰 시장'(up market)으로 진입할 방법을 모색하고 있다. 예를 들어 현재는 중소기업을 대상으로 프로덕트를 판매하고 있지만, 앞으로는 더 큰 기업에도 프로덕트를 판매하고 싶어 하는 것이다. 이와는 반대로 처음에는 대기업을 대상으로 시작해서 '더 작은 시장'(down market)까지 눈독을 들이는 기업도 있다. 어떤 수직적 산업에서 성공한 기업이 인접한 수직적 시장으로 확장하고 싶을 수도 있다. 예를 들어 강의 관리 소프트웨어를 개발해 대학 교수 집단을 대상으로 프로덕트 마켓 핏을 달성했다면 전문적인 교육 서비스 시장의 문을 두드릴 수 있다. 진입하려는 인접 시장의 니즈가 기존 시장 니즈와 비슷하다면 기존 프로덕트를 약간만 변경하여 시장에 적합한 프로덕트로 만들 수도 있다.

## 3.2 타깃 시장을 세분화하는 방법

타깃 고객을 정의할 때는 타깃 시장에 있는 고객을 식별하는 모든 관련 속성을 파악한다. 여기에는 인구통계학적(demographic) 속성, 심리통계학적(psychographic, 사이코그래픽) 속성, 행동적 속성, 니즈 기반 속성 등이 있다. 고객 속성을 기준으로 광범위한 시장을 여러 하위 범주로 나누는 것을 *시장 세분화*(market segmentation)라고 한다.

### 3.2.1 인구통계학적 세분화

인구통계는 연령, 성별, 결혼 여부, 소득, 교육 수준과 같이 하나의 인구 집단을 정량화할 수 있는 통계이다. 예를 들어 엄마가 아기 사진을 친구나 가족과 쉽게 공유할 수 있는 앱을 개발한다고 하자. 이럴 경우 인구통계학적인 관점에서 타깃 고객을 3세 미만의 자녀를 한 명 이상 둔 20~40세 여성으로 묘사할 수 있다.

타깃 고객이 기업이라면 인구통계 대신에 퍼모그래픽(firmographics, 기업통계)을 사용할 것이다. 조직에 초점을 맞추는 퍼모그래픽은 인구통계학에 상응하는 개념으로서 회사의 규모와 업종 같은 속성을 포함한다. 업종을 구분하기 위해 널리 사용되는 두 가지 체계는 표준산업분류(Standard Industrial Classification, SIC) 코드와 북미산업분류체계(North American Industry Classification System, NAICS)이다.

### 3.2.2 심리통계학적 세분화

심리통계는 태도, 의견, 가치관, 관심사 같은 심리적 변수 기준에 따라 사람을 그룹으로 분류하는 통계이다. 앞에서와 같은 앱을 예로 들면 소셜 미디어를 즐겨 사용하고 아기 사진을 친구나 가족과 공유하기 좋아하는 엄마를 타깃 고객으로 설명할 수 있다. 인구통계학적인 정의를 다시 읽어 보면 20세에서 40세 사이의 여성들이 사진을 공유하고 싶어 하는지는 전혀 언급되지 않았다는 것을 알 수 있을 것이다.

많은 프로덕트의 경우 심리통계학적 속성이 인구통계학적 속성보다 더 유용하다. 인구통계는 누군가가 당신의 타깃 시장에 속하는 주된 이유가 아닌 경우가 많다. 다시 앞의 시나리오에서 앱의 타깃 고객은 사진을 공유하고 싶은 아기 엄마이다. 엄마가 타깃 고객이라는 점에서 '여성'이 대상이고 여성의 가입 연령 통계 데이터에 따라 '20세에서 40세 사이'로 연령대가 한정된다.

### 3.2.3 행동적 세분화

특정 행동을 하는지 안 하는지, 한다면 얼마나 자주 하는지와 같은 관련 있는 행동적 속성을 사용해서도 타깃 고객을 정의할 수 있다. 현재 소셜 미디어에(페이스북, 인스타그램 등) 매주 평균 세 장 이상의 아기 사진을 업로드하는 엄마를 타깃 시장으로 정의할 수 있다. 만약 능동적 투자자 (active investor)[1]를 위한 주식 거래 앱을 개발 중이라면 매주 주식 거래 횟수가 10번 이상인 투자자로 타깃 시장을 정의할 수 있다.

### 3.2.4 니즈 기반 세분화

또 다른 효과적인 시장 세분화 기법은 니즈에 기반하는 방법이다. 이 기법은 시장을 각각 독특한 니즈를 갖는 여러 고객 세그먼트로 나눈다. 가성비와 사용성이 뛰어난 무선 카메라 판매업체 드롭캠(Dropcam)[2]을 예로 들어 보자. 부모로서 나는 아이들이 잠을 잘 때 모니터하는 용도로 드롭캠을 사용한다. 아이들 방에 직접 가지 않고도 스마트폰 앱으로 아이들을 보고 소리를 들을 수 있어 편리하다. 다른 사람들은 드롭캠을 가정용 방범 카메라로 사용한다. 반려 동물을 키우는 사람들은 외출 시 집에 있는 반려 동물을 살피기 위해 드롭캠을 사용한다. 사업장에서는 야간은 물론이고 주간에도 절도 같은 부정 행위를 감시하기 위한 보안 카메라로 드롭캠을 사용한다.

---

1  (옮긴이) 주식 시장의 평균 수익률을 초과하는 수익을 창출하기 위해 주식이나 자산을 적극적으로 선별하고 거래하는 투자자로 적극 투자자라고도 한다.
2  (옮긴이) 2014년에 구글 산하 스마트홈 업체 네스트(Nest)에 인수되었다.

이렇게 서로 다른 네 가지 고객 세그먼트 모두를 인구통계학적이나 심리통계학적 설명 하나로 간결하게 정의하기는 어려울 것이다. 하지만 니즈 기반 세분화라는 렌즈로 들여다 보면 이들 모두 영상을 쉽게 녹화하고 원격으로 모니터링하고 싶은 공통의 니즈를 가진 통합된 하나의 고객 집단처럼 보인다.

비록 상위 니즈를 공유하더라도 고객 세그먼트 각각은 세부적인 니즈에서 차이가 있다. 드롭캠은 이를 이해하고 각 세그먼트에 맞춘 마케팅 전략을 구사했다. 드롭캠은 자사 웹사이트 '사용자 가이드' 메뉴에서 '가정용 보안', '베이비 모니터', '펫 모니터', '비즈니스 보안', 이렇게 각각의 페이지를 별도로 운영했다. 이뿐만 아니라 각 세그먼트에 맞춘 다양한 기능을 제공했다. 나중에 재생할 수 있게 녹화 영상을 클라우드 스토리지에 저장하는 기능도 그중 하나였다. 아이들이 잠잘 때 실시간 모니터용으로만 드롭캠을 사용한 나에게는 이 기능이 아무런 가치가 없었다. 그렇지만 보안을 중시하는 고객에게는 매우 중요한 기능이었으며 이들은 카메라 구입 비용에 더해 월 서비스 이용료까지 기꺼이 지갑을 열었다. 드롭캠 사례는 다음 4장에서 다루는 주제에 – 타깃 고객을 당신이 그들의 니즈라고 생각하는 것과 연결하는 방법 – 대한 간략한 요약본이라고 할 수 있다.

## 3.3 사용자 대 구매자

어떤 경우에는, 특히 B2B 프로덕트에서 프로덕트를 사용할 고객(사용자)이 구매 결정을 하는 사람(구매자)과 동일인이 아닌 경우가 있다. 세일즈포스닷컴(Salesforce.com) 앱을 예로 들면, 기업에서 이 앱을 실제로 사용하는 사람은 영업 담당자인데 종종 구매자는 영업 담당 부사장이다. 하지만 어떤 기업에서는 최고 기술 책임자(Chief Technology Officer, CTO)가 구매 결정자일 수도 있다. 이뿐만 아니라 기업에는 최고 재무 책임자(Chief Financial Officer, CFO), 비즈니스 사업부 본부장, 고문 변호사, 최고 보안 책임자(Chief Security Officer, CSO)와 같이 특정 구매 결정에 반드시 동의를 구해야 하는 다수의 이해관계자가 있을 수도 있다. 이러한 경우 경제적 구매자(economic buyer)와 – 예산과 지출을 통제하는 최종 의사결정권자 – 의사결정 과정에 관여하는 기타 이해관계자를 구분하는 게 좋다. 이러한 이해관계자는 자신의 요구사항이 충족되지 않으면 프로덕트 구매를 반대할 수 있는 잠재적 '방해꾼'이 될 수 있다. 구매자의 니즈가 최종 사용자의 니즈와 다른 경우가 흔하므로 프로덕트 마켓 핏을 달성하려면 이러한 차이를 해결해야 한다. 필요하다면 타깃 고객 뿐만 아니라 타깃 구매자를 정의하는 게 좋다.

## 3.4 기술 수용 주기

하이테크 제품 마케팅 전략에 관한 고전으로 통하는 제프리 무어(Geoffrey Moore)의 《캐즘 마케팅(*Crossing the Chasm*)》에 대해 들어 보았을 것이다. 무어는 이 책에서 타깃 시장을 정의할 때 고려해야 하는 또 다른 중요한 개념을 대중화하는 데에 한몫했다. 그 개념은 신기술 수용에 대한 위험 회피 성향을 토대로 시장을 다섯 개의 독특한 고객 세그먼트로 나누는 기술 수용 주기(Technology Adoption Life Cycle, TALC)이다.

지금부터 각 세그먼트를 간략히 살펴보자.

1. **혁신 수용자**(Innovator)는 기술 애호가로 가장 혁신적인 최신 기술에 익숙하다는 것을 자랑스럽게 여긴다. 이들은 신제품을 가지고 놀거나

조작해 보면서 신제품의 복잡한 특성을 탐험하는 재미에 빠져 있다.
또한 결함이나 트레이드오프(tradeoff)가 있을 가능성에도 불구하고 정
교함이 떨어지는 제품을 사용하려는 의지가 강하고 이러한 제품 중
상당수가 결국 실패하더라도 상관하지 않는다.

2. **조기 수용자**(Early Adopter)는 현 상황에서 우위를 점하고자 새 혁신을
   탐험하려는 공상가이다. 혁신 수용자와는 달리 이들이 첫 번째가 되
   고 싶은 이유는 기술에 대한 타고난 애정이 아니라 우위를 차지할 수
   있는 기회 때문이다.

3. **초기 다수 수용자**(Early Majority)는 실용주의자로 기술 자체에는 아무 관
   심도 없다. 이들은 신제품이 가치를 전달한다는 사실이 데이터로 검
   증된 '후에야' 이를 수용한다. 앞의 두 집단보다 위험 회피 성향이 강
   하기 때문에 이들은 믿을 수 있는 출처로부터 강력한 추천을 받는 것
   을 선호하며 해당 제품 카테고리에서 선도 기업의 제품을 구매하는
   경향이 있다.

4. **후기 다수 수용자**(Late Majority)는 혁신이 가치를 전달할 것이라는 점을
   의심하는, 위험을 회피하는 보수주의자이다. 이들은 경제적 이유, 경
   쟁적 위협, 또는 더 이상 지원되지 않을 오래된 기술에 의존하는 것
   에 대한 두려움 때문에 혁신을 채택해야 하는 상황에서만 이를 수용
   한다.

5. **최후 수용자**(Laggard)는 혁신 자체를 매우 경계하는 회의론자이다. 이
   들은 변화를 싫어하며 신기술이 주류가 된 이후에도 이를 비판하는
   성향을 보인다.

무어는 혁신 수용자와 조기 수용자 집단이 받아들인 파괴적인 제품의 상

당수가 초기 다수 수용자 집단의 관심을 얻기가 매우 어렵다는 점에 주목했다. 따라서 그는 조기 수용자와 초기 다수 수용자 사이에 간극 – 또는 균열(chasm) – 을 추가했는데, 이 균열을 성공적으로 뛰어넘는 방법에 관한 조언을 제공하는 무어의 저서 제목이 바로 여기서 탄생했다.

타깃 고객을 정의할 때는 자신의 프로덕트 시장이 기술 수용 주기에서 현재 어느 단계에 있는지 이해하는 게 중요하다. 새로운 시장에서는 혁신 수용자를 초기 타깃으로 삼을 수 있는데 이들은 새 솔루션을 적극적으로 수용하고, 이러한 솔루션에 선뜻 프리미엄을 지불하며, 핵심적인 혁신 영역을 제외한 여타의 결점을 흔쾌히 눈감아 주기 때문이다. 시간이 지나면서 나머지 세그먼트로 타깃 고객을 확장하려고 한다면 각 세그먼트의 사용자들이 요구하는 니즈와 선호도가 – 더 나은 편의성, 더 높은 신뢰성, 더 저렴한 가격과 같이 – 다르다는 사실을 알 게 될 것이며, 먼저 이러한 니즈와 선호도를 반영해 제품을 개선해야 그들이 프로덕트를 수용할 것이다.

## 3.5 페르소나

페르소나(persona)는 타깃 고객을 묘사할 수 있는 요긴한 도구이다. 앨런 쿠퍼(Alan Cooper)[3]는 자신이 개척한 '목표 지향 디자인'(Goal-Directed Design) 프로세스의 일부로 페르소나를 사용하도록 권장했다. 쿠퍼는 저서 《정신병원에서 뛰쳐나온 디자인(The Inmates are Running the Asylum)》에서 페르소나를 "사용자와 사용자가 달성하려는 목표를 정확하게 정의하는 것"이라고 표현한다. 쿠퍼는 "페르소나는 진짜 사람이 아니"라 "실제 사용자의 가상 원형(hypothetical archetype)"이라고 설명한다. 페르소나는 오늘날 널리 보편화되었으며 사용자 중심 디자인을 채택하는 많은 UX 디자이너와

---

3 (옮긴이) 소프트웨어 개발 전문가로 페르소나 개념의 주창자이다.

프로덕트 팀이 페르소나를 활용한다. 페르소나는 주로 디자인 단계에서 사용되지만 프로덕트 프로세스 초기에 페르소나를 사용하면 타깃 고객에 대한 가설을 하나로 응축하는 데 유용하다. 린 프로덕트 프로세스에서 초기 디자인을 시작할 때 몇 단계 후에 페르소나가 다시 필요할 것이다. 지금 페르소나 작업을 시작하면 미리 잘 준비할 수 있다.

또한 페르소나는 회사 내에서 해당 프로덕트에 관여하는 모든 사람들이 동일한 고객을 염두에 두고 일치된 방향으로 나아가도록 도와준다. 많은 사람이 참여하는 대부분의 일이 그렇듯이 페르소나를 글로 작성하고 공유하며 토론하지 않는다면 모든 사람이 동일하게 이해하지 못할 가능성이 크다. 결국 페르소나는 프로덕트 팀 구성원들이 중요한 기능과 사용자 경험을 디자인하는 방법을 결정하게 도와준다. 잘 만든 페르소나는 프로덕트 팀의 모든 구성원이 동일한 정보와 논리적 기반을 공유할 수 있는 견고한 토대가 되어 힘을 실어 주며 하나의 그룹으로서 프로덕트 의사결정을 내릴 때 일관성을 유지하게 해 준다. 또한 각자가 독립적으로 역할에 따라 여러 사소한 프로덕트 의사결정을 내릴 때도 페르소나는 그 결과가 서로 어긋나고 비생산적인 게 아니라 더욱 일관된 가치를 더하는 데 도움이 되어야 한다.

### 3.5.1 페르소나는 어떤 정보를 제공하는 게 좋을까?

좋은 페르소나는 인구통계학적, 심리통계학적, 행동적, 니즈 기반 측면에서 타깃 고객과 관련 있는 속성을 전달한다. 페르소나는 한 페이지 분량이 적절하고, 빠르게 이해할 수 있게 고객 원형의 핵심만 간략히 제공하는 게 좋은데 보통 다음의 정보를 포함한다.

- 이름

- 인물 사진

- 타깃 고객이 가장 중요하게 생각하는 것을 전달하는 인용문

- 직함

- 인구통계학적 정보

- 니즈/목표

- 관련된 동기와 태도

- 관련된 태스크와 행동

- 현재 솔루션에 대한 불만/페인 포인트

- 관련 분야 전문성/지식 수준(예: 컴퓨터 활용 능력)

- 프로덕트 사용 맥락/환경(예: 시끄럽고 분주한 사무실에서 노트북을 사용함, 집 소파에서 태블릿을 사용함)

- (프로덕트 카테고리의) 기술 수용 주기 세그먼트

- 기타 주목할 만한 특징

이 목록에서 페르소나에 실질적인 생명력을 부여하는 두 가지 요소는 가상 인물의 사진과 그에게 가장 중요한 것을 표현하는 인용문이다. 팀원들은 보통 페르소나의 이름, 사진, 인용문을 가장 잘 기억하는데 특히 페르소나를 직접 보고 있지 않을 때 그러하다. 그림 3.1은 페르소나의 예시이다. 뛰어난 UX 디자이너 베카 테즐라프(Becca Tetzlaff)가 만든 페르소나를 참고했다. 테즐라프의 웹사이트에서 그가 작업한 다른 사례를 볼 수 있다.[4]

4  *http://beccatetzlaff.com*

# 바쁜 엄마

## 리사 베넷(Lisa Bennett)

나이:      32세
성별:      여
결혼 여부:   기혼
최종 학력:   학사 학위
직업:      교사
연 소득:    $55,000

"저에겐 아이들 건강이 제일 중요해요. 하지만 두 아이를 키우는 것은 풀타임 직업이죠. 그래서 아이들의 처방약과 병원 예약을 잘 관리할 수 있는 쉬운 방법이 있었으면 해요."

리사는 초등학교 교사다. 성실하고 부지런한 남편 데이브(Dave), 딸 애디슨(Addison, 12세), 아들 케일럽(Caleb, 9세)이 리사의 가족이다. 데이브는 야근이 잦기 때문에 리사가 남매의 주 양육자다.

리사의 아이들은 건강한 편이지만 둘 다 중요한 처방약을 복용해야 한다. 천식을 앓는 애디슨은 흡입기를 항상 곁에 둬야 한다. 리사는 혹시나 흡입제 처방약 리필(prescription refill)을 잊어버려서 애디슨에게 위급 상황이 생길까 봐 걱정스럽다.

리사의 삶은 숨 가쁘게 흘러가고 혼자만의 시간이 거의 없다. 따라서 리사는 아이들의 처방약과 병원 예약을 지속적으로 관리할 수 있는 쉬운 방법이 필요하다.

| 목표 | 기술 사용 | 관심사 |
|---|---|---|
| • 아이들 병원 예약 상기 | • 보통 | • 가족과 시간 보내기 |
| • 아이들 건강 정보 관리 | • 아이폰 사용자 | • 아이들의 방과 후 과외 |
| • 처방약 간편 리필 | • 데스크톱 PC 사용 |   활동에 참여하기 |
| | • 페이스북으로 가족 | • 테니스 |
| |   친구와 꾸준히 소통 | |

그림 3.1 페르소나

## 3.5.2 페르소나를 만드는 방법

그렇다면 페르소나에 필요한 정보는 어떻게 얻을까? 기존 고객이 있다면 인터뷰와 설문 조사를 사용하라. 고객과의 일대일 인터뷰는 이런 지식을 모을 수 있는 최고의 방법이다. 어떤 질문을 해야 하는지 알고 있다면 설문 조사를 통해 다수의 고객에게서 데이터를 한 번에 수집할 수 있다.

설문 조사로 얻은 데이터를 사용할 때는 수집된 데이터의 평균값을 사용해 페르소나를 특정인으로 의인화하지 않는 게 정말 중요하다. 페르소나는 진짜 사람을 대표해야 하므로 존재하지 않는 '평균' 고객을 위해 프로덕트를 디자인해서는 안 된다. 앨런 쿠퍼의 말을 새겨듣자. "우리 지역의 1인당 평균 자녀 수는 2.3명이다. 하지만 우리 지역에 정확히 2.3명의 자녀를 둔 사람은 없다." 당연히 두 명이나 세 명의 자녀를 두었다고 페르소나를 구체화하는 게 더 나을 것이다. 집계된 설문 조사 데이터를 활용해 페르소나가 주요 고객층을 적절히 반영하게 만들 수 있다. 특히 타깃 고객 프로필에 부합하는 응답자의 답변을 하나씩 살펴보면서 인사이트를 얻을 수 있다.

새 프로덕트를 출시하거나 신규 타깃 시장으로 비즈니스를 확장하는 경우라면 당연히 기존 고객이 없을 것이다. 이럴 때는 얼마든지 자신이 판단하여 타깃 고객 속성에 관한 초기 가설을 세운 다음 타깃 고객 프로필에 부합하는 잠재 고객과 대화를 나누며 그 가설을 테스트할 수 있다. 피드백을 얻을 디자인이나 프로덕트를 만들기 전까지는 주로 잠재 고객과 대화를 나누며 그들의 니즈, 현재 솔루션의 사용 형태, 페인 포인트를 더욱 깊이 이해하게 되는데 이를 통해 잠재적인 프로덕트 기회를 식별할 수 있다.

나를 포함해 린 원칙을 실천하는 사람들은 이를 '고객 발견' 인터뷰라고 부른다. 사용자 중심 디자인에서는 종종 '맥락적 조사' 또는 '민족지학적 연구'(ethnographic research)[5]로 불린다. 린 프로덕트 프로세스의 모든 단

---

5 (옮긴이) 민족지학(ethnography)은 그리스어 '사람들'(ethnos)과 '기록'(grapho)을 조합한 용어로 인류학자들이 다른 문화를 관찰하고 기록하는 연구 방법이다.

계와 마찬가지로 여기서도 반복적 접근법을 적용하는 게 좋다. 고객과 대화를 거듭하면서 더 많이 배우고, 페르소나를 계속 수정해 나가면서 더 정확하고 탄탄하게 다듬어 간다. 목표는 충족되지 않은 니즈를 가진 타깃 고객을 찾아내어 이를 해결할 수 있다는 확신이 들 때까지 이 과정을 반복하는 것이다. 다음 4장에서는 고객 니즈를 더 깊이 살펴볼 것이다.

### 3.5.3 페르소나의 잠재적 문제점

페르소나로 성공을 맛본 프로덕트 팀이 많다. 하지만 일부 사람들은 페르소나를 곱지 않은 시선으로 바라본다. 이들 대부분은 엄격한 사용자 중심 디자인 프로세스에서 쓰이는 고품질의 페르소나를 접해 본 적이 없다. 모든 도구가 그렇듯이 페르소나 역시 잘못 사용될 수 있다. 수준 낮은 페르소나는 핵심 정보가 부족하거나 부실하게 작성되었거나 실제 고객 데이터가 아니라 순전히 추측에만 근거할 수도 있다. 정반대의 경우 아무런 가치를 더하지 못하는 군더더기 세부 정보로 점철된 페르소나도 있다. 유용한 페르소나가 되려면 실용적이어야 하고 유용한 정보를 제공하여 프로덕트 디자인 결정을 도와야 한다.

페르소나를 만드느라 프로덕트 프로세스 속도가 느려지면 안 되고 처음부터 완벽한 페르소나를 만들고 싶은 욕심에 너무 많은 시간을 들여서도 안 된다. 대신에 이를 초안으로 생각하고 프로덕트 프로세스를 반복하면서 수정해 나가야 한다. 그림 3.1의 예시와 같이 처음부터 탄탄하고 세련된 페르소나로 시작하는 것이 아니다. 이는 고객 발견 과정을 무수히 반복한 결과이다. 시간이 지나 더 많이 배울수록 타깃 고객을 점점 더 충실하게 반영하도록 페르소나를 개선하게 될 것이다.

페르소나를 아무리 잘 작성했다고 해도 프로덕트 팀의 나머지 구성원이 이를 무시할 가능성이 있다. 팀에서 다양한 디자인 의사결정을 내리거나 제안된 디자인을 평가할 때 페르소나를 참조하는 것이 좋다. 팀원들이 페르소나를 사용하지 않는다면 페르소나, 페르소나가 제공하는 편익, 팀의 올바른 페르소나 활용법 등에 관해 교육을 제공하는 게 좋다.

내 경험에서 보면 페르소나를 만들고 난 다음에는 더 이상 고객과 대화하지 않는 기업들도 있었다. 시간이 흐르면 이런 기업은 고객과의 접점을 잃게 되는데 특히 프로덕트 팀에 새 멤버가 합류하면서 더욱 그렇게 된다. 페르소나는 훌륭한 도구이다. 하지만 아무리 좋은 페르소나도 고객과 지속적으로 대화하는 일을 대신할 수는 없다.

프로덕트 프로세스를 시작한 초기에 잠재 고객과 대화하는 것은 좋은 접근법이다. 그러나 프로덕트나 프로토타입이 준비되면 타깃 고객을 더 정확히 이해할 수 있는데 이를 미끼로 던져 실제로 어떤 종류의 물고기가 잡히는지 확인하면 된다. 퀴큰이나 드롭캠처럼 하나 이상의 고객 유형을 낚을지 누가 알겠는가. 실제로 이런 일이 생긴다면 각 고객 유형에 대해 별도의 페르소나를 설정해야 한다.

고객 기반 중에서도 당신의 프로덕트를 유독 좋아하는 고객들이 있을 것이다. 이들은 프로덕트를 더 자주 사용하고 사람들에게 추천할 가능성도 높은데 이는 그들의 소셜 미디어를 보면 알 수 있다. 이런 열정적인 고객과 대화하면 타깃 시장에 대한 가설을 더욱 선명하게 다듬고 프로덕트가 그들을 위해 어떤 충족되지 않은 니즈를 해결해야 하는지에 관한 인사이트를 얻는 데 특히 유용하다.

타깃 고객을 선정했으니 – 그렇지 않더라도 최소한 타깃 고객에 대한 가설은 설정했으니 – 고객 니즈를 이해하는 것에 초점을 맞추는 린 프로덕트 프로세스의 다음 단계를 시작할 준비가 되었다. 다음 장에서 다루겠지만 당신이 가장 신경 써야 할 부분은 충족되지 않은 니즈이며 이는 프로덕트 마켓 핏 피라미드에서 타깃 고객 바로 위 계층을 형성한다.

4장

# 충족되지 않은
# 고객 니즈를 식별하라
# (2단계)

타깃 고객을 선정했다면 – 아니, 적어도 타깃 고객에 대한 몇 가지 가설을 설정했다면 – 이제는 프로덕트가 충족할 수 있는 타깃 고객의 니즈가 무엇인지 파악하는 것에 집중해야 한다. 목표는 솔루션을 디자인하기 전에 문제 영역에 대한 지식을 축적하고 이를 검증하는 것이다. 고객 니즈에 대해 토론할 때 이 개념은 다소 모호하게 보일 수도 있으므로 먼저 용어부터 정확히 짚어 보자.

## 4.1 고객 니즈의 다양한 이름표

이 책에서 말하는 '니즈'는 고객이 원하거나 가치 있게 생각하는 것을 가리킨다. 또한 고객 편익(customer benefit)이라는 용어도 니즈와 같은 의미로 혼용한다. 때로는 고객이 무엇을 원하는지 직접 말할 수 있지만, 사용자가 "나는 ☐☐☐☐이 필요하다."라고 명확히 표현하지 않더라도 니즈는 존재한다. 드러나지 않은 니즈(unarticulated needs)도 – 엄연히 존재하지만 고객이 인터뷰에서 표현하지 않는 니즈 – 있다. 이뿐만 아니라 고객이 알지 못하는 니즈(unknown needs)도 발생할 수 있다. 이는 고객이 무언가를 가치 있게 생각하면서도 당신이 그것에 관해 인터뷰하거나 혁신적인 프로덕트를 보여 주기 전에는 그러한 사실조차 인지하지 못하는 경우에 해당한다. 고객은 대체로 문제 영역을 토론하는 일에 서투른 대신에 특정 솔루션의 좋고 싫은 점에 대해서는 자신의 의견을 더 정확히 표현한다. 좋은 인터뷰어는 고객의 이야기에 면밀하게 귀를 기울이는 탁월한 경청자이고, 이해도를 높이기 위해 고객의 말을 되풀이하며, 문제 영역을 명확히 드러내기 위해 추가적인 탐색 질문(probing question)도 아주 잘한다.

당신은 아마도 고객 니즈를 고객 욕구(desire)나 원츠(wants)와 엄격히 구분하는 사람을 보았을 것이다. 이 세 단어 모두 고객 가치를 가리키는 데도 일부 사람은 니즈는 절대적인 것으로 생각하는 반면 욕구와 원츠는 그저 '있으면 좋지만 없어도 그만'인 무언가로 치부한다. 이러한 구분으로 얻을 수 있는 이득은 별로 없을 뿐더러 오히려 혼란만 야기한다. 니즈에 관해 이야기할 때 중요도가 다른 여러 용어는 전혀 필요하지 않다. 특히 이 책에서 다양한 니즈 각각의 중요도를 정량화하는 프레임워크를 소개할 테니 걱정하지 마라.

사람들은 사용자 중심 디자인이나 페르소나 설정에 관해 말할 때 *사용자 목표*(user goal)라는 용어를 자주 사용한다. 사용자 목표는 고객 니즈와 조금도 다르지 않다. 애자일 개발에서 사용자 스토리는 고객이 원하는 것을 표현하는 말로 쓰인다. 잘 작성된 사용자 스토리는 다음의 형식을 따른다. "[사용자 유형]으로서 나는 [바라는 편익]을 하기 위해 [무엇]을 하고 싶다." 예를 한번 들어 보자. "사업장 보안을 걱정하는 드롭캠 사용자로서 나는 CCTV 영상을 보는 데 너무 많은 시간을 쓰지 않고 사업장에서 무슨 일이 벌어지는지 알기 위해 영상 전체가 아니라 수상한 행위만 빠르게 확인하고 싶다." 이렇듯 좋은 사용자 스토리는 고객 니즈를 반영한다.

고객의 *페인 포인트*라는 용어도 심심찮게 들을 수 있는데 이 역시 큰 테두리에서 '고객 니즈'의 범주에 들어간다. 페인 포인트는 적절하게 충족되지 않아 고객 불만을 야기하는 고객 니즈일 뿐이다. 차차 설명하겠지만 앞서 말한 니즈의 중요도를 정량화하는 프레임워크에는 고객 만족도 포함된다.

## 4.2 고객 니즈 사례: 터보택스

지금부터 고객 니즈에 관한 사례 하나를 자세히 살펴보자. 미국에서 경제 활동을 하는 대부분의 성인은 해마다 개인 소득세를 의무적으로 신고해야 - 이 일을 좋아하는 사람은 거의 없다 - 한다. 대다수는 세금 지식이 얕아서 세금 신고에 많은 시간을 쓰고 스트레스를 받는다. 세법 규정이 복잡하고 수시로 변경되는 까닭에 사람들은 종종 세금을 정확히 신고했다고 확신하기 어렵다. 미국 국세청은 납세자의 세금 신고를 감사해서 부정확하다고 판단되면 벌금을 부과한다. 자칫 세금 사기로 여겨진다면 징역형을 받을 수도 있다. 이런 모든 내용을 종합해 볼 때, 세금 신고라는 고객 니즈가 존재하는 것이 확실하다. 1장에서 기술했듯이 고객은 이 니즈를 다양한 방식으로 충족한다. IRS 양식을 직접 작성하는 사람도 있고, 전문 회계사를 고용하는 사람도 있으며, 터보택스 같은 세금 신고서 작성 소프트웨어를 이용하는 사람도 있다.

고객 니즈에 대해 알아야 할 한 가지는 고객 니즈가 양파와 비슷하다는 점이다. 고객 니즈는 양파처럼 여러 겹의 껍질로 이뤄지고 각 껍질 아래에 또 다른 껍질이 있다. 터보택스가 해결하는 문제 영역을 완벽히 이해하기 위해서는 '세금 신고'보다 훨씬 세부적인 내용까지 알아야 한다.

세금 신고 소프트웨어는 IRS의 세금 신고서보다 훨씬 많은 일을 할 수 있는데 솔직히 IRS 양식은 세금 신고 방법과 절차를 알려 주는 안내문에 지나지 않는다. 세금 신고 소프트웨어는 고객의 세금 신고가 정확한지 점검할 수 있다. 또한 터보택스는 세금 전자 신고 대행 서비스도 제공하는데 이는 개인이 신고서를 출력해 우편으로 발송하는 것보다 훨씬 편리하다. 터보택스는 세금 공제 혜택을 극대화하고 IRS의 감사 대상이 될 리스크도 줄여 준다. 심지어 고객의 고용주, 고객이 거래하는 은행과 증권사로부터 세금 정보를 직접 다운로드하는 기능도 있어 고객이 수작업으로 세금 정보를 입력할 필요가 없다. 이러한 각각이 개별적인 고객 편익이다. 이를 일목요연하게 목록으로 정리해 보자.

1. 세금 신고를 도와준다
2. 세금 신고가 정확한지 점검해 준다
3. 국세청 감사 대상이 될 리스크를 줄여 준다
4. 세금 정보를 입력하는 시간을 아껴 준다
5. 세금 신고에 쓰는 시간을 절약해 준다
6. 세금 공제 혜택을 극대화한다

이 목록이 터보택스가 제공하는 고객 편익의 전부는 아니다. 니즈의 양파 껍질을 계속 벗겨 더 많은 편익을 쉽게 식별할 수도 있다. 예를 들어 주 정부의 세금 신고는 연방 정부의 세금 신고와 전혀 별개이다. 또한 터보택스는 고객이 세금 환급금을 더욱 빠르게 수령할 수 있는 서비스도 제공한다. 하지만 여기서는 앞의 여섯 가지 편익에 집중해 논의를 이어 가겠다.

앞에서 소개한 터보택스의 편익 목록을 어떻게 생각하는가? 모두 고객 편익처럼 보이기를 바란다. 프로덕트 팀이 해결 영역에서 시작하고 있다는 것을 알아차리는 가장 쉬운 방법 중 하나는 그들이 고객 편익을 명확히 정의하는 대신에 프로덕트 기능 목록을 작성하는지 보는 것이다. 애자일 개발에서 잘 작성된 사용자 스토리와 마찬가지로 편익도 ('나'(I)와 '내'(my)를 사용해) 고객 관점에서 작성되어야 한다. 또한 앞의 목록에서 알 수 있듯이 각 편익은 도와준다, 점검해 준다, 줄여 준다, 극대화한다처럼 동사, 즉 행위로 끝난다. 편익은 가치를 의미하고 이는 고객을 위해 무언가를 한다는 뜻이다. 마지막으로 앞의 목록에서 많은 편익이 바람직한 무언가를 (세금 공제 혜택) 늘리거나, 바람직하지 않은 무언가를 (감사 리스크, 특정 태스크를 완료하기까지 걸리는 시간) 줄여 준다고 주장한다. 가능한 한 고객 편익을 정밀하게 표현하려 노력하라. 이렇게 하면 편익이 아주 명확하게 드러날 뿐만 아니라 종종 프로덕트가 제공하는 성과 개선을 객관적으로 측정할 수 있다.

린 프로덕트 프로세스의 모든 단계와 똑같이 고객 편익도 가설로 시작된다. "타깃 고객 X는 고객 편익 Y를 가치 있게 여길 것이다."와 같은 식이다. 고객 편익에 관한 초기 가설을 세우고 나면 이제 사용자를 대상으로 이러한 편익을 테스트해야 한다. 가장 좋은 사용자 테스트 방법은 일대일로 대면하는 고객 발견 인터뷰이다.

## 4.3 고객 발견 인터뷰

인터뷰 중에는 고객 편익 가설 각각을 고객과 공유해야 한다. 그리고 각 편익 설명문과 관련해 다음과 같은 질문을 하는 게 좋다.

- 이 설명문이 어떤 의미일까요?(이해도 확인 질문)
- 이것이 어떻게 도움이 될까요?
- 이 편익을 제공하는 프로덕트가 있다면, 얼마나 가치 있을까요?(가능한 대답: 가치 없음, 낮은 가치, 중간 가치, 높은 가치, 매우 높은 가치)
- 가치가 높거나 매우 높다고 대답할 경우: 이것이 왜 가치 있을까요?
- 가치가 없거나 낮다고 대답할 경우: 이것이 왜 가치 없을까요?

이렇게 질문하면 당신이 설명하는 편익이 사용자에게 명확히 전달되는지를 확인할 수 있다. 또한 이 편익이 얼마나 그리고 어째서 가치 있는지 이해하도록 도와준다. 고객이 특정 편익을 가치 있다고 생각하는 이유가 바로 고객 인터뷰에서 캐고 싶은 금맥이다. 이러한 이유를 통해 그들이 어떻게 생각하고 무엇을 중요하게 여기는지 더 확실히 이해할 수 있기 때문이다.

터보택스의 타깃 고객에게 앞의 목록의 여섯 가지 편익에 대해 질문한다면 아마도 그들은 표 4.1의 예시와 같이 답변할 것이다.

| 고객 편익 | 전형적인 고객 답변 |
| --- | --- |
| 1. 세금 신고를 도와준다 | "저는 세금에 대해 정말 몰라요. 안내문대로 따라 하지만 이조차 헷갈려요. 어떤 양식을 작성해야 하는지 잘 모르겠어요." |
| 2. 세금 신고가 정확한지 점검해 준다 | "저는 수학을 잘 못해요. 세금 신고서에 기재하는 숫자를 더하고 뺄 때 몇 군데 실수할 게 빤해요." |
| 3. 국세청 감사 대상이 될 리스크를 줄여 준다 | "IRS의 감사가 걱정되지만 제 세금 신고가 감사를 받을 리스크가 얼마나 되는지 모르겠어요. IRS의 의심을 살 만한 내용이 있다면 수정할 수 있게 미리 알 수 있으면 정말 좋겠어요." |
| 4. 세금 정보를 입력하는 시간을 아껴 준다 | "회사, 은행, 증권사에서 받은 세금 관련 데이터를 신고서에 빠짐없이 기재하려면 시간이 엄청 걸려요." |
| 5. 세금 신고에 쓰는 시간을 절약해 준다 | "보통은 세금 신고서를 출력해 우체국에 가서 발송해요. 그래야 배송 확인을 받을 수 있거든요. 이런 번거로움을 피할 방법이 있으면 정말 좋겠어요." |
| 6. 세금 공제 혜택을 극대화한다 | "제가 받을 수 있는 세금 공제 혜택을 다는 모르겠어요. 놓치는 공제 혜택이 있을 것 같아요." |

**표 4.1 터보택스의 고객 편익과 각 편익에 대한 고객 답변**

고객 발견 인터뷰를 해 보면 같은 아이디어를 고객마다 다르게 표현할 수 있고, 고객 답변의 상세함이나 구체성이 크게 다를 수도 있음을 알게 될 것이다. 예를 들어 고객 두 사람에게 터보택스를 좋아하는 이유를 묻는다면, 한 사람은 "터보택스로 세금 신고를 하면 훨씬 덜 번거롭기 때문이에요."라고, 다른 사람은 "신고서를 파일로 제출하기 전에 틀린 부분이 있는지 점검해 주어서 좋아요."라고 대답할 수 있다.

## 4.4 고객 편익 사다리

고객 인터뷰에서는 더 이상 새로운 대답이 나오지 않을 때까지 "그것이 왜 중요한가요?"라고 계속 질문할 수 있다. 이런 질문 기법은 좀 더 세부적이고 사소한 편익에서 더욱 고차원적인 편익으로 대화를 진전시키는 데에 도움이 된다. 이러한 시장 리서치 기법을 '사다리 모형 기법'(laddering)이라고 하는데 후속 질문을 하면서 관련 편익의 사다리를 한 칸씩 올라간다. 위로 올라갈수록 사다리들이 합쳐지며 마침내 편익 사다리의 맨 꼭대기에 도달하게 된다.

지금부터 편익 사다리에 관한 사례 하나를 자세히 알아보자. 일부 운전자가 왜 미니밴보다 스포츠용 차량(SUV)을 선호하는지 알고 싶다고 해 보자. 한 고객과 인터뷰를 시작하며 바로 그 질문을 던진다. 고객은 슬라이딩 도어를 좋아하지 않아서 SUV를 선호한다고 대답한다. 이유를 묻자 세련된 디자인의 자동차가 더 좋다고 말한다. 또다시 이유를 묻자 "제가 트렌디하다고 느끼고 싶거든요"라는 답변이 돌아온다. 재차 이유를 물으면 드디어 고객의 궁극적인 동기가 친구나 동료의 인정을 받고 싶은 것이라는 사실을 알게 된다.

표 4.1에 있는 여섯 가지 편익에는 세 개의 편익 사다리가 있다. '세금 신고를 도와준다', '세금 신고가 정확한지 점검해 준다', '국세청 감사 대상이 될 리스크를 줄여 준다', 이와 같은 세 가지 편익 모두는 사다리를 타

고 올라가면 고객이 세금 신고에 자신감을 갖게 해 주는 것으로 귀결된다. '세금 정보를 입력하는 시간을 아껴 준다'와 '세금 신고에 쓰는 시간을 절약해 준다'와 같은 두 가지 편익은 시간 절약과 관련 있다. 마지막으로 '세금 공제 혜택을 극대화한다'라는 편익 사다리의 최종 종착지는 '돈을 아낀다'라는 고차원적인 혜택이다. 표 4.2는 세부적인 고객 편익과 이에 상응하는 편익 사다리를 짝지은 것이다.

| 사다리 꼭대기의 편익 | 세부적인 고객 편익 |
| --- | --- |
| 자신감이 생긴다 | 1. 세금 신고를 도와준다 |
| | 2. 세금 신고가 정확한지 점검해 준다 |
| | 3. 국세청 감사 대상이 될 리스크를 줄여 준다 |
| 시간을 절약한다 | 4. 세금 정보를 입력하는 시간을 아껴 준다 |
| | 5. 세금 신고에 쓰는 시간을 절약해 준다 |
| 돈을 아낀다 | 6. 세금 공제 혜택을 극대화한다 |

표 4.2 터보택스 고객 편익 사다리

사다리 인터뷰 기법은 에릭 리스가 널리 알린 '다섯 단계의 왜'(Five Whys) 도구와 비슷하다. 토요타가 창안한 이 도구는 문제의 근원적인 이유를 탐색하기 위해 '왜'를 다섯 번 반복해서 묻는 질문 기법이다.

## 4.5 니즈 계층 구조

편익 사다리 말고 문제 영역에서 종종 마주칠 또 다른 복잡성은 고객 니즈가 계층 구조로 이뤄질 수 있다는 점이다. 이러한 계층 구조로 말미암아 니즈 간에 의존성이 만들어지는데 결국 하나의 니즈를 해결함으로써 창출되는 가치는 다른 니즈가 얼마나 충족되는지에 따라 달라진다.

### 4.5.1 매슬로의 욕구 단계 이론

이 현상에 대해 널리 알려진 사례 하나를 알아보자. 20세기에 활동한 미국의 저명한 심리학자 에이브러햄 매슬로(Abraham Maslow)가 주창한 욕구 단계 이론(hierarchy of human needs)이다. 그림 4.1을 보자.

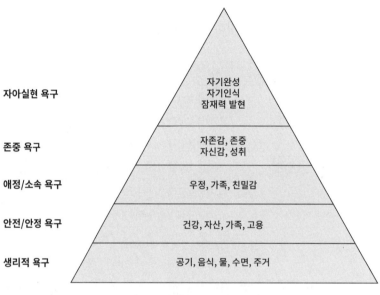

**자아실현 욕구** — 자기완성 자기인식 잠재력 발현

**존중 욕구** — 자존감, 존중 자신감, 성취

**애정/소속 욕구** — 우정, 가족, 친밀감

**안전/안정 욕구** — 건강, 자산, 가족, 고용

**생리적 욕구** — 공기, 음식, 물, 수면, 주거

**그림 4.1 매슬로의 욕구 단계 이론**

매슬로의 욕구 5단계 이론에서는 음식, 물, 수면 등의 생리적 욕구가 최우선하고 맨 아래 단계를 형성한다. 두 번째 단계는 안전/안정 욕구이다. 세 번째 단계는 가족, 친구, 친밀감 같은 애정/소속 욕구이다. 네 번째 단계는 성취와 존중으로 대변되는 존중의 욕구이다. 욕구 피라미드의 맨 꼭대기에는 자신의 잠재력을 최대한 발휘함으로써 자기완성을 이루는 자아실현 욕구가 자리한다.

매슬로의 욕구 단계 이론에는 더 근본적인 아래 단계 욕구가 충족되지 않으면 상위 단계의 욕구는 실제로 중요하지 않다는 뜻이 함축되어 있다. 프로덕트의 문제 영역을 탐색하다 보면 이와 비슷한 계층 구조를 만날 가능성이 높다. 다시 말해 고객 편익 A가 – 니즈 계층에서 더 아래 단계의 편익 – 충족되지 않으면 고객 편익 B가 중요하지 않은 상황을 마주할 것이다.

### 4.5.2 웹 사용자 니즈 계층

프렌드스터(Friendster)에서 프로덕트 관리 부문을 이끌었을 때 나는 이러한 욕구 계층을 배우며 톡톡한 수업료를 치렀다. 프렌드스터는 최초로 인기를 끈 소셜 네트워킹 사이트였다. 소셜 네트워킹 사이트는 (그리고 전반적인 소셜 관련 프로덕트는) 바이럴 효과에 따른 폭발적인 성장 가능성으로 유명하다. 프렌드스터도 사용자가 급속하게 증가했고 급기야는 사용량이 웹 서버가 트래픽을 감당할 수 있는 역량을 압도하기 시작했다. 많은 사용자가 프렌드스터를 사랑했다. 하지만 웹사이트 로딩 속도가 느려지거나 이러한 기술적인 성능 이슈로 웹사이트에 접속할 수 없게 되자 그들의 애정도 식었다. 나는 프로덕트 팀이 일의 우선순위를 정할 수 있게 그림 4.2에서 소개하는 웹 사용자 니즈 계층 구조를 – 매슬로에게 경의를 표한다 – 만들었다.

그림 4.2의 왼쪽은 고객 관점에서의 5단계 니즈 계층을 제시하고 오른쪽은 이것이 프렌드스터 직원들에게 어떤 의미인지 설명한다. 기업가, 프로덕트 매니저, 개발자, 디자이너는 참신한 기능 아이디어를 생각해 내고 탁월한 사용자 경험을 디자인하는 데 시간을 쓰고 싶다. 하지만 이 두 가지는 사용자 니즈 피라미드에서 맨 위 두 계층에 위치한다. 가장 먼저,

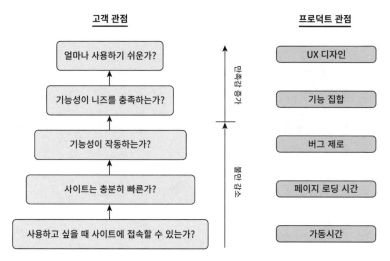

고객 관점 | 프로덕트 관점

얼마나 사용하기 쉬운가?

기능성이 니즈를 충족하는가?

기능성이 작동하는가?

사이트는 충분히 빠른가?

사용하고 싶을 때 사이트에 접속할 수 있는가?

만족감 증가

불만 감소

UX 디자인

기능 집합

버그 제로

페이지 로딩 시간

가동시간

그림 4.2 올슨의 웹 사용자 니즈 계층

프로덕트는 사용자가 원할 때 사용할 수 있어야 한다. 그다음으로 프로 덕트의 응답 시간이 적절하다고 여겨질 만큼 충분히 빨라야 한다. 이 위의 계층은 프로덕트의 품질과 관련 있다. 프로덕트가 의도한 대로 작동하는가? 그런 다음에야 기능성과 관련 있는 기능 집합 계층에 다다른다. 웹 사용자 니즈 피라미드에서 맨 꼭대기는 사용자 경험 디자인으로 이는 프로덕트를 얼마나 쉽게 – 바라건대 얼마나 즐겁게 – 사용할 수 있는가를 좌우한다. 매슬로의 욕구 단계 이론과 마찬가지로 하위 계층의 니즈가 충족되어야만 상위 계층의 니즈가 중요해진다.

프로덕트가 사용자 니즈 계층에서 어디에 위치하는지는 고정되어 있지 않으며 시간이 지나면서 변한다. 당신의 프로덕트가 운 좋게도 어느 시점에 가용성이 높고 빠르게 응답하며 버그 없는 수준에 이르렀다고 하자. 이때 당신이 새 기능을 출시한다. 아마도 이 기능에서 몇몇 버그가 발생하고 이로 인해 프로덕트의 품질이 저하될 것이다. 어쩌면 새 기능이 데

이터베이스의 수요를 증가시켜 결과적으로 프로덕트의 성능이 저하될지도 모른다. 혹은 이 기능이 큰 인기를 끌면서 사용량이 급증해 서버가 과부하에 걸리며 결국 속도가 느려질 수도 있다. 기능과 UX 디자인 단계에서는 이러한 니즈의 계층 구조를 염두에 두고 하위 계층에서 결함이 발생하면 이부터 해결하기 위해 '아래로 내려가는' 것이 중요하다.

## 4.6 중요도 대 만족도 프레임워크

문제 영역을 충분히 탐색했고 프로덕트가 충족할 수 있는 다양한 고객 니즈를 찾아냈다면 이제 어떤 니즈를 해결할지 결정해야 한다. 이를 위해 다양한 니즈의 우선순위를 정할 수 있는 좋은 방법이 필요한데 고객 가치를 토대로 니즈를 줄 세우는 것도 괜찮은 접근법이다. 이는 다음 질문을 불러온다. 고객 가치를 어떻게 측정할 수 있을까? 나는 퀴큰에서 프로덕트 관리 팀을 이끌었을 때 이 질문을 마주했다. 인튜이트는 매년 새로운 버전의 퀴큰을 출시했는데 나는 이 프로덕트를 위한 계획을 수립해야 했다. 인튜이트는 지금도 그렇지만 당시에도 고객 리서치에 아주 뛰어났고 덕분에 고객으로부터 원하는 정보를 수집하기 위해 정량적 리서치와 정성적 리서치를 디자인할 기회가 있었다. 나는 이 리서치 결과를 토대로 중요도와 만족도에 기반하는 프레임워크를 만들었다. 이제까지의 경험으로 보면 이 프레임워크는 고객 가치를 어떻게 창출할지 분석적이고 엄격한 방식으로 고찰하는 최고의 방법을 제공한다. 특히 이는 새로운 버전의 퀴큰이 고객 가치를 창출할 기회에 우선순위를 매기는 데에 매우 효과적이었고 결과적으로 퀴큰은 판매량, 매출, 이익에서 신기록을 세웠다. 이후로 중요도와 만족도를 사용하는 프레임워크를 볼 때면 기분이 정말 좋았다(이러한 프레임워크에 대해서는 뒤에서 자세히 알아보자).

당연한 말이지만 중요도는 특정 고객 니즈가 고객 한 사람에게 얼마나 중요한지를 측정하는 척도다. 중요도는 철저히 문제 영역 개념으로 해결 영역의 어떤 구체적인 실행과도 관련이 없다. 고객마다 각 니즈에 대한 중요도가 다를 것이다. 예를 들어 어떤 사람은 최근 업데이트한 게시물과 사진을 친구와 공유하고 싶은 니즈보다 프라이버시와 관련된 니즈를 더 중요하게 생각한다. 내 주변에도 이런 이유로 소셜 미디어를 사용하지 않는 사람들이 있다. 동일한 니즈도 고객에 따라 중요도 수준이 달라질 것이다. 내 친구 사이에서도 업데이트한 게시물과 사진을 지인과 공유하는 것을 중요하게 생각하는 정도가 제각각이다. 이 니즈가 아주 중요해서 하루에도 몇 번이나 업데이트하는 친구가 있는 반면 업데이트를 거의 하지 않는 친구도 있다. 요컨대 니즈를 얼마나 중요하게 생각하는가는 고객 각자의 의사결정과 선호도에 영향을 미친다.

만족도는 고객이 어떤 고객 편익을 제공하는 특정 솔루션에 얼마나 만족하는지를 측정한다. 만족도는 그 솔루션이 고객의 니즈를 얼마나 잘 충족하는지를 나타낸다. 프로덕트마다 같은 고객이라도 만족하는 수준이 다를 수 있으며 같은 프로덕트라도 고객에 따라 만족하는 수준이 다를 수 있다.

이 프레임워크의 강점은 그림 4.3에서처럼 중요도와 만족도를 함께 고려할 때 빛을 발한다. 중요도는 세로축(낮은 수준에서 높은 수준으로), 만족도는 가로축(낮은 수준에서 높은 수준으로)을 이룬다. 이 그래프를 네 개의 사분면으로 나눠 보자. 새 프로덕트든 기존 프로덕트에 무언가를 추가하거나 개선하는 것이든 이 프레임워크를 사용해 잠재적인 프로덕트 기회를 평가할 수 있다.

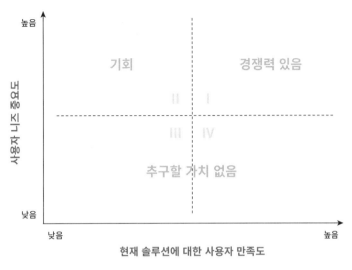

높음

사용자 니즈 중요도

기회

경쟁력 있음

II | I

III | IV

추구할 가치 없음

낮음

낮음                                          높음

현재 솔루션에 대한 사용자 만족도

그림 4.3 중요도 대 만족도 프레임워크

먼저 좌표 평면 하단의 두 사분면부터 알아보자. 왼쪽의 제3사분면은 만족도가 낮고 오른쪽의 제4사분면은 만족도가 높지만, 둘 다 중요도가 낮다. 중요도가 낮은 니즈는 고객 가치를 충분히 창출하지 못할 것이므로 만족도가 높든 낮든 해결할 가치가 크지 않다. 당연히 중요도가 높은 고객 니즈를 해결해야 한다. 이 장 후반부에서 진짜 프로덕트의 실제 데이터를 사용하는 중요도 대 만족도 그래프를 소개하겠다.

상단의 오른쪽 제1사분면은 만족도뿐만 아니라 중요도도 높다. 이는 선도 프로덕트들이 굳건하고 고객 니즈를 잘 충족하는 시장에 해당된다. 마이크로소프트 엑셀이 적절한 사례인데 엑셀은 사람들이 스프레드시트 애플리케이션에 기대하는 거의 모든 것을 만족시키는 까닭이다. 위키피디아는 엑셀을 '스프레드시트의 업계 표준'이라고 소개한다. 엑셀의 기능 집합과 사용자 인터페이스는 일찌감치 안정화되었고 한동안 주요한 어떤 혁신도 없었다. 하물며 오랜 세월 엑셀의 아성에 도전장을 내미는 PC

스프레드시트 애플리케이션도 없었다. 클라우드 기반 애플리케이션 제공업체들이 가장 위협적인 경쟁자인데 이 중에는 엑셀의 일부 기능을 무료로 제공하는 업체도 있다.

주목해야 하는 중요한 사실은 제1사분면에 위치하는 시장을 꼭 하나의 프로덕트가 지배해야 하는 것은 아니라는 점이다. 이런 시장에 매우 비슷한 여러 제품이 공존할 수도 있다. 선도적인 복합 프린터들은 높은 중요도와 높은 만족도라는 조건을 충족하지만 휴렛팩커드(Hewlett Packard), 엡손(Epson), 캐논(Canon), 브라더(Brother), 렉스마크(Lexmark) 등 많은 제조업체의 유사 모델이 선두 그룹을 형성한다.

프로덕트의 기능을 평가하기 위해 중요도 대 만족도 프레임워크를 사용한다면 제1사분면은 매우 뛰어난 기능을 가리킨다. 이 기능은 중요도가 높은 니즈를 해결하고 고객은 이 기능에 크게 만족한다. 내 경험을 예로 들면 언젠가 내가 관리하던 한 프로덕트를 대상으로 사용자 설문 조사를 해 보니 기능 하나가 중요도에서는 100퍼센트, 만족도에서는 98퍼센트를 기록했다.

제2사분면은 니즈의 중요도는 높지만 현재 솔루션에 대한 사용자 만족도가 낮다. 이 사분면의 고객 니즈는 중요하지만 충족되지 않은 상태이다. 따라서 이곳의 고객 니즈는 고객 가치를 창출할 수 있는 절호의 기회를 제공한다. 차량 공유 앱 우버가 좋은 사례이다.

## 4.7 우버의 성공 스토리: 충족되지 않은 니즈를 만족시키다

우버는 경이로운 성공과 성장을 이뤄 왔다. 이러한 성과를 달성하려면 당연히 탁월한 실행력이 뒷받침되어야 하는데 우버는 여기에다 매력적인 비즈니스 모델까지 보유하고 있었다. 그러나 중요도 대 만족도 프레임워크의 렌즈로 우버를 들여다보면 우버가 성공할 수 있었던 또 다른 근본적인 이유가 무엇인지 인사이트를 얻을 수 있다.

급하게 호출하든 미리 예약하든 차량 서비스를 이용해 이동하는 것은 많은 사람에게 중요한 니즈이다. 택시는 이 니즈를 해결하는 아주 보편적이고 전통적인 솔루션이다. 하지만 택시를 이용한 경험에 크게 만족한다고 말할 사람은 거의 없을 것이다. 택시 승객들은 공통적으로 지저분한 차량, 무례한 운전자, 운전자와의 의사소통 문제, 위험 운전에 대한 우려, 목적지 도착 전에는 알 수 없는 깜깜이 요금, 불편한 요금 지불 방법과 팁 등에 불만을 토로한다. 이뿐만 아니라 도착 지연이나 일방적인 노소(No-show)도 택시 이용자의 고질적인 불만 사항이다. 택시가 사람들의 기본적이고 전반적인 이동 니즈를 (대체로) 충족하는 것은 맞지만, 이러한 불만은 안전, 쾌적함, 편리함, 가격 경쟁력, 신뢰성 등과 관련해 중요하지만 충족되지 않은 많은 니즈를 드러낸다. 택시 고객의 니즈는 확실히 제2사분면에 위치한다. 이러한 니즈의 높은 중요도와 택시 같은 기존 솔루션에 대한 낮은 만족도 그리고 이러한 니즈를 가진 사람이 아주 많다는 것을 종합해 보면 중대한 시장 기회가 있다는 결론이 나온다. 우버는 바로 이 기회를 포착했고 놓치지 않았다.

우버는 스마트폰으로 차량을 쉽게 호출할 수 있는 모바일 앱으로 이 기회를 잡기 위해 기술의 힘을 빌렸다. 우버 앱을 실행하면 고객이 위치하는 지역의 주변 지도가 보이는데 인근에 있는 우버 차량의 위치를 보여 준다. 그런 다음 고객과 특정 운전자를 매칭하고 고객에게 운전자의 이름, 사진, 평점, 자동차 모델, 자동차 등록 번호 등을 보여 준다. 우버 앱은 고객에게 운전자의 예상 도착 시간을 알려 주고 차량 이동 경로를 지도상에 실시간으로 나타낸다. 이는 택시를 호출하거나 도로에서 택시를 잡을 때와 비교해 투명성을 끌어올리며 이런 투명성은 목적지에 제때 도착하는 것에 대한 고객 불안을 크게 낮춰 준다. 또한 우버는 고객에게 운전자에 대한 평점을 요청하는 사후 피드백 시스템도 운영한다. 운전자 평점 데이터는 고객에게 자신과 매칭된 운전자에 대한 정보를 제공하고 우버는 이 데이터를 토대로 기준에 미달하는 운전자의 자격을 취소한다.

우버는 요금과 관련된 고객 경험도 개선했다. 우버 앱에서는 고객이 탑승 전에 예상 요금을 확인할 수 있는데 덕분에 택시처럼 목적지에 도착했을 때 요금 때문에 놀라는 일을 피할 수 있다. 우버 앱에는 고객의 신용카드 정보가 저장되어 있기 때문에 목적지에 도착하면 요금이 자동으로 결제된다. 반면 일반 택시로 목적지에 도착해 요금을 지불하는 과정은 번거로울 수 있다. 택시 기사가 고객의 신용카드를 받아 결제하고 카드 전표와 영수증을 출력할 때까지 기다려야 하므로 시간이 지체된다. 게다가 현금만 받는 택시 기사도 있어서 수중에 현금이 충분하지 않으면 곤란에 처할 수도 있다. 우버에서는 목적지에 도착하면 바로 하차하고 결제는 전혀 신경 쓸 필요 없다.

우버가 중요도는 높고 만족도는 낮은 제2사분면에 위치한 충족되지 않은 여러 니즈를 해결한 것은 확실하다. 이 결과 우버는 2009년 비즈니스를 시작한 이후 경이로운 성공을 구가하고 있다. 우버는 비공개 회사이지만[1] 2013년 12월 유출된 재무 데이터를 보면 우버의 활성 고객은 40만 명이 넘고 매주 이용 횟수가 80만 건을 초과하는 것으로 드러났다. 당시 총매출 추정액은 연간 10억 달러를 상회했고 이 중 20퍼센트가 우버의 몫이었다. 2014년 12월, 우버는 400억 달러의 기업 가치를 인정받으며 12

---

1 (옮긴이) 이 책이 미국에서 출간된 당시에 우버는 비공개 회사였지만, 2019년에 기업공개 (IPO)를 실시했다.

억 달러의 투자를 유치했다. 물론 우버와 같은 수준의 성공을 달성하는 것은 쉽지 않다. 하지만 중요도는 높고 만족도가 낮은 제2사분면은 개척해야 하는 가장 좋은 기회의 땅이다.

## 4.8 파괴적 혁신 대 점진적 혁신

혁신을 토론할 때 일반적으로 파괴적 혁신(disruptive innovation)과 점진적 혁신(incremental innovation)을 구분한다. 점진적 혁신은 기존 제품의 새로운 버전을 출시할 때마다 고객 가치를 조금 더 창출하는 방향으로 제품을 소규모로 개선할 때 일어난다. 예를 들면 기존 편익에 대한 만족도를 늘리거나 편익을 추가로 해결함으로써 점진적 혁신을 이룰 수 있다.

우버가 확고하게 자리 잡은 성숙한 택시 시장을 혁신하고 있는 것에는 이견의 여지가 없다. 대다수 사람은 우버 앱을 파괴적 혁신의 사례로 꼽을 것이다. 우버의 프로덕트와 서비스 그리고 고객 경험은 출시 당시 이미 존재하던 대안적인 솔루션보다 고객 가치를 훨씬 더 많이 제공한다. 사람들은 종종 '10배' 더 나은 개선을 파괴적 혁신으로 간주한다. 새 프로덕트가 무언가를 하는 방식을 크게 개선하여 사람들이 이전으로 돌아가는 것을 상상할 수 없게 만들 때, 이것이 파괴적 혁신이다.

우버와 같은 파괴적 혁신은 만족도는 낮고 중요도는 높은 니즈가 있는 제2사분면에서 생겨난다. 또한 파괴적 혁신은 해당 시장의 기존 만족도 척도를 다시 정의하기도 한다. 중요도 대 만족도 프레임워크에서 제1사분면에 속하는 선도 제품이 하나 이상 있으면서 경쟁이 치열한 성숙 시장을 예로 생각해 보라. 파괴적인 혁신이 등장해 전례 없는 수준의 만족도를 제공함으로써 기존의 모든 선도 제품을 왼쪽으로 몰아낼 수도 있다. 이렇게 되면 만족도 축의 척도가 변한다.

## 4.9 파괴적 혁신: 이동 중 음악 감상

휴대용 음악 시장을 교란했던 일련의 파괴적 혁신에 대해 알아보자. '이동 중에도 음악을 들을 수 있다'는 것은 고차원적인 고객 편익으로 적절해 보인다. 이 편익을 최초로 해결한 제품은 1950년대에 등장한 트랜지스터 라디오였다. 이때까지는 라디오가 진공관에 의존했는데, 부피가 크고 전력이 많이 필요했으며 내구성이 약했던 진공관 라디오는 휴대하는게 불가능했다. 휴대용 라디오는 음악을 들을 수 있게 해 주었지만 원하는 노래를 선택할 수는 없었다. 1979년 소니가 최초의 휴대용 카세트 플레이어 워크맨(Walkman)을 출시하면서 상황이 바뀌었다. 카세트 테이프로 듣고 싶은 음악을 들을 수 있게 되었다. 워크맨은 만족도 척도를 변화시킨 파괴적 혁신이었고 제1사분면에 있던 휴대용 라디오를 왼쪽으로 몰아냈다.

몇 년 후 소니가 출시한 최초의 휴대용 CD 플레이어 디스크맨(Discman)은 두 가지 편익을 추가로 제공했다. 향상된 음질과 카세트 테이프를 빨리감기하거나 되감기할 때보다 쉽고 빠르게 다른 노래로 이동할 수 있는 기능이었다. 나중에 해결되었지만 초창기 디스크맨의 단점 하나는 충격이나 진동이 가해지면 CD가 튀며 재생이 중단되는 것이었다. 휴대용 CD 플레이어는 어떤 혁신이었을까? 휴대용 카세트 플레이어에 대한 점진적 혁신이라고 봐야 할 것이다. 중요도 대 만족도 프레임워크로 설명하면 일부 타깃 고객에게 휴대용 CD 플레이어는 워크맨보다 약간 오른쪽에 위치할 수 있었지만 만족도 척도를 변화시키지는 못했다.

휴대용 음악 시장에 등장한 다음 혁신은 1998년에 첫선을 보인 MP3 플레이어였다. 초기 모델들은 음악 저장 용량이 크지 않았지만 이 약점은 시간이 지나면서 보완되었다. 애플은 2001년 아이팟을 앞세워 MP3 플레이어 시장에 진입했다. 처음에는 아이팟이 선풍적인 인기를 끌지 못했음에도 애플은 대대적으로 개선한 후속 모델을 연이어 출시했다. 마침내 아이팟은 방대한 저장 용량, 직관적인 사용자 인터페이스 그리고 아이튠즈 주크박스 소프트웨어와 디지털 뮤직 스토어와의 통합에 힘입어 시장 점유율 70%를 넘기며 MP3 플레이어 시장의 절대 강자로 올라섰다. 아이팟은 휴대용 음악의 만족도 척도를 또다시 재정의한 파괴적 혁신이었다.

이러한 사례를 보면 만족도 축의 척도는 기존 솔루션에 의해, 더 구체적으로는 이들 솔루션의 '하이 워터 마크'(high water mark)에 의해 정의된다. 고객 가치를 더 많이 전달하는 더 나은 솔루션이 등장할 때 척도의 오른쪽 최댓값이 재정의되고 기존의 모든 것이 왼쪽으로 이동한다. 반면에 중요도 축은 상대적으로 안정적이다. 50년이 넘는 세월에 걸쳐 신기술을 적용한 솔루션의 파고가 네 번이나 덮쳤지만 휴대용 음악에 대한 고객 니즈는 한결 같았다. 이 니즈의 중요도는 사회적·문화적 추세와 더불어 시간이 흐르면서 서서히 변화해 왔는데 이동 인구가 증가하는 것에 발맞춰 높아졌을 수도 있지만 만족도 척도에서 나타난 급진적인 변화에 견줄 바는 아니었다.

그렇기는 해도 아이팟과 여타 MP3 플레이어는 쇠퇴기에 접어든 것이 분명하다.[2] 그렇다면 아이팟이 차지하던 시장 점유율이나 인기, 영향력은 누가 가져갔을까? 아이폰과 다른 스마트폰들이다. 오늘날 스마트폰은 MP3 플레이어가 할 수 있는 모든 것을 (아니, 그 이상을) 기능 집합에 담았다. 흥미로운 점은 휴대용 음악에 대한 니즈가 독자적인 편익에서 벗어나 고객이 이동할 때 필요로 하는 관련된 많은 니즈와 – 전화 통화, 문자

---

2 (옮긴이) 원서가 2015년에 출간된 책이라서 내용에 시차가 있다.

메시지 전송, 인터넷 검색, 게임, 앱 사용 등 – 통합되었다는 점이다. 이러한 모든 니즈는 하나의 솔루션으로 해결된다. 스마트폰이다.

## 4.10 중요도와 만족도 측정하기

내 워크숍의 참석자 대부분은 중요도 대 만족도 프레임워크가 제공하는 가치를 잘 이해한다. 그렇지만 내가 자주 받는 질문 중에 하나는 중요도와 만족도의 수준을 어떻게 수치화하느냐는 것이다. 가장 간단한 방법은 고객에게 (또는 잠재 고객에게) 질문을 하는 것이다. 일대일 인터뷰나 설문 조사에서 질문을 하면 된다. 우리가 우버의 프로덕트 팀이라고 가정해 보자. 타깃 고객 1,000명에게 설문지를 보내서 다음과 같이 질문한다고 하자. "택시나 공유 차량 서비스를 이용할 때 운전자의 친절이 얼마나 중요하나요?" 이 질문에는 5점 척도를 사용하자.

1. 전혀 중요하지 않다
2. 약간 중요하다
3. 보통이다
4. 매우 중요하다
5. 극히 중요하다

답변에 따른 모든 점수의 평균값을 중요도 평점으로 사용할 수 있다. 더 쉽게 해석하고 싶다면 5점 척도를 0~100점 (또는 0~10점) 척도로 바꿔도 무방하다. 그런 다음 차량의 청결 상태, 쾌적성, 운전자 시간 엄수, 안전 운전 등의 중요도와 관련해 비슷한 질문을 하면 된다.

만족도와 관련해서는, "지난 6개월 동안 택시를 이용했을 때 운전자가 보인 친절에 얼마나 만족하나요?"라고 물을 수 있다. 이 질문에는 7점 척도를 사용하자.

1. 전혀 만족하지 않는다
2. 매우 불만이다
3. 약간 불만이다
4. 보통이다
5. 약간 만족한다
6. 매우 만족한다
7. 완전히 만족한다

이 역시 모든 점수의 평균값을 만족도 평점으로 사용할 수 있다. 원한다면 7점 척도를 0~100점 (또는 0~10점) 척도로 바꿔도 된다. 차량의 청결 상태, 쾌적성, 운전자 시간 엄수, 안전 운전 등과 관련해 비슷한 만족도 질문을 할 수도 있다.

  잠재 고객만이 아니라 우버의 기존 고객을 대상으로 설문 조사를 진행할 수도 있다. 중요도와 관련해서는 잠재 고객 설문 조사에서 사용한 것과 똑같은 질문을 하겠지만, 만족도에 대해서는 비슷한 질문을 하되 (전통적인 택시에 연관된 질문과 대조적으로) 우버에 관해 질문한다. 이런 식으로 경쟁자와의 만족도 평점을 비교하는 것은 자신의 프로덕트에 대한 고객의 상대적인 만족도를 파악하는 좋은 방법이다.

  앞에서 중요도와 만족도에 왜 다른 평점 척도를 사용했는지 궁금할 것이다. 부분적인 이유는 두 가지 평점 척도 유형이 있기 때문이다. 단극성(unipolar)과 양극성(bipolar)이다. 양극성 척도는 부정에서 긍정까지 평가하고 단극성은 어떤 속성을 0~100퍼센트의 척도로 측정한다. 일반적으로 볼 때 만족도는 양극성 척도로 측정하는 게 가장 좋은데 사람들이 만족할 수도 만족하지 않을 수도 있으므로 만족도에는 음수 값이 포함되는 게 타당하다. 이에 반해 중요도는 – 음의 값이 있을 수 없는 – 정도의 문제라서 단극성 척도가 더 적합하다.

원한다면 1 ~ 10점이나 0 ~ 10점과 같이 다른 척도를 제시할 수도 있지만 한 가지 주의할 점이 있다. 11개 이상의 선택지를 제시하면 고객이 부담스러워하고, 5개 미만의 선택지를 사용하면 충분히 세분화된 결과를 얻지 못할 것이다. 모든 양극성 척도는 중앙에 중립적인 선택지가 포함되도록 홀수의 선택지로 하는 게 바람직하다. 다양한 척도의 신뢰성과 타당성에 관한 유의미한 연구가 꾸준히 이뤄졌으며 이러한 연구는 단극성에는 5점 척도가 양극성에는 7점 척도가 가장 적합하다는 것에 – 앞선 사례에서 중요도와 만족도에 다른 척도를 사용한 것도 이 때문이다 – 대체로 동의한다.

앞서 말했듯이 쉽게 해석하고 계산하기 위해 고객에게 제시하는 척도를 다르게 할 수 있다. 예를 들어 5점 척도의 값을 0, 25, 50, 75, 100 또는 0, 2.5, 5, 7.5, 10으로 할 수 있다. 마찬가지 맥락에서 7점 척도의 값을 0, 16.7, 33.3, 50, 66.7, 83.3, 100 척도로 바꿔도 무방하다. 이처럼 응답값을 어렵지 않게 바꿀 수 있으므로, 고객이 이해하기 쉬우면서도 그들이 현실적으로 제시할 수 있는 것보다 더 정확한 답변을 요구하지 않는 척도를 사용해야 한다.

## 4.11 진짜 데이터를 사용한 중요도와 만족도 사례

이러한 개념을 좀 더 구체화하기 위해 진짜 프로덕트에 관한 몇 가지 진짜 데이터를 살펴보자. 내가 관여했던 프로덕트 중 하나는 팀에서 프로덕트의 주요 기능을 평가하는 사용자 설문 조사를 주기적으로 실시했다. 한번은 사용자에게 13가지 핵심 기능과 관련된 중요도와 만족도 평가를 요청했다. 그런 다음 각 기능에 대한 사용자 평점의 평균을 내서 그림 4.4에서 보이듯이 각 평균값을 그래프에 표시했다. 그래프에 표시된 13개 점은 각각 기능 하나를 나타내고, 각 점의 바로 옆 숫자는 해당 기능의 만족도 평점이다. 오른쪽 위 모서리에 있는 점은 앞서 언급한 기능으로, 중요도가 100% 만족도가 98%이다. 프로덕트 매니저로서 나는 이 결과에 정말 행복했다. 이 기능은 이미 훌륭하게 작동하고 있었으므로 이를 더 개선하려고 팀의 귀중한 리소스 하나라도 낭비하고 싶지 않았다. 대신에 상단 맨 왼쪽에 있는 기능을 개선하는 데에 초점을 맞췄다. 그림 4.4에서 '55'라는 숫자가 적혀 있는 이 점은 중요도는 높되 만족도가 낮은 기능으로 정확히는 중요도는 82%였지만 만족도가 55%에 불과했다. 이보다

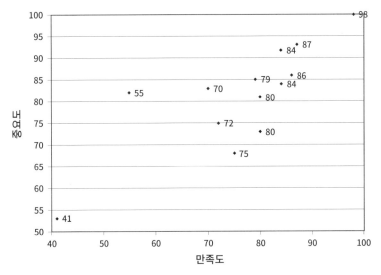

그림 4.4 진짜 데이터를 사용한 중요도 대 만족도

만족도가 낮은 기능이 하나 있었지만(평점이 41%였다), 이 기능은 중요도가 훨씬 낮았다(겨우 53%였다). 고객이 솔루션을 사용해 본 경우에만 그 만족도를 평가할 수 있다는 점은 주목할 가치가 있다.

프로덕트를 개발 중이지만 설문 조사를 실시할 수 있는 고객 기반을 아직 확보하지 못했다는 사람들을 나는 자주 만난다. 이들은 통계적 유의성(statistical significance)을 달성할 만큼 충분히 많은 고객에게 도달할 수 없다고 걱정한다. 하지만 수천 명에게 쉽게 도달하지 못해도 유의미한 결과를 얻을 수 있는 방법이 있다.

## 4.12 표본 크기가 0이어도 괜찮다

앞서 다루었던 우버 사례로 돌아가 보자. 택시를 자주 이용하는 고객 25명과 일대일 인터뷰를 진행하고 그들에게 중요도와 만족도를 묻는 설문 조사를 한다고 해 보자. 택시 이용 경험에 대해 "완전히 만족한다"라고 응답하는 비율이 얼마나 될까? 25명 중 이렇게 대답하는 고객은 거의 없거나 심지어 한 명도 없을 거라고 쉽게 상상할 수 있다. 발견 인터뷰를 하면 편안함, 편리성, 안전, 신뢰성 등에 관해 더욱 세부적인 니즈를 알아낼 수 있다. 이들 25명에게 실제 택시 이용 경험을 토대로 이러한 각 편익의 만족도 수준과 함께 중요도 평가를 요청한다고 하자. 그 결과 – 비록 수천 명을 대상으로 하는 설문 조사는 아니지만 – 유의미한 패턴이 나타날 수도 있다. 예를 들어 응답자의 상당수가 무언가를 높게 혹은 낮게 평가한다면 더 많은 데이터 포인트(data point)[3]를 확보할 때 입증될 수 있는 무언가를 발견했다고 봐도 과언이 아니다. 나는 이 기법을 '정성적 데이터에 대한 정량적 분석'(doing quant on qual)이라고 부른다. 반드시 주의해서 사

---

3 (옮긴이) 도표나 그래픽 좌표에서 하나의 점을 표시하는 정보로 자료점이라고도 한다.

용해야 하지만 이 기법은 충분히 활용되지 못하고 있다. 통계 분석은 나름의 확실한 장점을 가진 강력한 도구이다. 그렇지만 프로덕트 분야에는 한 점의 의혹도 남지 않도록 명백히 증명해야 한다는 자기 확신에 빠진 사람이 너무 많다. 이는 잘못된 생각이다. 게다가 특히 버전 1 프로덕트를 개발하는 초기 단계에서는 그러한 시도가 전혀 불가능한 경우도 종종 있다. 표본 크기가 충분해서 통계적으로 유의미한 결과를 얻을 수 있을 때에는 통계적 유의성이 중요하지만, 통계적 유의성이 '올 오어 낫씽'(all or nothing)의 문제는 결코 아니다.

　나는 여기서 한 걸음 더 나가고 싶다. 나는 단 한 명의 고객과 대화하기 전이라도 중요도 대 만족도 프레임워크를 사용할 수 있다고 생각한다. 진짜다. 표본 크기 0에서 진전을 이룰 수 있다. 어떻게 하느냐고? 중요도 대 만족도 프레임워크를 사용해 가설을 세우고 명료화하면 된다. 린 접근법은 명확한 가설을 분명하게 표현하고 그런 다음 이런 가설의 타당성을 검증하기 위한 테스트를 디자인하는 것이 전부다. 첫 번째 고객 인터뷰를 하기 전에도 타깃 고객에게 가장 중요한 니즈가 어떤 것인지 가설을 세울 수 있다. 또한 그들이 기존 솔루션에서 무엇을 좋아하고 좋아하지 않는지 그리고 그들의 만족도는 어떠한지 가설을 설정하는 것도 얼마든지 가능하다. 가설 각각을 중요도 대 만족도 프레임워크에 - 디지털 방식이어도 좋고 포스트잇을 사용해도 무방하다 - 표시하라. 그런 다음 배우고 이터레이션하면서 각 가설의 위치를 이동하고 수정하며 새로운 가설을 추가하면 된다.

## 4.13 연관된 프레임워크들

앞서 말했듯이 인튜이트에서 중요도 대 만족도 프레임워크를 만들고 난 뒤로 이와 똑같이 중요도와 만족도에 기반하는 프레임워크를 볼 때면 기분이 정말 좋았다. 갭 분석(gap analysis)과 고객 핵심과업은 우선순위를 정할 때 필요한 정보를 제공하기 위해 중요도와 만족도에 기반하여 다양한 프로덕트 기회의 크기를 정량화한다.

### 4.13.1 갭 분석

첫 번째 관련 있는 프레임워크는 '갭 분석'이다. 인터넷에 검색해 보면 갭 분석의 정의를 여럿 찾을 수 있다. 그중에서 중요도 대 만족도 프레임워크와 관련 있는 정의는 중요도와 만족도의 '갭', 다른 말로 차이를 계산하는 것을 토대로 한다. 이는 말 그대로 중요도 평점에서 만족도 평점을 뺀다는 뜻이다.

차이 = 중요도 – 만족도

차이가 클수록 니즈의 충족도가 낮다. 이 프레임워크에서는 만족도가 중요도보다 크면 차이가 음수가 된다.

갭 분석은 아주 간단한 계산으로 숫자 하나를 도출할 수 있다는 점에서 강점이 있다. 반면 동일한 크기의 차이가 모두 똑같이 취급되는 특성은 최대 단점이다. 예를 들어 0~10점 척도에서 어떤 니즈의 중요도가 10점이고 만족도가 5점이라면, 차이는 5점이다. 한편 중요도 6점에 만족도 1점인 다른 니즈가 있다면, 이 니즈의 차이도 5점이다. 따라서 차이만 봐서는 두 니즈의 차이가 직관적으로 이해되지 않는다. 같은 5점이라도, 중

요도가 10점인 니즈의 차이가 중요도가 6점인 니즈의 차이보다 더 중요
해야 하지 않을까. 이 문제는 중요도와 만족도에 기반하는 또 다른 프레
임워크로 해결할 수 있다. 이에 대해서 좀 더 자세히 알아보자.

### 4.13.2 고객 핵심과업

앤서니 얼웍(Anthony Ulwick)의 저서 《고객이 원하는 것(*What Customers Want*)》
을 만났을 때 정말 기뻤다. 얼웍은 이 책에서 자신이 개발한 결과 중심 혁
신(Outcome-Driven Innovation, ODI) 접근법을 설명하는데, 이것도 중요도와
만족도를 사용해 기회를 정량화한다. 얼웍은 갭 분석보다 좀 더 복잡한
공식으로 기회 점수를 계산하는데 이 점수로 갭 분석 계산의 문제점을 해
결할 수 있다.

$$\text{기회 점수} = \text{중요도} + \text{큰 값}(\text{중요도} - \text{만족도}, 0)$$

얼웍의 계산법은 먼저 중요도에서 만족도를 차감하는데 여기까지는 갭
분석과 같다. 하지만 얼웍은 뺄셈 결과가 음수일 경우는 무조건 0으로 취
급한다. 즉, 뺄셈의 최저값은 0이다. 얼웍은 중요도에서 만족도를 뺀 값
에 중요도를 더하는데 이래야 같은 크기의 차이를 서열화할 수 있기 때
문이다. 중요도와 만족도에 0 ~ 10점 척도를 사용한다면, 얼웍 공식의 기
회 점수는 최소 0점에서(중요도가 0점일 때) 최대 20점까지(중요도가 10
점이고 만족도가 0점일 때) 벌어진다. 얼웍은 15점을 넘는 기회를 상당히
매력적이라고 간주하며 10점 미만의 기회를 매력적이지 않다고 본다.

  앞에서 갭 분석에 사용한 두 가지 니즈 사례에 해당하는 기회 점수를
계산해 보자. 중요도가 10점이고 만족도가 5점인 첫 번째 니즈의 기회 점
수는 10 + 큰 값(10 − 5, 0) = 10 + 5 = 15이다. 중요도가 6점, 만족도가

1점인 두 번째 니즈는 기회 점수가 $6 + 큰 값(6 - 1, 0) = 6 + 5 = 11$이다. 두 니즈의 중요도와 만족도의 차이가 동일하더라도 얼윅의 공식을 사용하면 중요도가 높은 첫 번째 니즈의 기회 점수가 더 높다.

얼윅의 방법론에서 핵심 아이디어는 고객이 태스크나 과업을 완수하는 데 도움을 주는 제품과 서비스를 구매한다는 것이다. 고객은 제품을 구매할 때 제품이 '핵심과업'에서 그들이 '기대하는 결과'를 얼마나 잘 전달하는가를 토대로 결정한다. 얼윅만이 아니라 클레이튼 크리스텐슨(Clayton Christensen)[4]을 비롯한 여러 경영학자 역시 통상 '고객 핵심과업'이라고 불리는 이 접근법을 권장했다.

얼윅은 어째서 고객 니즈나 고객 편익보다 결과를 훨씬 더 중요하게 여기는지 그 이유를 설명한다. 그는 니즈와 편익이 대개 모호하고 부정확하게 표현된다는 것을 가장 큰 단점이라고 지적한다. 또한 고객의 목소리에 지나치게 의존하는 '고객 중심'(customer-driven) 접근법에 일침을 날리는데 이는 고객이 종종 부정확하거나 모호한 언어를 사용한다는 이유에서이다. 나도 고객 니즈와 편익이 정확하게 정의되어야 한다는 것에 동의한다 - 어쨌건 니즈와 편익을 정의하는 것은 고객이 아니라 프로덕트 팀의 몫이다. 프로덕트 팀은 혁신적인 솔루션을 식별하기 위해 문제 영역을 심층적으로 정의할 필요가 있다. 얼윅과 마찬가지로 나 역시 프로덕트의 목적이나 요구사항이 지나치게 '두루뭉술한' - 너무 광범위하거나 모호한 - 경우가 과도하게 많은 점이 우려스럽다.

얼윅은 "대부분의 과업에서, 심지어 약간 사소해 보이는 과업이라도 - 겨우 몇 개가 아니라 - 최소 50개에서 많으면 150개 이상의 바람직한 결과가 있는 게 일반적이다."라고 설명한다. 이는 프로덕트 팀이 문제 영역을 상세하고 정확하게 정의하는 것이 가능하다는 - 그리고 사실상 성

---

4   (옮긴이) 파괴적 혁신 이론의 주창자이다.

공적인 혁신의 필수라는 – 내 믿음과도 일맥상통한다. 얼윅이 결과라고 부르는 것을 나는 잘 정의된 고객 편익이라고 부른다. 유능한 프로덕트 팀은 수박 겉핥기가 아니라 양파 껍질을 벗기듯 반복적으로 문제를 파고 들어 점점 더 깊은 인사이트를 얻는다. 스티브 잡스도 비슷한 관점을 피력했다.

> 문제를 해결하는 노력을 시작하고 맨 처음 생각해 내는 솔루션은 매우 복잡한데 대부분 여기서 멈춥니다. 그러나 계속 노력하고 문제를 깊이 고민하며 양파 껍질처럼 문제를 한 꺼풀씩 벗기면 종종 매우 우아하고 간단한 솔루션에 도달할 수 있습니다. 대부분 이 단계에 도달하기 위해 필요한 시간이나 에너지를 투자하지 않지만 말이죠.

## 4.14 고객 가치 시각화

중요도와 만족도를 측정해 프로덕트 기회를 정량화하는 아이디어가 마음에 든다면 앤서니 얼윅의 《고객이 원하는 것》을 꼭 읽어 보기 바란다. 나 역시 중요도 대 만족도 프레임워크를 사용해 정량적 접근법을 개발했는데 개인적으로는 이것이 시각적으로 더 직관적이라고 생각한다. 이 방법은 중요도 대 만족도 프레임워크로 기회를 단순히 정량화하는 수준을 뛰어넘어 고객 가치와 고객 가치 창출 방법을 시각적으로 설명하는 더 폭넓은 관점을 제공한다.

### 4.14.1 프로덕트나 기능이 전달하는 고객 가치

그림 4.3에서 소개한 중요도 대 만족도 프레임워크로 돌아가서 각 축의 값을 좀 더 엄밀하게 알아보자. 중요도와 만족도를 단순히 낮고 높은 것

이 아니라, 그림 4.5에서처럼 0에서 100퍼센트 범위로 생각하라. 이렇게 하면 5점, 7점, 10점, 100점 척도 중 어떤 것을 사용해 값을 측정하든 언제나 일관성을 유지할 수 있다.

그래프에 표시된 각 점은, 특정한 중요도를 가진 니즈와 이 니즈를 해결하는 프로덕트나 기능에 고객이 얼마나 만족하는지를 가리킨다. 그래프의 왼쪽 아래 모서리의 원점, 즉 중요도와 만족도 모두 0인 점을 생각해 보라. 이 원점에 위치하는 프로덕트나 기능은 고객 가치를 전혀 제공하지 못한다. 반면 중요도와 만족도 모두 100퍼센트인, 오른쪽 위 모서리에 놓인 프로덕트나 기능은 해당 니즈에 최대한의 고객 가치를 제공한다.

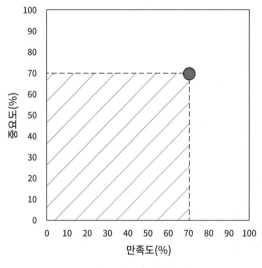

**그림 4.5 고객 가치 시각화**

프로덕트나 기능이 충족하는 니즈의 중요도가 높을수록 고객 가치를 더 많이 전달한다. 또한 만족도가 높은 프로덕트일수록 고객 가치를 더 많이 제공한다. 그림 4.5 그래프에서 프로덕트나 기능이 한 점으로 표시될 때, 이것이 제공하는 고객 가치의 총량은 원점, 그래프 위의 한 점, 중요도 점수, 만족도 점수를 각각 꼭짓점으로 하는 사각형의 면적이다. 따라서 전달되는 고객 가치는 다음의 공식으로 계산할 수 있다.

전달되는 고객 가치 = 중요도 × 만족도

그림 4.5 그래프에서 사용한 프로덕트를 예로 들어 보자. 이 니즈는 중요도가 70퍼센트이고, 이 니즈를 해결하는 프로덕트의 만족도 역시 70퍼센트이다. 그러므로 프로덕트가 이 니즈를 충족하면서 전달하는 고객 가치는 $0.7 \times 0.7 = 0.49$이다.

이 접근법은 시각적으로 직관적이다. 그림 4.4에 나와 있듯이 같은 그래프에 다양한 프로덕트나 기능을 표시하면, 무엇이 가치를 가장 많이 전달하는지 한눈에 알아볼 수 있다. 사각형의 면적이 클수록 프로덕트나 기능이 창출하는 고객 가치가 더 많다.

### 4.14.2 고객 가치 증대 기회

이뿐만 아니라 중요도 대 만족도 그래프에서는 점으로 표시되는 프로덕트나 기능과 관련 있는 기회도 쉽게 평가할 수 있다. 각 점의 기회는 간단히 말해 그것에 더해질 수 있는 최대한의 고객 가치이다. 고객 가치는 만족도를 증가시킴으로써 최대 100퍼센트(또는 1)까지 커질 수 있다. 이를 정량적으로 표현하는 공식은 다음과 같다.

가치 증대 기회 = 중요도 × (1 − 만족도)

이 접근법을 사용하면 특정 프로덕트나 기능과 관련 있는 고객 가치를 중대할 기회를 시각적으로 쉽게 평가할 수 있다. 그래프에서 점으로 표시되는 프로덕트나 기능의 기회는 이 점의 오른쪽에 만들어지는 사각형의 면적이다. 이는 해당 니즈를 더욱 만족스럽게 해결하기 위해 증대할 수 있는 최대한의 고객 가치이다.

그림 4.6은 두 가지 프로덕트 기회를 보여 준다. 기회 A는 (그림 4.5에서 소개한 프로덕트에 해당한다) 중요도가 70퍼센트이고 만족도 역시 70퍼센트이므로 기회 점수는 다음과 같다.

$$기회 A = 0.7 \times (1 - 0.7) = 0.7 \times 0.3 = 0.21$$

기회 B는 중요도가 90퍼센트이고 만족도가 30퍼센트이므로 기회 점수는 다음과 같다.

$$기회 B = 0.9 \times (1 - 0.3) = 0.9 \times 0.7 = 0.63$$

기회 B는 기회 A보다 세 배나 더 많은 고객 가치를 창출할 잠재력이 있다. 가능한 한 여러 기회를 평가한 다음 기회 점수가 가장 높은 기회를 선

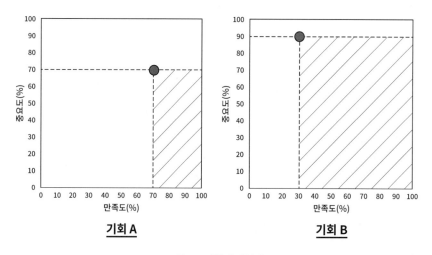

그림 4.6 기회 측정하기

택하라. 재차 말하지만 우버가 포착해 붙잡았던 기회처럼 이러한 기회는 제2사분면에 위치한다.

실제 프로덕트의 진짜 데이터를 보여 주는 그림 4.4를 다시 보면서 내가 중요도가 82퍼센트이고 만족도가 55퍼센트인 기능에 가장 높은 우선순위를 부여한 것을 떠올려 보자. 이를 'X 기능'이라고 부르자. 그림 4.4에 표시된 모든 점을 다시 살펴보라. 기회를 평가하는 방법을 알면 X 기능이 가장 큰 기회를 제공한다는 것이 금방 이해된다. X 기능의 기회 점수를 계산해 보자.

$$\text{X 기능의 기회} = 0.82 \times (1 - 0.55) = 0.82 \times 0.45 = 0.37$$

그림 4.4 그래프에서 X 기능의 오른쪽에 위치한 11개 기능은 모두 기회 점수가 0.25보다 낮다. 그리고 중요도가 53퍼센트에 만족도가 41퍼센트인 기능은 기회 점수가 0.32에 불과하다. 여기서 알아야 하는 점은 그림 4.4에서 이 기능이 왼쪽 아래 모서리 가까이에 위치하지만, 이는 그래프 축이 원점까지 표시되지 않았기 때문이라는 사실이다. 원점까지 표시되었다면 이 기능은 그래프의 정가운데 언저리에 위치했을 것이다.

한 프로덕트가 전달하는 고객 가치는 만족도 수준(사각형의 밑변)에 따라 달라지지만, 이 프로덕트가 전달할 수 있는 *최대한의 고객 가치*(가장 큰 사각형의 면적)는 사실상 니즈의 중요도(사각형의 높이)에 의해 판가름된다. 이는 중요도가 높은, 그래서 최대의 가치를 창출할 수 있는 니즈에 집중하는 것이 가장 좋은 이유를 또다시 확인시켜 준다. 이를 종합해 기회를 표현하는 다른 공식을 만들어 보자.

$$\text{기회} = \text{중요도} - \text{현재 고객 가치}$$

### 4.14.3 프로덕트 개선으로 창출되는 고객 가치

프로덕트를 개선함으로써 창출되는 *실질적인 고객 가치*도 시각화할 수 있다. 프로덕트 개선으로 만족도를 끌어올렸다면 이로써 창출되는 고객 가치는 증가된 사각형의 면적에 해당한다. 이는 다음의 공식으로 표현할 수 있다.

창출된 고객 가치 = 중요도 × (개선 후 만족도 − 개선 전 만족도)

그림 4.7은 프로덕트를 개선한 뒤 만족도가 높아질 때 창출되는 고객 가치를 설명한다(그림 4.5의 프로덕트 사례를 사용했다). 니즈의 중요도는 70퍼센트이고, 만족도는 프로덕트를 개선하기 전 70퍼센트에서 개선한 이후 90퍼센트로 증가했다. 이러한 수치를 앞의 공식에 대입하면 창출된 고객 가치는 0.14이다.

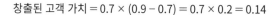

창출된 고객 가치 = 0.7 × (0.9 − 0.7) = 0.7 × 0.2 = 0.14

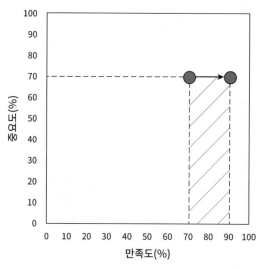

그림 4.7 고객 가치 창출하기

앞서 설명했듯이 프로덕트는 ― 하나의 고객 니즈가 아니라 ― 대개는 관련 있는 여러 고객 니즈를 해결한다. 여기서 만족도를 높이는 것 이외에 프로덕트가 고객 가치를 더 많이 창출할 수 있는 방법 하나를 유추할 수 있는데 바로 관련 있는 또 다른 고객 니즈까지 ― 중요도가 더 높은 니즈가 이상적이다 ― 해결하도록 프로덕트를 개선하는 것이다.

## 4.15 카노 모델

고객 니즈와 만족도를 이해할 수 있는 훌륭한 프레임워크가 또 있는데, 일본 출신의 품질 관리 전문가 카노 노리아키가 개발한 카노 모델(Kano model)이다. 나는 산업공학 석사 과정에서 이 모델을 처음 배웠다. 그림 4.8을 보면 나와 있듯이 카노 모델도 한 쌍으로 이뤄진 두 변수를 가로축과 세로축에 표시한다. 첫 번째 축(가로축)은 고객 니즈가 얼마나 완전하

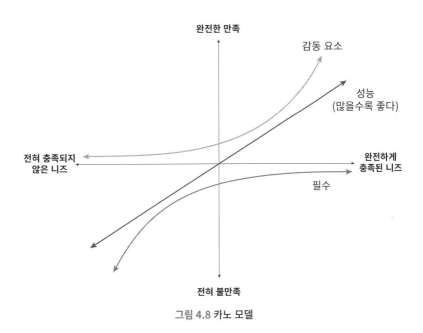

그림 4.8 카노 모델

게 충족되는가를 보여 주고, 두 번째 축(세로축)은 이에 따른 고객 만족도 수준을 나타낸다. 가로축은 전혀 충족되지 않은 니즈가 왼쪽 끝에, 완전하게 충족된 니즈는 오른쪽 끝에 위치한다. 고객 만족도를 나타내는 세로축은 전혀 불만족이 가장 아래에, 완전한 만족이 맨 위에 놓인다. 이는 앞서 소개한 양극성 척도와 일치한다.

여기서는 고객에게 질문하는 방법과 니즈의 여섯 가지 잠재적인 결과에 대해서는 자세히 설명하지 않겠다. 카노 모델은 고객 니즈를 쉽게 적용할 수 있는 관련된 세 가지 카테고리로 나눠서 유용한데, 바로 성능(performance) 니즈, 필수(must-have) 니즈, 감동 요소(delighter)이다. 성능 니즈는 다다익선이다. 니즈가 완벽하게 채워질수록 이에 따라 고객 만족도가 높아진다. 예를 들어 자동차를 구매하려는데 두 가지 모델이 고민된다고 해 보자. 두 모델은 모든 측면에서 동일하지만 자동차 A의 연비(1리터당 킬로미터(km/l))가 자동차 B보다 두 배 높다면 자동차 A로 마음이 기울 가능성이 크다. 연비는 자동차의 성능 편익이다.

필수 니즈는 충족된다고 고객 만족으로 이어지지는 않지만 충족되지 않으면 고객 불만족을 초래한다. 필수 니즈는 – 고객이 프로덕트에 만족하려면 반드시 충족되어야 하는 요소 – 말하자면 '기본 판돈' 또는 '진입 비용'이다. 앞의 자동차 구매 시나리오에서는 안전벨트를 필수 니즈로 볼 수 있다. 어떤 자동차에 관심이 생겼지만 안전벨트가 없다는 사실을 알게 되면 사고 시 안전에 대한 우려 때문에 이 차를 구매하지 않을 것이다. 즉, 안전과 관련해 당신이 합리적인 수준이라 생각하는 필수 니즈가 충족되지 않은 것이다. 그렇지만 자동차 A의 안전벨트가 5개인데 반해 자동차 B의 안전벨트가 100개여도, 자동차 B가 자동차 A보다 20배 더 좋다고 말하지는 않을 것이다. 좌석마다 안전벨트가 1개씩 있다면 필수 니즈는 충족된다.

감동 요소는 고객의 기대를 뛰어넘는 예상 밖의 편익을 제공하는데 이는 고객 만족도를 크게 끌어올린다. 감동 요소가 없어도 만족도에는 전혀 영향을 주지 않는데 어차피 고객은 이 요소를 기대하지 않기 때문이다. 다시 자동차 구매 시나리오를 예로 들어 보자. 내비게이션 시스템은 1990년대 중반 이 신기술을 탑재한 첫 번째 모델들이 출시되었을 때 감동 요소였다. 이제 GPS 내비게이션만 있으면 컴퓨터에서 미리 검색해 지도나 약도를 준비할 필요도, 길을 잃을 염려도 없다. 이 기능은 자동차로 이동하는 방식을 근본적으로 변화시켰고 결과적으로 고객에게 감동을 주었다.

시간을 더 거슬러 올라가면 자동차에 처음부터 컵 홀더가 장착된 것은 아니었다. 크라이슬러(Chrysler)가 1980년대 초반 대시보드의 플라스틱 부분에 편리한 컵 홀더 두 개를 탑재한 미니밴을 출시하면서 변화가 일어났다. 운전 중에 음료를 쏟을 걱정을 한방에 날려 버린 컵 홀더는 감동 요소였다.

이제 자동차 컵 홀더와 GPS 내비게이션은 감동 요소가 아니다. 이는 카노 모델의 중요한 측면을 보여 준다. 니즈는 시간이 흐름에 따라 이동한다는 것이다. 어제의 감동 요소가 오늘의 성능적 기능이 되고 내일의 필수가 될 것이다. 시간이 지나면서 고객 기대가 높아지고 경쟁이 치열해짐에 따라 기준이 계속 올라간다. 이는 중요도와 만족도 프레임워크에서 만족도 척도의 오른쪽 상한값이 시간이 경과할수록 재정의되고 어제의 솔루션이 왼쪽으로 밀려나는 방식을 설명하는 또 다른 방법이다.

이뿐만 아니라 카노 모델은 앞서 설명했던 니즈의 계층 구조와도 일치한다. 예를 들어 프로덕트가 감동 요소를 제공해도 필수 니즈를 충족하지 못하면 이는 있으나 마나이다. 안전벨트가 없는 자동차에 내비게이션 시스템이 무슨 소용이겠는가. 이 기본 니즈를 만족시켜야만 성능 편익으로 좋은 결과를 얻을 수 있다. 또한 프로덕트가 성능 편익에 경쟁력이 있어야 감동 요소가 중요해진다. 이를 맨 아래부터 필수, 성능 편익, 감동 요소의 순으로 올라가는 3층 피라미드라고 생각해도 좋다.

카노 모델을 사용하면 문제 영역을 명료하게 이해할 수 있다. 당신의 프로덕트 카테고리와 관련 있는 고객 편익을 생각해 보라. 그런 다음 이들 편익을 필수, 성능, 감동 요소 세 범주로 분류하라. 경쟁 프로덕트를 평가하고 프로덕트 후기를 읽으면 이 프레임워크를 구축할 때 도움이 되는 정보를 얻을 수 있다. 5장에서 프로덕트의 가치 제안을 정의하는 방법을 설명할 때, 카노 모델을 각자의 경쟁 환경에 어떻게 접목할 수 있는지 좀 더 자세히 이야기하겠다.

## 4.16 프레임워크 활용법

4장에서는 많은 내용을 두루 살펴보았는데 고객 편익을 설명할 수 있게 깊고 풍부한 내용을 다루면서 문제 영역 개념을 확실하게 이해하고자 했다. 고객에게 제공할 수 있는 잠재적인 편익을 찾아내고 그런 다음 중요도 대 만족도 프레임워크를 사용하여 최대한의 고객 가치를 창출할 수 있는 고객 편익을 선정하자. 중요도 대 만족도 프레임워크에서 제2사분면에 위치하면서도 가능한 한 기회 점수가 높은 프로덕트 기회를 붙잡아야 한다. 어떤 기회를 활용할지 선택했다면 이와 관련된 편익을 세분화해서 프로덕트로 어떤 편익을 해결할지 결정할 차례이다. 여기서 목표는 프로덕트로 고객 가치를 충분히 전달할 뿐만 아니라 모든 대안에서 경쟁 우위를 꼭 달성하는 것이다. 이것이 바로 프로덕트 전략의 핵심이다. 5장에서는 카노 모델을 사용해 가치 제안을 어떻게 정의하는지 알아보자. 이 가치 제안을 토대로 최소 기능 제품(MVP) 후보를 구체화할 것이다.

### 5장

# 가치 제안을 정의하라
# (3단계)

린 프로덕트 프로세스의 다음 단계는 프로덕트의 가치 제안을 정의하는 것으로 프로덕트 마켓 핏 피라미드에서 충족되지 않은 니즈의 바로 위 계층이다. 지난 단계에서는 프로덕트로 해결할 수 있는 중요한 고객 니즈 몇 가지를 식별했다. 이제 이 중 어떤 니즈를 프로덕트로 충족할지 결정해야 한다. 니즈를 신중하게 선택하고 필요 이상으로 많은 니즈를 다루지 않도록 주의하라.

좋은 프로덕트는 중요하면서도 함께 해결하는 것이 타당한 일련의 니즈에 집중하여 디자인된다. 스위스 아미 나이프는 굉장히 유용할 뿐 아니라 다양한 니즈를 해결할 수 있는 여러 도구를 한 개의 본체에 담아 편리성까지 갖췄다. 그렇지만 여기에 도구를 계속 추가하면 어떻게 될까? 어느 순간 나이프는 더 두꺼워지고 더 무거워지며 사용성과 가치가 줄어들게 된다. 새 프로덕트를 정의할 때 집중은 절대적으로 중요하다.

또한 당신은 초기 프로덕트의 범위(product scope)를 지나치게 넓혀 불필요하게 리소스를 낭비하는 리스크를 감수하고 싶지 않을 것이다. 프로덕트를 통해 해결하려는 모든 고객 니즈에 관한 정보 역시 완벽하지 않다. 가설은 물론이고 자신이 안다고 생각하는 것에 상당한 불확실성이 존재한다. 이런 문제가 있기에 *최소한으로 기능하는* 프로덕트를 식별하는 것이 좋은 출발점이다. 고객 니즈에 관한 모든 가설이 타깃 고객에 대한 근본적인 가정에 전적으로 달려 있다는 사실을 명심하라. MVP를 테스트해서 가정이 틀렸다는 결과를 얻는다면 해결하려는 니즈에 관한 가설을 다시 살펴봐야 한다.

사용자 테스트로 자신이 올바른 방향으로 가고 있음이 입증되더라도 새로운 정보가 나타나면 이를 반영해 문제 영역 가설을 수정해야 한다. 이터레이션할 때마다 이런 상황이 재현되기 마련이다. 요컨대 당신은 절대로 '완전한 정보'를 가지지 못한다. 좋은 경로를 따라 이터레이션한다면 갈수록 확신을 갖고 '덜 불완전한' 정보를 수집하게 될 수 있을 뿐이다.

## 5.1 전략은 '아니오'라고 말할 수 있어야 한다

린 프로덕트 프로세스의 3단계에서 할 일은 프로덕트 가치 제안을 확정하는 것이다. 가치 제안은 프로덕트가 충족하려는 구체적인 고객 니즈를 명확히 정의하고 경쟁 제품과 차별되는 비교 우위를 분명히 드러낸다. 프로덕트가 *해결하려는* 고객 니즈를 구체화할 때는 프로덕트가 *해결하지 않는* 편익도 결정하게 된다. "아닙니다, 우리 프로덕트는 그 문제를 해결하지 않을 것입니다."라고 말하기 어려울 수도 있지만 이것이 전략의 핵심이다. 내가 들은 전략에 관한 최고의 정의 중 하나는 "자신이 무엇을 하지 *않을지* 결정하는 것"이다. 스티브 잡스는 '아니오'라고 말하는 것에 관해 이렇게 말했다.

> "사람들은 집중이란 자신이 집중해야 하는 것에 '네'라고 말하는 것을 뜻한다고 생각하죠. 하지만 집중은 절대 이런 뜻이 아닙니다. 세상에 존재하는 좋은 아이디어 100개에 '아니오'라고 말하는 게 집중입니다. 당신은 신중하게 선택해야 합니다. 솔직히 나는 우리가 하지 않았던 일도 내가 했던 일만큼이나 자랑스럽습니다. 혁신은 1,000개의 아이디어에 '아니오'라고 말하는 것입니다."

따라서 가장 먼저 할 일은 해결하고자 하는 고객 니즈를 선택하는 것이다. 이 책은 카노 모델을 구조화 프레임워크로 사용하여 니즈를 필수 편익, 성능 편익, 감동 요소로 분류하는 방법을 알려 준다. 프로덕트로 경쟁자와 차별되는 비교 우위를 반드시 확보하는 것이 목표이므로 경쟁자와의 관계를 고려해 니즈를 분류해야 한다. 대개의 경우 경쟁자도 동일한 프로덕트 카테고리에 속하므로 필수 편익은 동일할 가능성이 크고 성능 편익은 상당수 겹칠 것이다. 그렇지만 프로덕트마다 감동 요소는 다를 수 있다.

필수 편익은 꼭 필요하므로 목록화하는 게 중요하다. 하지만 동일 카테고리의 프로덕트 모두 필수 니즈를 해결해야 하므로 이는 가치 제안에서 핵심 부분이 아니다. 프로덕트로 경쟁하겠다고 선택한 성능 편익과 당신만이 제공할 수 있는 감동 요소가 가치 제안의 중심이다.

## 5.2 검색 엔진의 가치 제안

인터넷 검색 엔진의 초창기를 통해 프로덕트 가치 제안 개념을 알아보자. 당시 많은 검색 엔진이 있었고 프로덕트마다 집중하는 성능 편익이 달랐다. 일부는 색인에 가장 많은 페이지를 포함하는 것에 집중했는데 이는 사용자가 검색을 실행했을 때 가장 많은 결과를 보여 줄 거라는 뜻이었다. 일부 엔진은 색인의 '최신성'(freshness), 즉 페이지를 신속하게 추가하고 기존 페이지를 빠르게 업데이트하는 것에 집중했다. 나머지는 가장 관련도가 높은 결과를 제공하는 것에 초점을 맞췄다. 종합해 보면 초기 검색 엔진은 최소 세 가지 성능 편익에서 경쟁을 펼쳤다. 결과의 개수, 최신성, 관련도였다. 물론 초기 검색 엔진은 다른 여러 편익과 관련해서도 경쟁했지만 논의를 단순화하기 위해 이 세 가지 편익만 다루겠다. 검색 엔진 시장의 초기 단계에서는 각 편익의 상대적인 중요도가 명확하지 않았고 회사마다 각기 다른 성능 편익에 집중하면서 서로 다른 가치를 제안했다.

시간이 지나면서 검색 엔진 대부분이 방대한 페이지를 색인화함에 따라 검색 결과의 개수는 덜 중요해졌다. 사용자들은 검색 결과를 많이 보여 주는 것을 좋아했지만 대개는 처음 몇 페이지만 살펴볼 뿐이었다. 최신성도 사정이 비슷했다. 대부분의 검색 엔진은 최신 결과를 보여 주기 위해 페이지를 비교적 빠르게 추가하는 능력을 갖추게 되었다. 따라서 관련도가 가장 중요한 편익이 되었고 차별될 수 있는 가장 큰 기회도 관련도에 있었다. 구글은 독특한 페이지랭크(PageRank) 알고리즘 덕분에 검색 엔진 시장에서 결과의 관련도가 가장 높았다. 이렇듯 구글은 가장 중요한 편익에서 최고였기 때문에 ─ 그리고 나머지 편익에서도 비슷하거나 더 나은 성과를 달성했기 때문에 ─ 검색 엔진 전쟁의 승자가 되었다.

표 5.1은 앞의 세 가지 가치 제안을 보여 준다. 표에 나와 있듯이 구글은 관련도에 집중한 반면 검색 엔진 A는 검색 결과의 개수에, 검색 엔진 B는 최신성에 집중했다는 사실을 알 수 있다.

| 성능 편익 | 구글 | 검색 엔진 A | 검색 엔진 B |
| --- | --- | --- | --- |
| 검색 결과의 개수 | 양호 | **최고** | 양호 |
| 검색 결과의 최신성 | 양호 | 양호 | **최고** |
| 검색 결과의 관련도 | **최고** | 양호 | 양호 |

표 5.1 초기 검색 엔진의 가치 제안

감동 요소는 어떨까? 일치하는 검색어를 자동 추천하는 구글 서제스트 (Google Suggest)가 이 카테고리에 속한다. 사용자가 검색어를 전부 입력할 필요 없이 ─ "1야드는 몇 인치일까?" ─ 처음의 철자나 단어 몇 개를 입력하면 ─ "1야드는" ─ 추천 검색어 목록이 나타난다. 추천 목록에서 자신이 생각한 검색어를 클릭하면 되니 시간이 절약되는데 검색어 문장이 길수록 시간을 더 많이 절약할 수 있다. 또한 상위에 노출된 연관 문구는 검색어를 정확히 모르는 사용자에게 도움이 되어 더욱 관련도 높은 결과를 더욱 빠르게 얻을 수 있게 해 준다.

구글 인스턴트 서치(Google Instant Search)도 감동 요소이다. 이 기능은 사용자가 검색어를 입력하는 중에 다른 말로, '엔터' 키를 누르기 전에 (혹은 자동 추천 검색어를 선택하기 전에) 검색 결과를 보여 준다. 이 역시 사용자의 시간을 아껴 준다. 구글은 사람들이 타이핑하는 것보다 결과를 읽는 게 훨씬 빠르다는 것을 발견했다. 통상적으로 키 간 이동에는 300밀리초(1,000분의 1초)가 걸리지만 결과를 대충 훑어보는 데는 30밀리초면 충분했다. 구글은 인스턴트 서치로 검색 1건당 2~5초를 아낄 수 있다고 편익을 수치화했다. 표 5.2는 앞서 설명했던 성능 편익에 이러한 두 가지 감동 요소를 추가해 더욱 완전해진 구글의 가치 제안을 보여 준다. 구글 서제스트와 구글 인스턴트 서치는 편익이 아니라 기능이다. 표 5.2를 보면 기능 명칭은 구글 열에 넣었지만 각 감동 요소의 관련 편익은 가장 왼쪽의 편익 열에 넣었다. 각각 검색어 입력 시간 절약과 검색 결과 확인 시간 절약이다.

|  | 구글 | 검색 엔진 A | 검색 엔진 B |
| --- | --- | --- | --- |
| **성능 편익** | | | |
| 결과의 개수 | 양호 | **최고** | 양호 |
| 결과의 최신성 | 양호 | 양호 | **최고** |
| 결과의 관련도 | **최고** | 양호 | 양호 |
| **감동 요소** | | | |
| 검색어 입력 시간 절약 | **가능**(구글 서제스트) | 불가능 | 불가능 |
| 검색 결과 확인 시간 절약 | **가능**(구글 인스턴트 서치) | 불가능 | 불가능 |

표 5.2 감동 요소를 넣은 구글의 가치 제안

구글이 감동 요소를 제공한 유일한 검색 엔진은 아니다. 빙(Bing)이 여타 검색 엔진과의 차별화를 모색하면서 선보인 혁신 하나는 오늘의 사진이었다. 빙은 검색 페이지의 바탕 이미지를 매일 아름다운 사진으로 바꾼다. 각 사진에는 해당 이미지에 관한 상식이나 힌트가 달리는데 사용자는 사진 속 피사체나 장소를 알아맞히며 소소한 재미를 누릴 수 있다. 아름다운 이미지가 검색 속도나 결과의 관련도를 높이는 것은 아니지만 이러한 이미지는 사용자에게 매일 재미있고 유쾌한 놀라움을 선사한다.

## 5.3 별로 '쿨'하지 않아

마지막으로 알아볼 검색 엔진은 2008년에 서비스를 시작한 쿨(Cuil, 영어 단어 'cool'과 발음이 같다)[1]이다. 이때는 검색 엔진 시장이 이미 중요도와 만족도 프레임워크의 제1사분면에 위치했다. 검색은 매우 중요했지만 사용자는 기존의 검색 엔진에 꽤 만족했고 구글이 시장 점유율 1위였다(당시 시장 점유율이 60퍼센트를 넘었다). 이러한 상황에서 해당 카테고리에 진입하는 후발 프로덕트 입장에서는 기존 솔루션과 비교되는 차별화 우위를 명확히 표현하는 명쾌한 가치 제안이 절대적으로 중요했다.

마케팅에 들인 노력을 보면 쿨은 최대 규모의 색인 구축에 집중한 것이 분명하다. 서비스 시작 당시 쿨은 1천2백억 개의 웹 페이지를 색인화했다고 주장했는데 쿨의 추정에 따르면 이는 구글의 세 배였다. 쿨은 사진을 더 많이 첨부하고 잡지 형식으로 검색 결과를 제시하면서 기존 솔루션과 거리를 뒀다. 또한 사용자의 검색 기록 정보를 저장하지 않겠다고 약속함으로써 프라이버시에서도 차별화를 모색했다.

그래서 쿨은 어떻게 됐을까? 용두사미였다. 쿨을 비판하는 사람들은

---

1 (옮긴이) 옛 게일족 언어로 '지식'이라는 뜻이다.

응답 속도가 느리고 결과의 관련도가 낮다고 불평했다. 특히 서치 엔진 워치(Search Engine Watch)[2]의 검색 전문가 대니 설리번(Danny Sullivan)은 쿨이 관련도보다 색인 규모에 집중한다고 비판했다. 쿨은 결국 서비스 시작 2년 만에 역사의 뒤안길로 사라졌다.

결론적으로 쿨 팀이 검색 엔진의 성공 요인으로 제시한 가설은 빗나갔다. 후발 프로덕트로 기존 시장 리더와의 경쟁에서 우위를 차지하려면, 관련도와 응답 시간이라는 두 가지 중요한 성능 편익에 대한 가치 제안의 크기가 최소한 그들과 대등했어야 한다. 물론 쿨 팀이 일부러 관련도를 상대적으로 낮게 하거나 응답 시간을 느리게 *계획*했다고는 절대 생각하지 않는다. 사용자들이 쿨에서 검색할 때 응답 시간이 문제가 됐을 뿐이다. 행여 이들 성능 편익에서 구글과 대등했더라도 쿨이 상당한 시장 점유율을 획득하려면 가치 있는 차별점이 여전히 필요했을 것이다. 하지만 쿨이 차별점으로 내세운 더 방대한 색인과 강화된 프라이버시가 실제로 고객에게 얼마나 가치 있었는지는 명확하지 않다.

표 5.3은 쿨이 의도한 가치 제안과 실제 가치 제안을 구글의 가치 제안과 비교한 것이다. 고객 행동에 변화를 일으키기란 – 특히 제1사분면에서

| 성능 편익 | 구글 | 쿨(의도한 것) | 쿨(실제) |
| --- | --- | --- | --- |
| 검색 결과의 개수 | 좋음 | 최고 | 중요하지 않음 |
| 사용자 프라이버시 | 양호 | 최고 | 중요하지 않음 |
| 결과가 얼마나 잘 표시되는가 | 좋음 | 최고 | 중요하지 않음 |
| 응답 시간 | 좋음 | 보통 | 나쁨 |
| 검색 결과의 관련도 | 좋음 | 보통 | 나쁨 |

표 5.3 구글의 가치 제안 VS 쿨의 가치 제안

2 (옮긴이) 검색 엔진 전문 사이트

는 – 언제나 어렵다. 새 프로덕트가 기존 프로덕트를 일상적으로 사용하는 고객을 끌어들이려면 상당한 수준의 초과 가치를 제공해야 한다. '10배' 더 나은 성능이라는 개념이 다시 떠오르는 지점이다.

## 5.4 프로덕트 가치 제안 구축하기

검색 엔진 사례로 가치 제안 개념을 살펴봤으니 다음 단계로 넘어가자. 프로덕트 가치 제안은 어떻게 정의해야 할까? 표 5.4는 프로덕트 가치 제안 템플릿으로 모든 칸이 비어 있다. 첫 번째 열에는 편익을 유형별로 그룹화하여 행당 하나씩 나열한다. 자신과 경쟁자 모두와 관련 있는 필수, 성능 편익, 감동 요소를 포함하는 게 좋다. 관련 있는 경쟁 프로덕트 각각과 자신의 프로덕트에 열을 하나씩 할당하라. 표 5.4의 빈 템플릿은 경쟁 프로덕트 두 개를 포함한다. 꼭 직접적인 경쟁 프로덕트여야 하는 것은

|  | 경쟁자 A | 경쟁자 B | 내 프로덕트 |
| --- | --- | --- | --- |
| **필수** |  |  |  |
| 필수 1 |  |  |  |
| 필수 2 |  |  |  |
| 필수 3 |  |  |  |
| **성능 편익** |  |  |  |
| 성능 편익 1 |  |  |  |
| 성능 편익 2 |  |  |  |
| 성능 편익 3 |  |  |  |
| **감동 요소** |  |  |  |
| 감동 요소 1 |  |  |  |
| 감동 요소 2 |  |  |  |

표 5.4 프로덕트 가치 제안 템플릿

아니다. 직접적인 경쟁자가 전무한 상황은 없겠지만 만약 그렇다 하더라도 자신의 프로덕트를 대신할 수 있는 솔루션은 있기 마련이다. 고객이 니즈를 충족하려고 현재 사용하는 프로덕트 말이다(터보택스의 대안이 어째서 종이와 연필이었는지 떠올려 보라).

각 편익과 경쟁자를 기입했다면 개별 열에 경쟁자와 자신의 프로덕트의 점수를 적어 보자. 기존 프로덕트를 평가한다면 그것에 점수를 매기면 되고, 새 프로덕트를 만드는 경우라면 성취하고 싶은 목표 점수를 적어도 무방하다. 필수 항목은 '유/무'로 적는 게 좋다. 성능 편익은 어떤 것이든 자신에게 가장 적합한 척도를 사용하는 게 좋다. 대개는 '높음'(High), '보통'(Medium), '낮음'(Low)으로 분류하는 척도가 효과적이다. 수치로 쉽게 측정할 수 있는 성능 편익이라면 정확도를 높이기 위해 그 측정값을 사용해도 된다. 오픈테이블(OpenTable) 같은 식당 예약 앱이라면 예약 가능한 식당 개수와 예약에 걸리는 시간이 수치화할 수 있는 성능 편익일 것이다. 감동 요소는 일반적으로 독특하므로 각 요소를 별도의 행에 적고 해당하는 경우 '유'라고 표시하라.

가치 제안을 완성한 예시를 보려면 표 5.5를 참조하라. 각자가 자신의 프로덕트에 맞춰 이와 비슷한 도표를 더 쉽게 작성할 수 있도록 편익과 경쟁자 모두를 일부러 일반화된 명칭으로 정리했다. 여기서 당신이 구축하려는 프로덕트의 기존 경쟁자는 두 곳이다. 세 회사 전부 모든 필수 항목을 충족한다. 경쟁자 A는 성능 편익 1에서, 경쟁자 B는 성능 편익 2에서 각각 최고가 되는 것에 집중한다. 당신은 성능 편익 3에서 선두가 되려 한다. 아마 다른 두 성능 편익보다 성능 편익 3을 가치 있게 생각하는 특정 고객 세그먼트를 식별했거나 성능 편익 3에서 만족도를 높일 수 있는 신기술을 보유했을 것이다. 경쟁자 A는 감동 요소 1을 제공하는데 당

|  | 경쟁자 A | 경쟁자 B | 내 프로덕트 |
|---|---|---|---|
| **필수** | | | |
| 필수 1 | 유 | 유 | 유 |
| 필수 2 | 유 | 유 | 유 |
| 필수 3 | 유 | 유 | 유 |
| **성능 편익** | | | |
| 성능 편익 1 | **높음** | 낮음 | 보통 |
| 성능 편익 2 | 보통 | **높음** | 낮음 |
| 성능 편익 3 | 낮음 | 보통 | **높음** |
| **감동 요소** | | | |
| 감동 요소 1 | **유** | | |
| 감동 요소 2 | | | **유** |

**표 5.5 프로덕트 가치 제안 템플릿 완성 예시**

신은 이와 다른 감동 요소 2에 관한 아이디어가 있다. 각 프로덕트의 핵심 차별점은 굵게 표시되어 있다.

이 표를 완성하면 자신이 제공하려는 편익과 비교 우위를 어떻게 달성할 것인지 명확히 표현할 수 있다. 자신의 프로덕트가 제공하려는 편익과 각 편익의 목표 점수를 적은 열이 당신의 프로덕트 가치 제안이다. 적극적으로 공략할 영역과 경쟁 프로덕트에 기꺼이 양보할 수 있는 덜 중요한 영역을 이미 결정했을 것이다. 핵심적인 차별점은 경쟁 우위를 확보하려는 성능 편익과 독특한 감동 요소이다. 4장에서 다룬 내용을 떠올려 보자. 차별점은 중요도가 높은데 만족도가 낮은 미충족 편익과 일치하는 게 좋다. 바로 여기에 고객 가치를 창출할 더 큰 기회가 있기 때문이다.

대부분의 프로덕트 팀은 자신들이 만들고자 하는 프로덕트에 대해 이처럼 가치 제안을 명확히 하기 위한 작업을 거의 수행하지 않는다. 그렇기에 이렇게 하는 것만으로도 대부분의 경쟁자보다 앞서 나가게 될 것이다. 가치 제안을 분명히 하면 '미투'(me too) 프로덕트를 론칭할 가능성이 낮아지고, 가장 중요한 것에 리소스를 쏟을 수 있으며, 성공할 확률이 높아진다.

## 5.5 퍽이 향하는 곳으로 움직여라

지금까지 가치 제안을 특정 시점에서 본 정적인 스냅샷으로 설명했는데 전략적으로 접근하려면 미래를 내다보며 시장에서의 중요한 트렌드와 경쟁자가 취할 행동을 예측하는 게 필수이다. 이는 특히 빠르게 변화하는 많은 하이테크 시장에서 매우 중요하다. 웨인 그레츠키(Wayne Gretzky)[3]의 말을 새겨듣자. "나는 지금 퍽이 있는 곳이 아니라 퍽이 갈 곳으로 움직인다."

## 5.6 플립 비디오 카메라

플립(Flip) 비디오 카메라는 이를 잘 보여 주는 사례이다. 2006년 퓨어 디지털(Pure Digital)이 '포인트 앤 슛(Point and Shoot, 자동 초점) 비디오 캠코더'로 출시한 플립은 전통적인 캠코더보다 월등히 뛰어나다는 고객 평가가 주를 이뤘다. 이는 삼박자가 맞아떨어진 덕분이었다. 더 좋은 사용성, 휴대성, 그리고 더 저렴한 가격이었다. 플립 비디오 카메라의 성공으로 퓨어 디지털은 2009년 시스코(Cisco)[4]에 5억 9000만 달러에 인수되었다.

2년 뒤 시스코는 경영 합리화의 일환으로 일부 소비재 사업을 철수한다고 발표했고 이 퇴출 명단에는 플립 사업부도 포함되었다. 2년 사이에

---

3 (옮긴이) 캐나다의 유명한 아이스하키 선수
4 (옮긴이) IT 및 네트워킹 부문의 세계적 기업

무슨 일이 벌어진 것일까? 플립 비디오 카메라는 몇 년간 프로덕트 마켓 핏을 달성했지만 경쟁 환경이 급격히 달라졌다. 2009년 애플은 회사 역사상 최초로 동영상 녹화 기능을 탑재한 아이폰 3GS를 론칭했다. 플립에 비해 휴대성이 크게 향상된 솔루션을 제공한 스마트폰으로 인해 별도의 비디오 카메라가 필요하지 않게 되었다. 또한 아이폰은 무선 연결이 가능해서 컴퓨터와 동기화하지 않아도 촬영 즉시 영상을 업로드할 수 있었다. 시스코의 기업 전략과는 별개로 스마트폰이 사용하기도 휴대하기도 편리한 영상 녹화 기기의 미래라는 사실이 갈수록 명백해졌다.

## 5.7 가치 제안으로 미래 예측하기

가치 제안 템플릿으로 돌아가서 미래를 예측하기 위해 각 경쟁자와 당신의 프로덕트 열을 '현재'와 '미래', 두 열로 나눠 보자. 여기서 '미래'는 프로덕트 전략 목표에 가장 적절한 기간을 의미한다. 표 5.6에 어떻게 하면 되는지 예시가 나와 있다.

  표 5.6에는 경쟁자와 당신의 프로덕트 각각에 해당하는 '현재' 열과 '1년 후' 열이 있다. 먼저 현재 열을 보면, 경쟁자 A는 성능 편익 1에서, 당신의 프로덕트는 성능 편익 3에서 가장 앞서 있다. 당신은 경쟁자 A가 성능 편익 3을 개선하기 위해 투자한다 하더라도 자신을 따라잡지 못할 것이라고 예상한다. 또한 경쟁자 A는 성능 편익 2에서 격차를 더 벌리려 투자할 것으로 보인다. 당신은 타깃 시장에서 성능 편익 2는 덜 중요하다고 판단했다. 따라서 이 편익에 투자하는 대신에 성능 편익 3에서 선두를 지키고 성능 편익 1에서 격차를 좁히는 데 집중할 계획이다. 감동 요소 측면에서 살펴보면, 당신과 경쟁자 각각은 현재 독특한 감동 요소를 제공하

| | 경쟁자 A | | 내 프로덕트 | |
|---|---|---|---|---|
| | 현재 | 1년 후 | 현재 | 1년 후 |
| **필수** | | | | |
| 필수 1 | 유 | 유 | 유 | 유 |
| 필수 2 | 유 | 유 | 유 | 유 |
| **성능 편익** | | | | |
| 성능 편익 1 | 높음 | 높음 | 보통 | **높음** |
| 성능 편익 2 | 보통 | **높음** | 낮음 | 낮음 |
| 성능 편익 3 | 낮음 | **보통** | 높음 | 높음 |
| **감동 요소** | | | | |
| 감동 요소 1 | 유 | 유 | | |
| 감동 요소 2 | | | 유 | 유 |
| 감동 요소 3 | | **유** | | |
| 감동 요소 4 | | | | **유** |

표 5.6 기대하는 미래 상황을 담은 프로덕트 가치 제안 예시

고 있다. 미래에는 어떨까? 경쟁자는 감동 요소 3을 론칭할 것으로 예상되고 당신은 감동 요소 4를 선보일 계획이다.

프로덕트 전략을 이와 같이 분석할 때의 장점은 확실하다. 현재의 시장 상황을 타개할 뿐만 아니라 미래에 당신이 나아가는 경로가 차선이 될 리스크를 줄일 수 있다.

이 장에서 소개한 모든 도구는 자신의 가치 제안을 명확히 이해할 수 있게 해 준다. 다음으로 이러한 가치 제안을 전달하기 위해 만들고 싶은 프로덕트 기능들을 선정해야 한다. 이는 MVP 기능 집합을 구체화한다는 뜻이다. 이것이 바로 린 프로덕트 프로세스의 다음 단계이다.

### 6장

# 최소 기능 제품(MVP)의
# 기능 집합을 구체화하라
# (4단계)

가치 제안을 명확히 이해했으니 이제 린 프로덕트 프로세스의 다음 단계인 최소 기능 제품(MVP) 후보에 포함할 기능 집합을 결정하자. 처음부터 완전한 가치 제안을 전달하는 프로덕트를 디자인한다면 시간도 너무 많이 걸리고 지나치게 위험하지 않겠는가. MVP라면 자신이 올바른 방향으로 가고 있음을 검증하는 데 필요한 최소한의 기능성을 알아내는 것으로 충분하다. 순전히 가설에 기반한다는 점에서 이를 MVP가 아니라 MVP 후보라고 부르겠다. 아직 고객 테스트를 거쳐 실제로 실행 가능한 프로덕트라고 고객이 *인정하는지* 검증하지 못했으니 말이다.

가치 제안에 있는 각 편익에 대해 팀원 모두와 브레인스토밍을 해서 해당 편익을 전달할 수 있는 기능 아이디어를 가능한 한 많이 도출해야 한다. 앞서 문제 영역에서 이 훌륭한 사고법을 따랐는데 이제 해결 영역으로 가져와 보자. 여기서는 브레인스토밍 규칙을 적용하는 게 좋다. 첫째, *확산적 사고*(divergent thinking)[1]를 발휘해야 한다. 이는 판단이나 평가를 모두 배제한 채 가능한 한 많은 아이디어를 도출하기 위해 노력한다는 뜻이다. 아이디어를 평가하고 가장 유망하다고 생각하는 아이디어를 결정하는 *수렴적 사고*(convergent thinking)는 나중에 충분히 할 수 있다. 또한 팀에서 브레인스토밍을 할 때는 다른 사람의 제안을 토대로 아이디어를 발전시키고 서로 훨씬 창의적이고 기발한 아이디어를 생각하도록 자극하려고 노력하라.

브레인스토밍이 끝나면 팀이 생산한 아이디어를 전부 취합해 각 아이디어가 전달하는 편익을 토대로 아이디어를 체계화해야 한다. 그런 다음 편익별로 기능 아이디어 목록을 검토하고 아이디어의 우선순위를 정하

---

1  (옮긴이) 발산적 사고라고도 한다.

라. 기대되는 고객 가치를 기반으로 각 아이디어의 점수를 매겨 최우선 순위를 결정할 수 있다. 편익별로 3~5개의 최우선 기능을 알아내는 것을 목표로 하라. 고객에게 프로토타입을 보여 주고 난 뒤에는 상황이 – 크게 – 달라질 수 있으므로 지금 이 단계에서 최우선 기능 이외의 추가 기능까지 고려하는 것은 별로 의미가 없다.

## 6.1 사용자 스토리: 편익을 제공하는 기능

(애자일 개발에서 사용되는) *사용자 스토리*는 기능 아이디어를 작성할 때 해당 기능이 제공하는 고객 편익을 명확히 유지하는 데 매우 유용한 방법이다. 사용자 스토리는 특정 기능성이 제공해야 하는 편익을 간략히 설명하는 문서로서, 이 편익이 누구를 (타깃 고객) 위한 것이고 고객이 이 편익을 왜 원하는지를 포함해야 한다. 잘 작성된 사용자 스토리는 대체로 다음의 템플릿을 따른다.

> **[사용자 유형]으로서 나는 [바라는 편익]을 하기 위해 [무엇]을 하고 싶다.**

이 템플릿을 따르는 사용자 스토리 예시를 살펴보자.

> **사진작가로서 나는 고객의 사진을 그들에게 빠르게 보여 주기 위해 사진을 웹사이트에 쉽게 업로드하고 싶다.**

이 템플릿은 좋은 출발점이지만 사용자 스토리를 잘 작성하려면 기술을 습득해야 한다. 애자일 사고 리더인 빌 웨이크(Bill Wake)는 좋은 사용자 스토리를 작성하는 지침을 만들었다. 쉽게 기억할 수 있게 머릿글자를 따서 'INVEST'라고 한다.

- 독립적이다(Independent): 좋은 스토리는 다른 어떤 스토리와도 관련이 없어야 한다. 콘셉트가 중복되어서는 안 되고 어떤 순서로든 구현할 수 있어야 한다.
- 협상할 수 있다(Negotiable): 좋은 스토리는 기능을 명시하는 계약서가 아니다. 스토리의 편익을 전달하는 방법에 관한 세부 사항에는 토론의 여지가 있어야 한다.
- 가치 있다(Valuable): 좋은 스토리는 고객이 가치 있다고 생각해야 한다.
- 추정할 수 있다(Estimable): 좋은 스토리는 범위를 합리적으로 추정할 수 있다.
- 작다(Small): 좋은 스토리는 범위가 작은 경향이 있다. 스토리가 커질수록 불확실성이 증가하므로 스토리를 작게 쪼개는 게 좋다.
- 테스트할 수 있다(Testable): 좋은 스토리는 이 스토리가 '완료'되었음을 테스트하는 명확한 방법을 알 수 있게 충분한 정보를 제공한다(이를 *인수 기준*(acceptance criteria)이라고 한다).

## 6.2 기능 쪼개기

최우선 순위의 기능 각각에 해당하는 광범위한 사용자 스토리를 작성한 후 다음 단계는 각 기능을 더 작은 기능성 요소로 쪼개는 방법을 - 이를 '청킹'(chunking)[2]이라고 부르자 - 찾는 것이다. 목표는 어떻게 하면 범위를 좁히고 각 기능에서 가장 가치 있는 요소를 구현할 수 있는지 알아내는 것이다. 누군가 기능 아이디어를 제안할 때 거기서 덜 중요한 요소를 가지치기할 수 있는 창의적인 방법이 종종 있다. 이 책은 범위가 넓은 아이템은 그대로 작업할 것이 아니라 더 작은 아토믹 컴포넌트(atomic compo-

---

2  (옮긴이) 정보를 의미 있는 묶음으로 만드는 것

nent)로 나눠야 한다는 사실을 상기시키고자 기능 대신에 '기능 청크'라는 용어를 의도적으로 사용한다.

상위(high-level) 사용자 스토리를 하위 사용자 스토리로 나눈다는 아이디어를 자세히 알아보자. 사진 공유 앱을 개발하는데 다음의 사용자 스토리에서 시작하려고 한다. "사용자로서 나는 친구들도 즐길 수 있게 사진을 쉽게 공유하고 싶다." 이 스토리를 작게 나누는 하나의 방법은 페이스북, 엑스(X), 핀터레스트, 이메일, 문자 메시지 등과 같이 고객이 사진을 공유할 수 있는 다양한 채널을 기준으로 쪼개는 것이다. 이러한 채널 각각이 개별적인 기능 청크 또는 더 작은 범위의 사용자 스토리가 될 수 있다. MVP라면 이러한 공유 채널을 모두 구축할 필요는 없을 것이다. 행여 공유 채널을 전부 구축하기로 했더라도 사용자 스토리를 쪼개면 여러모로 유익한데 프로덕트 정의를 더 구체화하고, 개발 단계에서부터 범위를 더 정확히 하며, 기능 청크를 구현할 순서를 명시적으로 부여할 수 있게 된다. 또한 MVP에서는 오직 사진 공유만 허용함으로써 범위를 제한해도 무방하다. 선택적 메시지 추가와 사용자 태그 기능같이 나중에 추가할 기능성 아이디어가 있다면 이러한 기능성 각각도 별개의 기능 청크로 하기에 손색이 없다.

## 6.3 배치 크기는 작을수록 좋다

기능을 작게 나누는 전략은 린 생산 방식에서 작은 배치 규모로 작업하는 베스트 프랙티스와 일치한다. 공장의 한 생산 라인에서 제품을 만들 때, 배치 규모는 (생산 과정의 각 단계에서) 동시에 작업하는 제품의 개수를 말한다. 소프트웨어 개발에서 배치 규모는 코딩하는 기능이나 사용자 스토리의 크기를 일컫는다. 작은 배치 규모로 작업하면 더 빠르게 피드백을 받을 수 있으므로 속도가 빨라지고, 신속한 피드백은 위험과 낭비를 줄여 준다. 만약 개발자가 한 달에 걸쳐 기능을 개발한 뒤에 프로덕트 매니저와 디자이너에게 보여 주면 단절이 발생할 뿐만 아니라 그들이 중대한 변화가 불가피한 피드백을 할 가능성이 높아진다. 대신에 개발자가 매일 또는 격일로 작업물을 프로덕트 매니저와 디자이너에게 보여 주면 대규모 단절이 발생하지 않는다. 피드백의 규모나 중요도가 크지 않고 방향도 크게 수정할 필요가 없어 개발자가 어렵지 않게 이를 처리할 수 있으므로 불필요한 작업이 줄어들고 생산성이 높아진다.

작은 배치 규모로 작업하라는 조언은 작업 산출물(사용자 스토리와 와이어프레임)을 동료에게 보여 주는 프로덕트 매니저와 디자이너에게도 해당된다. 또한 이러한 작업의 이점은 고객 피드백에도 적용된다. 고객 피드백을 받지 않고 작업하는 기간이 길수록 중대한 단절이 발생할 위험이 커지므로 결과적으로 상당한 재작업을 피할 수 없게 된다.

## 6.4 스토리 포인트로 범위 정하기

애자일 개발 접근법을 사용해 본 사람은 기능을 더 작은 청크로 나누는 아이디어에 익숙할 것이다. 다양한 형태의 애자일에서 사용자 스토리를 작성한 뒤에 팀에서 각각의 사용자 스토리에 관해 토론하고 개발자가 얼마만큼의 노력을 들여야 하는지 추정한다. 이때 종종 각 사용자 스토리의 상대적인 규모를 추정하기 위한 일종의 수치화된 단위인 *스토리 포인트* (story point)를 사용한다. 예를 들어 범위가 매우 작은 사용자 스토리에는 1점, 중간 범위에는 3점, 큰 범위에는 8점을 할당하는 식이다. 스토리 포인트는 12장에서 좀 더 자세히 알아보자.

스토리 포인트를 활용할 때 큰 포인트가 – 임의로 정한 최대 임곗값 (maximum threshold value) 이상 – 필요하다고 예상하는 스토리는 임곗값보 다 낮은 작은 스토리로 나누는 원칙을 활용하면 좋다. 기능 청크는 수 용할 수 있을 만큼 작은 – 최대 임계값보다 낮은 예상 스토리 포인트 점 수 – 사용자 스토리에 해당한다고 생각해도 좋다.

## 6.5 투자 수익률로 우선순위 정하기

이 시점에서 투자 수익률(ROI) 개념을 알아보는 게 좋겠다. 지금까지는 각 기능이 창출할 걸로 예상하는 고객 가치의 크기를 토대로만 우선순위를 정했다. 아직 각 기능을 개발하는 데 얼마나 많은 리소스가 필요한지는 고려하지 않았다. 기능 아이디어를 청킹하는 단계가 끝나면 고객 가치와 들이는 노력을 고려해 2차로 우선순위를 정해야 한다.

ROI를 설명하는 간단한 예로 주식에 100달러를 투자했다고 생각해 보 자. 몇 달 뒤 주식의 가치가 200달러가 되었을 때 주식을 매도했다. 수익 은 – 또는 순이익 – 매도 금액 200달러에서 투자금 100달러를 차감하고 남은 100달러이다. 투자금이 100달러였으므로 ROI는 $100 ÷ $100 = 1, 또는 100퍼센트이다. ROI를 구하는 공식은 다음과 같다.

$$ROI = \frac{\text{최종 가치 - 투자금}}{\text{투자금}} = \frac{\text{수익}}{\text{투자금}}$$

투자의 경우 ROI 공식에 대입하는 두 숫자는 금액이다(달러). 하지만 프 로덕트 개발에서 ROI의 두 변수는 대부분 금액이 아니다. 프로덕트나 기 능을 만들 때 투자란, 일반적으로 개발 리소스가 해당 작업에 소요되는 시간이고 보통 시간은 개발자-주수(developer-week, 한 개발자가 한 주 동안 일하는 것) 같은 단위로 측정된다. 물론 개발자-주수를 금액으로 환산할 수도 있지만 더 단순하고 더 명확하기 때문에 개발자-주수 같은 단위를 사용한다.

이와 비슷하게 프로덕트를 개발하는 맥락에서 '수익'은 투자와 마찬가지로 종종 금액으로 표시되지 않는다. 대개는 어떤 기능이 창출할 거라고 기대되는 고객 가치의 크기를 상대적으로 측정한 결과가 수익이 된다. 고객 가치를 추정하기 위해 적절한 숫자를 부여한 척도를 사용하면 문제 없이 ROI를 계산할 수 있다. 이럴 경우 '비율 척도'(ratio scale)를 사용할 필요가 있는데, 쉽게 말해 점수가 해당 기능의 고객 가치에 비례한다는 뜻이다. 예를 들어 고객 가치에 0~10점 척도를 사용하여 모든 기능 청크의 점수를 추정한다고 해 보자. 비율 척도에 따라 두 기능 청크의 점수가 각각 10점과 5점이라면, 이는 전자가 후자보다 고객 가치를 두 배 창출할 것이라는 의미여야 한다.

### 6.5.1 ROI 시각화

그림 6.1은 ROI 개념을 설명하는 것으로 세로축은 수익 또는 창출된 고객 가치를, 가로축은 투자 또는 개발 노력을 나타낸다. 기능 아이디어 A와 B부터 시작해 보면, 둘 다 6유닛(unit)[3]의 고객 가치를 창출할 것으로 추정된다. 하지만 아이디어 B는 구현하는 데 4개발자-주수가 요구되는 반면, 아이디어 A는 2개발자-주수만 필요하다. 두 아이디어의 ROI를 계산하면 A는 6 ÷ 2 = 3인 데 반해 B는 6 ÷ 4 = 1.5이다. 따라서 기능 A의 우선순위를 기능 B보다 높게 하는 게 좋다.

---

3  (옮긴이) 고객 한 사람이나 서비스 한 단위처럼 주로 비즈니스 모델에서 가치를 창출하는 최소 단위

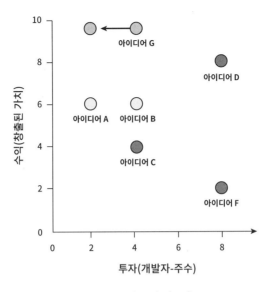

그림 6.1 투자 수익률(ROI)

기능 두 개의 ROI가 거의 동일한 경우가 더러 있다. 기능 아이디어 C와 D를 보라. 아이디어 C는 고객 가치 4유닛, 개발자-주수 4이므로 ROI가 4 ÷ 4 = 1이다. 아이디어 D는 고객 가치 8유닛, 개발자-주수 8이므로 ROI가 8 ÷ 8 = 1이다. 이처럼 ROI가 같은 기능 아이디어가 두 개 있을 때는 범위가 작아 구현하는 데 시간이 덜 소요되는 아이디어에 더 높은 우선순위를 부여하는 게 최선이다. 고객에게 더 빠르게 가치를 전달하게 될 뿐 아니라 기능을 더 빨리 출시하여 귀중한 고객 피드백을 더 빨리 받게 될 것이다.

당연히 나쁜 아이디어도 있다. 예를 들어 아이디어 F는 개발자 한 사람이 이를 구현하자면 8주가 걸리는데 창출되는 고객 가치는 2유닛으로, ROI가 2 ÷ 8 = 0.25이다. 들이는 노력은 큰데 ROI가 낮은 아이디어는 종종 팀이 이를 구현하기 시작한 초기에 드러난다. 하지만 고객 가치가 낮다는 것은 대부분 출시 이후에야 알 수 있다. 구글 버즈(Buzz)와 구글 웨이브 (Wave)는 ROI가 낮은 프로젝트 사례로 개발하기까지 각각 상당한 개발 자-시간이 소요되었지만 출시 후 프로덕트가 충분한 가치를 창출하지 못 하는 것이 고객 반응으로 드러나자마자 서비스가 중단되었다.

좋은 프로덕트 팀은 그림 6.1의 아이디어 G와 같이 적은 노력으로 많은 고객 가치를 창출할 수 있는 아이디어를 찾으려 노력한다. 훌륭한 프로덕 트 팀은 여기서 한 걸음 더 나아가 이러한 아이디어를 작은 청크 여러 개 로 나누고 가치가 낮은 요소를 과감히 쳐 낸 다음, 처음 추정보다 더 적은 노력으로 – 그림 6.1에서 아이디어 G가 왼쪽으로 이동하는 것처럼 – 고 객 가치를 전달하는 창의적인 방법을 찾아낸다.

고객 가치를 추정할 때 정확하다고 생각하는 수치를 도출할 때까지 만 족하지 못하는 사람이 있다. 하지만 지나치게 걱정할 필요가 없는데 소수 점 자리까지 정확하게 추정하는 게 목표가 아니기 때문이다. 노력 추정치 가 정확할 가능성은 그리 크지 않고 이는 아직 기능을 완벽하게 디자인하 지 않았기 때문이다. 개발자가 달랑 광범위한 기능 설명서 하나만으로 정 확한 추정치를 제시할 거라고 기대해서는 안 된다. 추정치의 정확도는 프 로덕트가 얼마나 충실하게 정의되었는가에 비례하기 마련이다. 이러한 계산의 핵심은 실질적인 ROI 값을 도출하는 것보다는 각 기능이 서로 어 떻게 *비교*되는가와 더 관련 있다. ROI가 가장 높은 기능에 먼저 집중하고 ROI가 상대적으로 낮은 기능은 피하는 게 좋지 않겠는가.

ROI 추정치를 토대로 기능 청크 목록을 분류해서 순위를 매긴 목록을 만들어 보자. 이는 MVP 후보에 포함해야 하는 기능을 결정하는 데 도움 이 되는 좋은 출발점이다. 하지만 '완전한' MVP를 만들기 위해 서열화된 순서를 엄격히 따를 수 없는 경우도 간혹 있다. 다시 말해 중요한 기능을 넣기 위해 순서를 건너뛰어야 할 수도 있다.

ROI 공식에서 고객 가치 대신에 비즈니스 가치를 측정한 것이 수익이 될 수도 있다. 이런 경우에는 종종 매출 증가액이나 기대되는 비용 절감액과 같은 추정 금액을 수익으로 사용할 수 있다. 예를 들어 라이브 프로덕트의 무료 사용자를 유료 사용자로 전환하는 비율(conversion rate, 전환율)을 높이기 위해 노력한다고 해 보자. 이를 위해서는 각각의 전환율 개선 아이디어에 따른 기대 매출 증가액을 추정할 수 있어야 한다. 추정 금액을 개선 아이디어 각각과 연결할 수 있어야 하는 것이다. 13장과 14장에서 비즈니스와 프로덕트 지표를 개선할 때 ROI를 극대화하는 방법을 알아보겠다.

### 6.5.2 ROI 근삿값 구하기

우선순위를 결정하기 위해 ROI를 엄격하게 활용하는 방법은 이미 설명했지만, 이 도구를 덜 엄격한 방식으로 사용할 수도 있다. 만약 고객 가치나 개발 노력을 수치로 추정하기 어렵다면, 고객 가치와 노력에 높음, 중간, 낮음의 척도를 적용하여 각 기능 아이디어를 평가할 수 있다. 이렇게 하면 그림 6.2의 예시와 같은 3×3 격자 그래프가 만들어진다. 기능 아이디어는 전부 아홉 개 칸 중 하나에 해당된다. 각 기능을 ROI로 수치화해서 계산하지는 않지만 그림에서 보듯이 ROI를 토대로 아홉 개 칸에 우선순위를 매길 수 있다. 따라서 가치가 가장 높고 노력이 가장 낮은 1번 칸에 들어 있는 기능은 모두 2번 칸의 기능보다 우선순위가 높은 게 당연하고, 2번 칸의 기능은 3번 칸의 기능보다 우선순위가 높은 식으로 각 칸의 순위를 결정한다.

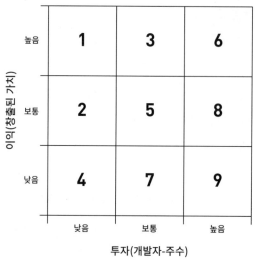

그림 6.2 ROI 근삿값 구하기

고객 가치와 노력 추정치에 대한 확신이 없어서 막막할 때는 이를 최대한 추측해서 각 기능을 아홉 개 칸 중 하나에 배치하라. 이런 우선순위는 처음의 가설일 뿐이며 앞으로 배우고 이터레이션하면서 순위를 변경하면-변경할 가능성이 크다-된다.

## 6.6 MVP 후보 결정하기

편익 아이디어를 청킹하고 범위와 우선순위를 결정했다면 이제 가치 제안에 포함된 편익과 각 편익별로 청킹된 최우선 순위의 기능 아이디어를 목록화하는 간단한 격자 그래프를 만들어 보자. 그림 6.3을 보라.

그림 6.3에서 각 편익의 최상위 기능 청크는 우선순위에 따라 나열되어 있는데 우선순위가 높을수록 왼쪽에 위치한다. 편익이나 기능 청크에 구체적인 이름을 달지 않고 일부러 일반적인 이름을 달았는데 이를 각자 자

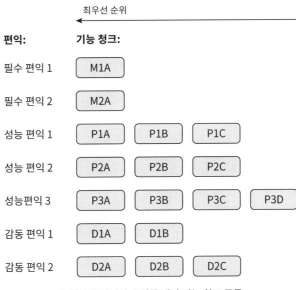

최우선 순위 ←

| 편익: | 기능 청크: | | | |
|---|---|---|---|---|
| 필수 편익 1 | M1A | | | |
| 필수 편익 2 | M2A | | | |
| 성능 편익 1 | P1A | P1B | P1C | |
| 성능 편익 2 | P2A | P2B | P2C | |
| 성능편익 3 | P3A | P3B | P3C | P3D |
| 감동 편익 1 | D1A | D1B | | |
| 감동 편익 2 | D2A | D2B | D2C | |

그림 6.3 편익별 순위를 매긴 기능 청크 목록

신의 프로덕트와 관련 있는 편익이나 기능 청크로 쉽게 바꿔 볼 수 있도록 이렇게 하였다. 'M1A'는 필수 편익 1의 기능 청크 A를 의미하고 'P2B'는 성능 편익 2의 기능 청크 B, 'D2C'는 감동 편익 2의 기능 청크 C를 각각 나타낸다. 이는 어디까지나 예시일 뿐이고 실제로 이와 비슷한 프로덕트 격자 그래프에 편익과 기능 청크를 표시할 때는 각각에 구체적인 이름을 사용하라.

편익별로 기능 청크를 목록화하고 우선순위를 정한 다음에는 몇 가지 어려운 결정을 내려야 한다. 먼저, 타깃 고객에게 공감을 얻을 수 있는 최소한의 기능성 집합을 결정해야 한다. 맨 왼쪽 열의 기능 청크 중에서 MVP 후보에 포함해야 한다고 생각하는 것을 선택하되, 프로덕트 가치 제안을 참조하는 게 좋다. 무엇보다 MVP 후보에는 이전에 식별한 필수 편익이 모두 들어가야 한다.

그다음에는 경쟁 우위를 확보할 필살기로 사용하려는 주요 성능 편익에 집중하라. 고객이 프로덕트의 차별화 우위를 알아볼 수 있을 만큼 이 편익을 충분히 제공할 거라고 생각되는 기능 청크 집합을 선택하라.

감동 편익도 차별점의 일부이다. MVP 후보에 우선순위가 가장 높은 감동 편익을 포함하는 게 좋지만, 성능 편익으로 커다란 경쟁 우위를 확보한다면 감동 편익은 굳이 필요하지 않을 수도 있다. 목표는 고객이 경쟁 프로덕트보다 월등히 뛰어나다고, 가능하면 유일무이하다고 생각하는 무엇을 MVP 후보에 반드시 포함하는 것이다.

MVP 후보에 포함해야 하는 기능 청크들은 맨 왼쪽 열에 남기고 이 열을 'v1'이라고 하자. 그림 6.4에서처럼 나머지 청크는 오른쪽으로 밀리게 된다. 이 과정을 계속하면서 기능 버전별로 열을 만들고 각 열에 추가하려는 기능을 넣으면 초기 프로덕트 로드맵을 만들 수 있다.

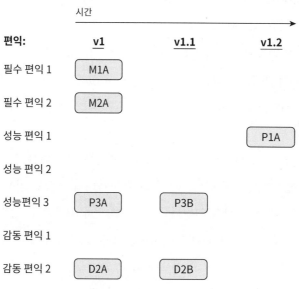

그림 6.4 MVP 후보에 포함할 기능 청크 결정하기

먼저, 성능 편익 3에서 최고가 되고 싶으므로 최우선 순위의 기능 청크인 P3A를 MVP 후보에 넣는다. 또한 감동 편익 2로 차별화할 계획이므로 기능 청크 D2A를 MVP 후보에 넣는다. MVP 후보에는 당연히 두 가지 필수 편익이 들어간다.

다음 버전인 v1.1에서는 성능 편익 3과 감동 편익 2에 투자를 늘릴 계획이며 각각에 P3B와 D2B 기능 청크를 넣을 예정이다. 그다음 버전인 v1.2에서는 우선순위가 가장 높은 기능 청크 P1A를 통해 성능 편익 1을 다룰 생각이다.

시작 단계에서는 MVP에 대한 두세 개의 마이너 버전을 계획하는 것이면 충분하다. MVP 후보를 고객에게 처음으로 보여 줄 때 많은 것이 변할 가능성이 크기 때문이다. 일부 가설이 상당히 부적절했음을 알게 되면 새 가설을 세울 것이다. 어쩌면 가장 중요한 편익에 대한 결정을 번복하거나 동일한 편익을 제공하는 새 기능 아이디어가 떠오를 수도 있다. 따라서 MVP 이후를 보는 잠정적인 계획을 세운다면 고객 테스트에서 배운 것에 따라 이러한 계획을 완전히 폐기하고 새로 계획을 수립할 각오를 반드시 해야 한다.

그림 6.4의 예시에서는 각 편익당 기능 청크 하나만 MVP 후보에 들어간다. 하지만 놓인 상황이나 청크의 크기가 얼마나 작은지에 따라서 기능 청크가 두세 개 필요한 편익도 있을 것이다. 그래도 접근법은 같다. 즉, MVP 후보의 가장 왼쪽 열에 어떤 기능 청크가 들어가야 하는지 선택하는 것이다.

잠시 뒤로 물러서서 찬찬히 돌아보자. 린 프로덕트 프로세스의 이 지점에 오기까지 꽤 많은 일을 완수했다.

- 타깃 고객 가설을 세웠다.
- 타깃 고객의 충족되지 않은 니즈에 관한 가설을 세웠다.
- 프로덕트가 차별화된 비교 우위를 확보할 수 있을 것으로 예상하는 가치 제안을 명확히 정의했다.
- 이러한 니즈를 해결할 것이라고 생각하는 최우선적인 기능 아이디어를 식별하고 각 아이디어를 여러 개의 작은 청크로 나눴다.
- ROI에 따라 이러한 기능 청크의 우선순위를 정했다.
- 고객이 가치 있게 생각할 거라는 가정하에 MVP 후보에 넣을 기능 청크를 선택했다.

지금까지 많은 고민을 거쳐 이 지점에 도달했지만, MVP는 여전히 상호 연결된 가설들이 묶인 하나의 후보에 불과하다. 이러한 가설을 테스트하기 위해서 MVP 후보에 대한 고객 피드백을 수집할 필요가 있다. 그러나 테스트를 하려면 고객에게 보여 줄 수 있게 MVP 후보를 해결 영역에 표현한 것을 만들어야 하는데 이 일이 바로 린 프로덕트 프로세스의 다음 단계이다.

### 7장

# MVP 프로토타입을
# 만들어라
# (5단계)

MVP 후보의 기능 집합을 결정하고 나면 고객을 대상으로 이를 테스트하고 싶을 것이다. 그렇게 하려면 고객에게 보여 줄 사용자 경험(UX)을 만들어야 한다. 사용자 경험은 프로덕트 마켓 핏 피라미드에서 맨 꼭대기 계층이다.

 이 단계의 목표는 가설을 테스트할 수 있는 프로토타입을 만드는 것이다. 1장에서 설명했듯이 이 책에서는 고객 피드백을 얻으려고 테스트할 수 있는 다양한 아이템을 포괄하기 위해 일부러 MVP '프로토타입'이라는 넓은 의미의 용어를 사용한다. 테스트에 사용하는 첫 번째 '프로토타입'이 실제로 작동하는 MVP일 수도 있지만, MVP를 만들기 전에 가설을 테스트하면 더 적은 리소스로 더 빠르게 피드백을 얻을 수 있다. 이 역시 1장에서 말했듯이 MVP라는 용어를 사용하더라도, 린 프로덕트 프로세스는 (기능을 추가하거나 기존 기능을 개선하는 것처럼) 온전한 프로덕트를 만들지 않을 때에도 적용된다. 어떤 유형의 프로토타입을 만들어야 하는지는 고객을 대상으로 어떤 테스트를 하고 싶으냐에 달려 있다.

## 7.1 어떤 것이 MVP일까(어떤 것이 MVP가 아닐까)?

MVP의 조건이 무엇인지 갑론을박이 이어지고 있다. 어떤 사람은 랜딩 페이지(landing page)가 유효한 MVP라고 목소리를 높인다. 어떤 사람은 랜딩 페이지는 유효한 MVP가 아니라고 하면서 MVP란 작동하는 진짜 프로덕트여야 한다고, 아니면 최소한 인터랙티브 프로토타입이어야 한다고 주장한다. 이분법적인 이 논쟁에 종지부를 찍으려면 랜딩 페이지, 진짜 프로덕트, 인터랙티브 프로토타입, 이 모든 것이 MVP의 근간을 이루는 가설을 테스트하는 기법임을 인식하면 된다. MVP 대신에 'MVP 테스트'라는 용어를 사용하면 이 논쟁은 끝난다. 이렇게 하면 MVP라는 용어를 진짜 프로덕트에만 쓰게 되어 용어가 더욱 명확해진다.

최소라는 단어를 지나치게 중요시하는 바람에 MVP라는 용어를 잘못 해석하는 사람들이 많다. 이들은 기능성이 너무 적어 고객이 실행 가능하다고 생각하기 어려운 불완전한 MVP를 만들 핑계로 이 단어를 사용한다. 한편 수준 낮은 사용자 경험이나 결함 있는 프로덕트를 합리화하기 위해 '최소'라는 단어에 매달리는 사람도 있다. MVP가 전체 가치 제안에 비해 의도적으로 범위가 제한된 것은 맞지만, 고객에게 출시하여 고객 가치를 창출하려면 일정 기준은 뛰어넘어야 한다.

그림 7.1은 이와 같은 MVP의 잘못된 해석과 올바른 해석의 차이를 단적으로 보여 준다. 이는 보크사이드(Volkside)[1]의 뛰어난 UX 디자이너 저시 패서넌(Jussi Pasanen)이 만든 도표를 내가 약간 수정한 것으로 원본은 보크사이드 웹사이트[2]에서 확인할 수 있다. 패서넌은 도표와 관련해 에린

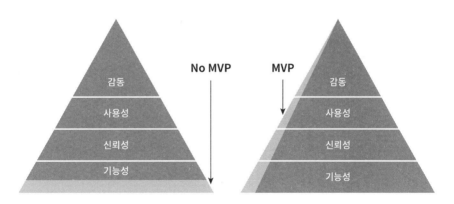

그림 7.1 MVP 만들기

1   (옮긴이) 호주 멜버른에 본사가 있는 UX 전문 회사
2   *http://volkside.com*

월터(Aaron Walter)[3], 벤 톨레이디(Ben Tollady)[4], 벤 로(Ben Rowe)[5]에게 감사의
뜻을 전했다.

그림 7.1은 웹 사용자 니즈 계층(그림 4.2)의 구조와 비슷한 방식으로
프로덕트의 다양한 영역을 구분한다. 구체적으로 말해 네 계층의 피라미
드를 통해 프로덕트의 네 가지 속성을 설명한다. 기능성, 신뢰성, 사용성,
감동이다. 왼쪽 피라미드는 MVP가 단지 제한적인 기능성을 가진 프로덕
트이며 신뢰성, 사용성, 감동은 MVP에서 무시될 수 있다는 그릇된 인식
을 표현한다. 반면 오른쪽 피라미드는 MVP는 기능성은 제한적이지만 세
가지 상위 속성을 해결함으로써 '완전'해야 한다는 것을 보여 준다.

## 7.2 MVP 테스트

다시 MVP 테스트 이야기를 해 보자. 사용할 수 있는 MVP 테스트 종류는
다양한데 아마 '오즈의 마법사'(Wizard of Oz), '스모크 테스트'(smoke test), '가
짜 문'(fake door) 같은 테스트를 들어 보았을 것이다. 7장의 목표는 다양한
MVP 테스트 유형을 소개하고 각자 상황에서 가장 유용한 테스트 방법을
결정하도록 돕는 것이다. 미리 말하지만 이 책은 '테스트하다'(test)라는 단
어를 반복 사용하기보다 '검증하다'(validate)라는 단어와 혼용한다. '검증
하다'라는 단어에 대해 사람들은 엇갈리는 반응을 보인다. 테스트 중인
근본적인 가설이 있음을 암시한다는 이유로 좋아하는 사람이 있는가 하
면, 테스트 성공을 전제한다고 생각해 불편하게 여기는 사람도 있다. 이
책은 '검증하다'를 결과에 대해 아무것도 추정하지 않고 그저 '가설을 테
스트하다'라는 말과 동의어로 사용한다.

---

3   (옮긴이) UX 전문가이자 베스트셀러 《감성 디자인(*Designing for Emotion*)》의 저자
4   (옮긴이) UX 디자인 전문 컨설턴트
5   (옮긴이) UX 디자이너

편의상 MVP 테스트라는 용어로 온갖 다양한 테스트를 통칭할 수 있지만 테스트들 사이에는 핵심적인 차이점이 있다. MVP 테스트는 크게 두 가지 방법으로 분류된다.

### 7.2.1 프로덕트 MVP 테스트 대 마케팅 MVP 테스트

MVP 테스트를 범주화하는 첫 번째 방법은 프로덕트와 마케팅 중에서 무엇을 테스트하는지를 기준으로 나누는 것이다. 잠재 고객 중에서 '가입하기' 버튼을 누르고 이메일 주소를 입력하는 비율을 측정하는 랜딩 페이지 테스트는 마케팅에 집중하는데 고객이 실제 사용할 수 있는 프로덕트 기능성이 하나도 없기 때문이다. 잠재 고객이 프로덕트를 얼마나 매력적으로 생각하는지 알아보기 위해 고객에게 기능성을 단순히 설명할 뿐이다.

반면에 프로덕트를 검증하기 위해 사용되는 MVP 테스트는 잠재 고객의 피드백을 얻고자 고객에게 기능성을 직접 보여 주는 것을 포함한다. 예를 들어 프로덕트 마켓 핏을 평가하려고 라이브 베타 프로덕트나 간단한 로우 피델리티(Low Fidelity, 로우-파이(Lo-Fi)) 와이어프레임을 잠재 고객에게 보여 주는 식이다. 프로덕트 MVP 테스트든 마케팅 MVP 테스트든 고객이 MVP를 얼마나 매력적으로 생각하는지 알고 싶은 것은 같지만 학습 목표는 다르다.

마케팅 테스트는 귀중한 학습 기회가 될 수 있지만 고객 가치를 창출하는 실제 프로덕트를 테스트하는 것은 아니다. 어느 시점이 되면 MVP 후보의 프로토타입을 테스트할 필요가 있다. 테스트와 이터레이션을 통해 프로덕트 마켓 핏을 검증했다는 강한 확신이 드는 지점에 도달하면 이때부터 *실제* MVP를 만드는 단계를 시작할 수 있다.

### 7.2.2 정량적 MVP 테스트 대 정성적 MVP 테스트

MVP 테스트를 구분하는 두 번째 주요 차이점은 정성적인 것 대 정량적인 것이다. 정성적이라는 말은 고객과 직접 대화한다는 뜻으로, 대개는 소규모로 이뤄지는 까닭에 통계적으로 유의미한 결과를 얻지 못한다. 정성적 테스트에서는 각 테스트에서 배우는 세부 정보를 중요하게 생각한다. 테스트 결과 전반에서 특정한 패턴을 발견하려고 할 수 있지만 통계적 유의성은 주요 관심사가 아니다. 예를 들어 랜딩 페이지 목업의 피드백을 얻으려고 잠재 고객 12명과 일대일 피드백 세션을 진행한다면, 이는 정성적 리서치로 봐야 한다.

정량적 리서치는 많은 고객을 대상으로 실시하는 대규모 테스트를 포함한다. 이런 테스트에서는 어떤 것이든 개별적인 결과보다 집계된 결과가 중요하다. 예를 들어 두 버전의 랜딩 페이지를 론칭한 다음 전환율이 높은 버전을 알기 위해 고객 수천 명을 각 버전의 랜딩 페이지로 유입시킨다면, 이는 정량적 테스트이다.

정량적 테스트는 '무엇'과 '얼마나 많이'를 배우는 좋은 방법이다. 고객이 어떤 액션을 취했고 얼마나 많은 고객이 ('가입하기' 버튼을 클릭하는 것 같은) 특정 액션을 취했는지 측정한다. 하지만 정량적 테스트로는 고객이 *왜* 그렇게 하기로 선택했는지 또는 나머지 고객은 왜 그렇게 하지 않기로 선택했는지 알 수 없을 것이다. 반면 정성적 테스트는 '왜', 즉 각 고객이 특정 액션을 하거나 하지 않기로 결정한 이유를 배우기에 좋다.

정량적 테스트와 정성적 테스트 모두 가치 있고 상호 보완적이다. 나는 하나의 테스트 유형에 지나치게 의존하는 팀을 많이 보았는데 대개는 정량적 테스트였다. 각자 상황에서 가장 중요한 학습 목표가 무엇인지 반드시 염두에 두고 테스트 유형을 선택해야 한다. 일반적으로 프로덕트 또는 마케팅 자료를 처음 개발할 때는 정성적 테스트로 시작하여 초기에 인사이트를 얻는 것이 가장 유익하다. 정성적 테스트를 모두 생략하고 정량적 테스트로 직진하면 대개 좋은 테스트 결과를 얻지 못하는데 설사 테스트가 성공적이어도 이유가 무엇인지 알지 못하게 된다. 프로덕트 팀이 배우고 이터레이션하면서 정성적 테스트 라운드와 정량적 테스트 라운드를 번갈아 실시하는 것이 통상적이다. 9장에서 정성적 MVP 테스트를 실시하는 방법을 더 알아보겠다.

## 7.3 MVP 테스트 매트릭스

그림 7.2에 다양한 MVP 테스트를 프로덕트 대 마케팅과 정성적 대 정량적이라는 두 기준에 기반해 목록화하고 범주화하여 2×2 매트릭스를 만들었다. 먼저 두 기준을 조합해 네 가지 카테고리로 분류했고 그런 다음

| | 정성적 테스트 | 정량적 테스트 |
|---|---|---|
| **마케팅 테스트** | 마케팅 자료 | 랜딩 페이지/스모크 테스트<br>프로덕트 소개 영상<br>광고 캠페인<br>마케팅 A/B 테스트<br>크라우드펀딩 |
| **프로덕트 테스트** | 와이어프레임<br>목업<br>인터랙티브 프로토타입<br>오즈의 마법사, 컨시어지<br>라이브 프로덕트 | 가짜 문/404 페이지<br>프로덕트 분석, A/B 테스트 |

그림 7.2 유형별로 범주화한 MVP 테스트

MVP 테스트를 각 카테고리에 따라 매트릭스의 해당 사분면에 나열했다. 지금부터 그림 7.2의 사분면을 하나씩 살펴보며 각 사분면에 위치하는 MVP 테스트를 자세히 알아보겠다.

## 7.4 정성적 마케팅 MVP 테스트

제2사분면의 정성적 마케팅 테스트부터 시작하자. 당연한 말이지만 프로덕트를 마케팅하는 방법은 많다. 유형별로 기다란 테스트 목록을 만드는 대신에 모든 마케팅 기법을 '마케팅 자료'라는 이름으로 한데 묶자. 이러한 유형의 테스트는 고객에게 마케팅 자료를 보여 주고 고객의 피드백을 구하는 과정을 포함한다. 마케팅 자료는 랜딩 페이지, 영상, 광고, 이메일 등 고객에게 보여 주고자 하는 것은 무엇이든 상관없다. 이 테스트는 고객이 마케팅 자료를 얼마나 매력적으로 생각하며 왜 그렇게 생각하는지 이해하는 것을 목적으로 한다. 프로덕트 자체에 관한 피드백이 아니라 마케팅 자료가 프로덕트에 대해 이야기하고 설명하는 방식에 관해 피드백을 얻는다.

이러한 테스트는 어떤 편익이 고객의 공감을 얻는지 그리고 그런 편익에 대해 말하고 프로덕트를 설명하는 각기 다른 방식에 고객이 어떻게 반응하는지 이해할 수 있게 해 준다. 또한 이런 식의 대화는 고객이 프로덕트 가치 제안을 얼마나 매력적으로 생각하는지 확인하는 데도 유용하다. 심지어는 경쟁자의 마케팅 자료가 무엇을 잘 설명하고 잘 설명하지 못하는지 이해하고 자신의 차별점을 테스트하기 위해 고객에게 경쟁자의 마케팅 자료를 보여 줘도 된다.

메시지의 전반적인 전달성을 테스트하는 좋은 방법 하나는 5초 테스트이다. 고객에게 홈페이지나 랜딩 페이지를 딱 5초 동안 보여 준 뒤 기억하는 것과 좋았던 점을 물어보는 방식이다. 고객은 언제나 프로덕트에 대해 즉각적인 판단을 내리기 때문에 5초 테스트는 메시지가 프로덕트의 특징과 고객이 그 프로덕트를 사용하고 싶어 할 이유를 얼마나 효과적으로 전달하는지를 확인하는 좋은 수단이 될 수 있다.

## 7.5 정량적 마케팅 MVP 테스트

정량적 마케팅 테스트를 활용하면 프로덕트의 수요를 검증할 수 있다. 또한 이 테스트는 잠재 고객 획득과 잠재 고객을 진짜 고객으로 전환하는 과정을 최적화하는 데도 효과적이다. 정량적 마케팅 테스트는 사용자 행동을 포착하기 때문에 대규모 표본에서 의미 있는 학습 기회를 제공한다.

### 7.5.1 랜딩 페이지/스모크 테스트

가장 인기 있는 정량적 테스트 중 하나는 랜딩 페이지 또는 스모크 테스트이다. 이 테스트에서는 진짜 웹 페이지를 만들어 트래픽을 유입시킨다. 랜딩 페이지는 나중에 만들 최종 프로덕트를 설명하고 고객에게 관심도를 표현해 달라고 요청한다. 이를 위해 '회원가입' 버튼이나 '요금제 및 가격' 페이지 링크를 주로 사용한다. 랜딩 페이지를 스모크 테스트라고도 부르는 이유는 아직은 고객이 사용할 수 있는 진짜 프로덕트가 없기 때문이다. 대신에 일반적으로 고객이 보여 준 관심에 감사 인사를 하고 이메일 주소나 기타 연락처 정보를 요청하는 '출시 예정'(coming soon) 페이지를 보여 준다.

랜딩 페이지에서 측정하는 핵심 지표는 전환율이다. 전환율은 랜딩 페이지에 유입된 방문자 중에서 잠재 고객이 진짜 고객으로 전환되는 버튼을 클릭하는 비율을 말한다. 예를 들어 잠재 고객 1,000명이 '회원가입' 버튼이 있는 랜딩 페이지에 유입되었고, 이 중 250명이 이 버튼을 눌렀다면 전환율은 25퍼센트이다. 전환율은 프로덕트가 제공하려는 편익은 물론이고 이러한 편익과 프로덕트를 얼마나 잘 설명하는가에 영향을 받는다. 고객이 매력적이라고 생각하는 편익을 선택했더라도 랜딩 페이지가 성공하려면 좋은 시각 디자인과 카피라이팅이 중요하다.

개발 팀은 자신들이 이미 사용하는 기존의 웹 기술 스택과 분석 패키지를 사용해 랜딩 페이지를 만들고 평가할 수 있다. 하지만 옵티마이즐리(Optimizely)와 언바운스(Unbounce) 같은 유용한 도구를 사용하면 개발 노력을 더 적게 들이고도 더 빨리, 더 쉽게 랜딩 페이지를 테스트하고 최적화할 수 있다.

### 7.5.2 랜딩 페이지 MVP 사례: 버퍼

버퍼(Buffer)는 랜딩 페이지 MVP 테스트에 대한 좋은 사례를 보여 준다. 버퍼는 엑스에서 포스팅을 더 일관되게 할 수 있게 도와주는 프로덕트로, 사용자가 포스트를 작성하고 미리 정한 시간에 포스팅되도록 설정할 수 있다. 버퍼의 CEO이자 공동 창업자인 조엘 개스코인(Joel Gascoigne)은 한 블로그 게시글에서 랜딩 페이지 MVP 테스트부터 시작하기로 결정한 배경을 들려주었다.[6] 개스코인은 자신이 그의 이전 스타트업과 어떻게 다르게 버퍼에 접근했는지 설명했다. "나는 비즈니스의 타당성을 검증하기 전에 버퍼를 코딩하기 시작했다. 이 사실을 깨닫자 마자 코딩을 멈추고 심호흡한 다음 스스로에게 말했다. 이번엔 똑바로 해야 해. 그때는 코딩이 아니라 사람들이 이 프로덕트를 원하는지 테스트할 시간이었다."

6  *https://buffer.com/resources/idea-to-paying-customers-in-7-weeks-how-we-did-it/*

버퍼의 첫 번째 홈페이지는 헤드라인 하나와 주제어 세 개로 버퍼의 가치 제안을 설명했다. 홈페이지에는 '요금제 및 가격' 버튼도 포함됐는데 버튼은 방문자가 클릭할 수 있는 유일한 장치였다. 버튼을 클릭하면 "준비 중입니다"라는 문구가 나오는 페이지로 연결되었다. 이곳에서 방문자는 프로덕트가 론칭되면 알림을 받는 이메일 주소를 남길 수 있었다.

개스코인의 설명을 직접 들어 보자. "두 페이지짜리 MVP의 목적은 사람들이 이 앱을 사용하는 것을 고려라도 할지 알아보는 것이었다. 나는 그저 이 링크를 포스트로 공유하면서 사람들에게 이 아이디어를 어떻게 생각하는지 물었다. 몇 사람이 홈페이지를 방문해 실제로 이메일 주소를 남겼고 이메일과 엑스로 유용한 피드백도 일부 얻었다. 이러한 반응으로 미루어 나는 이 아이디어가 검증되었다고 생각했다."

개스코인은 사람들이 이 프로덕트를 원한다는 사실을 확인했다고 느꼈다. 다음 단계는 사람들이 프로덕트에 돈을 지불할 의향이 있는지 테스트하는 것이었다. 이에 그는 세 가지 프로덕트 플랜을 설명하는 페이지 하나를 (이메일 양식 앞에) 추가했다. 무료, 월 5달러, 월 20달러였다. 개스코인은 이 방법으로 이메일 주소를 제공한 사람의 숫자만이 아니라 각 요금제의 클릭 횟수까지 알 수 있었다. 결과는 긍정적이었다. 추가로 클릭해야 했음에도 사람들은 이메일 양식에 접속해 이메일 주소를 남겼고 유료 요금제를 클릭한 사람들도 있었다.

주목할 점은 이 단계에서 버퍼를 사용하기 위해 한푼이라도 지불한 사람이 없다는 사실이다(아직 버퍼를 사용할 수 없었기 때문이다). 하지만 개스코인은 이러한 간단한 테스트 두 개를 통해 프로덕트 아이디어를 자신 있게 추진해도 될 만큼 프로덕트 마켓 핏이 충분히 검증되었다고 생각했다.

### 7.5.3 프로덕트 소개 영상

프로덕트 소개 영상은 프로덕트를 설명하기 위해 영상을 활용하는 것으로 사실상 랜딩 페이지를 변주한 것에 지나지 않는다. 예를 들면 회원가입 페이지로 유입되는 전환율을 토대로 영상의 성과를 판단한다. 이 유형의 테스트는 글로만 설명하기 어려운 프로덕트에 특히 유용하다. 가장 유명한 소개 영상 MVP 테스트 중 하나는 클라우드 스토리지 서비스 드롭박스(Dropbox)가 실시한 테스트이다. 창업자 드루 휴스턴(Drew Houston)은 드롭박스의 독특한 파일 동기화 접근법이 기존의 모든 클라우드 기반 파일 스토리지 프로덕트와 어떻게 다른지 설명했을 때, 사람들이 드롭박스의 비교 우위를 이해하지 못한다는 사실을 깨달았다. 이에 휴스턴은 드롭박스가 어떻게 작동하는지 직접 보여 주면서 설명하는 영상을 제작했다. 이 영상은 고객들이 다양한 디바이스에서 파일을 관리하고 공유할 때 겪는 실제 페인 포인트를 해결함으로써 공감을 얻었고, 이에 힘입어 수많은 사람이 드롭박스의 비공개 베타 버전의 대기 명단에 등록했다.

### 7.5.4 광고 캠페인

랜딩 페이지를 테스트하려면 어떤 식으로든 랜딩 페이지로 트래픽을 유입시켜야 하는데 이렇게 하는 한 가지 방법은 광고 캠페인을 사용하는 것이다. 예를 들어 구글 애즈(Ads)는 고객이 검색하면 짧은 텍스트 광고를 보여 준다. 클릭률을 끌어올리고 싶다면 구글 애즈에서 여러 검색어와 광고 문구를 실험하고, 고객이 어떤 단어와 문구를 가장 좋아하는지에 관한 정량적인 피드백을 얻을 수 있어야 한다. 또한 다양한 메시지 전략과 이미지를 테스트하고 싶을 때는 디스플레이 광고 캠페인이 유용하다. 특히 인구통계학적 속성에 집중할 수 있는 페이스북 광고는 타깃 시장의 가설을 테스트하는 좋은 방법이 될 수 있다. 광고 게시물은 대체로 크기가 작아서 종종 가치 제안 전체를 담지 못하고 대신 태그라인(tagline)[7]으로 제한되는 경우가 많다. 이렇게 볼 때 광고 캠페인 테스트는 프로덕트 마켓 핏을 검증하는 것이 아니라 고객 획득 노력을 최적화하는 것에 가장 유용하다.

예를 들어 구인구직 사이트를 만들려고 각기 다른 태그라인을 내세운 광고 캠페인 세 개를 전개한다고 하자. "여러분이 꿈꾸는 완벽한 직장을 찾아드립니다.", "업계 최대 규모의 채용 공고를 제공합니다.", "채용 공고를 가장 빠르게 검색할 수 있습니다.". 가장 효과적인 광고를 확인하려면 캠페인 세 개의 클릭률을 비교하면 된다.

### 7.5.5 마케팅 A/B 테스트

분할 테스트(split testing)라고도 불리는 A/B 테스트는 대안적인 디자인 두 가지를 동시에 테스트하는 정량적 기법으로 전환율 같은 핵심 지표에서의 성과를 비교한다. A/B 테스트는 두 버전의 마케팅 자료 중에서 어떤 것이 성과가 더 좋은지 판단하는 데도 쓰인다. 예를 들어 전환율이 더 높은 버전을 찾고자 - 메시지, 가격, 이미지, 컬러 등 여타 디자인 요소를 달리하는 - 두 버전으로 랜딩 페이지를 테스트하는 식이다. A/B 테스트는 이뿐만 아니라 광고, 영상, 이메일과 같은 대부분의 온라인 마케팅 자료로도 실시할 수 있다.

한편 A/B/C 테스트처럼 셋 이상의 대안도 테스트할 수 있다. 진정한 A/B 테스트는, 예를 들어 트래픽의 절반은 버전 A로 나머지 절반은 버전 B로 유입시키는 것처럼, 두 버전을 동일한 조건으로 동시에 테스트한다. 버전을 순차적으로 테스트하는 것은 (얼마 동안 모든 트래픽을 버전 A로 유입시키고, 이후 얼마 동안은 버전 B로 유입시키는 것) 덜 바람직하다.

---

7 (옮긴이) 브랜드나 프로덕트의 핵심 가치를 짧고 인상 깊게 표현한 문구

대안 두 가지를 동시에 테스트하면 테스트 간에 - 계절적 특성이나 프로모션의 규모 같은 - 외부 요인이 달라져 자칫 테스트 결과가 왜곡될 위험을 피할 수 있다.

프로덕트의 어떤 측면을 최적화하기 위해 A/B 테스트를 몇 차례 진행하고 나면, 종종 챔피언이라고 불리는 성과가 가장 좋은 선택지를 식별하게 된다. 때때로 새로운 대안을 테스트하여 챔피언을 능가하는지 알아볼 수도 있다. 여기서 중요한 것은 통계적 유의성인데 이는 성과의 차이와 표본 크기에 따라서 결정된다. 특정 테스트의 통계적 신뢰 수준을 계산하는 데 도움을 주는 공식과 온라인 도구들이 있다. 하지만 성과의 차이가 클수록 그리고 표본 크기가 클수록 통계적 유의성이 더 높아진다는 점을 명심해야 한다. 다시 말해 표본 크기가 너무 작으면 통계적으로 의미 있는 결과를 얻지 못할 가능성이 크다. 또는 두 가지 대안의 성과가 엇비슷한 경우 어떤 것이든 통계적으로 유의미한 차이를 확인하려면 표본 크기가 상당히 커야 할 수 있다.

인기 있는 A/B 테스트 도구로는 옵티마이즐리, 언바운스, 키스메트릭스(KISSmetrics), 비주얼 웹사이트 옵티마이저(Visual Website Optimizer), (구글 애널리틱스의 일부인) 구글 콘텐츠 실험 등이 있다. 이러한 A/B 테스트 도구는 사용자가 몇 가지 변형군(variation)을 지정하고 그다음 이러한 변형군 사이에 트래픽을 무작위로 분산시키게 해 준다. 또한 사용자가 알고 싶은 전환 액션의 결과를 추적하고 각 변형군의 성과와 더불어 이에 상응하는 통계 신뢰 수준을 사용자에게 보여 준다.

다변량 테스트(multivariate test)는 A/B 테스트와 비슷하지만, 동일 페이지의 여러 버전이 아니라 *페이지 요소*(page element)의 변형군을 테스트한다. 변화를 주는 페이지의 요소 각각이 변수에 해당한다. 예를 들어 랜딩 페이지를 제작하려는데 헤드라인과 메인 이미지 각각에 후보 아이디어가 세 가지 있다고 하자. 다변량 테스트는 헤드라인과 이미지에 대한 각 아이디어를 하나씩 포함하는 조합 아홉 가지를 시험해 어떤 조합이 가장 좋은 성과를 내는지 판단한다.

### 7.5.6 크라우드펀딩

킥스타터(Kickstarter)와 인디고고(Indiegogo) 같은 크라우드펀딩 플랫폼은 사람들에게 프로덕트 구매 의향이 있는지 테스트하고 수요를 정량화하는 좋은 방법이 될 수 있다. 이들 플랫폼은 프로덕트를 만들고 판매하려는 사람이 프로덕트를 홍보할 뿐만 아니라 프로덕트가 출시될 때 구매 의향이 있는 고객에게 선투자를 받는 기회를 제공한다. 프로덕트에 대한 자금 조달 목표치를 설정하고 해당 한도를 달성했을 때만 프로덕트를 개발하기로 결정할 수 있다. 프로덕트를 만들기 시작하기 *전에* 고객이 선구매하는 이 접근법은 린 원칙과 일맥상통하며, 이를 통해 누군가 실제로 프로덕트에 비용을 지불할 것인지에 대한 불확실성을 제거할 수 있다.

페블 워치(Pebble Watch)[8]는 킥스타터에서 잭팟을 터뜨렸다. 페블 워치는 와이콤비네이터(Y Combinator, YC)[9]의 인큐베이터(incubator)[10] 프로그램을 통해 지원받았지만 벤처 캐피탈 자본을 충분하게 유치하지 못했다. 이에 창업자 에릭 미기코브스키(Eric Migicovsky)는 최초 모금 목표액을 10만 달러로 설정해 킥스타터 캠페인을 시작했다. 고객은 1개당 115달러에 스마트 워치를 예약 구매할 수 있었는데 정가가 150달러인 페블 워치를 할인가로 선주문하는 셈이었다. 모금 프로젝트는 단 두 시간만에 최초 목표액을

---

8　(옮긴이) 스마트 워치 스타트업
9　(옮긴이) 실리콘밸리의 유명한 스타트업 투자 육성 회사
10　(옮긴이) 신생 기업이 사업 초기 어려움을 극복하고 자립할 수 있도록 사무실 공간 및 설비 등을 지원한다.

달성했고 이후에도 자금이 계속 유입되었다. 한 달이 조금 지나 킥스타터 캠페인이 종료되었을 때 페블 워치는 6만 8,000명이 넘는 후원자에게 1천만 달러 이상을 모금했다.

킥스타터는 스타트업이 자금을 조달하는 새로운 성지가 되었다. 가상현실 헤드셋 스타트업 오큘러스 리프트(Oculus Rift)는 2012년 8월 최초 목표액 25만 달러를 설정하고 캠페인을 시작해 한 달만에 목표액의 거의 10배인 약 250만 달러의 자금을 모았다. 그로부터 2년도 지나지 않아 메타는 20억 달러에 오큘러스 리프트를 인수했다.

풀타임 직장인이지만 시도하고 싶은 스타트업 아이디어가 있는 사람이라면 모험을 감행하기 전에 리스크를 줄이는 방법으로 크라우드펀딩을 이용하면 좋다. 크라우드펀딩은 소비재 판매에 특히 유익한데 D2C 이커머스에서 판매 채널 역할을 하기 때문이다. 하지만 사람들이 시범적으로 사용할 프로덕트가 없으므로 프로덕트와 편익 모두 충분하게 설명해야 한다. 이런 점에서 많은 캠페인이 고품질의 영상과 광범위한 질의응답(FAQ)을 제공한다. 또한 소셜 미디어 같은 채널을 통해 잠재 고객을 대상으로 마케팅함으로써 그들에게 프로덕트 모금 캠페인 소식을 알리는 게 좋다.

크라우드펀딩 사이트는 프로덕트와 관련해 얼리어답터와 소통하는 효과적인 수단이 될 수 있다. 이들 조기 수용자는 자신의 니즈와 선호도에 관한 토론을 환영할 뿐만 아니라 프로덕트를 개선할 수 있는 유용한 아이디어를 제시하기도 한다. 성공적인 크라우드펀딩 페이지는 스타트업과 그들의 고객이 활발하게 소통하는 커뮤니케이션 허브가 된다.

## 7.6 정성적 프로덕트 MVP 테스트

이제까지 소개한 마케팅 MVP 테스트는 고객이 공감하는 메시지를 만드는 데는 물론이고 전환율 같은 마케팅 지표의 기댓값을 정량화하는 데도 유익하다. 이에 반해 프로덕트 테스트는 고객이 실질적인 프로덕트를 가치 있게 생각하도록 만드는 데에 보탬이 된다. 프로덕트를 구축하든, 프로덕트 디자인을 변경하든, 기능을 개발하든, 정성적 프로덕트 테스트는 프로덕트 마켓 핏을 측정하고 개선할 수 있는 가장 좋은 방법이다. 정성적 프로덕트 테스트를 실시할 수 있는 시기는 두 가지인데 둘은 근본적으로 다르다. 바로 프로덕트를 완성하기 전과 프로덕트를 완성한 이후이다. 둘 다 모두 유용하다.

프로덕트를 만들기 전에 고객을 대상으로 프로덕트 디자인을 테스트할 수 있다. 일반적인 프로덕트 디자인 산출물에는 와이어프레임, 목업, 인터랙티브 프로토타입이 – 이 모든 것은 실제 프로덕트가 아니며 프로덕트가 어떤 모습일지 표현한 것이다 – 포함된다. 낭비를 줄이기 위해 프로덕트를 코딩하기 전에 디자인을 검증하고 싶은 것은 당연하다. 대개는 코딩보다 디자인을 수정하는 것이 훨씬 빠르고 비용도 적게 든다. 나중에 자세히 살펴보겠지만 디자인 산출물은 유형에 따라 *피델리티*가 다를 수 있다. 여기서 피델리티는 디자인 산출물이 실제 프로덕트를 얼마나 충실하게 표현하는지를 말한다.

프로덕트를 만든 이후에 사용자를 대상으로 테스트할 수 있으며 이렇게 할 때의 장점은 테스트 대상의 피델리티가 100퍼센트라는 것이다. 따라서 디자인 산출물을 테스트할 때는 관찰할 수 없었던 것을 배울 수도 있다. 쉬운 예로 웹 페이지의 목업을 테스트한다고 하자. 이 테스트에서는 정보가 얼마나 잘 배치되었는지, 카피가 얼마나 명확한지, 시각 디자인이 얼마나 매력적인지에 관한 피드백을 얻을 수는 있지만 웹 페이지의 로딩 속도가 매우 느리다거나 웹 페이지가 특정 브라우저에서 적절하게 작동되지 않는 것과 같은 문제는 파악하지 못할 것이다. 라이브 프로덕트 테스트 자체는 본질적으로 단점이 없지만 그렇다고 고객을 대상으로 테스트하는 라이브 프로덕트가 준비될 때까지 *기다린다면* 불필요한 큰 리스크를 감수하는 셈이다. 개발 초기 단계에 고객에게 디자인 산출물을 보여 주고 개발자가 귀중한 시간을 투입할 가치가 있는 프로덕트인지 고객 확인을 거치면 이러한 리스크를 줄일 수 있다.

피드백을 얻기 위해 고객에게 보여 줄 수 있는 디자인 산출물은 다양하다. 그림 7.3은 이러한 산출물을 가로축의 피델리티 수준과 세로축의 인터랙티비티 수준에 따라서 분류한다. 재차 말하지만 *피델리티*는 산출물이 최종 프로덕트와 얼마나 비슷한가를 말하는 반면, 인터랙티비티는 실제로 작동하는 라이브 프로덕트와 비교해 고객이 산출물과 얼마만큼 상호작용할 수 있는지를 가리킨다.

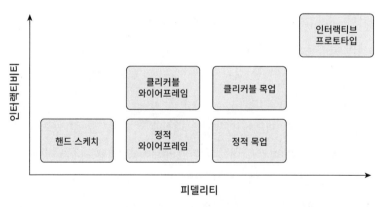

그림 7.3 피델리티와 인터랙티비티에 따른 디자인 산출물

그림 7.4는 로우 피델리티 산출물과 하이 피델리티(High Fidelity, 하이-파이 (Hi-Fi)) 산출물을 단적으로 비교한다. 두 산출물은 뛰어난 UX 디자이너 벤 노리스(Ben Norris)가 개발한 iOS 앱 포인티들리(Pointedly)[11]에 대한 것이다. 포인티들리를 사용하면 (스크래블(Scrabble)[12] 같은) 게임에서 펜과 연필 없이도 점수를 쉽게 기록할 수 있다. 그림의 왼쪽 산출물은 로우 피델리티 와이어프레임이다. 이는 컬러를 전혀 사용하지 않고 (그레이스케일로 만 제작되었다) 세부적인 시각 디자인을 배제한 채 화면 구성 요소와 각 요소의 위치만 보여 준다. 오른쪽의 하이 피델리티 목업은 실제 프로덕트

그림 7.4 로우 피델리티 와이어프레임 VS. 하이 피델리티 목업

11 *https://itunes.apple.com/us/app/pointedly-simple-score-keeper/id933257819*
12 (옮긴이) 철자를 보드 위에 올려 단어를 만들어 점수를 따는 게임

와 훨씬 비슷하게 만들어졌다(이 책에서는 컬러 이미지가 그레이스케일로 보인다는 점을 고려하기 바란다). 이 앱의 사용자 인터페이스 요소 각각은 특정한 컬러와 폰트 그리고 그래픽을 사용하는 시각 디자인으로 표현되었다.

### 7.6.1 핸드 스케치

그림 7.3을 보면 왼쪽 맨 아래에 핸드 스케치가 있는데 피델리티 수준과 인터랙티비티 수준 모두 가장 낮다. 손으로 그린 이 스케치는 아이디어 시각화를 시작하는 좋은 방법인데 팀원이나 다른 이해관계자와 아이디어를 공유하고 토론할 때 더욱 그렇다. 화이트보드나 종이에 스케치하면 디자인을 빠르게 반복할 수 있다. 개인적으로 특히 초기 디자인 단계에서 화이트보드에 스케치하는 걸 정말 좋아한다. 실제로 화이트보드를 사용하면 팀이 아이디어를 아주 빠르게 반복할 수 있기 때문에 화이트보드는 궁극의 린 도구라고 할 수 있다. 핸드 스케치는 내부적으로 사용하기에 유용한 도구이지만 고객에게 보여 주고 피드백을 받기에는 피델리티가 지나치게 낮다(이러한 이유로 핸드 스케치는 그림 7.2의 MVP 테스트 매트릭스에 포함하지 않았다).

### 7.6.2 와이어프레임

다음 단계의 피델리티를 가진 디자인 산출물은 와이어프레임으로, 프로덕트의 컴포넌트와 그 배치 방식을 알 수 있게 낮은 수준에서 중간 수준 정도의 피델리티로 프로덕트를 표현한다. 와이어프레임은 '픽셀 퍼펙트'(pixel perfect)가 아니라 상대적인 크기와 위치를 나타낸다. 와이어프레임은 일반적으로 컬러, 이미지, 폰트 같은 세부적인 시각 디자인 없이 만든다. 대신 종종 그레이스케일로 제작되며 시각 디자인 요소로 인해 검토자의 주의가 분산되지 않게 이미지를 위한 자리 표시자(placeholder)를 사용하는 경우가 많다. 갈수록 줄어드는 추세지만 일부 와이어프레임에는 텍스트에도 최종 카피가 아니라 – '로렘 입숨'(lorem ipsum) 같은 – 자리 표시자가 사용되기도 한다. 잠재적인 레이아웃 이슈를 조기에 발견하고 싶다면 설령 초안일지라도 진짜 카피를 사용하기를 추천한다.

와이어프레임은 손으로 그릴 수도 있지만, 대개는 – 범용 디자인 앱이든 와이어프레임 전용 앱이든 – 응용 소프트웨어를 사용해 만드는 디지털 산출물이다. 일러스트레이터(Illustrator)와 스케치(Sketch)는 디자이너가 주로 사용하는 그래픽 디자인 소프트웨어이고, 옴니그래플(OmniGraffle)과 비지오(Visio)는 좀 더 범용적인 도구이다. 전문 디자이너가 아닌 사람은 파워포인트나 키노트로 와이어프레임을 작성하기도 한다. 웹 프로덕트의 경우에는 발사믹(Balsamiq), 액슈어(Axure), UX핀(UXPin) 같은 와이어프레임 전용 고성능 도구를 사용하는 편이 좋다.[13]

모바일 프로덕트는 – 네이티브 앱이든 모바일 웹사이트든 – 전통적인 웹 앱과는 사용자 경험 요소에 다른 측면이 있기 때문에 모바일 와이어프레임 작성에 특화된 도구들이 등장했다. 디자이너에게는 모바일 와이어프레임 작성 도구인 플린토(Flinto)와 마블(Marvel)을 추천한다. 디자이너가 아닌 사람이 쉽게 사용할 수 있는 도구로는 팝(POP)과 댑(Dapp)이 있다.[14]

더 강력하고 새로운 와이어프레임 작성 도구들이 지속적으로 등장하고 있다. 한동안 최신 도구를 써 보지 않았다면 지금이라도 사용해 보기 바란다. 디자이너와 프로덕트 매니저가 차세대 혁신 도구를 놓치는 경우를

---

**13** (옮긴이) 현재 이 분야 1등은 피그마이다.

**14** (옮긴이) 팝(*https://popapp.in*)과 댑(*http://dapp.kerofrog.com.au*)은 현재 서비스가 종료되었다.

많이 보았는데 손에 익어 편하고 능숙하게 사용할 수 있는 예전 도구를 계속 고집하기 때문이다. 생산성은 분명히 중요하고 도구를 바꾸려면 시간을 투자해야만 한다. 하지만 새 도구를 도입하는 것은 그럴 만한 가치가 있는데 새 역량을 더해 주고 일단 익숙해지고 나면 생산성도 향상되기 때문이다.

아래의 경우에 해당한다면 최신의 와이어프레임 작성 도구를 고려해 보길 바란다.

- 기본적인 페이지 요소를 그릴 때 미리 정의된 위젯을 모아 놓은 라이브러리를 활용하는 게 아니라 처음부터 도형과 선으로 그리고 있다.
- 와이어프레임을 만들었는데 클릭이나 탭을 할 수 없다.
- 와이어프레임을 다른 사람과 공유하기가 어렵다.
- 모바일에 최적화되지 않은 도구를 사용해 모바일 화면의 와이어프레임을 만들고 있다.
- 와이어프레임을 만드는 시간이 예상보다 더 오래 걸린다.
- 와이어프레임을 전혀 작성하지 않는다.

오늘날의 와이어프레임 도구는 사용하기 쉽고 저렴하므로 프로덕트 개발에 관여하는 사람이라면 와이어프레임을 만들지 않을 이유가 없다. 인터랙션 디자이너가 둘 이상인 팀이라면 대부분의 디자이너가 와이어프레임을 그릴 것이다. 그러나 자신의 아이디어를 빠르게 시각화하여 다른 사람들과 공유하는 능력은 여전히 가치 있는 기술이다. 게다가 팀에 와이어프레임 전담자가 없다면 와이어프레임을 직접 작성해야 할 수도 있다.

오늘날 와이어프레임 도구는 자주 사용하는 사용자 인터페이스 요소가 포함된 위젯 라이브러리를 기본으로 제공한다. 예를 들어 iOS 앱의 와이어프레임을 그릴 때 표준 iOS 컨트롤(control)을 손으로 그리거나 범용 컨트롤을 사용할 필요가 없다. 라이브러리에서 iOS용 사용자 인터페이스 요소들을 바로 활용할 수 있어야 한다.

와이어프레임이 사용자 인터페이스를 표현하므로 종종 프로덕트 팀은 주석(explanatory note)을 추가하는 것이 유용하다고 생각한다. 이러한 주석은 드롭다운 메뉴에서 표시되어야 하는 선택지 목록, 특정 양식 필드에 사용자가 입력할 수 있는 최대 글자 수, 특정 에러 메시지 문구와 같이 중요한 세부 사항을 전달하는 데 요긴하다. 이처럼 주석이 달린 와이어프레임은 개발에 필요한 많은 프로덕트 사양을 포함하는 강력한 디자인 도구가 될 수 있다. 물론 사용자에게 보여 주는 와이어프레임 버전에는 이러한 주석이 표시되지 않아야 한다.

몇 년 전까지만 해도 정적인 – 다른 말로 클릭하거나 탭할 수 없는 – 와이어프레임이 주류였다. 하지만 오늘날의 도구들은 클리커블 와이어프레임을 쉽게 작성할 수 있게 해 주어 여러 페이지에 대한 와이어프레임 세트를 연결하여 사용자가 경험하는 하나의 논리적인 내비게이션 흐름(navigation flow)을 생성할 수 있다. 대개는 특정한 사용자 인터페이스 컨트롤만 클릭하게 만든다. 디자인과 테스트에서 배우고 싶은 것이 무엇이냐에 따라 클릭할 수 있는 컨트롤을 선택하면 된다. 이러한 사용자 시나리오를 '행복 경로'(happy path) – 사용자로 하여금 의도된 사용자 경험을 처음부터 끝까지 따르게 만든 경로 – 라고 부른다.

클릭과 탭이 포함된 와이어프레임은 사실상 정적 와이어프레임을 밀어내고 표준이 되었다. 정적 와이어프레임 테스트에서는 사용자가 "이 버튼을 클릭할게요"라고 말해야만 진행자(moderator)가 다음 와이어프레임을 보여 준다. 클리커블 와이어프레임은 사용자에게 더욱 몰입감 있는 경험을 제공하는데 사용자가 독립적으로 프로덕트를 탐색하고 이동하게 해 준다. 더욱이 클리커블 와이어프레임은 대개 프로덕트가 실제로 사용되는 디바이스에서 (예를 들면 컴퓨터, 태블릿, 휴대전화) 테스트되므로 그 경험이 더 현실적으로 느껴진다.

### 7.6.3 목업

그림 7.3을 보면 알 수 있듯이 와이어프레임보다 피델리티가 한 단계 높은 디자인 산출물은 목업인데 와이어프레임보다 최종 프로덕트에 훨씬 더 가까운 모습이다. 목업은 컬러, 폰트, 이미지 등의 세부적인 시각 디자인 요소를 포함한다. '픽셀 퍼펙트' 수준을 목표로 하는 목업도 있고 디자인 요소의 대략적인 크기와 위치만을 표시하는 목업도 있다. 또한 가끔 '콤프'(comp)라고도 불리는 목업은 일반적으로 일러스트레이터, 포토샵, 스케치 같은 그래픽 디자인 소프트웨어를 사용해 만든다.

와이어프레임과 마찬가지로 목업에는 정적 목업도 있고 클리커블 목업도 있다. 그래픽 디자인 소프트웨어의 산출물은 대개 JPG, GIF, PNG 같은 정적 이미지 파일이며 이미지 파일에는 클릭 기능이 없다. 클리커블 목업 세트를 만들려면 이러한 이미지를 다른 애플리케이션에서 연결해 '핫 스팟'을 지정하고 핫 스팟을 클릭하거나 탭했을 때 다른 목업으로 이동하게 해야 한다.

프로토타입 제작을 지원하는 웹 애플리케이션으로는 인비전(InVision)이 대표적이다.[15] 인비전을 사용하면 이미지를 업로드한 후 클리커블 핫 스팟을 설정해 이미지들을 연결할 수 있다. 발사믹도 이런 기능을 제공한다. 클리커블 와이어프레임이 그렇듯이 클리커블 목업은 고객이 여러 페

---

**15** (옮긴이) 현재는 피그마가 널리 쓰이는 툴이다. 인비전은 2024년 말에 서비스를 중단할 예정이다.

이지나 화면에 걸쳐 경험할 수 있는 사용자 흐름을 생성한다. 고객은 피델리티가 낮거나 중간 수준인 와이어프레임 대신 피델리티가 높은 목업을 보게 된다. 또한 보통은 행복 경로를 통한 사용자 경험이 가능하며 그 외의 다른 내비게이션 흐름은 제공하지 않는다. 클리커블 목업은 룩 앤드 필(look and feel)이 실제 앱과 매우 비슷하기 때문에 사용자로부터 매우 가치 있는 피드백을 얻을 수 있다. 클리커블 목업을 잘 만드는 팀은 디자인 산출물에 대한 사용자 테스트를 목업 단계에서 시작한다. 이러한 팀들은 종종 목업을 제작하기 전에 와이어프레임을 만들지만, 와이어프레임에 대해서는 사용자 피드백을 받지 않는다.

### 7.6.4 인터랙티브 프로토타입

클리커블 목업에서 피델리티와 인터랙티비티를 한 단계 더 발전시킨 것이 인터랙티브 프로토타입이다. 프로토타입이라는 단어 자체는 어떤 클리커블 디자인 산출물에도 사용할 수 있는데 프로토타입은 말 그대로, 완벽히 기능하는 프로덕트가 아니거나 프로덕트의 모형에 불과함을 의미한다. 인터랙티브 프로토타입은 클리커블 목업보다 인터랙션 수준이 높다. 예를 들어 인터랙티브 프로토타입은 드롭다운 메뉴, 호버 효과, 입력 양식, 오디오나 비디오 플레이어 등 많은 유형의 실제로 작동하는 사용자 인터페이스 컨트롤을 포함할 수 있다.

인터랙티브 프로토타입 제작에 사용되는 개발자 도구는 다양하다. 웹 프로토타입은 일반적으로 HTML, CSS, 자바스크립트로 만든다. 제이쿼리와 부트스트랩과 같이 인기 있는 프런트엔드 프레임워크는 더욱 신속한 개발에 종종 사용된다.[16] 어떤 것이든 서버측 경량 기능(functionality)을

---

16 (옮긴이) 최근에는 리액트가 가장 인기 있는 프런트엔드 프레임워크다.

구축하고 싶다면 루비 온 레일즈 또는 다른 신속 개발 프레임워크를 사용해 프로토타입을 제작하는 방법도 있다. 액슈어 – 프로토타입을 HTML, CSS, 자바스크립트로 내보내기(export)하는 기능을 지원한다 – 같은 강력한 도구를 활용하면 코딩을 전혀 하지 않고 인터랙티브 프로토타입을 만들 수 있다. 모바일 프로토타입은 HTML이나 iOS 또는 안드로이드 같은 네이티브 코드(native code)로 제작해도 된다.

### 7.6.5 오즈의 마법사 MVP와 컨시어지 MVP

지금까지 소개한 모든 정성적 프로덕트 테스트 중에 실제로 작동하는 라이브 프로덕트나 서비스는 하나도 없었다. 오즈의 마법사 MVP와 컨시어지 MVP는 실제 라이브 프로덕트나 서비스를 테스트할 수 있게 해 주지만, 이때 완성된 최종 프로덕트가 아니라 수작업으로 기능을 대신하는 방식(manual workaround)으로 테스트를 진행할 수 있다. 나는 이러한 MVP를 '수작업 핵'(manual hack)[17] MVP라고 부르는데, 이는 비효율적인 데다 장기적인 해결책이 아니기 때문이다. 컨시어지 MVP의 기본 개념은 소수의 초기 고객과 매우 긴밀하게 협력하여 타깃 시장, 타깃 고객의 니즈와 선호도를 깊이 파악하고, 그에 맞춰 프로덕트를 최적화하는 방법을 찾는 것이다. 이렇게 함으로써 프로덕트나 서비스를 실제로 만들기 전에 프로덕트나 서비스가 무엇을 꼭 해야 하는지 미리 검증할 수 있다. 컨시어지 MVP는 특히 고객과의 상호작용이 많고 고객의 참여가 많이 필요한 프로세스가 포함된 서비스에 가장 효과적이다.

---

**17** (옮긴이) 핵은 본래 거칠게 자르거나 헤집는다는 뜻으로 거칠지만 임시방편으로 상황에 적응하는 것을 의미한다.

### 7.6.6 컨시어지 MVP 사례: 에어비앤비

숙박 공유 사이트 에어비앤비는 서비스를 성장시키기 위해 컨시어지 MVP를 사용했다. 사우스 바이 사우스웨스트(SXSW)[18]에서의 발표에서 에어비앤비의 프로덕트 담당 부사장 조 자데(Joe Zadeh)는 에어비앤비 팀이 숙소 페이지에 전문 사진작가가 찍은 숙소 사진을 넣으면 매출이 증대될 거라는 가설을 세웠다고 설명했다. 에어비앤비 팀은 이 가설을 검증하고자 사진작가의 사진을 제공받을 숙소 호스트를 직접 모집하고 이들과 이어 줄 사진작가를 채용했다. 사진작가가 호스트와 조율해 촬영 일정을 확정하고 사진을 촬영해 드롭박스에 업로드하면 에어비앤비 직원이 해당 숙소의 페이지에 사진을 업로드했다. 사진 촬영 비용은 에어비앤비가 부담했다. 에어비앤비 팀은 가설이 옳았음을 확인했다. 전문가의 사진이 포함된 숙소는 시장 평균보다 두세 배 더 많은 예약을 받았다.

에어비앤비는 가설을 입증한 후 수동적인 프로세스 단계 대부분을 자동화했다. 이제는 사람이 아니라 에어비앤비 시스템이 숙소 호스트에게 사진작가를 활용하도록 제안하고 사진작가를 연결하고 각 숙소 페이지에 사진을 업로드한다. 에어비앤비는 자동화된 솔루션을 구축하는 데 필요한 리소스를 투자하기 전에 가설을 검증함으로써 리스크와 잠재적인 낭비 요소를 줄였다.

오즈의 마법사 MVP는 짧은 기간 동안 특정 단계를 수동으로 수행한다는 점에서 컨시어지 MVP와 비슷하다. 하지만 컨시어지 MVP와는 달리 오즈의 마법사 MVP는 이러한 단계에 사람이 개입한다는 사실을 고객이 전혀 모른다. 영화 〈오즈의 마법사〉처럼 그들은 커튼 뒤에 숨어 있다. 오즈의 마법사 MVP는 사용자에게 진짜 라이브 프로덕트처럼 보인다. 이

---

18 (옮긴이) 미국 텍사스에서 매년 3월 개최되는 종합 예술 축제

MVP의 목표는 자동화된 솔루션을 만들 리소스를 투입하기 전에 필요한 수동 단계를 검증하는 것이다.

### 7.6.7 라이브 프로덕트

라이브 프로덕트를 고객과 테스트해 볼 수도 있다. 이상적으로는 MVP를 만들기 전에 고객에게 점점 더 높은 피델리티의 디자인 산출물을 테스트하여 MVP 디자인을 검증하는 과정이 필요하다. 이터레이션을 통해 프로덕트 마켓 핏을 검증했다는 충분한 확신이 생기면 이때 진짜 MVP를 만들면 된다. 12장에서 애자일 개발 접근법으로 프로덕트를 구축하는 방법을 자세히 알아보겠다.

디자인 산출물로 테스트했더라도 실제 MVP를 만든 후에는 이를 다시 테스트하는 게 좋다. 디자인과 개발 단계 사이에 종종 변화가 생기기 때문이다. 라이브 프로덕트는 피델리티가 가능한 최고 수준이기 때문에 피델리티가 낮은 산출물로 테스트했을 때 발견하지 못한 내용을 배울 수 있다. 예를 들면 웹 프로덕트가 다양한 화면 크기와 브라우저에서 어떻게 보이고 작동하는지 알 수 있다.

라이브 프로덕트는 진행자가 있는 방식 또는 진행자가 없는 방식으로 테스트할 수 있다. 전자(moderated testing)에서는 진행자가 참석한 가운데 고객이 프로덕트를 사용하는 반면, 후자(unmoderated testing)에서는 고객 혼자서 프로덕트를 사용한다(그리고 나중에 확인하기 위해 테스트 과정을 녹화한다). 진행자에 의한 테스트는 일대일 대면과 원격 둘 다 가능하다. 원격으로 테스트할 때는 스카이프(Skype), 웹엑스(WebEx), 고투(GoTo) 같은 화면 공유 소프트웨어를 사용하면 된다. 라이브 프로덕트 테스트는 9장에서 자세히 알아보자.

## 7.7 정량적 프로덕트 MVP 테스트

라이브 프로덕트 사용량이 유의미한 수준으로 쌓였다면 정량적 프로덕트 테스트를 실시해도 좋다. 소수의 고객에게 각자의 의견을 묻는 정성적 프로덕트 테스트와는 달리 정량적 프로덕트 테스트는 프로덕트를 실제로 사용하는 고객들을 측정한다(대개는 표본 크기가 크다).

### 7.7.1 가짜 문 또는 404 페이지

가짜 문 또는 404 페이지 테스트는 개발하려는 기능에 대한 수요를 확인할 때 유용하다. 이 테스트는 새 기능을 위한 링크나 버튼을 넣어 이를 클릭하는 고객의 비율을 확인하는 것이 핵심이다. 이렇게 하면 새 기능을 만드는 데 리소스를 투입하기 전에 고객이 이를 실제로 원하는지 여부를 측정할 수 있다. 아직 기능을 개발하지 않았으므로 고객이 링크나 버튼을 클릭하면 보통 관심을 보여 준 것에 감사를 표현하고 아직 기능이 개발되지 않았음을 설명하는 페이지가 표시된다. 또한 고객에게 이 기능을 가치 있게 생각하는 이유를 알려 달라고 요청하는 양식을 추가할 수도 있다.

이 유형의 테스트에 관한 극단적인 사례는 이동할 대상 페이지조차 만들지 않는 것인데, 이러한 페이지가 없어도 기술적으로 클릭을 추적할 수 있기 때문이다. 이 경우 링크나 버튼을 클릭하면 일반적인 에러 메시지가 표시되는 404 페이지로 이어진다(404는 "페이지를 찾을 수 없습니다"를 의미하는 HTTP 에러 코드이다).

정량적 프로덕트 테스트로 명성이 높은 게임 업체 징가(Zynga)는 가짜 버튼을 종종 사용한다. 스탠퍼드 기술 벤처 프로그램(Stanford Technology Ventures Program)의 한 강연에서 징가의 공동 창업자 마크 핑커스(Mark Pincus)는 징가 팀이 새 게임 아이디어를 테스트할 때 각각의 아이디어에 대해 다섯 단어 설명문(five-word pitch)을 만드는 방식을 사용했다고 설명했다. 그들은 그런 다음 이 설명문을 프로모션 링크로 만들어 자사 라이브 게임에 짧은 기간 동안 게시하여 고객들로부터 얼마나 많은 관심을 끌어내는지 확인했다.

물론 가짜 문 테스트로 고객이 불쾌해지지 않게 기간과 빈도에 주의를 기울여야 한다. 가짜 문 테스트를 장기간 실행하는 것보다는 필요한 표본 크기를 달성할 만큼만 테스트하고 바로 종료하는 것이 가장 좋다.

### 7.7.2 프로덕트 분석과 A/B 테스트

프로덕트 분석은 그 자체로는 테스트가 아니지만 고객이 프로덕트를 실제로 어떻게 사용하는지 인사이트를 제공한다. 예를 들어 고객이 가장 많이 사용하는 기능이 무엇이고 그들이 어디서 가장 많은 시간을 보내는지 알 수 있다. 프로덕트를 변경해 출시할 때는 프로덕트의 핵심 지표에 변화가 있는지 살펴보면서 가설을 테스트해야 한다. 또한 프로덕트 분석은 A/B 테스트의 토대가 되는데 A/B 테스트 결과를 계산할 때 사용되기 때문이다. 대표적인 프로덕트 분석 솔루션에는 구글 애널리틱스, 키스메트릭스, 믹스패널(Mixpanel), 플러리(Flurry)[19] 등이 있다.

프로덕트 A/B 테스트 또는 분할 테스트는 프로덕트에서 대안적인 사용자 경험 두 가지(A와 B)의 성과를 비교하는 데 사용된다. 예를 들어 웹 앱의 현재 등록 과정(flow)보다 완료율이 높을 거라고 예상하는 등록 과정을 새로 개발했다고 하자. 기존 과정을 새 과정으로 무작정 대체하는 대신 A/B 테스트를 진행할 수 있다. 트래픽을 절반씩 나눠 무작위로 기존

---

**19** (옮긴이) 2015년에 A/B 테스트 서비스를 종료했다.

흐름(A)과 새 흐름(B)에 보내고 각각의 완료율을 비교하는 것이다. 오늘날 널리 사용되는 프로덕트 A/B 테스트 도구로는 옵티마이즐리, 키스메트릭스, 비주얼 웹사이트 옵티마이저, 구글 콘텐츠 실험(구글 애널리틱스의 일부)이 있다.

대부분의 기업이 마케팅 A/B 테스트를 할 때 서드파티 도구(third-party tool)를 사용한다. 하지만 프로덕트 A/B 테스트를 할 때는 결국 많은 기업이 사내 테스트 인프라를 구축해 자사 코드와 더욱 견고하게 통합함으로써 유연성을 증대하는 방식을 선택하게 된다. 이렇게 하는 주된 이유 하나는 대부분의 A/B 테스트 도구가 프런트엔드(클라이언트-사이드) 프로덕트 변형군 테스트에 유용한 자바스크립트 솔루션을 사용하기 때문이다. 하지만 이러한 도구는 복잡한 백엔드(서버-사이드) 변형군 테스트가 필요할 때는 별다른 도움이 되지 않는다. 다만, 키스메트릭스와 같은 주요 A/B 테스트 도구는 테스트를 조직 내부의 서버-사이드 A/B 플랫폼과 통합하는 방법도 제공한다.

프로덕트 A/B 테스트를 할 때는 변형군 A와 B 간 트래픽을 정확히 절반씩 나누지 않아도 된다. 사용자 수가 적은 변형군이라도 통계적 유의성을 계산할 수 있을 만큼 데이터 포인트가 충분히 있으면 문제없이 작동할 것이다. 실제로 많은 기업이 사용자의 소규모 하위 집단을 대상으로 수십 혹은 수백 개의 대안적 기능이나 디자인을 테스트하면서 지속적으로 실험한다. 예를 들어 구글, 아마존 같은 대규모 웹사이트에서 가끔씩 기존에 없던 버튼이나 기능 또는 디자인을 보게 되는 경우가 있다. 당신이 보는 것과 다른 사용자가 보는 것을 비교했을 때 둘이 다르다면 십중팔구 둘 중 하나는 A/B 테스트 대상이다.

분석과 A/B 테스트는 고객 행동을 이해하고 프로덕트를 최적화하게 해 주는 강력한 실증적 도구이다. 이러한 도구를 잘 다루면 이터레이션이 빨라지고 훌륭한 프로덕트 팀과 그렇지 않은 팀의 차이가 두드러지게 된다. 분석과 A/B 테스트는 매우 중요하므로 13장과 14장에서 좀 더 자세히 알아보자.

이번 7장에서는 다양한 MVP 테스트 기법을 다루었는데 정량적 테스트와 정성적 테스트 그리고 프로덕트 테스트와 마케팅 테스트의 차이를 명확히 구분했다. 어떤 MVP 테스트를 실시할지 결정한 뒤에는 테스트하고 싶은 페이지나 화면 또는 기타 사용자 경험 산출물을 디자인해야 한다. 좋은 사용자 경험 디자인은 그 자체로 중요하며 7장에서 소개한 모든 MVP 테스트가 더욱 성공적인 결과를 거둘 수 있게 해 준다. 따라서 MVP 테스트 방법을 알아보기에 앞서 MVP 테스트에 사용하는 산출물을 디자인할 때 적용할 수 있는 훌륭한 UX 디자인 원칙부터 살펴보자.

8장

# 훌륭한 UX 디자인
# 원칙을 적용하라

린 프로덕트 프로세스에서 이 지점에 이르면 자신의 MVP에 포함해야 한다고 생각하는 기능 집합을 명확히 이해하게 된다. 사용자 경험(UX)은 — 프로덕트 마켓 핏 피라미드에서 가장 높은 계층이다 — 고객을 위해 프로덕트의 기능과 편익에 생명을 불어넣는다. 나머지 네 계층에서 의사 결정을 잘 했더라도 좋은 UX 없이는 프로덕트 마켓 핏을 달성하지 못할 가능성이 크다.

2부의 다른 모든 장과 달리 이번 8장은 린 프로덕트 프로세스에서 독립적인 단계가 아니다. 8장에서 소개하는 아이디어는 린 프로덕트 프로세스의 5단계이자 7장에서 다룬 'MVP 프로토타입을 만들어라'와 관련 있다. 8장 전체를 UX 디자인으로 채운 건 UX 디자인이 프로덕트 마켓 핏을 달성하는 데 절대적이기 때문이다. MVP 프로토타입을 디자인할 때 이번 장에서 제안하는 지침을 따르는 게 좋다.

지금부터 소개하는 디자인 원칙을 따른다고 세계적인 디자이너가 될 수 있는 것은 아니지만 UX 디자인의 큰 그림을 보고 핵심 개념을 이해할 수 있을 것이다. 이러한 디자인 원칙은 특히 프로덕트 매니저, 개발자 및 디자이너와 긴밀하게 협업하는 사람들에게 유익하다. 이 지식으로 무장하면 디자이너와 더 풍성하게 의견을 나누고 디자인 프로세스에 더 많이 기여하며 궁극적으로 더 나은 프로덕트를 만들 수 있다.

## 8.1 훌륭한 UX의 조건은 무엇일까?

우리는 모두 환상적이거나 형편없는 사용자 경험을 제공하는 프로덕트를 경험한 적이 있다. 형편없는 프로덕트는 사용법이 직관적이지 못하고 사용하기 어렵다고 느낀다. 원하는 것을 찾을 수 없고 다음에 무엇을 해야 하는지도 알지 못한다. 막다른 길에 봉착하거나 암호처럼 난해한 에러 메시지를 받을 수도 있다. 텍스트가 읽기 어렵거나 디자인이 미적으로 만족스럽지 않을 수도 있다. 이 모든 문제가 나쁜 UX 디자인의 증상이다.

반면 훌륭한 UX를 구현한 프로덕트는 사용하기 쉽다고 느낀다. 원하는 것을 찾고 다음 할 일을 알아내는 데 전혀 힘이 들지 않는다. 사용자 인터페이스를 신경 쓰지 않고 그저 당장의 태스크를 완료하는 데에 집중할 수 있다. 더욱이 사용하는 재미가 있으며 능력에 자신감이 생기거나 마음이 평온해지는 것과 같은 정서적 혜택까지 제공할 수도 있다. 특히 훌륭한 디자인은 사용자가 프로덕트를 사용하는 것에 완벽히 빠져들게 만들 수 있다. 심리학자들이 '몰입'(flow)이라고 부르는 이 상태에 이르면 다른 모든 것이 사라지고 당장의 태스크에 완전히 몰두하며 충만한 기쁨을 경험하게 된다. 경이로운 UX는 프로덕트의 강력한 차별점으로 손색이 없다.

그렇다면 탁월한 UX의 특징은 무엇일까? 아무리 사용성이 뛰어나고 아름다워도 프로덕트가 제공하는 편익을 고객이 가치 있다고 생각하지 않는다면 프로덕트는 훌륭한 고객 경험을 전달하지 못한다. 프로덕트가 해결하려는 고객 편익은 프로덕트 마켓 핏 피라미드에서 UX 계층보다 두 단계 아래인 가치 제안 계층에 자리한다. 이러한 편익은 프로덕트 팀이 선택한 기능 집합을 통해 해결 영역에서 처리한다. 따라서 UX를 평가하는 방법 하나는 기능성이 의도된 고객 편익을 전달하는 과정에서 UX가 어떤 역할을 하는지 즉, 얼마나 기여하는지, 방해하는지 따져 보는 것이다. 나쁜 UX는 훼방꾼으로서 사용자가 편익을 실현하지 못하게 방해한다. 훌륭한 UX는 사용자로 하여금 프로덕트의 기능성이 제공하는 편익을 쉽게 실현하게 해 준다. 훌륭한 UX는 고객이 가치 있게 생각하는 편익을 전달할 뿐만 아니라 *사용하기 쉽고 커다란 감동*을 안겨 준다.

### 8.1.1 사용성

훌륭한 UX의 첫 번째 핵심 속성은 고객이 프로덕트를 얼마나 쉽게 사용할 수 있는가를 나타내는 사용성이다. 사용성은 사용자의 목표와 이러한 목표를 달성하기 위해 사용자가 수행해야 하는 태스크에 집중한다. 각 태스크를 성공적으로 완료하는 사용자는 몇 %일까? 각 태스크를 성공적으로 완료하지만 그 과정에서 문제를 겪는 사용자는 몇 %일까? 이러한 질문에 답해 주는 것이, 사용자에게 핵심 태스크를 완료하도록 요청하고 그들이 어떻게 하는지 행동을 관찰하는 *사용성 테스트*(usability test)이다.

태스크를 성공적으로 완료하는 것에 더해 사용성에는 효율성(efficiency)이 포함된다. 고객이 기능을 사용하는 방법을 알아낼 수 있지만 너무 많은 단계나 시간이 요구된다면 이는 나쁜 사용성을 초래한다. 효율성은 노력을 측정함으로써 쉽게 평가할 수 있다. 어떤 UX에서 태스크를 완료하기까지 요구되는 클릭, 탭, 키 입력 같은 사용자 액션의 횟수를 세고 사용자가 각 태스크를 완료하는 데 걸리는 시간을 측정하면 된다. 여러 디자인을 평가하거나 특정 디자인을 개선하려 할 때 이러한 효율성 지표를 비교하는 게 좋다.

클릭이나 키 입력 같은 실질적인 신체적 부담(effort)만이 아니라 인지적 부담도 중요하다. 자신의 UX가 사용자에게 부과하는 인지 부하(cognitive load)[1]에 주의를 기울여라. 지나치게 많은 정보를 보여 주거나 너무 많은 선택지를 제공하면 사용자는 정신적으로 압도당할 수 있다. 또한 사용자에게 지나치게 많은 지식이나 기억력을 요구할 수도 있다. 훌륭한 UX에서는 사용자에게 신체적으로나 정신적으로 부담을 많이 주지 않는다.

사용자가 태스크를 성공적으로 완료할 가능성은 태스크를 수행하는 데

---

1   (옮긴이) 학습이나 과제 해결 과정에서의 인지적 요구량

필요한 부담의 양과 직접적으로 관련이 있다. 나는 많은 프로덕트의 사용성 테스트를 관찰하고 사용량 지표(usage metric)를 분석한 뒤에 보편적인 깨달음을 얻었는데, 이를 '올슨의 사용성 법칙'(Olsen's Law of Usability)이라고 부른다.

> 사용자가 어떤 행동을 취하는 데 필요한 노력이 많을수록 그 행동을 취하는 사용자 비율은 낮아진다.
> 사용자가 어떤 행동을 취하는 데 필요한 노력이 적을수록 그 행동을 취하는 사용자 비율은 높아진다.

사용자 경험을 평가할 때 이 법칙이 정확히 성립하는 것을 반복적으로 목격했다. 사용성을 높이기 위해서는 물론이고 비즈니스의 성공에 커다란 영향을 미치는 사용자 액션의 전환율을 개선하기 위해서도 이 원칙은 명심할 가치가 있다. 이러한 사용자 액션의 사례에는 등록 양식을 제출하거나 결제 과정을 완료하는 것이 있다.

앞서 말한 객관적인 행동 척도뿐만 아니라 프로덕트의 사용 용이성에 대한 사용자의 인식도 중요하다. 이를 측정하기 위해 사용자에게 "프로덕트가 얼마나 사용하기 쉬운가요, 아니면 얼마나 사용하기 어려운가요?"라고 묻고 7점 양극성 척도의 선택지를 제시해 보자.

1. 매우 어렵다
2. 어렵다
3. 약간 어렵다
4. 보통이다
5. 약간 쉽다

6. 쉽다

7. 매우 쉽다

또한 사용성 테스트를 종료할 때 "프로덕트가 당신의 니즈를 얼마나 잘 충족했나요?", "프로덕트에 얼마나 만족하나요?" 같은 질문도 할 수 있다. 고객들은 프로덕트가 의도하는 가치 제안이나 기능 집합이 - 이러한 가치 제안이나 기능 집합에 대해 전혀 모를 가능성도 있다 - 무엇인가에 근거해 질문에 답하지 않을 것이다. 대신에 고객들은 프로덕트를 실제로 사용한 경험에 의존하여 대답한다. 아무리 가치 있는 기능이라도 사용자가 기능을 발견할 수 없거나 기능을 사용하는 방법을 알아내지 못한다면 그 기능은 있으나 마나이다.

프로덕트의 사용성은 특정 사용자 프로필에 따라 결정된다. 타깃 고객은 일정 수준의 지식이나 기술을 갖고 있을 것이다. 타깃 고객의 기술 숙련도와 관련 분야 지식 수준은 서로 다를 수 있다. 고도로 훈련된 전문 사용자(power user)를 대상으로 하는 프로덕트와 일반 소비자를 대상으로 하는 프로덕트의 사용성 기대치는 크게 다르기 마련이다. 3장에서 소개한 페르소나와 이번 장에서 다룰 페르소나가 사용성 기대치를 이해하는 과정에 도움이 될 것이다.

학습 용이성도 사용성의 중요한 속성이다. 프로덕트의 작동 방식에 대해 전혀 모르는 사용자가 프로덕트 사용법을 익히기까지, 더 나아가 완벽히 숙달하기까지 얼마나 많은 시간과 노력이 필요할까? 학습 용이성은 신규 사용자에게 특히 중요하다. 이들은 프로덕트가 자신에게 유용한지 여부를 아주 빠르게 결정하는데 학습 용이성은 이러한 평가에 결정적인 영향을 미친다. 따라서 신규 사용자를 위한 '사용자 온보딩'(user onboarding)이 필요하다. 사용법을 안내하는 튜토리얼과 가이드를 제공해 사용자 온보딩 문제를 해결함으로써 훌륭한 사용자 경험을 전달하는 프로덕트가 많이 있다. 이러한 가이드는 종종 시간이 흐른 뒤에 사라지거나 더 이상 필요 없어지면 사용자가 외면할 수도 있다.

## 8.1.2 감동

훌륭한 UX의 핵심적인 두 번째 속성은 감동이다. 사용하기 쉬우면 사용자 경험이 나빠질 가능성은 줄어들지만, 높은 사용성이 훌륭한 UX를 전달하기 위한 충분 조건은 아니다. 사용성은 "고객이 프로덕트를 사용할 수 있는가?"라는 물음에 대한 답이다. 감동은 "고객이 프로덕트를 즐겁게 사용하는가?"라는 물음에 대한 답이다. 감동은 그저 사용자 불만을 피하는 것을 넘어 긍정적인 감정을 불러일으키는 것을 뜻한다. 고객에게 감동을 주는 프로덕트는 사용하는 것 자체가 즐겁고 재미있다.

감동의 요소 하나는 *심미성*(aesthetics)으로 프로덕트를 매력적으로 보이게 한다. 고객은 프로덕트를 사용하기 전에 눈으로 먼저 보기에 시각적 매력은 긍정적인 첫인상을 주는 데에 영향을 미친다. 눈이 즐거운 디자인은 고품질이라는 인상을 주고 프로덕트의 신뢰성이 더 높아 보이도록 만들며 사용자를 편안하게 해 준다. 심미성이 불러일으키는 긍정적인 감정은 고객이 프로덕트를 사용할 때 더 큰 즐거움을 느끼게 할 수 있다.

*단순성*(simplicity)은 일부 사용자 경험에서 감동을 불러일으키는 데 한몫한다. UX 디자인에서는 적을수록 좋은 경우가 종종 있는데 시각적인 어수선함을 없애면 인지 부하가 줄어들고 사용자는 중요한 부분에 더 집중할 수 있게 된다. 검색창과 몇 가지 메뉴로만 구성된 구글 홈페이지의 미니멀리즘 디자인을 생각해 보라.

마치 사용자의 마음을 읽는 것 같은 사용자 경험은 감동을 주는 요소를 만들 수 있다. 사용자를 대신해 스마트한 디폴트 옵션을 선택하거나, 사용자가 가장 궁금해 할 질문을 해결함으로써 프로덕트는 사용자 자신이 이해받고 공감받는다고 느끼게 만들 수 있다. 5장에서 소개한 구글 서제스트는 이러한 기능을 갖춘 좋은 사례이다.

프로덕트는 개성을 통해 사용자의 감정을 이끌어 낼 수 있다. 대개의 경우 이는 프로덕트에 사용된 언어의 어조를 통해 이뤄진다. 유머는 텍스트와 재미있는 이미지로 감동을 주는 또 다른 좋은 방법이다.

감동은 종종 사용자 액션에 따라 프로덕트가 동적으로 반응하며 일어난다. 예를 들어 iOS에서는 사용자가 화면의 문서나 웹 페이지 끝을 지나서까지 스크롤을 내리면 '고무줄'(rubber band)[2] 효과가 나타난다. 이러한 재미있는 효과는 많은 사람들이 – 의식적으로든 무의식적으로든 – 프로덕트를 계속 만지작거리게 만든다. 애니메이션과 음향 효과도 감동을 줄 수 있다. 내가 알기로는 거래를 입력한 뒤에 들리는 금전 등록기 효과음을 좋아하는 퀵큰 사용자가 많다. 애플 맥의 시동음도 많은 사용자에게 긍정적인 감정을 불러일으키는 또 다른 소리이다.

놀라움은 사용자에게 감동을 주는 중요한 요소이다. 프로덕트가 예상치 못한 기능을 제공하면 사용자가 즐거워할 수 있다. 소셜 미디어 플랫폼 엑스(x)는 초창기에 서비스가 중단되곤 했다. 접속 장애가 발생할 때마다 전형적이고 평범한 에러 페이지 대신에 엑스는 악명 높은 '실패한 고래'(fail whale) 이미지를 사용자에게 보여 주는 식으로 웃음 짓게 했다.

이메일 마케팅 서비스인 메일침프(MailChimp)를 사용하다가 예상치 못한 UX로 크게 인상 깊었던 경험이 있다. 메일침프는 사용자가 작성한 마

---

2  (옮긴이) 바운스백(bounce-back)이라고도 한다.

케팅 이메일이 각각의 화면 크기에서 어떤 모습일지 확인하는 미리보기 기능을 제공한다. 사용자가 미리보기의 폭을 변경하면, 메일침프의 침팬지 마스코트가 팔을 길게 뻗어 자(ruler)에 적힌 픽셀 수를 가리키는 이미지가 사용자 인터페이스에 나타난다. 아울러 이메일 폭은 특정 수의 픽셀을 초과할 수 없다는 경고 안내문이 나온다. 사용자가 특정 지점 너머로 폭을 늘리면 행복한 표정을 짓던 침팬지의 얼굴이 고통스러운 표정으로 바뀌고 "너무 커!", "그만해!" 같은 경고문이 나타난다. 경고를 무시하고 최대 권장치 너머로 폭을 계속 확대하면 침팬지의 팔이 정말로 "펑!"하며 떨어져 나간다. 이 유쾌한 UX는 정말 영리하고 재치 있으며 놀라워서 몇 년이 지난 지금까지 생생히 기억하고 있다.

## 8.2 UX 디자인 빙산

그렇다면 어떻게 사용성과 감동 둘 다 잡는 사용자 경험을 만들 수 있을까? 훌륭한 UX를 디자인하는 것은 여러 영역의 기술을 필요로 하며 이를 종합적으로 UX 디자인이라고 한다. 내가 만든 UX 디자인 프레임워크는 그림 8.1에 나온 빙산 모형이다. 실제 빙산처럼 UX 디자인에서 눈에 보이는 부분은 아주 작은 일부분에 불과하며 그 수면 아래에 훨씬 더 많은 것들이 숨겨져 있다. UX 디자인 빙산은 맨 아래부터 콘셉트 디자인, 정보 구조, 인터랙션 디자인, 시각 디자인 이렇게 네 계층으로 이뤄져 있다. 각 계층에 대해서는 조금 뒤에 자세히 설명하겠지만, 그 전에 간략하게 살펴보자. 빙산의 맨 아래층인 콘셉트 디자인은 사용자 경험의 본질을 구성하는 기본 콘셉트이다. 이 다음 계층은 프로덕트의 정보와 기능성을 어떻게 구조화하는가를 결정짓는 정보 구조이다. 세 번째 계층에 자리하는

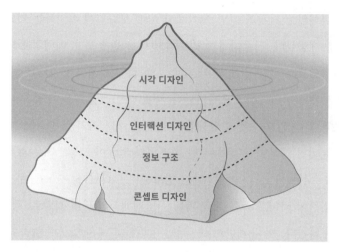

그림 8.1 UX 디자인 빙산

인터랙션 디자인은 사용자와 프로덕트가 어떻게 상호작용하는지를 정의한다. 수면 위로 드러난 빙산의 꼭대기는 – 사용자가 육안으로 볼 수 있는 부분 – 시각 디자인을 말하며 프로덕트의 외형을 가리킨다. 우리는 시각적인 존재로 시각적 처리는 뇌가 정보를 받아들이는 주요 방식이다. 그러나 단순히 겉으로 보기 좋은 것만으로는 훌륭한 사용자 경험을 만들기엔 충분하지 않다. 탁월한 UX 디자인은 빙산의 네 계층 모두에 주의와 기술을 요할 뿐만 아니라 맨 아래에서 맨 꼭대기로 올라가는 좋은 디자인 워크플로도 필요로 한다.

## 8.3 콘셉트 디자인

UX 디자인 빙산의 맨 아래에 위치하는 콘셉트 디자인은 프로덕트를 디자인하기 위해 사용하는 핵심 콘셉트와 관련 있다. 개념 모델(conceptual model)은 타깃 고객이 생각하는 방식과 일치하는 것이 이상적이다. 좋은 콘셉트 디자인에 기반하는 프로덕트는 사용하기 쉽고 직관적이라고 여겨진다.

UX 빙산에서 이 계층은 종종 프로덕트 혁신에 지대하게 기여한다. UX 빙산이 프로덕트 마켓 핏 피라미드에서 맨 위 계층인 UX 자리에 있다고 생각해도 좋다. 그렇게 하면 콘셉트 디자인 계층이 기능 집합 계층의 바로 위라는 사실이 명확히 부각된다. 콘셉트 디자인은 기능에 생명을 불어넣고 형태를 부여한다. 여기서 내가 말하는 것은 기능의 룩 앤 필에 관한 세부 사항이 아니라 그 기능들이 어떻게 작동하여 사용자에게 가치를 만들어 내는지에 대한 본질이다.

실제 사례는 콘셉트 디자인 개념을 이해하는 데 도움이 된다. 잠시 1장에서 퀴큰 팀이 46개의 경쟁 프로덕트보다 훨씬 뛰어난 사용 용이성을 어떻게 달성했는지 떠올려 보라. 퀴큰이 성공할 수 있었던 주된 이유 하나는 수표책을 본뜬 콘셉트 디자인이었는데 고객들은 이것이 매우 직관적이라고 생각했다.

### 8.3.1 우버의 콘셉트 디자인

차량을 쉽게 예약할 수 있어 인기를 얻은 서비스인 우버의 콘셉트 디자인 사례를 알아보자. 우버가 자사의 모바일 앱에 적용한 콘셉트 디자인은 무엇이었을까? 우버 앱은 지도 중심(map-centric) 디자인을 사용한다. 이 자체는 비교적 흔하지만 우버의 콘셉트 디자인에서 혁신은 사용자에게 인근의 차량 위치를, 사용자가 예약하기 전 호출 가능한 차량은 물론이고 예약 후 선택한 차량의 위치까지 실시간으로 보여 주는 것이었다. 이 디자인을 구현하려면 우버 운전자의 위치를 실시간으로 추적하는 기술 혁신이 필요하다는 사실에 주목해야 한다. 우버는 택시가 늦게 도착하거나 예약이 일방적으로 취소되면 고객이 불만을 느낀다는 점을 잘 알았다. 이에 가치 제안의 일부로서 사용자에게 차량의 예상 도착 시간을 명확하게 보여 주는 게 절대적으로 중요하다고 판단했다. 실제로 우버의 혁신적인 디자인은 운전자가 승차 지점으로 이동하는 내내 사용자에게 차량의 실시간 위치와 함께 예상 대기 시간을 보여 준다. 우버가 UX에 적용한 콘셉트 디자인 덕분에 신규 사용자도 앱의 가치 제안을 곧바로 이해할 수 있다. 또한 이 디자인은 도로에서 택시를 잡거나 택시를 예약하는 것과 우버 서비스가 어떻게 다른지 근본적인 차별점도 즉각적으로 전달한다.

### 8.3.2 사용자 리서치

타깃 고객과 고객의 니즈를 깊이 이해할수록 좋은 콘셉트 디자인을 도출하는 게 더 쉬워진다. 중요하지만 종종 간과되는 UX의 한 요소가 'U', 즉 사용자이다. 프로덕트 마켓 핏 피라미드가 타깃 고객에서 시작된다는 점을 기억하라. 타깃 고객이 바로 당신이 경험을 디자인하는 대상이다.

　고객을 이해하기 위한 정보를 획득할 수 있는 사용자 리서치는 UX 디자인에서 하나의 전문 영역이다. 사용자 리서치를 할 때는 고객을 알기 위해 발견 인터뷰, 사용성 테스트, 설문 조사 등 다양한 기법을 활용한다. 4장에서 고객 발견 인터뷰에 대한 조언을 공유했다. 9장에서는 디자인에 관한 귀중한 피드백을 얻기 위해 고객 인터뷰를 실시하는 방법을 설명한다. 13장에서는 UX 리서치 기법을 망라한 프레임워크를 제시하고 (인터뷰 외의) 여러 다른 기법도 소개한다. 사용자 리서치는 UX 빙산의 모든 계층에 정보를 제공한다. 고객이 UX에 대한 피드백을 제공하면 고객의 피드백을 분석하고 분류해 UX 디자인 빙산에서 관련된 계층과 연결하는 것이 좋다.

사용자 리서치를 진행할 때 UX 리서처만 배움을 얻는 상황을 방지하는 것이 매우 중요하다. 프로덕트 팀 구성원 모두 UX 리서처 못지 않게 사용자 리서치를 많이 관찰하는 게 좋다. 사용자 리서치를 직접 경험하는 것은 단순히 리서치 보고서를 읽는 것보다 훨씬 효과적이다. 스포츠 경기를 맨 앞 줄에서 직접 관전하는 것과 다음 날 관련 기사를 읽는 것이 다르듯이 사용자 리서치도 마찬가지이다. 팀원들이 각자의 관찰 결과를 공유하고 토론하는 팀 디브리핑(debriefing)[3]은 학습 효과를 극대화하므로 리서치를 종료한 직후 실시해야 한다. 또한 리서치 결과와 요점을 문서로 정리하는 것도 중요한데 학습을 강화하고 다른 사람을 위해 학습 내용을 기록으로 남길 수 있기 때문이다. 사용자 리서치에서 자주 사용되며 유용한 산출물 중 하나는 *페르소나*이다.

### 8.3.3 페르소나

훌륭한 사용자 경험을 디자인하려면 사용자를 이해할 필요가 있다. 이를 위해 사용할 수 있는 UX 디자인 도구는 3장에서 타깃 고객을 정의하면서 소개한 페르소나이다(그림 3.1을 참조하라). 핵심만 다시 말하면 페르소나는 실제 사용자의 원형이다. 좋은 페르소나는 타깃 고객의 목표와 더불어 심리통계학적, 행동적, 인구통계학적으로 관련 있는 속성을 표현한다. 페르소나는 가치 제안에 있는 고객 편익을 전달하는 프로덕트를 디자인하는 동안 정보에 입각해서 의사결정을 하도록 도와준다.

사용자의 목표 외에도 페르소나는 몇 가지 측면에서 UX 디자인에 영향을 준다. 첫 번째는 사용자의 기술 숙련도이다. 기술을 다소 어려워하는 사용자는 가장 중요한 태스크에 집중하는 매우 단순한 인터페이스와

---

3 (옮긴이) 사용자 테스트나 연구가 끝난 후, 데이터와 피드백을 종합적으로 분석하여 사용자 경험의 핵심 인사이트를 도출하고 개선 방향을 수립하는 과정

명확한 사용 지침, 그리고 유용한 도움말 시스템이 필요할 것이다. 하지만 기술에 능숙한 사용자는 이러한 측면에는 관심이 덜하고 대신에 더 높은 유연성과 생산성을 제공하는 더욱 강력한 도구를 선호하기 마련이다. UX 디자인에서 하나의 프로덕트로 이 두 유형의 사용자를 만족시킬 필요가 있을 때 종종 상충적인 이해관계가 발생한다.

페르소나가 좋은 UX 디자인을 도출하는 데 도움이 되는 또 다른 측면은 고객이 이 프로덕트를 사용할 맥락이다. 예를 들어 사용자가 시간에 쫓기고 바쁘다면 핵심 정보와 자주 사용하는 기능성을 별다른 노력 없이 쉽게 사용할 수 있게 해 줄 필요가 있다. 반면에 프로덕트의 맥락이 '린-백'(lean-back)⁴ 경험에 가깝다면 사용자 인터페이스 컨트롤을 눈에 덜 띄고 배경 속에 묻히게 해 콘텐츠가 중심이 되도록 하는 게 좋다. 만약 주변 소음이 많은 시끄러운 환경에서 프로덕트가 사용된다면 음성 명령에 의존하지 않는 게 바람직하다.

프로덕트 팀은 UX 디자인 과정에서 자신들이 누구를 위해 프로덕트를 디자인하는지 상기하기 위한 목적으로 페르소나를 사용한다. 바로 이러한 이유로 페르소나에 이름을 부여하는 게 매우 중요하다. 여러 가지 디자인 중에서 결정을 내리기 위해 고심할 때 프로덕트 팀은 "어떤 게 낸시의 니즈를 가장 잘 충족해 줄까?"라고 물을 수 있다. 심지어는 사용자 경험을 디자인하는 동안 사용자를 늘 염두에 두도록 일깨워 주는 장치로 페르소나의 등신대를 제작해 업무 공간에 비치하는 프로덕트 팀도 많다.

페르소나가 직관적이고 가치 있게 여길 만한 콘셉트 디자인을 완성했다면, 이제 프로덕트를 구성하는 상위 컴포넌트와 그 구조를 정의할 차례이다.

---

**4** (옮긴이) 본래 몸을 뒤로 기대는 것을 뜻하는 말로, 일반적으로 편안하게 소파에 앉아 수동적으로 콘텐츠를 받아들인다는 의미로 사용된다.

## 8.4 정보 구조

UX 디자인 빙산 맨 아래에서 두 번째 계층은 정보 구조(Information Architecture, IA)이다. IA는 소프트웨어 프로덕트의 정보와 기능성이 어떻게 구조화되어야 하는지 정의하는 것에 특화된 디자인 분야이다. 프로덕트는 여러 페이지나 화면으로 구성되는 것이 일반적인데 이러한 페이지나 화면을 구조화하는 방법은 아주 많다. 고객은 프로덕트의 내비게이션 시스템을 통해 프로덕트의 다양한 부분에 접근한다. 고객은 페이지를 찾을 때 내비게이션 레이블(navigation label)을 보고 프로덕트가 어떻게 구조화되었는지 추론하여 찾고 싶은 페이지의 위치를 추측한다. 카드 소팅(card sorting)은 고객이 선호하는 구조화 체계를 식별하기 위한 목적으로 고객이 프로덕트의 각 부분을 어떻게 생각하고 이런 부분이 어떻게 연결된다고 생각하는지 파악하기 위해 사용하는 리서치 기법이다. 좋은 IA는 사용자가 직관적이라고 생각하는 방식으로 프로덕트를 구조화하고 이해하기 쉬운 레이블을 제공하여 사용성과 검색성(findability)을 높인다.

검색성은 사용자가 프로덕트에서 자신이 원하는 것을 얼마나 쉽게 찾는지를 말한다. 검색성은 테스트 중에 사용자에게 프로덕트의 특정 페이지나 화면을 찾도록 요청하고 성공한 비율을 확인하여 측정할 수 있다. 또한 분석 도구로 내비게이션 패턴을 살펴봄으로써 검색성을 평가할 수도 있다. 사용자가 각 페이지에 도달하는 최단 경로를 따르는가? 아니면 헤매다가 시간이 더 걸리는 경로를 따르거나 브라우저에서 뒤로가기 버튼을 누르는가?

정보 구조는 프로덕트의 기능 집합을 거시적인 관점에서 다룬다는 사실을 명심하라. 다시 말해 IA는 어떤 기능이 있고 기능이 어떻게 조직화되며 어떻게 레이블링되어야 하는지를 결정한다. 이 단계에서는 아직 사용자 흐름이나 페이지 레이아웃 또는 룩 앤드 필에 대해 생각하지 않는다. 정보 구조는 사용자가 직관적이라고 생각하는 프로덕트의 구조를 구축함으로써 훌륭한 UX에 기여하는 기본 토대이다. 이런 직관적인 프로덕트 구조를 만들기 위해 사용되는 주요 IA 산출물은 사이트맵이다.

### 8.4.1 사이트맵

사이트맵은 프로덕트의 구조를 정의하는 도구이다. '사이트맵'은 ('웹사이트'처럼) '사이트'에서 나온 용어이지만, 모바일 앱을 포함해 모든 소프트웨어 프로덕트의 구조를 명세화하기 위해 사용되는 디자인 산출물을 가리킨다. 사이트맵은 모든 페이지나 화면을 보여 주고, 이들이 어떻게 섹션으로 나뉘어 있는지와 상위 내비게이션 구조(pattern)를 시각적으로 설명한다. 또한 사이트맵은 페이지 제목은 물론이고 프로덕트의 각 섹션에 붙인 레이블도 명시한다. 사이트맵은 레이블이 의도된 의미를 전달하는지, 각기 다른 기능과 관련 있는 페이지나 화면을 찾아 달라고 요청했을 때 태스크를 제안된 구조대로 쉽게 수행할 수 있는지 사용자에게 테스트하는 게 좋다. 그림 8.2는 동영상 광고 캠페인을 만들 수 있는 웹 앱의 사이트맵 예시이다.

그림 8.2 사이트맵에서 각 상자는 페이지를 의미하고 상자를 연결하는 선은 페이지 간 내비게이션 경로를 보여 준다. 어떤 경우 내비게이션이 단방향인데, 이는 화살표로 표시되어 있다(그림 왼쪽의 범례를 참조하라). 글로벌 내비게이션(global navigation) 항목은 ─ 사용자가 어떤 페이지에서도 이동할 수 있는 페이지이다 ─ 뚜렷하게 구분되어 있다. 글로벌 내비게이션은 프로덕트의 주요 섹션을 표시하는데 이들 섹션은 웹사이

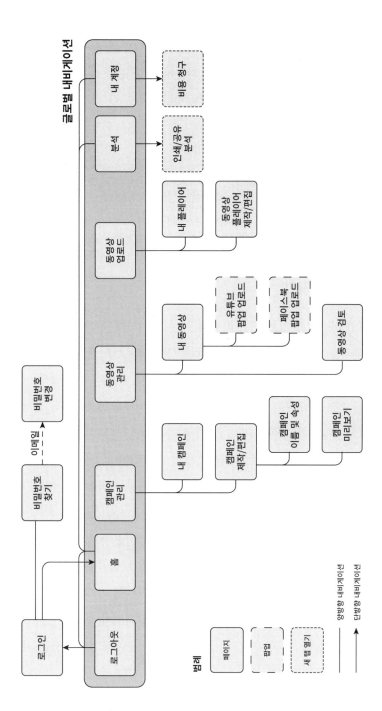

**글로벌 내비게이션**

로그인 · 로그아웃 · 홈 · 비밀번호 찾기 · 비밀번호 변경 (이메일)

캠페인 관리 · 동영상 관리 · 동영상 업로드 · 분석 · 내 계정

- 캠페인 관리
  - 내 캠페인
  - 캠페인 제작/편집
    - 캠페인 이름 및 속성
    - 캠페인 미리보기
- 동영상 관리
  - 내 동영상
    - 유튜브 팝업 업로드
    - 페이스북 팝업 업로드
  - 동영상 검토
- 동영상 업로드
  - 내 플레이어
  - 동영상 플레이어 제작/편집
- 분석
  - 인쇄/공유 분석
- 내 계정
  - 비용 청구

**범례**

페이지 · 팝업 · 새 탭 열기 · 양방향 내비게이션 · 단방향 내비게이션

그림 8.2 동영상 광고 캠페인을 만들 수 있는 웹 앱의 사이트맵

8.4 정보 구조　**169**

트 상단 메인 링크에 해당한다. 사이트맵은 사용자가 맨 위의 링크 각각을 클릭할 때 어떤 페이지로 이동하게 되는지 알려 준다. 웹사이트의 각 섹션에는 서브 페이지(subpage)가 명확한 계층 구조로 나열된다. 또한 사이트맵은 어떤 페이지가 – 팝업으로 열리거나 새 브라우저 탭으로 열린다 – 평소와 다르게 동작하는지도 알려 준다.

프로덕트 페이지와 그 배열 방식을 정의하는 사이트맵을 완성했다면 이들 페이지 전반에서 사용자 경험이 어떤 경로로 이뤄지는지를, 다시 말해 사용자가 프로덕트와 어떻게 상호작용할지를 알아볼 차례이다.

## 8.5 인터랙션 디자인

UX 디자인 빙산에서 정보 구조 바로 위 계층은 인터랙션 디자인으로 프로덕트와 사용자가 어떻게 상호작용할지 결정한다. 인터랙션 디자인은 사용자 흐름을 구체적으로 정의한 것이다. 즉, 사용자가 각 단계에서 어떤 액션을 취할 수 있으며 그에 대해 프로덕트는 어떻게 반응할지를 명시한다. 또한 사용자가 양식에 정보를 입력하는 방식도 인터랙션 디자인에 포함된다. 사용자가 (클릭, 호버, 끌기, 입력, 탭, 밀어내기 등) 상호작용할 수 있는 모든 사용자 인터페이스 컨트롤이나 링크는 인터랙션 디자인 범주에 속한다.

예를 들어 프로덕트에 등록 양식이 있다고 하자. 사용자에게 어떤 정보 제공을 요청할지, 양식의 필드를 어떻게 디자인할지, 입력값의 유효성을 어떤 기준으로 평가할지 등에 관한 결정 모두 인터랙션 디자인의 일부이다. 사용자가 '등록' 버튼을 누른 뒤에 무슨 일이 벌어질지 결정하는 것도 인터랙션 디자인에 해당한다. 다수의 페이지나 단계로 구성되는 모든 사용자 태스크에는 인터랙션 디자인이 요구된다. 내비게이션은 - 사용자가 페이지나 화면을 이동할 때 - 보편적인 사용자 인터랙션이며 정보 구조의 영향을 받는다.

프로덕트가 사용자에게 일상적인 동작 외에 - 편집 모드나 미리보기 모드같이 - 특정 '작동 모드'를 제공한다면 이도 인터랙션 디자인의 일부이다. 비슷한 맥락에서 사용자가 할 수 있는 액션과 할 수 없는 액션에 영향을 미치는 다양한 상태가 디자인에 포함된다면 이 역시도 인터랙션 디자인의 일부이다. 예를 들어 이커머스의 판매 상품은 재고 있음, 품절, 장바구니 담김, 주문 완료 같은 다양한 상태를 가진다. 이러한 상태 변화를 허용하는 흐름이 있고 이러한 흐름을 강제하는 것도 인터랙션 디자인이다. 즉, 재고가 있는 상품만 장바구니에 담을 수 있고, 장바구니에 담긴 상품만 주문할 수 있다. 좋은 디자인은 흐름 전반에 걸쳐 사용자에게 이러한 상태를 명확히 보여 준다. 또한 인터랙션 디자인에서 중요한 상태는 종종 콘셉트 디자인과 (UX 디자인 빙산의 맨 아래 계층) 밀접하게 연결될 수 있다. 앞의 이커머스 사례의 콘셉트 디자인은 진짜 장바구니와 비슷한 용도로 사용되는 가상 장바구니를 토대로 한 것이다. 우버 앱에서도 콘셉트 디자인과 사용자 여정 상태가 근본적으로 연결된다. 사용자가 차량을 예약하기 전에는 우버 앱이 인근의 모든 차량을 보여 주지만, 일단 사용자가 차량을 예약하면 해당 차량만 볼 수 있다.

인터랙션 디자인에서 또 다른 중요한 부분은 프로덕트가 사용자에게 주는 피드백이다. 이는 사용자가 하는 액션에 시스템이 어떻게 응답하는가를 가리킨다. 에러 메시지가 이 범주에 속한다. 예를 들어 사용자가 웹사이트에서 등록 양식을 입력하던 중에 (예를 들어 오타로) 유효하지 않은 이메일 주소를 입력했다면 웹사이트는 유효한 이메일 주소인지 확인해 달라고 정중히 요청하는 에러 메시지를 보여 줘야 한다. 에러 메시지는 잘 작성되어야 하고 사용자에게 에러가 발생한 원인과 에러를 수정할 수 있는 방법을 명확히 설명해야 한다.

응답 시간은 프로덕트 피드백의 또 다른 측면이다. 사용자가 어떤 버튼을 클릭했는데도 요청을 처리 중이라는 표시가 나타나지 않으면, 사용자는 자신의 클릭이 인식되지 않았거나 프로덕트가 작동하지 않는다고 생각하기 십상이다. 실행 속도가 느리면 인터랙션 디자인에 문제를 야기한다. 사용자에게는 시스템이 자신의 액션을 인식하고 있다는 확인이 필요하다. 시스템이 사용자의 액션에 최종 응답을 빠르게 보여 줄 수 없다 하더라도, 사용자가 알아챌 만큼 응답이 늦어지면 사용자의 클릭이나 탭이 인식되었음을 확인해 주는 피드백을 어떤 형태로든 제공해야 한다. 이에 대한 보편적인 솔루션은 애니메이션 로딩 스피너(spinner)이지만 프로덕트가 현재 무슨 작업을 진행 중인지 설명하는 메시지를 보여 줘도 무방하다 ("고객님의 요청에 가장 적합한 항공편을 찾기 위해 수천의 항공편을 탐색 중입니다.").

요청받은 태스크를 프로덕트가 완료하는데 시간이 걸릴 경우 사용자에게 태스크가 정상 처리 중이라는 것과 완료까지 남은 시간을 안내하는 일은 중요하다. 프로그레스 바(progress bar)는 이러한 일을 하는 좋은 도구인데 대용량 파일을 다운로드하거나 업로드할 때 볼 수 있다. 사용자 흐름이 길다면 – 다중 페이지 마법사처럼 – 사용자에게 흐름에 포함된 모든 단계를 대략적으로 안내하고 사용자가 단계를 끝낼 때마다 "여기까지 완료했습니다"라고 보여 주는 프로그레스 인디케이터(progress indicator)를 제공하면 도움이 된다.

### 8.5.1 터보택스의 인터랙션 디자인

많은 단계로 이뤄진 복잡한 절차이지만, 훌륭한 인터랙션 디자인을 통해 사용자가 이 과정을 쉽게 완료할 수 있게 만든 프로덕트에 대해 얘기해 보자. 소득세 신고만큼 복잡한 일은 거의 없다. 작성해야 하는 양식도 많고 이러한 양식에서 답변해야 하는 질문도 아주 많다. 터보택스의 프로덕트 팀은 초보자도 복잡한 세금 신고 절차를 단계별로 완료할 수 있는 사용자 경험을 만들었는데 이는 대단한 성과이다.

터보택스는 두 가지 모드를 제공한다. 첫 번째는 '이지스텝'(EasyStep)이다. 이 모드의 콘셉트 디자인은 한 번에 한두 개 질문에 답변을 요청하면서 세금 신고 과정을 안내하는 구조화된 인터뷰이다. 터보택스는 사용자의 앞선 답변을 토대로 다음 질문을 동적으로 결정한다. 이 디자인은 다른 모든 질문과 질문 간의 복잡한 의존성을 노출하지 않음으로써 사용자가 한 번에 질문 하나에만 집중할 수 있게 해 준다.

주요 사용자 인터랙션은 주어진 질문에 – 질문은 마법사 인터페이스로 제시된다 – 대답하고 그다음 '계속하기' 버튼을 클릭하는 것이다. 터보택스는 세금 신고가 완료될 때까지 긴 과정 전반에 걸쳐 사용자에게 한 단계씩 꼼꼼하게 안내한다. 좋은 인터랙션 디자인으로 터보택스는 사용자가 감당하기 어려운 이 태스크를 수월하게 해내도록 만들어 준다. 또한 이지스텝의 인터랙션 디자인은 기술에 능숙한 파워 유저가 단계를 건너뛰고 인터뷰 질문을 자유롭게 오가며 자원하는 정보만 기재할 수 있게 해 준다.

이지스텝은 터보택스의 기본 모드이다. 두 번째 모드는 '폼'(Forms) 모드로 여기서 사용자는 (이지스텝 인터뷰에 기반해) 수치가 표시된 실제 세금 신고 양식과 워크시트를 확인하고 원한다면 이 수치를 직접 편집할 수 있다. 터보택스 사용자는 폼 모드를 사용하지 않고도 세금 신고를 완료할 수 있으며 두 모드 사이를 쉽게 이동할 수도 있다. 많은 사용자가 폼 모드를 보지 않고도 작업을 완료하며 폼 모드는 주로 전문적인 사용자가 사용한다. 터보택스의 인터랙티브 디자인은 이 두 가지 모드를 활용함으로써 동일한 프로덕트로 초보자와 전문가 수준의 사용자 니즈 양쪽을 효과적으로 해결한다.

### 8.5.2 플로차트

그렇다면 어떻게 세금 신고 같이 복잡한 과정이나 태스크를 단순화할 수 있을까? 이를 위한 주요 디자인 산출물은 플로차트(flowchart)이다. 플로차트는 사용자 경험에서 핵심 태스크의 가능한 플로를 명세화한다. 또한 사용자와 프로덕트 모두 취할 수 있는 액션과 내릴 수 있는 의사결정을 보여 준다. 액션은 직사각형, 의사결정 지점은 다이아몬드 도형으로 (이는 조건문(conditional)으로 불린다) 각각 표현된다. 각 도형은 허용되는 플로를 보여 주는 화살표로 연결된다.

그림 8.3은 카맥스(CarMax)[5] 모바일 앱의 플로차트 예시로 유능한 UX 디자이너 크리스틴 류(Christine Liu)가 디자인했다. 카맥스 앱의 목표는 사용자가 원하는 차량을 찾게 돕고 최종적으로 사용자를 카맥스 대리점과 연결하는 것이다. 이 앱은 고객의 페이스북 데이터를 바탕으로 고객이 관심을 가질 만한 차량을 추천한다. 사용자는 원하는 차량을 찾을 때까지 제안된 차량을 살펴보고 차량 각각의 상세한 정보를 확인할 수 있다. 마음에 드는 차량을 찾았을 때, 이메일이나 채팅 또는 전화로 카맥스 대리점에 연락해 방문 예약을 잡고 차량을 직접 살펴보면 된다. 이 플로차트는 사용자가 앱을 다운로드하고 앱을 여는 것에서 시작한다. 그런 다음 사용

---

5  (옮긴이) 미국 최대 중고차 매매업체

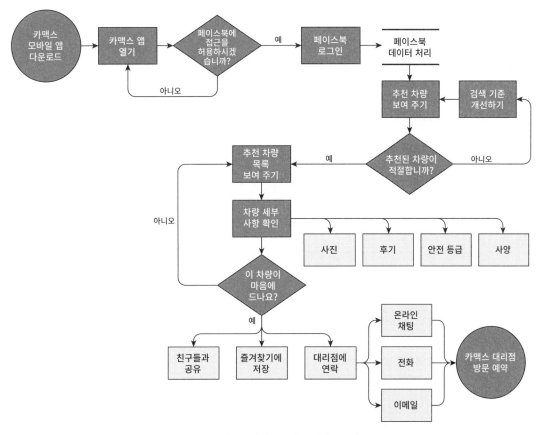

그림 8.3 카맥스 모바일 앱의 플로차트

자 경험의 마지막 단계까지 사용자가 다양한 화면에서 취할 수 있는 경로를 보여 준다. 주목할 점은 이 플로차트에서 UX가 광범위하게 정의되어 개별 화면의 디자인 세부사항을 (레이아웃이나 시각 디자인) 전혀 다루지 않는다는 점이다.

플로차트는 UX 디자인 외에도 프로덕트 팀의 모든 구성원이 프로덕트가 제공해야 하는 엔드투엔드 사용자 경험을 이해할 수 있게 해 준다.

특히 앞으로 프로덕트를 구현하고 테스트할 팀원들에게 가치 있는 자료가 될 수 있다.

사용자 흐름이 단순할 때는 플로차트를 공식적으로 제작하는 과정을 생략하고 클리커블 와이어프레임으로 직행하는 프로덕트 팀이 많다. 플로차트보다 더 시각적이고 인터랙티비티가 높은 클리커블 와이어프레임은 종종 의도한 인터랙션 디자인을 전달하는 데 더 효과적이다. 클리커블 와이어 프레임은 '행복 경로'의 – 사용자가 기대되는 액션을 취하는 시점 – 흐름과 인터랙션을 잘 표현한다. 다양한 에러 상태를 설명하고 기타 중요한 내용을 콜아웃(call-out)하는 주석을 달아 클리커블 와이어프레임을 보완할 수 있다. 하지만 사용자 흐름에서 분기되는 브랜치(branch)가 많고 구체화해야 하는 잠정적인 상태가 많은 경우에는 플로차트가 이러한 복잡성을 표현하고 소통하기에 유용하다.

### 8.5.3 와이어프레임

7장에서 설명한 와이어프레임은 프로덕트에서 원하는 사용자 흐름을 명확하게 이해한 다음에 작성한다. 와이어프레임 작성은 린 프로덕트 프로세스에서 중요한 분수령 역할을 한다. 지금까지 고객, 고객 니즈, 가치 제안, 기능 집합, 정보 구조, 사용자 흐름 등에 많은 시간을 할애했다. 이제 비로소 고객이 프로덕트를 사용할 때 어떤 화면을 보게 될지 – 페이지나 화면에 무엇이 표시될지를 – 구체적으로 정의하는 단계이다.

UX 디자인 프로세스에서 와이어프레임을 만드는 단계에서는 픽셀 수준의 정밀함이나 컬러 같은 시각 디자인 측면은 신경 쓰지 않아도 된다. 대신에 각 페이지나 화면의 레이아웃을 결정하는 데 집중한다. 다시 말해 어떤 컴포넌트를 어떻게 배열할 것인지를 구체화해야 한다. 예를 들어 "페이지에서 열은 한 개가 좋을까, 아니면 두 개여야 할까?", "페이지에서 이미지는 왼쪽에 양식은 오른쪽에 배치해야 할까? 아니면 반대로 해야 할까?"와 같은 문제를 고민하는 것이다. 예전에 와이어프레임은 레이아웃에만 집중하는 정적인 형태였다. 오늘날은 사용자 흐름에 생명을 불어넣는 클릭과 탭 영역이 포함된 와이어프레임이 갈수록 보편화되는 추세이다. 최근의 디자인 소프트웨어는 이러한 동적 와이어프레임을 비교적 빠르면서도 쉽게 만들 수 있게 해 준다.

아주 평범한 프로덕트가 아니라면 와이어프레임 디자인을 단 한 번에 완성할 수 없을 것이다. 이터레이션이 필요하고 '정답'은 없다. 이 단계에 이르렀다는 것은 문제 영역에서 해결하고자 하는 목표를 이미 알고 있으며 지금부터는 이러한 목표를 달성하는 다양한 대안을 해결 영역에서 찾아내려 한다는 뜻이다. 이 숙제를 풀려면 처음 생각한 디자인 방향을 끝까지 고집하는 대신에 의도적으로 다양한 생각을 실천하는 것이 좋다. 확산적 사고는 가능한 한 많은 잠재적 디자인 방향을 도출하도록 촉진한다. 아이디어를 평가하는 게 아니라 아이디어를 *생성하는* 것에 집중한다는 점에서 이 시점의 확산적 사고는 브레인스토밍과 비슷하다. 나쁜 아이디어를 제외할 기회는 앞으로 많다. 다시 말해 디자인 프로세스 후반부에 최고의 디자인 접근법을 평가하고 수렴적 사고를 통해 집중할 범위를 좁히면 된다. 하지만 너무 일찍 범위를 좁히면 해결 영역의 일부만 탐구하게 되고 사실상 아직 발견하지 못한 더 나은 솔루션이 있음에도 지역 최적점(local maximum)[6]에 만족할 위험이 있다.

뛰어난 디자이너는 각 페이지나 화면의 와이어프레임을 처음부터 디자인하는 대신 프로덕트를 전체적으로 살펴보고 유사한 페이지나 화면을

---

6  (옮긴이) 지역 최적점은 비즈니스에서 특정 전략이나 결정이 단기적으로는 최상의 결과를 내지만, 전체적인 관점에서는 더 나은 기회를 놓칠 수 있음을 의미한다.

구분해서 그룹화한다. 각 그룹은 해당 레이아웃을 정의한 고유의 템플릿을 공유하게 될 것이다. 예를 들어 2열로 구성된 모든 페이지가 공유하는 템플릿을 만드는 식이다. 페이지나 화면의 표준 템플릿을 프로덕트 전체에 적용하면 일관성 있는 디자인을 만들 수 있다. 또한 여러 페이지에서 공통으로 나타나는 컴포넌트도 표준화해야 한다.

1차 와이어프레임 세트가 완성되면 고객을 대상으로 테스트할 수 있고 테스트해야 하는 해결 영역의 산출물이 – 처음으로 – 생긴 것이다. 9장과 10장에서는 와이어프레임에 대한 고객 피드백을 구하는 방법 그리고 이러한 피드백을 적용하고 이터레이션을 통해 디자인을 개선하는 방법을 각각 설명한다. 원한다면 정적 와이어프레임에서 시작해도 괜찮지만 클릭하거나 탭할 수 있는 와이어프레임을 만들고 테스트하는 게 좋다. 이런 동적 와이어프레임은 레이아웃만이 아니라 사용자 흐름을 테스트할 수 있게 해 주며 고객에게 더 현실감 있는 인터랙티브 경험을 전달한다. 당신의 와이어프레임이 타깃 고객에게 사용하기 쉽고, 프로덕트의 핵심 가치를 제대로 전달한다는 것이 검증되면 UX 빙산의 다음 계층인 시각 디자인으로 나아갈 때이다.

## 8.6 시각 디자인

시각 디자인은 UX 빙산에서 수면 위로 드러난 부분 – 사람들이 프로덕트를 볼 때 가장 먼저 눈에 띄는 부분 – 이다. 시각 디자인은 그래픽 디자인, 룩 앤드 필, 크롬(chrome)이라고도 한다. 자동차에서 크롬(크로뮴)으로 도금한 부품이 그렇듯이 시각 디자인은 프로덕트의 기능이나 사용법과는 관련이 없고 프로덕트의 겉모습에 영향을 미친다. 좋은 시각 디자인은 심미적으로 뛰어난 프로덕트를 만드는 것뿐만 아니라 시각적 계층 구조 (visual hierarchy, 이는 이 장 뒷부분에서 살펴보자)를 강화하는 데 도움이 되고 사용 용이성에도 기여한다. 또한 좋은 시각 디자인은 브랜드 개성을 담고, 사용자에게 감동을 주며, 프로덕트를 차별화한다. 시각 디자인의 주요한 요소 세 가지는 컬러, 타이포그래피, 그래픽이다.

### 8.6.1 컬러

컬러는 프로덕트의 시각 디자인에서 중요한 역할을 한다. UX 빙산의 다른 모든 계층에서는 디자인 산출물을 흑백으로 만들어도 되고 흑백 산출물로도 각각의 목적을 훌륭히 달성할 것이다. 그러나 시각 디자인을 명확히 보여 주기 위해 하이 피델리티 목업을 만들 때는 컬러를 결정할 필요가 있다.

컬러는 심미성에 기여하며 페이지의 일부 요소를 나머지보다 더 부각하고 싶을 때 사용된다. 또한 컬러로 속성이나 감정을 표현할 수도 있다. 빨강, 주황, 노랑 같은 따뜻한 색은 보통 활기를 북돋우고 열정을 표현하는 반면, 초록, 파랑, 보라 같은 보다 차분한 차가운 색은 진정 효과와 침착한 느낌을 준다. 앱과 웹사이트에서 파란색 계열의 컬러 스킴(color scheme)을 쓰는 경우가 많은데, 파란색 계열은 신뢰와 안정감을 전달하기 때문이다. 초록은 자연, 성장, 돈과 관련 있고 보라는 고급스러움과 창의성을 암시하며 빨강은 공격성, 열정, 힘, 위험과 관련된다. 주황은 활기 넘치고 생동감 있으며 노랑은 행복과 햇빛을 표현하고 갈색은 따뜻함과 대지와 연관된다. 검정은 정교함과 우아함 그리고 신비로움을 나타낼 수 있고 흰색은 순수, 청결, 단순성을 상징한다. 이는 공통적인 일반화이고 색의 의미는 전 세계 나라마다 다를 수 있다. 따라서 타깃 고객이 특정 문화권에 속한다면 디자인할 때 그들이 색을 어떻게 인식하는지를 반드시 고려하는 게 좋다.

좋은 시각 디자인은 컬러를 무계획적으로 사용하지 않고 신중하게 고른 컬러 팔레트를 – 프로덕트에서 사용하는 컬러 모음 – 활용한다. 핵심은 잘 어울리는 색상 조합을 선택하고 그 컬러만 디자인에 사용하는 것이다. 컬러를 일관성 있게 쓰는 것은 통일감을 주는 시각 디자인을 만드는데 도움이 된다. 일반적으로 컬러 팔레트는 한두 개의 주조색(main color)과 배경색(background color)을 포함하고, 주조색을 보완하는 강조색(accent color)도 한두 개 있을 수 있다. 풀 팔레트는 주조색에서 파생된 여러 컬러도 – 대개 더 연하거나 채도가 낮은 동일 계열 컬러 – 포함한다.

컬러는 가독성과 사용성에 약이 될 수도 있고 독이 될 수도 있다. 텍스트의 가독성을 보장하려면 텍스트와 배경의 컬러가 강하게 대비되어야 한다. 흰색 배경에 검정 텍스트는 대비가 높은 컬러 조합이지만 연회색 배경에 하늘색 텍스트는 대비가 낮아 텍스트가 거의 보이지 않는다. 버튼과 프라이머리 내비게이션(primary navigation) 같은 핵심 컨트롤은, 남색 배경에 파랑 버튼이 아니라 검정 배경에 주황 버튼처럼 확실하게 튀는 컬러를 써야 사용성이 높아진다.

## 8.6.2 타이포그래피

타이포그래피도 – 텍스트의 배열과 모양을 정의하는 것 – 시각 디자인에서 중요한 요소이다. 웹의 초창기 시절 브라우저는 에어리얼(Arial), 조지아(Georgia), 버다나(Verdana) 같은 소수의 서체만 지원했다. 그러나 CSS3 웹 폰트가 광범위하게 채택되면서 선택지가 넓어졌다.

서체마다 형식적 대 비형식적, 클래식 대 모던, 가벼운 느낌 대 극적인 느낌 같은 고유한 속성이 있다. 폰트는 프로덕트로 전달하려는 어조를 강화하는 것을 선택하는 게 좋다. 서체를 구분하는 핵심 기준은 세리프(serif) 대 산세리프(sans serif)[7]이다. 세리프는 글자의 모서리 부분에 돌출된 작은 돌기가 있고 산세리프 폰트는 이러한 돌기가 없다. 전통적인 디자인 조언에 따르면 세리프 폰트는 해상도(1인치당 점(dot)의 개수)가 매우 높은 인쇄물에 더 적합한 반면 산세리프 폰트는 해상도가 상대적으로 낮은 웹에 더 적합하다. 하지만 웹 폰트가 널리 확산됨에 따라 온라인에서도 세리프 폰트를 사용하는 경우가 증가하고 있다. 크기가 작을 때 세리프 폰트는 화면에서 읽기 어려울 수 있지만 제목(heading)을 포함해 크기가 큰 텍스트 요소에 자주 사용된다. 컬러의 수보다도 프로덕트에 사용하는 폰트의 수를 더 제한하는 것이 중요하다. 보통은 본문 텍스트에 하나, 제목 같은 대형 텍스트에 하나, 이렇게 두 개의 폰트를 사용한다. 웹사이트와 모바일 앱의 경우 본문 텍스트에는 산세리프 폰트를, 제목은 대비 효과를 위해 세리프 폰트를 사용하는 게 일반적이다.

폰트 크기는 타이포그래피에서 중요한 부분이다. 대개의 경우 본문 텍스트는 프로덕트 텍스트 중에서 크기가 가장 작지만 당연히 읽을 수 있을 만큼 커야 한다. 표제와 제목은 본문 텍스트보다 더 크다. 컬러나 서체와 마찬가지로 글자 크기가 너무 다양해지지 않도록 하며 프로덕트 전반에 일관성이 있어야 한다. 또한 폰트에는 진하게, 이탤릭체, 밑줄 등 굵기와 스타일에서 다양한 변화를 줄 수 있다.

일반적으로 타이포그래피는 디자인의 시각적 계층 구조(조금 뒤에 알아보자)를 구축하는 데 중요한 역할을 한다. 의도하는 시각적 계층 구조를 만들려면 페이지를 구성하는 텍스트 요소의 컬러, 상대적인 크기, 굵기, 위치를 신중하게 디자인해야 한다.

**7** (옮긴이) 세리프가 없다는 뜻

### 8.6.3 그래픽

사진과 일러스트레이션 형태의 이미지도 시각 디자인에 종종 사용된다. 이커머스 부문처럼 이미지를 잘 쓰는 게 절대적으로 중요한 프로덕트 카테고리도 있다. 에어비앤비의 경우, 고객이 마음 편히 숙소를 예약하려면 숙소 사진을 확인할 수 있어야 했다. 앞서 7장에서 에어비앤비가 고품질 숙소 사진을 사용해서 어떻게 전환율을 두 배 이상 끌어올렸는지 알아보았다. 이미지는 랜딩 페이지를 비롯해 여러 마케팅 페이지에 자주 등장한다. *히어로 이미지*(hero image)를 ― 프로덕트, 전형적인 고객, 예술적이거나 영감을 주는 사물이나 장면을 담은 눈에 띄는 대형 사진 ― 사용하는 게 보편적인데, 넷플릭스는 고객이 콘텐츠를 즐겁게 시청하는 모습을 보여 주는 대형 사진을 즐겨 쓴다.

일러스트레이션은 프로덕트의 작동 방식을 설명하는 데 자주 사용된다. 또한 선, 도형, 질감, 그라데이션, 그림자 같은 다른 그래픽 요소도 시각 디자인에 사용될 수 있다. 이런 세밀한 요소가 프로덕트에 구조, 깊이, 생동감을 더해 의도한 룩 앤 필을 완성하는 데 기여한다.

아이콘은 사물이나 콘셉트를 표현하기 위해 쓰이는 작은 상징이다. 아이콘은 버튼 같은 여러 사용자 인터페이스 컨트롤에 가장 보편적으로 사용되는데 공간이 부족한 경우에는 더욱 그렇다. 많은 앱에서 아이콘은 프로덕트를 사용하는 주된 수단이다. 브라우저는 뒤로 가기, 앞으로 가기, 새로고침 버튼을 아이콘으로 대체한다. 어도비 포토샵은 아이콘 모음인 도구모음을 고객이 포토샵의 기능(functionality)에 접속할 수 있는 주요 방법으로 활용한다. 이와 비슷하게 마이크로소프트 오피스 프로덕트도 아이콘으로 가득 찬 '리본'(ribbon)을 사용한다. 사용자 인터페이스 컨트롤뿐만 아니라 마케팅 페이지에서도 아이콘은 텍스트를 지원하고 보완한다.

사실 아이코노그래피(iconography)는 시각 디자인의 전문 분야 중 하나인데 아이콘 디자이너는 픽셀을 일일이 손으로 조정해서 작은 걸작을 만든다. 모바일 디바이스 사용이 증가함에 따라 좋은 아이콘 디자인이 점점 더 중요해지고 있다. 모바일 디바이스의 화면 크기가 작아서 공간이 부족하기 때문에 모바일 앱에서 아이콘으로 표시되는 콘트롤이 많다.

아이콘은 고객이 봤을 때 그 의미를 이해할 수 있어야 한다. 하지만 아이콘은 크기가 아주 작은데다 아무런 텍스트가 달리지 않은 하나의 상징에 불과하므로 의도된 의미를 전달하기 어려울 수 있다. 디자인에서 사용하는 아이콘에 이미 표준화된 상징이 있다면, 상징을 새로 만들지 말고 기존의 상징을 사용하기를 추천한다. 예를 들어 오디오 재생 앱을 개발하는데 재생과 일시정지, 두 버튼을 표현하는 아이콘을 디자인한다고 하자. 모든 사람이 '재생'의 의미로는 오른쪽을 가리키는 삼각형, '일시정지'의 의미로는 세로 두 줄에 익숙한데, 굳이 자신만의 독창적인 상징을 만든다면 쓸데없는 일이 될 것이다.

대부분의 앱은 여러 아이콘으로 구성된 아이콘 팩을 사용하므로, 이런 경우 아이콘 전반에 걸쳐 디자인이 일관성을 띠도록 해야 한다. 물론 각 아이콘에는 독특한 상징이 있어야 하지만 전반적인 형태, 컬러, 스타일은 아이콘 팩과 일치해야 한다. 프로덕트의 시각 디자인에서 일관성은 좋은 UX를 구축하는 데 중요하다. 스타일 가이드(style guide)와 레이아웃 그리드(layout grid)는 일관된 시각 디자인을 만드는 데 유용한 도구 두 가지이다.

### 8.6.4 스타일 가이드
스타일 가이드는 일관된 룩 앤 필을 만들기 위한 시각 디자인 산출물이다. 스타일 가이드는 페이지나 화면이 많은 프로덕트에서 특히 중요하다. 스타일 가이드는 보편적인 요소의 – 컬러, 크기 측정, 폰트, 그래픽 같은 – 세부적인 시각 디자인을 명세화한다. 스타일 가이드는 특히 다수의 디자이너가 프로덕트에 관여할 경우 일관성을 유지할 수 있게 해 주고 UI 개발자의 작업을 줄여 준다.

### 8.6.5 레이아웃 그리드

레이아웃 그리드는 각 페이지나 화면에서 디자인 요소를 일관성 있게 정렬하도록 해 주는 디자인 도구이다. 그리드는 인쇄용 디자인에서 오랫동안 사용되어 왔으며 웹과 모바일 디자인에서도 그리드를 사용해 더 나은 UX를 제공할 수 있다. 그리드는 크기가 같은 특정 개수의 열로 구성되고 각 열은 '거터'(gutter) 또는 여백(margin)으로 구분된다.

그리드 크기는 각자 상황에 맞춰 선택하면 된다. 그림 8.4의 그리드는 12개 열로 구성되어 있는데 각 열의 너비는 94픽셀이며, 각 열을 구분하

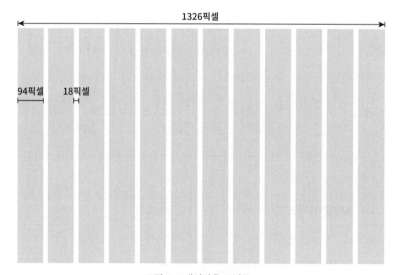

그림 8.4 레이아웃 그리드

는 거터의 너비는 18픽셀이다. 전체 너비는 1326픽셀로 1366픽셀 너비의 화면에 최적화되어 있어 사용자가 가로로 스크롤할 필요가 없다. 이 너비는 세로 스크롤 바를 포함해 브라우저나 운영체제의 다른 시각 디자인 요소에 최대 40픽셀까지 허용한다.

핵심은 페이지나 화면의 모든 요소를 배치할 때 그리드에 맞춰 정렬하는 것이다. 페이지나 화면 요소에는 텍스트 블록, 이미지, 버튼이 포함된다. 하나의 요소가 둘 이상의 열을 사용해도 괜찮다. 요소의 양쪽 에지 (edge)가 그리드에서 시작하고 끝나야 한다는 점을 반드시 명심하라. 그림 8.4에서 소개한 그리드는 열이 12개인데, 2개, 3개, 4개, 6개 등으로 균등하게 나눌 수 있어 각 요소의 너비를 다양하게 할 수 있다. 그림 8.5는 그리드를 활용하여 페이지 요소를 배열한 와이어프레임의 예시이다.

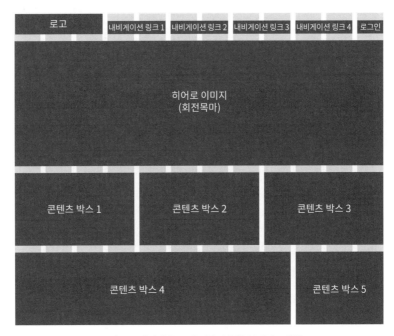

그림 8.5 레이아웃 그리드를 사용한 와이어프레임

그림 8.4와 그림 8.5의 그리드는 공간을 오직 수평으로 나눈다(결과적으로 행이 만들어진다). 인쇄 디자인에 사용되는 그리드는 종종 수직 분할(열)을 지정하기도 한다. 웹에서는 화면 높이가 다양하기 때문에 수직 정렬을 위한 그리드 선은 덜 유용하다. 게다가 요소의 수직 위치를 정확하게 제어하기가 어려운데 브라우저가 화면 너비에 따라 콘텐츠를 동적으로 렌더링하기 때문이다. 그 결과 디지털 그리드는 주로 수평 분할에 집중하는 경향이 있다. 뒤에서 다루는 반응형 디자인의 등장으로 디자이너는 이제 웹 디자인에서 요소의 수직 위치를 더 잘 제어할 수 있게 되었다.

와이어프레임 단계에서는 레이아웃이 보통 요소들의 대략적인 위치와 상대적인 크기만을 나타낸다는 것을 떠올려 보라. 반면 그리드는 픽셀-단위 수준의 정밀한 레이아웃을 가능하게 함으로써 로우 피델리티 와이어프레임을 하이 피델리티 목업으로 바꿀 수 있게 해 준다.

### 8.6.6 목업

목업은 7장에서 설명한 것처럼 시각 디자인을 더욱 충실하게 표현하는 하이 피델리티 디자인 산출물이다. 목업은 와이어프레임을 바탕으로 제작되는데 프로덕트의 룩 앤드 필을 만들기 위해 컬러, 타이포그래피, 그래픽을 사용한다. 목업은 시각 디자이너가 어도비 일러스트레이터나 스케치 같은 도구를 써서 만든 다음 이미지 파일 형식(PNG, GIF, JPG)으로 내보내기하는 게 일반적이다. 이와 같은 정적 목업 세트를 사용자에게 보여 주고 피드백을 받을 수도 있지만 클릭이나 탭할 수 있는 동적 목업 세트를 사용자에게 보여 주면 더 가치 있는 피드백을 받을 수 있다. 동적 목업을 통해 사용자가 프로덕트와 프로덕트의 작동 방식을 더 정확히 이해할 수 있기 때문이다. 인비전 같은 도구를 사용하면 정적 목업 세트를 사용자 흐름에 맞게 연결할 수 있다. 또한 이러한 도구는 목업에서 클리커블 영역(링크, 버튼)을 식별하고 이 영역을 클릭할 때 연결되어야 하는 목업을 구체화할 수 있게 해 준다. 9장과 10장에서 목업에 대한 사용자 피드백을 수집하고 이러한 피드백을 활용해 디자인을 반복적으로 개선하는 방법을 알아보겠다. 타깃 고객이 사용하기 쉽고 가치를 전달한다고 동의하는 클릭하거나 탭할 수 있는 목업 세트를 완성하면 UX 디자인이 완료된 것이다. 이제 할 일은 프로덕트를 만들어 UX를 구현하는 것이다. 12장에서 애자일 개발 접근법으로 이를 실행하는 방법을 자세히 다루겠다.

지금까지 UX 디자인 빙산과 빙산의 네 가지 계층을 올라가면서 기능 아이디어에 생명을 불어넣는 법을 설명했다. 또한 UX와 프로덕트 마켓 핏을 평가하기 위해 고객에게 테스트해야 하는 산출물을 포함해 이 과정에서 생성되는 주요 디자인 산출물을 소개했다. 지금부터는 훌륭한 UX를 만들 수 있게 해 주는 중요한 디자인 원리를 알아보자.

## 8.7 디자인 원리

디자인은 린 프로덕트 프로세스에서 마법의 영역이다. 바로 여기에서 편익과 기능에 대한 무형의 아이디어가 실제 사용자 경험으로 바뀐다. 많은 점에서 디자인은 과학보다 예술에 가깝지만 몇 가지 디자인 원리는 더 좋은 사용자 경험을 만들 수 있게 해 준다.

### 8.7.1 게슈탈트 원리

게슈탈트 원리(Gestalt principles)는 우리 인간이 사물을 시각적으로 지각하는 방식을 설명하는 유용한 이론이다. 게슈탈트는 '부분의 합보다 더 큰 하나의 조직된 전체'라는 뜻이다. 이는 우리의 시각 처리 체계가 우리가 받아들이는 시각 정보로 하는 일이다. 게슈탈트 원리에는 몇 가지가 있지만 여기서는 근접성(proximity)과 유사성(similarity) 원리에 집중하겠다.

게슈탈트의 근접성 원리에 따르면, 두뇌는 서로 가까이 있는 사물을 멀리 떨어진 사물보다 연관성이 더 크다고 인식한다. 따라서 디자인에서는 관련 있는 오브젝트를 서로 가깝게 배치해야 한다. 이 원리는 와이어프레임에서 레이아웃을 결정할 때 적용해야 한다. 사용자 인터페이스 컨트롤과 콘텐츠를 배열할 때도 마찬가지이다. 그림 8.5를 다시 보면, 프라이머리 내비게이션 링크가 모두 그룹화되어 있음을 알 수 있다. 만약 당신의 사용자 인터페이스가 사용자에게 어떻게 진행할지 선택지를 세 가지 제공한다면, 버튼이나 링크 세 개가 함께 보여야 한다. 반면 관련 없는 항목은 가까이 배치하는 것을 피해야 하는데, 이렇게 하지 않으면 사용자가 이들 항목이 서로 관련 있다고 생각할 위험이 있어서이다. 예를 들어 어떤 기능을 취소할 수 있는 버튼을 같은 페이지의 다른 기능과 너무 가까이 배치하면, 사용자는 취소 버튼이 어떤 기능에 영향을 미치는지 혼란스러울 수도 있다.

게슈탈트의 유사성 원리에 따르면 우리의 뇌는 비슷한 특징을 공유하는 사물을 더 연관성이 크다고 인식하며, 그렇지 않은 사물은 연관성이 덜하다고 인식한다. 따라서 디자인에서는 비슷하거나 관련 있는 오브젝트는 모양, 크기, 컬러를 일치시켜 서로 비슷하게 보여야 하는 반면, 관련 없는 오브젝트는 비슷하게 보이지 않아야 한다. 시각 디자인을 결정할 때는 유사성 원리를 적용해야 한다. 예를 들어 모든 하이퍼링크는 파란색에 밑줄이 그어지도록 만들거나 모든 액션 버튼은 모서리가 둥근 직사각형

모양으로 통일하는 식이다. 게슈탈트 원리는 우리의 시지각(visual perception)이 어떻게 작동하는지 설명하며, 다른 디자인 원리의 기초가 된다. 바로 시각적 계층 구조이다.

### 8.7.2 시각적 계층 구조

시각적 계층 구조는 사용자가 디자인에서 어떤 요소를 가장 중요하게 생각하는지 결정할 때 핵심적인 역할을 하는 디자인 원칙이다. 이러한 중요도는 사용자의 관심을 이끌어 내며 사용자가 여러 요소를 보는 순서에 영향을 미친다.

요소의 크기와 컬러는 시각적 계층 구조를 만드는 주요 속성 두 가지이다. 뇌는 사물의 크기가 클수록 더 중요하고 작을수록 덜 중요하다고 가정한다. 또한 강하게 대비 되는 요소가 – 예를 들어 눈에 띄거나 '튀는'(pop) 컬러 – 더 중요하다고 가정한다. 눈에 띄는 이미지도 동일한 효과를 줄 수 있다. 우리의 눈은 인물 사진, 특히 얼굴 사진에 자연스럽게 끌린다.

요소의 위치도 시각적 계층 구조에 영향을 미치는데 사용자는 맨 위 페이지부터 읽기 때문이다. 영어를 비롯해 왼쪽에서 오른쪽으로 읽는 언어를 쓰는 사용자는 왼쪽 페이지부터 읽기 시작한다. 따라서 다른 모든 조건이 동일하다면 사람들은 화면 왼쪽 상단 모서리에 가까운 요소를 가장 먼저 보게 된다.

페이지나 화면의 시각적 계층 구조를 빠르게 판단하는 요령은 실눈을 뜨는 것이다. 실눈으로 텍스트를 읽거나 세부 사항을 볼 수는 없지만 주요 디자인 요소의 위치, 크기, 컬러 정도는 알아챌 수 있다. 또한 (그래픽 디자인 소프트웨어로) 화면을 캡처해서 흐리게 처리해도 동일한 효과를 볼 수 있다. 뚜렷한 시각적 계층 구조를 가진 프로덕트로 이 테스트를 해 보라. 가장 중요한 디자인 요소를 식별할 수 있을 것이다.

디자이너는 인간이 시각 정보를 처리하는 원리를 활용하여 원하는 정보의 계층 구조를 강화해야 한다. 시각적 계층 구조를 만들 때 가장 먼저 할 일은 페이지에 포함되어야 하는 다양한 요소의 상대적인 중요성을 알아내는 것이다. 그다음 이 우선순위를 강화하기 위해 각 요소의 위치, 크기, 컬러를 디자인하라. 시각적 계층 구조가 잘 설계된 페이지 디자인은 사용자의 시선을 가장 중요한 요소로 유도한다. 그런 다음 사용자의 시선을 우선순위에 따라 한 요소에서 다음 요소로 안내하는데 대개는 위에서 아래, 왼쪽에서 오른쪽으로 이동하는 직관적인 경로를 따른다. 이는 사용자가 원하는 것을 찾고 태스크를 성공적으로 완료하게 해 준다. 또한 이는 핵심 사용자 액션의 전환율을 높이는 결과로 이어진다. 좋은 시각적 계층 구조는 훌륭한 UX에서 절대적으로 중요하다.

### 8.7.3 구성 원리

게슈탈트 원리와 시각적 계층 구조 외에 디자인을 만들고 평가할 때 고려해야 하는 몇 가지 구성 원리가 있다.

- **통일성**(unity): 페이지나 화면이 하나로 통합된 전체처럼 보이는가, 아니면 이질적인 여러 요소를 단순히 모아 놓은 것처럼 보이는가?
- **대비**(contrast): 컬러, 크기, 배열 등에 충분한 변화가 있어 시각적 흥미를 유발하는가?
- **균형**(balance): 디자인 요소 사이에 (위치, 크기, 컬러 등) 시각적 무게(visual weight)[8]가 균등하게 배분되었는가?

---

8 (옮긴이) 인간의 눈이 크기나 무게가 같은 물건이라도 크기, 모양, 질감 등에 따라 시각적으로 무게를 다르게 인식하는 것

• **공간 사용**(use of space): 디자인이 혼잡해 보이는가 아니면 빈 공간이 많아 보이는가? 혼잡해 보이는 디자인을 피하려면 디자인에 충분한 여백을 — 페이지나 화면에서 아무 요소도 없는 빈 공간 — 포함해라.

### 8.7.4 반응형 디자인

페이지나 화면에서 디자인 요소를 배치할 때는 '캔버스' 크기를 (명시적으로든 암묵적으로든) 전제로 해야 한다. 인쇄용 디자인에서는 디자인이 인쇄되는 용지의 너비와 높이가 정확히 알려져 있다. 안타깝게도 디지털 세계는 그렇게 단순하지 않다. 고객은 당신의 프로덕트를 다양한 화면 크기의 디바이스에서 사용하기 때문에 캔버스의 크기가 그렇게 명확하지 않다.

스마트폰은 노트북과 PC의 모니터보다 화면이 훨씬 작다. 예를 들어 1세대 아이폰의 화면은 320×480픽셀이었다. 오늘날은 스마트폰의 크기가 과거 그 어느 때보다 다양하다. 태블릿은 스마트폰과 컴퓨터 모니터 사이의 화면 크기 차이를 메우며 등장했다. 패블릿은 스마트폰과 태블릿 사이의 중간 역할을 하며 그 간극을 메웠다. 화면 해상도 스펙트럼의 오른쪽 극단에서는 고해상도 PC 모니터가 인기를 끌고 있다. 애플 워치 같은 웨어러블 디바이스, 그리고 이러한 디바이스에 쓰이는 다양한 초소형 스크린이 등장하면서 스크린 해상도의 범위가 더욱 다양해졌다.

프로덕트 팀은 화면 해상도가 이처럼 다양하고 폭넓게 파편화된 상황에 어떻게 대응해야 할까? 웹 기반 프로덕트에는 *반응형 디자인*을 적용할 수 있다. 디자인 하나로 모든 사용자에 대응하는 대신에 반응형 디자인으로 서로 다른 사용자의 화면에 맞춘 사용자 인터페이스를 제공할 수 있다. 반응형 디자인은 사용자의 화면 크기에, 대개의 경우 화면 너비에 반응한다. 먼저 사용하고 싶은 화면 너비의 '중단점'(breakpoint)을 결정한 다음 각 화면 너비에 원하는 스타일의 차이를 적용한다. 보통은 컴퓨터 모니터용으로 너비가 넓은 버전과 스마트폰 화면에 맞춰 너비가 좁은 버전을 만든다. 또한 태블릿을 지원하는 중간 너비의 중단점을 사용하는 프로덕트도 많다.

반응형 디자인에서는 화면 너비가 넓었다가 좁아질 때 일부 페이지 요소가 '래핑'(wrapping)되기 – 즉 다음 행으로 밀리기 – 시작한다. 또한 화면 너비가 좁아지면서 크기가 줄어들거나 아예 사라지는 요소도 있다. 반응형 디자인은 추가적인 코딩 작업이나 복잡성을 늘리는 일 없이 이러한 유형의 동적인 UX 변화를 가능하게 해 준다.

## 8.7.5 다양한 화면 크기를 고려하는 디자인

오늘날 소프트웨어 디자인은 다양한 화면 크기에 대응해야 하는 현실에 직면했다. 웹 기반 프로덕트에서 반응형 디자인은 많은 노력을 들이지 않고 이에 우아하게 대응하는 훌륭한 도구이다. 네이티브 모바일 앱도 웹 기반 프로덕트와 같은 문제를 공유하는데 이를 반영해 모바일 소프트웨어 개발 키트(Software Development Kit, SDK)는 여러 화면 크기에 최적화된 다양한 레이아웃을 지원하는 도구들을 제공한다.

그렇다면 큰 화면과 작은 화면 중 어디에서 UX 디자인 프로세스를 시작해야 할까? 프로덕트를 큰 화면에 맞춰 디자인했다면 작은 화면에 맞게 수정하기가 어려울 것이다. 큰 화면과 동일한 양의 콘텐츠를 담을 수 없기 때문에 무엇을 제거할지 선택하기가 어려울 수 있다. 어쩌면 내비게 이션도 변경해야 할 것이다. 너무 넓어서 작은 화면에 맞지 않는 콘텐츠 는 다시 생각하고 교체해야 할 수도 있다. 이러한 팀이 결국 코드 베이스

(code base)를 달리하는 두 번째 프로덕트를 만드는 경우가 종종 있는데 이런 상황은 이상적이지 않다. 무엇보다도 독립적인 두 개의 코드에서 변경하고 추가해야 하는 까닭에 비효율성이 발생하고 에러가 생길 가능성이 커진다. 게다가 모바일 프로덕트와 비(非)모바일 프로덕트를 동시에 디자인하지 않기 때문에 두 프로덕트의 룩 앤드 필에 큰 차이가 생기기도 한다. 이는 일관되지 못한 사용자 경험으로 이어져 결국 고객이 혼란을 겪을 수 있다.

화면이 더 작을수록 공간이 제약되어 디자인이 더 어려워지고 더 많은 트레이드오프가 발생한다. 따라서 많은 팀이 '모바일 퍼스트'(mobile first) 접근법을 채택한다. 가장 작은 화면에 맞춰 디자인하려면 가장 중요한 것을 우선적으로 고려할 수밖에 없으므로 가장 작은 화면을 먼저 디자인하는 것이다. 이들 팀은 모바일 버전의 디자인을 충분히 진척시킨 뒤에 큰 화면에서 사용하는 버전을 디자인하는데 이렇게 하면 종종 콘텐츠와 기능성을 쉽게 추가할 수 있다. 명심하자. 두 가지 버전을 순차적으로나 독립적으로 디자인하는 게 목적이 아니다. 두 디자인은 병행되어야 한다. 단지 모바일 버전의 디자인이 이 프로세스를 주도할 뿐이다. 종종 프로덕트의 모바일 버전은 단순히 온전한 크기(full-size)의 프로덕트를 축소한 것이 아니라 웹 버전과 상호 보완적인 역할을 하게 된다. 모바일 버전이 웹 프로덕트에는 없는 독특한 기능성을 (지리적 위치 정보(geolocation) 또는 기타 센서를 활용하는 것) 가지거나, 웹 프로덕트가 제공하는 전체 기능성의 일부에 더욱 집중할 수도 있다. 두 버전을 병행하여 디자인하면 모바일 프로덕트와 웹 프로덕트가 함께 작동하면서 프로덕트 마켓 핏을 달성하는 사용자 경험을 제공하는 데 기여할 수 있다.

## 8.8 카피도 UX 디자인의 일부다

8장을 마무리하기 전에 자주 간과되는 사용자 경험의 요소를 간략히 살펴보자. 바로 카피이다. 이는 마케팅 페이지에서든 프로덕트에서든 고객이 직접 보는 텍스트이다. 마케팅 페이지에서 카피의 품질은 전환율에서 엄청난 차이를 가져올 수 있다. 반면 프로덕트에서 사용하는 카피는 – 레이블, 사용 안내서, 설명서, 에러 메시지 – 사용성에 실질적인 영향을 미칠 가능성이 크다. 사용자에게 제공되는 텍스트가 매우 적기 때문에 버튼과 링크의 레이블은 명확하고 이해하기 쉬워야 한다. 사용자가 중요한 액션을 수행하려는데 어떤 버튼을 사용해야 하는지 모른다면, 이는 중대한 사용성 문제이다. 기능 설명서와 사용 안내서는 – 내부자만 아는 특수 용어나 업계 전문 용어가 *아니라* – 사용자가 이해하는 단어를 사용해 간단한 문구로 작성해야 한다. 에러 메시지는 암호문처럼 난해하기보다 구체적으로 설명하고 실질적인 도움을 줘야 한다. 다행히도 문제가 있는 카피를 식별하고 수정하는 일은 비교적 쉽다. 프로덕트로 사용성 테스트를 실시하면 된다. 테스트 중에 사용자가 특정 단어나 문구를 어려워하면 사용자에게 그것을 어떻게 부르는지 물어보는 게 좋은데 사용자가 종종 훌륭한 제안을 해 주기 때문이다.

## 8.9 A-특공대

8장의 주제를 보면 알겠지만 UX 디자인은 독립적인 여러 기술을 포괄하는 하나의 전문 분야이다. '디자인 격차'(design gap)가 – 훌륭한 UX를 만드는데 필요한 모든 기술을 완벽히 보유하지 못한 상황 – 있는 기업들이 많다. 디자이너가 한 명도 없는 팀이 많고, 디자이너가 있더라도 UX 디자인의 모든 기술이 뛰어나지는 않을 것이다. 물론 한 명의 디자이너가 여러 가지 UX 디자인 기술에 탁월할 수도 있지만 시각 디자인(프로덕트의 모습)과 인터랙션 디자인(프로덕트의 작동 방식) 중 하나에 더 탁월한 것이 일반적이다. 훌륭한 UX를 만들기 위해서는 프로덕트 팀이 두 영역 모두에서 실력을 두루 갖춰야 한다. 또한 유능한 프로덕트 매니저도, 디자인을 능숙하게 구현하는 프런트엔드 개발자도 필요하다. 각자 필수 능력을 갖추는 것 외에도 팀원 간에 효과적으로 협업하는 것이 훌륭한 UX를 전달하는 데 매우 중요하다. 나는 네 가지 필수 기술을 – 프로덕트 관리, 인터랙션 디자인, 시각 디자인, 프런트엔드 개발 – 모두 보유한 팀을 (1980년대 미국의 인기 드라마 제목처럼) 'A-특공대'(A-Team)라고 부르고 싶다. 훌륭한 프로덕트를 전달하기 위해서는 백엔드 개발자, 품질 보증(Quality Assurance, QA), 데브옵스(DevOps) 등 다른 역할이나 기술도 당연히 중요하다. 그러나 훌륭한 UX를 만들 때는 A-특공대를 보유하는 것이 결정적인 역할을 한다.

## 8.10 UX는 경험하는 사람에 따라 다르다

결국 고객이 프로덕트의 사용자 경험이 얼마나 좋은지를 최종적으로 판단하며 이는 프로덕트 마켓 핏에 영향을 미친다. 3장에서 알아본 기술 수용 주기를 떠올려 보라. 혁신 수용자는 최첨단 편익을 제공하는 혁신적인 프로덕트라면 기준에 미달하는 UX도 기꺼이 감내한다. 그러나 기술 수용 주기에 따라 나머지 고객 세그먼트에 진입하려 할수록 고객은 그렇게 관대하지 않으며 UX는 프로덕트 마켓 핏에서 갈수록 중요해진다. 훌륭한 디자인을 만들려면 많은 기술과 방대한 작업이 필요하지만 나쁜 사용자 경험을 제공하는 것은 어떤 변명으로도 용납되지 않는다. 앞서 말했듯이 고객에게 디자인을 보여 주고 모든 이슈를 식별하고 해결해야 한다. 이것이 바로 다음 9장의 주제이다. 고객을 대상으로 MVP 프로토타입을 어떻게 테스트하는지 지금부터 자세히 알아보자.

### 9장

# 고객을 대상으로
# MVP를 테스트하라
# (6단계)

훌륭한 UX 디자인을 만드는 원리를 적용해 MVP 후보의 프로토타입을 만들었다면 린 프로덕트 프로세스의 다음 단계로 넘어가자. 사용자를 대상으로 프로토타입을 테스트하라. 이제 본 게임 시작이다. 7장에서 알아본 대로 사용자 테스트에는 근본적으로 다른 두 가지 유형이 있다. 정량적 테스트와 정성적 테스트이다. 즉, 사용자 테스트의 최종 결과물은 고객으로부터 얻는 세부 정보(정성적)이거나 대규모 고객의 피드백을 집계한 종합 결과(정량적)이다.

A/B 테스트와 랜딩 페이지 테스트 같은 정량적 테스트는 실시하기도 분석하기도 비교적 단순하다. 이런 테스트는 고객과의 대화를 포함하지 않으므로 오로지 데이터만 다룬다. MVP 테스트에서 전환율(또는 다른 지표)을 추적하고 이를 성공적인 결과를 의미하는 목푯값(또는 다른 대안의 결괏값)과 비교해 본다. 이때 표본 크기에 주의해야 하는데 테스트 결과의 신뢰도에 영향을 미치기 때문이다.

9장은 MVP에 대한 정성적인 사용자 테스트를 실시하는 방법에 집중한다. 사용자 피드백은 당신이 모르는 것을 알려 준다는 점에서 지극히 중요하다. 당신은 자신의 프로덕트를 너무 잘 알기 때문에 신규 고객처럼 프로덕트를 인식하기가 어렵다. 이것이 불가능한 경우도 종종 있다. 당신은 어떤 신규 사용자보다 자신의 프로덕트에 더 익숙해진 상태이다. 그 결과 당신에게는 '프로덕트 맹시'(product blindness)가 생긴다. 신규 사용자라면 프로덕트를 사용한 지 몇 분이면 곧장 알아차릴 이슈를 알아보지 못하는 맹점을 의미한다.

사용자 테스트는 프로덕트 맹시를 해독하는 역할을 한다. 사용자 테스트는 명시적으로 표현한 것이든 암묵적으로 가정한 것이든 가설의 옳고 그름을 검증해 준다. 프로덕트 맹시 때문에 종종 첫 번째 사용자 테스트에서 가장 놀라운 것을 배우게 된다. 나는 클라우드 협업 스타트업 박스(Box)에서 처음 진행한 첫 번째 사용자 피드백 세션을 – 박스 팀에는 말 그대로 눈이 번쩍 뜨이는 놀라운 경험이었다 – 생생히 기억한다. 박스 팀은 새로운 것을 아주 많이 배우면서 즉시 사용자 테스트의 가치를 깨달았고 더 많은 사용자 테스트를 하길 원했다.

  정성적인 사용자 테스트에서는 피드백을 구하기 위해 프로덕트나 디자인 산출물을 – 와이어프레임, 목업, 프로토타입 – 고객에게 반드시 보여 줘야 한다. 이러한 테스트를 성공적으로 디자인하고 실시하려면 기술이 필요하다. 이번 9장은 정성적인 사용자 테스트에서 최대한의 가치를 도출하게 도와주는 조언을 – 해야 하는 것과 하지 말아야 하는 것 – 공유한다.

## 9.1 얼마나 많은 고객을 대상으로 테스트해야 할까?

최상의 결과를 원한다면 일대일 사용자 테스트를 추천한다. 한 번에 두 명 이상의 고객과 대화할 수도 있지만, 대체로 최적의 결과를 얻지 못하는 경우가 많은데 집단 역학(group dynamics) 때문이다. 특히 포커스 그룹(focus group) 테스트에서 이러한 부정적 정서(negative affect)를 볼 수 있는데 여기서는 한 번에 6~12명과 대화한다. 일부 참가자들은 평가나 비판이 두려워 자신의 마음을 솔직하게 표현하지 않을 수 있다. 자신의 의견을 거침없이 드러내는 한두 사람이 토론을 지배하고 다른 모든 목소리를 잠재운다. 이뿐만 아니라 참가자들은 종종 집단 전체 또는 구성원 대부분의 의견을 인위적으로 일치시키는 집단사고를 경험하고 이는 부정확한 데이터로 이어진다.

고객과 일대일로 대화하면 이러한 부정적인 집단 역학을 전혀 경험하지 않고 더욱 풍성하고 깊이 있는 대화를 나눌 수 있다. 고객도 자신의 진짜 감정을 솔직하게 표현할 가능성이 훨씬 높은데 진행자만 참석하는 일대일 테스트일 때는 더욱 그렇다. 경험적으로 봤을 때 관찰자가 많을수록 일부 고객은 평가받는 것을 더 걱정하게 된다. 사용자 테스트를 진행하는 것에 집중할 수 있게 기록자가 동석하기를 바라는 진행자들이 많은데 이 방법도 괜찮다. 개인적으로는 진행자가 직접 기록하는 것을 더 선호하는데, 이렇게 하면 자신의 인사이트를 정확히 기록할 수 있고 이것이야말로 진정한 일대일 인터뷰이기 때문이다. 만약 다른 사람도 사용자 테스트 세션을 실시간으로 관찰할 수 있기를 바란다면 웹캠을 사용해 별도의 방에 준비된 모니터로 영상을 실시간으로 전송하는 것도 좋은 대안이다. 원격으로 진행되는 사용자 테스트라면 관찰자가 화면 공유 세션에 참가해도 좋다.

나는 한 번에 고객 두 명이나 세 명과 사용자 테스트를 진행한 경험이 있다. 종이에 출력한 정적 목업에 대한 피드백을 얻는 테스트였으므로 이 방법도 효과적이었다. 나와 고객 모두 한 탁자에 앉아 앞에 놓인 목업 출력물을 보고 손으로 가리키며 테스트를 진행했다. 고객들이 각자 노트북으로 디자인을 보았다면 테스트가 그리 순조롭지는 못했을 것이다. 클라이언트가 리서치 결과를 아주 빨리 보고 싶어 해서 일대일 세션이 아니라 일대다 접근법을 선택했는데 일대일 테스트보다 하루에 더 많은 고객과 대화할 수 있었다. 가끔은 리서치 참가자가 약속을 지키지 않는데 사용자 리서치에서 이런 노쇼는 다반사이다. 그래서 세션마다 두세 사람씩 일정을 잡으면 한 명이 나타나지 않더라도 하릴없이 시간을 낭비하지 않아도 되는 또 다른 이점이 있다.

프로덕트 팀이 자주 묻는 질문이 있다. "얼마나 많은 고객을 대상으로 테스트해야 할까요?" 테스트 대상자가 너무 적으면 해결해야 하는 모든 이슈를 발견하지 못할 리스크가 있다. 게다가 사실상 타깃 고객을 대표하지 않는 의견을 수집하고도 이를 발견하지 못할 수도 있다. 이와 정반대로 너무 많은 사람과 대화하면 시간과 리소스가 추가로 들어간다. 수확 체감 지점[1]을 지나면 똑같은 피드백을 계속 들을 뿐 새로운 것을 배우지 못하게 된다. 한 번에 5~8명의 고객이 참여하는 테스트 라운드를 여러 차례 반복하는 것이 적절한 균형을 유지하는 방법이다. 5~8명의 고객을 대상으로 하는 테스트면 주요 이슈를 발견하고 사용자의 패턴을 식별하기에 충분하다. 각 테스트 라운드가 끝난 뒤에는 테스트에서 배운 내용을 바탕으로 프로덕트나 디자인 산출물을 수정한 다음 이를 고객들에게 새로 테스트하고 프로덕트 마켓 핏을 달성한 것이 확인될 때까지 이러한 테스트 라운드를 반복한다.

일부 고객이 사용자 테스트에 불참할 것에 대비하는 게 좋다. 불참률은 통상적으로 대략 10% 안팎이다. 실용적인 관점에서 원하는 표본 크기보다 테스트를 하나 더 계획하는 것이 좋다. 예를 들어 일곱 명과 대화하고 싶다면 한 명의 노쇼를 고려해 여덟 명과 테스트를 스케줄링하는 것이다.

## 9.2 대면과 원격 그리고 진행자가 없는 사용자 테스트

사용자 테스트 리서치는 대면 방식도 원격도 가능하다. 대면은 간단하다. 진행자와 고객이 한 공간에 있는 것이다. 원격 테스트는 화면 공유나 비디오 녹화를 이용하면 된다. 원격 테스트는 진행자가 있어도 되고 없어도 된다. 진행자가 있다는 것은 리서처가 테스트 현장에 참석해 고객과 함께

---

1 (옮긴이) 자본이나 노동의 증가량이 일정 한도에 달하면 생산성이나 생산 효율성의 증가율이 점차 줄어드는 것으로 한계 생산 감소라고도 한다.

테스트를 진행한다는 뜻이다. 진행자가 없는 테스트는 진행자가 참석하지 않는다. 대신에 고객에게 테스트할 산출물이나 프로덕트를 제시하고 어떻게 해야 하는지 지침을 제공한다. 이러한 테스트 세션은 프로덕트 팀이 나중에 확인할 수 있게 녹화한다. 고객의 화면을 녹화하는 (고객이 프로덕트에서 어디를 클릭하는지 볼 수 있다) 도구들이 많이 있으며, 소리까지 녹음하여 사용자의 생각을 들을 수 있게 해 주는 도구도 많다. 이뿐만 아니라 (웹캠을 이용하는 경우처럼) 고객의 얼굴을 녹화하는 도구도 일부 있다.

정성적 테스트 기법 세 가지 중에서 – 대면 테스트, 진행자가 있는 원격 테스트, 진행자가 없는 원격 테스트 – 가능하다면 대면 테스트를 추천한다. 사용자와 같은 공간에 있을 때 화면을 공유하는 것보다 훨씬 풍부한 데이터를 얻을 수 있다. 사용자의 화면과 얼굴을 직접 관찰할 수 있고 한숨이나 표정 같은 작은 신호와 다른 미묘한 단서도 감지할 수 있다. 사용자가 어디를 보고 있는지도 확인할 수 있다. 또한 대면할 경우 더 나은 라포르(rapport, 친밀감)를 형성할 가능성이 높고 고객이 더 편안하게 이야기할 수 있어서 대개 더 나은 데이터를 얻게 된다.

당연한 말이지만 가까운 곳에서 타깃 고객을 찾기 어려울 때가 더러 있다. 이럴 때 진행자가 있는 원격 테스트는 고객의 위치에서 테스트를 진행할 수 있는 좋은 대안이다. 대면 테스트만큼 좋지는 않지만 그럼에도 귀중한 정보를 획득하는 데는 문제 없다. 원격 테스트에서는 고객의 화면을 보기 위해 고투미팅(GoToMeeting), 웹엑스, 스카이프, 스크린립(Screenleap), 고투 같은 화면 공유 앱을 사용한다. 이와 같은 상황에서는 언제나 그렇듯이 여러 기술적인 문제에 대비해야 한다. 진행자는 원격 테스트 세션을 시작할 준비가 되었는데 고객이 아직 화면 공유 소프트웨어를 설치하지 않았거나 소프트웨어를 적절히 사용하는 데 도움이 필요한 경우가 아주 흔하다. 더욱이 화면 공유 프로그램은 사용자를 혼란을 느끼게 하거나 테스트하는 디자인 산출물의 크기를 작게 표시하여 테스트를 방해할 가능성이 있다. 또한 사용자가 액션을 하는 시점과 진행자가 화면으로 이러한 액션을 보는 시점 간에는 시차가 어느 정도 발생하기 마련이고 어떨 때는 방화벽도 문제를 일으킨다. 하지만 기술적인 문제가 발생하지 않는다면 진행자가 있는 원격 테스트를 통해 사용자로부터 귀중한 정보를 많이 얻을 수 있다.

세 번째 테스트 유형은 진행자가 없는 원격 테스트로, 이 테스트에서는 유저테스팅(UserTesting), 유저줌(UserZoom) 같은 서비스를 사용한다. 이러한 서비스는 사용자가 디자인 산출물에 접근하고 테스트 세션의 진행을 매끄럽게 해 주며 사용자가 수행하는 행동을 녹화한다. 또한 이러한 서비스의 상당수는 프로덕트를 테스트하는 사용자 패널도 제공한다. 이 접근법의 장점 하나는 테스트 결과를 더욱 빠르게 도출할 수 있다는 점이다. 대개의 경우 사용자 모집과 테스트 스케줄링에 1초도 쓸 필요가 없고 진행자가 참석할 수 있는 시간에 구애받지 않고 다수의 사용자에게 동시에 사용자 테스트를 수행할 수 있다. 하지만 테스트 과정에서 진행자가 사용자에게 직접 안내하지 못한다. 사용자는 서면으로 미리 작성된 지침을 따르게 되니 테스트의 흐름과 사용자에게 제공할 지침을 더 꼼꼼하게 준비해야 한다. 사용자를 많이 모집하기 전에 한두 명을 대상으로 파일럿 테스트를 하는 게 가장 좋다. 게다가 진행자가 테스트에 참석하지 않으므로 "이 버튼을 왜 클릭했나요?"와 같이 묻고 싶은 내용이 생겨도 질문할 수 없다. 그렇기 때문에 사용자에게서 대답을 듣고 싶은 모든 질문을 반드시 미리 제공해야 한다. 즉, 진행자가 있는 테스트에 비해 질문을 구성할 때 더 많이 생각하고, 더 세심하게 주의를 기울여 세부적인 어휘를 선택해야 한다는 뜻이다.

진행자가 없는 원격 테스트를 지원하는 도구는 대부분 사용자가 화면에서 수행하는 액션을 녹화하는 데 집중하며 사용자의 마우스 움직임과 클릭을 추적한다. 사용자의 화면을 보는 것도 도움이 되지만 사용자의 음성을 들을 수 있으면 금상첨화이다. 심지어 어떤 도구는 사용자의 얼굴까지 녹화한다. 반면에 일부 도구는 사용자나 화면을 녹화하지 않고 단순히 클릭을 기록하고 클릭률을 계산한다. 이러한 유형의 정량적 정보는 프로덕트를 대규모로 출시한 이후에 유용한데 분석 패키지를 사용해 얻을 수 있다. 그러나 진행자가 없는 테스트로 프로덕트 마켓 핏을 시험하고 싶다면 화면도 녹화하고 사용자 음성도 녹음하는 것이 더 바람직하며 대부분의 주요 도구들이 이러한 기능을 제공한다.

진행자가 없는 테스트의 장점 하나는 진행자가 있는 테스트와는 달리 진행자가 테스트 결과에 영향을 미칠 리스크가 없다는 점이다. 현실에서 고객은 옆에 아무도 없이 혼자서 프로덕트를 평가하고 프로덕트에 가입하며 프로덕트를 사용한다. 이렇게 볼 때 진행자가 없는 테스트가 사용자의 전형적인 현실에 더 가깝다. 진행자가 곁에 있을 때 고객 대부분은 혼자 테스트할 때보다 더 관심을 기울이고 더 열심히 노력한다.

그렇다면 어떤 테스트를 사용할지 어떻게 결정해야 할까? MVP를 정의하고 검증하는 초기 단계에 있다면 직접 질문하고 풍부한 고객 피드백을 얻을 수 있는 진행자가 있는 테스트가 정답이다. 앞서 강조했듯이 – 타깃 고객을 찾기 어려워서 원격 테스트가 더 적합한 상황이 아니라면 – 대면 테스트가 이상적이다. 향후 MVP에 대한 자신감이 커졌을 때는 진행자가 없는 테스트를 진행자가 있는 테스트를 보완하는 유용한 도구로 쓸 수 있는데 이는 시간과 비용을 절약할 수 있기 때문이다. 또한 바로 이런 장점 때문에 진행자가 있는 테스트를 실시할 리소스가 없을 때 진행자가 없는 테스트는 좋은 선택지가 된다.

## 9.3 타깃 시장에서 고객을 모집하는 방법

당연한 말이지만 테스트에 참여하는 고객이 타깃 시장에 속하는지 확인해야 한다. 타깃 고객층이 아닌 사람들의 피드백은 오히려 잘못된 방향으로 반복하게 만들 수 있다. 스크리너를 – 설문 조사처럼 잠재 참가자에게 묻는 질문들 – 사용하여 적합한 대상을 선별할 수 있다. 예를 들어 타깃 고객이 젊은 남성이라면 나이와 성별에 관해 질문하면 된다. 먼저 각 질문에 대해 다중 선택지를 만들고 응답자가 타깃 시장에 부합하는지 판단하는 기준으로 사용할 선택지를 결정하라. 3장에서 타깃 고객을 구체화하는데 사용할 수 있는 다양한 유형의 고객 속성을 다루었다.

　인구통계학적 속성뿐만 아니라 대개의 경우 행동적 속성도 매우 유용하다. 예를 들어 타깃 고객이 하드코어 게이머라면 일단 "비디오 게임을 하나요?"라고 묻고 "아니오"라고 대답한 사람을 거르면 된다. 그런 다음 "예"라고 응답한 사람을 대상으로 "보통 일주일에 비디오 게임을 몇 시간 하나요?"라고 후속 질문을 한다. 응답자는 "일주일 5시간 미만", "일주일 5~10시간", "일주일 10~20시간", "일주일 20~30시간", "일주일 30시간 이상"과 같이 제시된 답변 목록에서 하나를 선택한다. 만약 일주일에 20시간 이상 게임하는 사람을 타깃 고객으로 결정한다면 마지막 답변 두 개를 고른 사람만 테스트에 참가할 수 있다.

　심리통계학적 변수도 – 사용자의 의견과 감정 – 스크리닝에 유용할 수 있다. 앞의 시나리오라면 "자신이 하드코어 게이머라고 생각하나요?"라고 심리통계학적 질문을 할 수 있다. "비디오 게임을 얼마나 좋아하나요?"라고 물으며 응답 척도를 제시해도 된다.

타깃 시장을 위해 만든 페르소나를 참조하여 스크리너 문항을 개발하는 게 좋다. 다른 모든 것이 그렇듯이 스크리너 문항도 테스트하고 이터레이션할 수 있는 가설이다. 최초의 사용자 테스트를 진행하는 동안 첫 번째 스크리너 문항 세트로 선별한 사용자가 원하는 유형의 고객이 아니라는 것을 알게 되면 다음 테스트 라운드에서는 문항을 변경해야 한다.

첫 번째 테스트를 진행한 후 스크리너에 추가해야 하는 또 다른 기준을 발견하는 경우도 종종 있다. 예를 들어 우리가 투자자를 타깃 고객으로 포트폴리오 관리 앱을 개발했고 처음의 스크리너는 거래 빈도와 포트폴리오 가치에 관해 질문했다고 하자. 첫 번째 사용자 테스트 라운드 결과 투자자에는 두 가지 유형이 있음을 알게 됐다. 스스로 투자를 결정하는 것을 좋아하는 집단과 전문 상담사에게 위임하는 것을 선호하는 집단이다. 첫 번째 그룹은 우리의 가치 제안에 공감했지만, 두 번째 그룹은 이에 전혀 매력을 느끼지 못했다. 이후 사용자 테스트에서는 DIY 투자자를 타깃으로 하고 위임자 유형을 걸러 내는 질문을 스크리너에 추가할 수 있다. 이를 반영해 기존의 페르소나도 수정하는 게 좋다.

피드백을 받고 싶은 고객을 스크리너에 반영하고 나면 이제 이러한 고객을 모집할 차례이다. 이는 린 사용자 테스트에 열정이 가득한 많은 사람에게 가장 어려운 단계일 수도 있다. 기존 프로덕트를 개선하는 것이라면 기존 고객과 종종 대화하면 된다. 그렇지 않다면 타깃 고객을 찾는 방법을 알아내야 한다. 운 좋게도 접촉할 수 있는 잠재 고객 목록이 있을 수 있다. 아니라면 잠재 고객을 직접 찾아야 한다.

한 가지 방법은 크레이그리스트(Craigslist)[2]와 태스크래빗[3](TaskRabbit) 같은 웹사이트에 글을 올려서 지역 참가자를 모집하는 것이다. 가장 좋은 방법은 서베이몽키(SurveyMonkey)나 구글 폼(Google Forms) 또는 다른 설문 조사 웹사이트에서 제공하는 온라인 설문 조사에 스크리너 질문을 넣고 이에 대한 링크를 게시물에 넣는 것이다. 응답자 수는 어디에 게시하는지, 어떤 내용을 담는지, 제공하는 인센티브의 크기에 따라 크게 달라질 수 있다.

모집글의 반응률이 저조할 경우 원격 테스트를 사용하면 지역 시장을 넘어 온라인으로 대상을 확대할 수 있다. 일부 기업은 저렴한 원격 테스트 모집 수단으로 아마존의 메커니컬 터크(Mechanical Turk, MTurk)를 이용하며, 이를 더 쉽게 활용할 수 있도록 터크를 기반으로 한 여러 서비스가 개발되었다. 유저테스팅처럼 테스트에 참가할 수 있는 고객 패널을 보유하고 있는 원격 테스트 서비스들이 많이 있다. 이러한 서비스마다 스크리너 질문을 제어할 수 있는 범위는 다를 수 있다. 성별, 연령, 고용 상태 등 사전에 지정한 속성으로 스크리너 질문을 제한하는 서비스가 있는가 하면 원하는 질문을 할 수 있게 허용하는 서비스도 있다. 원격 테스트 서비스를 선택할 때 스크리너 질문에 대해 필요한 수준의 통제권을 가질 수 있는지 확인해야 한다. 타깃 시장에 속하지 않는 고객의 피드백을 받는 것은 시간과 돈 낭비일 뿐만 아니라 이로 인해 잘못된 방향으로 갈 수 있다.

타깃 고객이 – 마케팅 담당 경영진이나 의사와 같이 – 고객이 아닌 경우에는 접근하기 어려울 수 있다. 창의적인 방법 하나는 콘퍼런스, 미트업(meetup) 등 타깃 고객이 모이는 행사를 골라 일종의 현장 게릴라 테스트를 진행하는 것이다. 내 클라이언트 한 사람은 탄소 상쇄권(carbon offset)

---

2 (옮긴이) 온라인 벼룩시장
3 (옮긴이) 단기 일자리 중개 플랫폼

구매와 관련 있는 프로덕트 아이디어가 있었다. 그의 처음 계획은 웹 앱을 구축하는 것이었는데 그렇게 하자면 시간과 돈이 많이 필요했다. 나는 코딩에 한푼도 쓰지 않고 가치 제안을 검증할 수 있으므로 킥스타터 MVP를 만드는 게 더 말이 된다고 설명했고 그도 내 제안에 동의했다. 그는 대체 에너지를 주제로 지역에서 열리는 콘퍼런스를 목표로 삼고 아이패드를 들고 행사에 참석했다. 그는 참석자들과 대화하면서 타깃 시장에 속하는 사람을 알아볼 수 있었고 그들에게 자신의 킥스타터 페이지를 보여 주었다. 그는 짧은 시간에 귀중한 피드백을 아주 많이 수집했다.

콘퍼런스 같은 행사는 집중적인 피드백을 얻는 좋은 방법이 될 수 있다. 안타깝게도 신속한 테스트와 이터레이션에 도움이 되는 관련 행사들은 가까운 곳에서 자주 열리지 않는다. 고객 패널을 운영하는 원격 테스트 서비스를 이용하면 비교적 짧은 시간에 사용자를 자주 모집할 수 있다.

대면 테스트를 진행할 수 있는 또 다른 선택지로는 고객 리서치 전문 기업이 있다. 많은 리서치 기업이 각 지역에서 참가자 패널을 보유하고 있으며 이들로부터 참가자를 모집할 수 있다. 이러한 기업들은 종종 테스트 시설과 진행자를 포함한 종합 서비스를 제공하는데 대개는 참가자 모집에 대해서만 비용을 지불하면 된다. 모집 건당 가격은 다양한데 보통 75달러에서 150달러 사이에 가격이 형성된다. 타깃 고객이 – 심장병 전문의나 CEO처럼 – 상대적으로 희소하고 자신의 시간에 높은 값을 매긴다면, 모집하는 데 비용이 훨씬 더 많이 들거나 아예 모집이 불가능할 수도 있다. 경험상 리서치 기업은 대면 테스트를 위한 지역 참가자를 모집하는 탁월한 방법이다. 주된 단점은 비용이다. 그러나 스크리너를 잘 작성하고 테스트를 잘 수행하면 비용보다 훨씬 가치 있는 귀중한 피드백을 얻게 되는 경우가 많다.

### 9.3.1 스케줄링 함정을 피하는 방법

사용자 테스트를 진행하고 싶지만 테스트 세션을 스케줄링하는 단계에서 어려움을 겪는 기업이 많은 것을 알고 있다. 프로덕트 팀은 책상 앞에서 머리를 숙인 채 가치 제안을 정의하고 사용자 스토리를 작성하고 와이어프레임을 디자인하며 시간의 대부분을 쓴다. 프로덕트 팀은 사용자를 대상으로 와이어프레임을 테스트할 준비가 되었을 때 그제서야 고개를 들고 시간을 낭비하지 않고 사용자를 빨리 모집하느라 동분서주한다. 사용자를 단기간에 모집하는 일은 매우 어렵다. 그때까지 대부분의 팀은 스크리너 또는 테스트 스크립트에 대해 생각조차 하지 않는다. 프로덕트 팀이 사용자를 모집할 수 있게 도와주는 리소스가 전혀 없다면 종종 프로덕트 매니저나 디자이너가 – 이들은 이미 할 일이 태산이다 – 이를 책임지게 된다. 첫 번째 사용자 테스트 일정이 확정되기까지 한두 주가 걸릴 수 있다(더 걸릴 수도 있다). 그때쯤이면 프로덕트 팀은 다음 단계로 나가라는 상당한 압박을 받고 이에 못 이겨 하이 피델리티 디자인 또는 심지어 코딩을 진행했을 것이다. 프로덕트 팀이 첫 번째 사용자 테스트의 피드백을 이해할 즈음이면 피드백을 프로덕트에 반영하기엔 너무 늦어 버린다. 한두 차례의 개발 이터레이션을 완료하면서 이 실망스러운 과정이 챗바퀴처럼 되풀이되면 많은 팀이 사용자 테스트 횟수를 줄이거나 테스트 자체를 전면 중단하게 된다. 그렇다면 린 프로덕트 팀은 어떻게 해야 할까?

이 함정을 벗어나는 가장 좋은 방법은 정기적인 사용자 테스트를 일정으로 무작정 잡는 것이다. 예를 들어 매주 화요일 오후에 사용자 세 명 또는 격주 수요일마다 사용자 다섯 명과 테스트 일정을 잡는 식이다. '무작정'이라는 단어에 주목하자. 사용자와 테스트 스케줄을 잡을 당시에는 무엇을 테스트할지 정확히 모를 가능성이 크기 때문이다. 사용자 테스트에서 보여 줄 프로덕트나 산출물이 준비될 때까지 기다리는 대신 프로덕트 팀은 일정한 간격으로 반복되는, 지정된 시간에 참석이 가능한 사용자를 활용할 수 있다. 이렇게 하면 테스트 준비 상태와는 무관하게 사용자와 테스트 스케줄을 확정하고 훨씬 적은 노력을 들여 훨씬 자주 사용자 테스트를 진행할 수 있다. 한 가지 더, 테스트를 위한 사용자 모집과 스케줄링에 도움을 줄 수 있는 리소스를 확보하기를 추천한다. 주니어나 인턴은 물론이고 비정규 계약직도 좋은 대안이 될 수 있다. 이들은 잘 작성된 스크리너만 있으면 이 일을 잘 해낼 수 있다.

### 9.3.2 스타벅스 사용자 테스트

게릴라 전술에 관심이 있다면 내가 스타벅스 사용자 테스트라고 부르는 또 다른 기법이 있는데, 카페에서 진을 치고 현장에서 사람들을 모집해 테스트하는 방법이다. 이 기법의 주된 장점은 저렴한 비용과 즉시성이다. 최대 단점은 테스트에 참가하는 고객 유형을 엄격하게 통제할 수 없다는 점이다. 구글이나 페이스북 같은 대중적인 프로덕트라면 타깃 고객을 충분히 찾을 수 있다. 하지만 타깃 고객이 매우 구체적일 경우에는 이 접근법이 성공하지 못할 가능성이 크다. 눈으로 겉모습(성별, 연령, 옷차림 등)을 보고 타깃 고객인지 추측할 수 있다. 많이 거절당할 각오를 하라. 낯선 사람이 다가와 말을 거는 것을 좋아하지 않는 사람도, 그냥 너무 바쁜 사람도 많다. 경험상 쇼핑몰이 카페를 대체할 수 있는 좋은 대안이었는데 쇼핑몰 방문자는 덜 바쁘고 더 개방적인 경향이 있기 때문이다. 그들에게 처음 건네는 한 마디에서 성공률이 판가름 난다고 해도 과언이 아니다. 그들에게 무엇을 바라고 그들의 시간을 어떻게 보상할 것인지 빠르게 알려 줘라. 간단한 예를 보자. "선생님, 안녕하세요? 새 웹사이트에 대한 피드백을 들려 주시면 25달러짜리 스타벅스 기프트 카드를 드리는데, 10분 정도 시간을 내주실 수 있을까요?"

### 9.3.3 고객의 시간에 보상하라

이제 돈 이야기를 해 보자. 테스트 참가자의 시간에 대한 보상은 얼마가 적정할까? 보통은 한 시간에 75~125달러 선이지만, 타깃 고객과 그들의 시간이 얼마의 가치를 가지느냐에 따라 달라진다. 예를 들어 심장병 전문의와 이야기를 나누려면 비용이 훨씬 많이 들고 고등학생과 대화하려면 훨씬 적게 들 것이다. 리소스를 잘 활용하는 스타트업은 경제적 보상을 제공하지 않고도 참가자를 모집한다. 나는 배타적 비공개 베타에 참여할 수 있는 기회를 당근으로 사용하여 참가자를 모집한 적이 있는데 다른 기업들도 이렇게 한다. 이뿐만 아니라 회사 로고가 들어간 멋진 기념품(반팔 티셔츠, 후드티, 스포츠 재킷 등)을 사례품으로 사용해도 된다.

금전적인 보상에는 몇 가지 선택지가 있다. 기프트 카드는 구매와 사용이 간편하기 때문에 양측 모두에게 편리하다. 비자나 마스터카드 같은 범용 기프트 카드는 특정 브랜드 전용 기프트 카드보다 더 매력적이다. 만약 스타벅스 사용자 테스트를 진행한다면 스타벅스 기프트 카드도 효과적이다. 현금으로 보상해도 좋지만 회사 경비로 처리하기가 번거로울 수도 있다. 일부 기업은 회계상 편의를 위해 수표로 지급하는 것을 선호한다. 자기앞 수표(cashier's check)는 수령자 입장에서 지급 거절을 걱정하지 않아도 되므로 좋은 선택지이다. 기존 고객을 대상으로 테스트를 진행했다면 현금 대신에 자사 서비스를 이용하게 하거나 다음에 자사 프로덕트나 서비스를 구매할 수 있는 크레딧을 제공하는 방법도 있다.

## 9.4 인튜이트의 사용자 테스트

나는 인튜이트에서 사용자 테스트를 처음 접했는데 인튜이트는 세금 신고 소프트웨어 업계에서 사용자 테스트의 선구자였다. 퀵큰의 새로운 버전이 출시될 때마다 프로덕트 매니저들은 '가정 방문'을 실시하곤 했다. 그들은 퀵큰이 진열된 매장 복도에서 기다리다가 퀵큰을 구매하려는 고객이 나타나면 자택을 방문해도 좋은지 물었다. 그런 다음 동의하는 고객의 집을 방문해 고객이 퀵큰을 설치하고 사용하는 것을 관찰했다. 고객이 자신의 생활 환경에서 퀵큰을 사용하는 모습을 지켜볼 수 있는 기회를 통해 퀵큰 팀은 귀중한 인사이트를 많이 얻었다. '맥락적 조사' 또는 '민족지학적 연구'라는 말을 들어 보았을 것이다. 이는 고객 각자의 생활 환경에서 고객을 관찰하는 데 집중하는 UX 리서치 기법이다.

사용자가 있는 곳으로 직접 찾아가는 것이 항상 가능하거나 경제적이지는 않다. 때로는 고객이 찾아오게 하는 것이 더 합리적인 경우도 있다. 인튜이트는 가정 방문 외에도 테스트를 실시할 수 있는 몇 개의 평가실을 갖춘 최첨단 사용성 실험실을 마련했다. 퀵큰 팀은 소프트웨어를 개발하는 동안 이를 테스트하기 위해 고객을 실험실로 초대하곤 했다. 평가실에는 고객과 진행자만 들어갔지만 한쪽에서만 보이는 반투명 거울을 통해 다른 사람들도 테스트를 실시간으로 관찰했다. 사용성 실험실에 설치된 여러 대의 카메라가 컴퓨터 화면과 고객의 얼굴을 녹화했고 거울 너머의 관찰실에 있는 모니터로 이 영상을 전송했다.

## 9.5 라멘 사용자 테스트

인튜이트의 사용성 실험실은 프로덕트 매니저가 즐겁게 사용할 수 있는 매우 인상적인 공간이었다. 그러나 현실적으로 사용자 테스트를 진행하기 위해 그토록 정교한 설비가 필요한 것은 아니다. 나는 인튜이트를 퇴사한 이후로 많은 스타트업에서 일해 왔는데 대개 이들 스타트업은 제한적인 리소스로 말미암아 더 경제적으로 일해야 한다. 나는 이들 스타트업이 내가 라멘(Ramen) 사용자 테스트라고 부르는 것을 하게 도와주고 있는데, 이는 사용자 테스트의 핵심 부분만 남기고 다른 모든 것을 제거하는 기법이다. 라멘 테스트는 전용 평가실 대신 사내 회의실을 활용한다. 전문 진행자를 고용하지 않고 팀 내 누군가가 (대개는 프로덕트 매니저나 디자이너가) 테스트를 진행한다. 당신이 사용자 테스트를 진행한 경험이 전혀 없다면 이참에 한번 해 보기를 추천한다. 내가 이제껏 경험으로 내린 결론은, 사용자 테스트를 진행하는 것이 부담스러울 수는 있지만, 약간의 격려만 있으면 충분히 할 수 있다는 것이다. 사용자 테스트를 진행하는 것은 로켓 과학이 아니며 삶의 거의 모든 것과 마찬가지로 이것도 연습하면 더 잘할 수 있다. 그러나 진행자와 기록자의 역할을 병행하는 것은 어려울 수 있으므로 전담 기록자를 두는 것을 추천한다.

　가능하다면 고객이 자신의 노트북이나 디바이스를 가지고 테스트에 참가하면 좋다. 고객이 익숙하지 않은 디바이스를 사용해야 하는 경우보다 훨씬 나은 결과로 이어지는 경향이 있어서이다. 내가 관찰한 바로는 운영 체제(윈도나 macOS), 키보드, 마우스, 브라우저 등이 평소 사용하는 것과 다르면 사용자가 당황하게 되고 테스트에도 방해된다. 고객이 집이나 일터에서 실제 사용하는 디바이스에서 프로덕트를 사용하는 모습을 관찰하는 게 바람직하다. 팀의 내부 토론이나 테스트에서 드러나지 않았던 새로운 것을 종종 배우게 된다.

평가실에서 나는 고객이 탁자 위에 자신의 노트북이나 모바일 디바이스를 올려놓고 진행자와 기록자가 고객의 양 옆에 앉는 것을 좋아한다. 이렇게 하면 고객과 같은 방향을 보며 화면을 볼 수 있다. 또한 옆에 앉으면 얼굴 표정이나 다른 미묘한 단서를 알아차릴 수 있다.

나머지 팀원도 사용자 테스트를 직접 관찰하기를 추천한다. 여러 사람이 동일한 고객 피드백을 동시에 관찰하는 것은 아주 강력한 효과를 발휘한다. 프로덕트 마켓 핏을 달성하고자 할 때 문제 영역과 해결 영역이 다소 모호할 수 있는데 그 결과 팀원 각자가 다른 가설과 의견을 갖게 되기도 한다. 팀원들이 사용자 테스트를 함께 관찰하면 공통의 이해(shared understanding)⁴를 도출하는 데 도움이 된다. 하지만 평가실에 지나치게 많은 사람이 있으면 고객이 부담을 느낄 수 있으니 조심해야 한다. 고객을 제외하고 테스트 참여 인원은 최대 세 명이면 충분하다. 또한 진행자 말고 다른 모두는 침묵해야 하며 테스트를 방해하지 않는 것이 중요하다. 테스트를 관찰하고 싶은 사람이 더 많을 때는 테스트 영상을 별도의 관찰실에 마련된 화면으로 실시간 전송하는 웹캠을 설치하는 것도 방법이다. 프로젝터가 있는 더 큰 평가실에서 고객의 노트북에 프로젝터를 연결하여 모두 함께 시청하는 방법도 있다. 프로젝터와 관찰자용 의자는 고객에게 보이지 않게 고객 뒤쪽에 배치하지만 고객의 목소리를 들을 수 있을 만큼 고객과 가깝게 둔다.

대면 사용자 테스트를 직접 관찰하는 대신 나중에 영상을 확인하겠다며 테스트를 녹화하려는 팀원이 있다면 어떻게 해야 할까? 나는 이제껏 많은 테스트에 관여했지만 테스트가 끝난 뒤에 실제로 녹화 영상을 찾아 확인하는 사람은 한 번도 본 적이 없다. 테스트에 참여할 만큼 동기가 부여되지 않았는데 녹화 영상을 볼 만큼 동기가 부여될 가능성이 얼마나 될

---

4 (옮긴이) 의논하지 않아도 사람들이 암묵적으로 같이 알고 있는 것

까? 게다가 자신이 테스트하는 과정이 녹화되는 것을 좋아하지 않는 고객도 많다. 그렇지만 테스트 녹화를 정말 가치 있게 생각하고 녹화 영상을 정말로 보려는 팀이라면 – 고객이 반대하지 않는 경우에 한해 – 녹화하라. 그렇지 않다면 녹화는 생략하고 테스트를 직접 관찰하는 것에 집중하라.

## 9.6 사용자 테스트를 구조화하는 방법

몇몇 타깃 고객을 성공적으로 모집했고 첫 번째 고객이 진행자와 함께 평가실에 있다고 하자. 이제부터 테스트를 어떻게 진행해야 할까? 무엇보다도 사용자에게 보여 주고 질문할 내용을 나열한 테스트 스크립트를 준비하는 게 도움이 된다. 테스트 스크립트는 원하는 내용을 테스트에 넣고 테스트 흐름을 합리적으로 만들고 시간을 효과적으로 관리하도록 계획을 세울 수 있게 해 준다. 테스트 스크립트에서는 사용자에게 보여 줄 디자인 산출물이나 프로덕트의 일부, 사용자가 수행할 태스크, 사용자에게 할 질문을 모두 원하는 순서대로 명확하게 정해야 한다.

테스트를 진행하는 것이 긴장된다면 먼저 팀원과 함께 파일럿 테스트를 실시하여 문제를 해결하고 테스트 흐름에 익숙해지는 것이 도움이 된다. 또한 테스트 스크립트를 (또는 스크립트 요약본을) 출력하여 옆에 두고 테스트를 진행하는 동안 참고하는 것도 괜찮은 방법이다.

사용자 테스트는 보통 1시간에서 ±15분 내외로 진행되지만, 사용자가 프로덕트에 흥미를 보이며 피드백을 많이 제공하면 더 길어질 수 있다. 테스트 세션을 시작하고 처음 10~15분은 사용자의 긴장을 풀어 주고 사용자의 니즈와 현재 솔루션에 관한 고객 인터뷰에 사용할 것을 추천한다. 이후 40~45분 정도는 사용자에게 프로덕트나 디자인 산출물에 관한 피드백을 얻는 데 쓰기 바란다. 마지막 5~10분은 정리하고 마무리하는 랩업(wrap-up)에 할애하여 사용자의 모든 질문에 대답하고 묻고 싶은 마무리 질문을 하며 테스트를 종료한다.

사용자 테스트는 첫 단추를 잘 꿰는 것이 관건이다. 처음 1~2분간 사용자를 어느 정도 파악하기 위해 가벼운 대화를 시도하는 게 좋다. 라포르를 형성하고 사용자를 편안하게 만들어 주면 대개는 사용자가 테스트에서 더 솔직하게 말하고 더 많은 피드백을 주게 된다. 몇 가지 기대치를 정하는 것도 중요하다. 대부분의 사람은 착해서 비판적인 말을 잘 안 하려 하고 당신 앞에서는 더욱 그렇다. 사람들은 진행자가 프로덕트를 디자인했거나 만든 팀의 일원일 거라고 생각해 진행자의 감정을 불편하게 하려고 하지 않는다. 사람들의 시간에 대한 보상도 그들에게 긍정적 편향(positive bias)[5]을 일으킬 수 있다. 이는 모두 인간의 자연스러운 심리로 사용자가 이를 극복하게 도와주는 것이 중요하다. 부정적인 내용이라도 솔직한 피드백을 원한다고 미리 명확하게 밝혀라. 누구에게도 상처가 되지 않을 것이라고 꼭 알려 줘라. 나는 한 술 더 떠서, 비판적인 피드백이 더 나은 프로덕트를 만드는 데 도움이 될 것이라고 – 이것이야말로 사용자 테스트를 진행하는 모든 이유이다 – 말하는 것을 좋아한다.

테스트 중에 사용자가 자신의 생각을 말로 분명하게 표현하는 것이 중요하다. 타고난 성격상 이렇게 하는 사람이 있는 반면 성향적으로 말수가 적고 내성적인 사람도 있다. 사용자에게 테스트 전반에서 생각이 떠오를 때마다 (즉, 의식의 흐름에 따라) 생각을 큰 소리로 말하라고 확실하게 독려하는 것은 충분한 피드백을 얻을 수 있는 좋은 아이디어이다. 이를 사고 발화법(think aloud protocol, 소리 내어 말하기)이라고 한다. 이러한 지침을

---

5 (옮긴이) 긍정적인 정보를 더 편안하게 생각하는 경향

제공한 이후에도 사용자가 여전히 말을 아낀다면 다시 한 번 상기시켜 줄 수 있다.

사용자 테스트 초반에 활용할 수 있는 이러한 팁은 사용자로부터 귀중한 피드백을 얻을 가능성을 높여 주지만, 솔직히 어떤 것도 가치 있는 피드백을 보장하지는 못한다. 백약이 무효한 사람도 있다. 프로덕트에 대해 비판적인 내용은 입도 벙긋하지 않는 사람도, 그저 말을 많이 하지 않는 사람도 있을 것이다. 테스트 참가자 중 약 10% 정도는 '헛탕'일지도 모른다. 좋은 피드백을 받지 못하는 사용자 테스트 비율이 높다면 스크리너나 테스트 스크립트 또는 진행자를 재평가해야 한다. 이들 요소 중 최소하나 이상은 반드시 개선해야 한다는 징후이기 때문이다.

## 9.7 좋은 질문을 하는 방법

발견 질문은 문제 영역과 가치 제안을 고객과 함께 탐구하는 훌륭한 방법이다. 가장 먼저 제공하려는 핵심 편익에 대한 고객의 현재 행동과 감정에 대해 질문해 보자. 프로덕트가 우버라고 가정하면 택시를 얼마나 자주 타고, 어떤 경우에 택시를 타며, 필요할 때 택시를 어떻게 찾는지 등을 질문하는 것으로 시작할 수 있다. 또한 최근에 택시를 이용한 경험을 처음부터 끝까지 상세하게 설명해 달라고 요청해도 좋다. 그런 다음에는 택시 탑승 경험에서 좋은 점과 불만 그리고 전반적인 만족도에 대해 질문하면 된다. 인터뷰에서 아직 우버의 '우'자도 꺼내지 않았다는 사실을 주목하라. 그저 고객의 니즈, 고객의 현재 솔루션, 이 솔루션에 대한 고객의 호불호와 만족도 등을 이해하려고 노력하는 중이다. 발견 질문의 목적은 타깃 고객과 가치 제안에 관한 가설을 검증하기 위해 사용할 수 있는 정성적 정보를 발견하는 것이다. 이뿐만 아니라 발견 질문은 사용자에게 프로덕트를 보여 주기 전에 프로덕트의 맥락을 자연스럽게 소개하는 데도 도움이 된다.

발견 질문 후에는 프로덕트에 대한 피드백 세션으로 전환한다. 진행자의 역할은 결과에 영향을 미치지 않고 프로덕트에 관한 사용자의 피드백을 효과적으로 이끌어 내는 것이다. 진행자가 결과를 왜곡하는 가장 흔한 방식은 유도 질문이다. "그 양식은 작성하기 쉽지 않았나요?", "그래서 '구매' 버튼을 누르고 싶은가요?"라고 묻는 식이다. 이와 같이 수사학적인 유도 질문을 하는 진행자는 실질적이고 진실한 피드백보다 프로덕트가 좋다는 확인을 받고 싶은 마음이 앞선 것이다. 사용자 테스트의 핵심은 진행자의 자기 만족이 아니다. 진짜 고객에게서 객관적인 피드백을 수집하는 것이 사용자 테스트의 본질이다. 객관성을 보장하는 일은 진행자에게 달려 있다. 자신이 많은 것을 쏟아부은 프로덕트를 테스트할 때 자신과 프로덕트를 분리하고 공정성을 유지하기 어려운 것이 인지상정이지만, 진행자는 그렇게 하려고 노력해야 한다. 최고의 진행자는 가능한 한 개입을 최소화하면서 사용자가 프로덕트와 직접 상호작용하게 만든다. 그들은 개인적인 비평을 피하며 주로 관찰과 질문을 한다.

사용자가 프로토타입에서 어떤 행동을 했지만, 그 행동을 언급하지 않거나 이유를 설명하지 않는다면 좋은 진행자는 이렇게 말할 수 있다. "방금 저 버튼을 클릭했는데, 이유를 말해 주시겠어요?" 이 질문을 다시 읽어 보라. 진행자가 '이유'를 단도직입으로 묻는 대신에 자신이 관찰한 내용부터 설명했다. 이는 '되돌려 말하는 에코백'(echo back) 기법으로 사용자를 정확히 이해하고 더 깊이 탐색하는 데 탁월한 효과가 있다. 예를 들어 사용자가 "□□□□을 찾으려고 그 버튼을 눌렀어요"라고 대답한다면 진행자는 "[_____]을 왜 찾고 싶었나요?"라고 되물을 것이다. 이는 '다섯 단계의 왜' 기법을 연상시킨다. 고객에게 '왜'라는 질문을 너무 많이 반복하면 고객을 방어적으로 만들 위험이 있다. 따라서 '왜' 질문과 "그것에 대해 더 말해 주시겠어요?", "제가 [_____]을 이해하도록 도와주시겠어요?", "[_____]을 했을 때 어떤 생각을 했나요?" 같은 질문을 적절히 섞는 것이 좋다.

테스트 중에 사용자가 진행자에게 질문하는 것은 흔한 일이다. 사용자가 "그러면 여기를 클릭하면 로그인이 되나요?"라고 물었다고 하자. 이럴 경우 좋은 진행자는 네 또는 아니오로 대답하기보다 "여기를 클릭하면 무슨 일이 일어날까요?"라고 되묻거나, "혼자 있을 때처럼 하시면 됩니다"라고 반응할 것이다. 좋은 진행자는 종종 유도의 되치기 기술처럼 질문에 질문으로 대응하는 기법을 사용한다.

## 9.8 열린 질문 대 닫힌 질문

열린 질문과 닫힌 질문 사이에는 커다란 차이가 있다. 열린 질문은 고객이 자유롭게 대답할 수 있는 여지를 많이 허용한다. 열린 질문에는 보통 '왜', '어떻게', '무엇' 같은 단어가 포함된다. 반면 닫힌 질문은 (네 또는 아니오로 대답하는 것처럼) 고객의 답변을 제한한다. 예를 들어 "항공권을 예약할 때 가격을 기준으로 선택하나요?"라는 질문과 "항공권을 예약할 때 어떤 기준으로 선택하나요?"라는 질문 중 무엇이 더 바람직할까? 앞의 닫힌 질문보다 뒤의 열린 질문이 더 좋다. 닫힌 질문은 종종 "해요?", "했어요?", "인가요?", "할까요?" 같은 단어를 사용한다. 열린 질문과 닫힌 질문을 사용하는 것은 진행자 개인의 성향보단 역량과 더 관련이 깊다.

사용자 테스트가 아닌 평범한 대화에서 닫힌 질문을 하는 것은 조금도 문제되지 않는다. 그러나 사용자 테스트를 진행할 때는 이를 신경 써야 한다. 테스트에서 하고 싶은 질문을 테스트 스크립트로 미리 작성하면 도움이 될 수 있다. 또한 (사용자의 액션이나 발언에 대한 반응처럼) 상황에 맞춰 즉흥적으로 열린 질문을 하는 것에 집중할 수 있어야 한다. 말로 내뱉기 전에 먼저 마음속으로 다음 질문을 해 보는 습관을 들이면 도움이 된다. 이 기법을 사용하면 마음속 질문이 닫힌 질문이라도 고객에게 표현하기 전에 열린 질문으로 바꿀 수 있다.

피해야 하는 또 다른 실수는 진행자가 선호하거나 가능한 대답을 질문에 포함하는 것이다. 이렇게 하면 열린 질문으로 시작했더라도 닫힌 질문으로 끝나게 된다. "이 앱이 거래를 어떻게 분류하기를 바라나요? 날짜별로요?"라는 질문이 이에 해당한다. 미숙한 진행자는 가끔 의욕이 너무 앞선 나머지 사용자의 예상 대답을 지레짐작해서 제시하기도 한다. 사용자는 가장 하고 싶던 답변이 아닐 때도, 진행자가 제안했다는 이유만으로 진행자의 말에 동의할지도 모른다. 더러 진행자 본인이 편안하지 않아서 사용자에게 '좀 더 수월한' 상황을 만들어 주려다 이런 일이 벌어진다. 사용자 테스트에서는 긴 침묵이 불가피한데, 사용자에게 본 것을 처리하고 생각을 정리하는 시간이 필요하기 때문이다. 일상 대화라면 이러한 침묵이 어색하겠지만 사용자 테스트에서는 아무 문제가 안 된다. 진행자는 대답을 제안해서는 안 되고, 일단 질문한 다음에는 이 질문이 열린 형태를 유지하고 사용자가 대답을 스스로 결정할 수 있게 입을 닫고 조용히 기다려야 한다. 사용자는 종종 당신이 미처 몰랐던 사실로 당신을 놀라게 할 수 있다. 고객의 대답을 추측하는 것은 괜찮다(그리고 재밌을 때도 있다). 그러나 그 예측은 마음속에만 간직하고 입 밖으로 내면 안 된다.

재차 말하지만, 진행자는 사용자 테스트에 최소한으로 개입해야 한다. 피드백을 원하는 산출물이나 프로덕트의 특정 부분을 보여 주는 것으로 테스트를 시작한 다음에는, 뒤로 물러나는 게 좋다. 사용자가 첫 페이지를 본 다음 "이제 어떻게 해야 할까요?"라고 물을 수도 있다. 나라면 이런 식으로 대답하겠다. "저는 여기에 없다고 생각하세요. 그냥 친구가 이 프로덕트를 살펴봐 달라고 부탁해서 집에서 혼자 컴퓨터로 확인할 때처럼 하시면 됩니다." 사용자가 자신의 생각을 말로 표현하지 않는 경우에는, "이 페이지를 어떻게 생각하나요?"와 같이 직접 피드백을 요청하는 게 좋다.

나는 사용자가 스스로 자연스럽게 프로덕트의 일부를 발견하고 프로덕트의 부분과 상호작용하도록 두는 것을 (이 역시 진행자의 개입 없이) 좋아한다. 그러나 사용자가 프로덕트에서 발견하지 못한 부분에 대한 피드백을 원한다면 사용자에게 그 부분으로 이동해 달라고 요청할 수 있다. 나는 이렇게 요청한 다음 또다시 뒤로 물러날 것이다.

사용자가 프로덕트와 상호작용하고 의견을 남길 때, 필요에 따라 탐색 질문을 해야 한다. 예를 들어 사용자가 양식을 작성한 후 "이건 좀 복잡했어요"라고 말하면 진행자는 "왜 그렇게 느꼈는지 말해 주실 수 있나요?" 또는 "그 부분에 대해 좀 더 자세히 이야기해 주세요"와 같이 적절한 후속 질문을 해야 한다.

## 9.9 사용자의 고충에 공감하라

사용자가 프로덕트를 이해하거나 사용하는 것을 어려워하더라도 도와주지 않도록 주의하라. 아무리 힘들어 해도 그래야 한다. 당신의 목표는 테스트를 가능한 한 실제 상황과 똑같이 진행하는 것이다. 프로덕트를 출시한 후에는 모든 고객을 일일이 도와줄 수 없기 때문에 프로덕트 그 자체로 잘 작동하는 것이 관건이다. 피드백 세션 중에 진행자는 신 스틸러가 아니라 벽에 붙은 파리처럼 철저히 관찰자로서 역할을 유지해야 한다. 사용자가 불평하거나 질문할 때 혼란스러운 텍스트나 UI를 설명하는 것도, 어디를 클릭하라고 알려 주는 것도, 사용자의 마우스를 잡고 대신해 주는 것도 자제해야 한다(물론 나는 이런 진행자들을 실제로 보았다). 대신 테스트가 종료될 때 사용자의 질문에 답하겠다고 알려 주면 된다. 품질이나 UX 문제로 인해 사용자가 혼자 힘으로 프로덕트나 산출물과 효과적으로 상호작용하지 못한다면, 사용자 테스트를 중단하고 이러한 문제부터 해결해야 한다.

아주 흔하지는 않지만, 나는 사용자의 비판에 방어적으로 반응하고 사용자의 의견에 반박하려는 – 심지어 테스트가 순조롭지 않은 책임을 사용자에게 돌리는 – 진행자들을 본 경험이 있다. 그러한 행동은 비생산적이며 전문가답지 못하다. 사용자가 프로덕트를 이해할 수 없다면, 단언컨대 이는 – 사용자가 아니라 – 회사의 잘못이다.

## 9.10 사용자 테스트 랩업하기

랩업 섹션은 피드백 순서가 끝난 뒤에 시작한다. 이때는 사용자가 본 것들을 되돌아보고 전반적인 인상과 피드백을 알려 달라고 요청할 수 있는 좋은 기회이다. 사용자에게 어떤 식으로든 평점을 매겨 달라고 요청해도 된다. 예를 들면 "10점 만점으로 0에서 10까지 점수를 매긴다면 우리 프로덕트의 가치는 몇 점일까요?" "오늘 본 것으로 미뤄 볼 때 이 프로덕트를 사용할 가능성은 어느 정도인가요?", 이렇게 물을 수 있다. "프로덕트를 사용하기가 얼마나 쉬웠나요?", 이렇게도 물어볼 수 있다. 질문 방식은 구두로 하든, 짧은 양식을 제공해 작성을 요청하든 편한 방식을 선택하면 되고 이렇게 하면 덜 편향된 결과를 얻을 수도 있다. 나는 이를 '반정량적'(semi-quant) 정보라고 부르는데, 수치화된 평점을 요청하지만 데이터의 표본 크기가 작기 때문이다. 이터레이션을 하면서 MVP 후보를 계속 개선함에 따라 테스트 라운드마다 평가 점수가 개선되는 것을 볼 수 있어야 한다.

또한 랩업 섹션은 테스트 중에 고객이 제기했거나 테스트가 끝날 때 고객이 묻는 모든 질문에 답하는 시간이기도 하다. 알려진 버그나 이슈 때문에 사용자가 프로덕트를 효과적으로 사용하기 힘들었다면 해당 버그나 이슈에 대해 설명할 수 있다. 이뿐만 아니라 랩업 섹션에서는 사용자가 시간을 내준 것에 사례하고 감사 인사를 해야 한다. 나는 대개의 경우 참가비 영수증에 서명을 요청하는데, 원하는 사용자에 한해 이메일 주소와 전화번호를 알려 달라는 문구도 종종 이 양식에 넣는다. 한 가지 더, 이 양식에 네 또는 아니오로 대답할 수 있는 질문 두 개를 넣는 것도 좋아한다. "앞으로도 우리 리서치에 참가할 의향이 있나요?", "이 프로덕트가 출시되면 알려드릴까요?" 이러한 질문의 목적은 사용자의 관심을 더 정직하게 측정하는 데 있다. 사용자가 테스트 중에 긍정적인 피드백만 주고 프로덕트를 높이 평가했더라도, 이 두 질문에 "네"라고 대답하지 않았다면 그저 예의상 그렇게 행동했다고 봐야 한다.

언젠가는 테스트를 종료하면서 아무런 양식도 제시하지 않았다. 사례비를 지급한 뒤 감사 인사를 하자 상당수가 프로덕트의 출시 예정일을 물으면서 자발적으로 연락처를 제공하고 프로덕트가 출시되면 구매할 수 있게 꼭 알려 달라고 부탁했다. 이 프로덕트는 테스트 결과도 좋았지만 이렇게 프로덕트 마켓 핏이 다시 한번 입증되니 기분 좋은 깜짝 선물을 받은 것 같았다.

## 9.11 사용자 피드백을 기록하고 취합하는 방법

사용자가 테스트를 진행하는 동안 당신은 타깃 고객, 충족되지 않은 니즈, 가치 제안의 차별화 요소 등 MVP 후보를 도출하기 위해 세운 가설을 뒷받침하거나 반박할 수 있는 데이터를 발견하는 데 집중해야 한다. 사용자가 피드백을 제공하는 프로덕트 요소는 기능성, UX, 메시지 전달, 이렇게 세 가지이다. 기능성에 관한 피드백은 MVP가 적절한 편익을 해결하는지 여부와 관련 있다. 사용자가 핵심 기능이 누락됐다고 불평하거나 자신에게는 MVP의 어떤 기능이 중요하지 않다고 말하는 경우이다. 이러한 피드백을 편익이나 가치 제안과 연결시키는 게 중요하다. 예를 들어 적절한 편익을 해결하는 적절한 기능 집합을 만들었지만, 사용자가 이런 기능 집합을 최대한 활용할 수 없는 나쁜 UX를 구축했을 수 있다. 마지막으로 기능과 UX는 적절하더라도 기능, 편익, 차별화 요소에 대해 이야기하는 방식이 – 메시지 전달 – 고객의 공감을 얻지 못할 때도 있다. 비판적이든 긍정적이든 고객의 피드백 각각을 기능성, UX, 메시지 전달의 세 가지 상위 범주 중 하나와 매핑하는 것이 좋다. 테스트가 끝난 뒤에 이런 식으로 피드백을 문서화하면 무엇이 성공적이고 무엇이 그렇지 않은지 더 정확히 이해할 수 있다.

지금부터 사용자 피드백 문서화에 관한 구체적인 예시를 알아보자. 표 9.1은 사용자 다섯 명이 참가한 테스트 라운드에서 수집한 피드백을 요약한 것이다. 표를 보면 알겠지만, 각 사용자의 피드백을 세로 줄로 정렬했다. 그리고 피드백을 기능 집합, UX 디자인, 메시지 전달, 이렇게 세 개의 독립적인 섹션으로 분류했다. 또한 각 테스트의 종료 시점에 사용자에게 요청한 프로덕트 가치와 사용 용이성에 대한 정량적 평점도 표에 담았다. 긍정적인 피드백과 비판적인 피드백을 모두 포함시켰고, 각각에 행하나씩을 할애했다. 각 항목의 피드백을 제공한 사용자는 피드백을 제공했다는 의미에서 'Y'로 표시했다. 이렇게 하면 사용자 사이의 패턴을 쉽게 파악할 수 있다. 맨 오른쪽 열에는 사용자 다섯 명 모두의 결과를 종합한 총점을 기록했다(백분율과 평점 중앙값). 단순화를 위해 사용자 중 40% 미만이 언급한 피드백은 제외했다.

| | 바네사 O. (Vanessa O.) | 소피아 D. (Sophia D.) | 제이비어 G. (Xavier G.) | 존 G. (John G.) | 리치 S. (Rich S.) | 총점 |
|---|---|---|---|---|---|---|
| **기능 집합** | | | | | | |
| + X 기능이 가치 있고 독특하다고 생각함 | Y | Y | | Y | Y | 80% |
| - Y 기능이 없다고 불만을 제기함 | Y | Y | Y | | Y | 80% |
| **UX 디자인** | | | | | | |
| - '회원가입' 링크를 찾지 못함 | | Y | | Y | Y | 60% |
| - 등록 과정을 어려워함 | Y | | Y | Y | | 60% |
| + 디자인이 전문적이라고 생각함 | | Y | | Y | | 40% |
| **메시지 전달** | | | | | | |
| + 홈페이지의 히어로 이미지를 좋아함 | Y | | Y | Y | | 60% |
| - 태그라인을 이해하지 못함 | | Y | | | Y | 40% |
| 얼마나 가치 있는가?(1~10) | 7 | 7 | 6 | 8 | 7 | 7(중앙값) |
| 얼마나 사용하기 쉬운가?(1~10) | 5 | 7 | 5 | 4 | 7 | 5(중앙값) |

**표 9.1 사용자 테스트의 주요 결과 추적하기**

표를 보면 첫 번째 테스트 라운드에서 X 기능, 전문적으로 보이는 디자인, 홈페이지의 히어로 이미지에 대해 긍정적인 피드백을 얻었다. 또한 네 가지 이슈가 드러났다.

1. 사용자의 80%가 Y 기능이 없다고 불만을 제기함
2. 사용자의 60%가 '회원가입' 링크를 찾지 못함
3. 사용자의 60%가 등록 과정을 어려워함
4. 사용자의 40%가 태그라인을 이해하지 못함

이 피드백을 반영해 프로덕트를 개선한 다음 두 번째 사용자 테스트 라운드를 실시하면서 우리는 세 가지 척도에서 프로덕트 마켓 핏에 커다란 진전이 있기를 기대하고 바랐다. 첫째, 더 많은 사용자로부터, 특히 가치 제안과 관련된 긍정적인 피드백이 더 많아져야 한다. 둘째, 이전 테스트에서 들었던 부정적인 피드백이 없어야 한다. 새로운 테스트 라운드에 참가하는 사용자는 프로덕트의 이전 버전을 본 적이 없다는 사실을 명심하라. 따라서 새로운 테스트 참가자 중 누구도 "[        ] 이슈를 아주 잘 해결했네요"라고 말하지 않을 것이다. 대신, 이전 테스트에서 나왔던 불만이 사라진 것, 즉 침묵으로 이러한 개선 사항을 측정하게 된다. 진전을 가늠할 수 있는 세 번째 척도는 핵심 평점에 있다. 프로덕트의 가치와 사용 용이성(그리고 다른 핵심 지표)에 대한 사용자 평점이 테스트 사이에 올라야 한다.

## 9.12 사용성 대 프로덕트 마켓 핏

사용자 테스트를 진행할 때 사용성에 관한 피드백과 프로덕트 마켓 핏에 관한 피드백을 구분하는 것이 매우 중요하다. 앞의 피드백은 고객이 프로

덕트를 얼마나 *쉽게* 이해하고 사용할 수 있는가와, 뒤의 피드백은 고객이 프로덕트를 얼마나 *가치 있게* 생각하는가와 관련 있다. 표 9.1의 맨 아래 두 줄에 나와 있듯이 사용자 테스트에 이러한 두 가지 속성에 대한 평점 질문을 넣었다.

MVP 디자인 초기에는 고객으로부터 UX 개선이 필요하다는 피드백을 많이 받을 수 있다. 이런 경우 사용성이 낮으면 사용자가 종종 프로덕트의 온전한 가치를 알아보지 못하게 된다. 또한 프로덕트를 사용하는 데 방해가 되는 버그가 있을 수도 있다. 고객이 공감하지 못하는 메시지 또한 장애물이 될 수 있다.

이러한 불만족 요인을 제거하면 프로덕트의 가치가 더 명확히 드러나고 프로덕트 마켓 핏도 더 정확히 판단할 수 있게 된다. 많은 것을 개선한 뒤에 마침내 아무런 사용성 이슈 없이 사용자가 수월하게 테스트를 완료하는 수준에 이르게 될 수도 있다. 하지만 이러한 결과만으로 프로덕트 마켓 핏을 달성했다고 단정 지어서는 안 된다. 명확한 평가를 위해서는 사용자가 프로덕트를 얼마나 가치 있게 생각하는지 물어봐야 한다.

나는 사용자 맞춤 실시간 뉴스를 제공하는 프로덕트를 작업하면서 이를 직접 경험했다. 초안 수준의 라이브 프로덕트 MVP를 시험한 첫 번째 테스트 라운드에서는 사용성 이슈에 관한 사용자 피드백이 많았다. 또한 몇몇 버그를 확인했고 텍스트의 일부 메시지가 정확히 전달되고 있지 못한 것도 발견했다. 이러한 이슈를 고친 뒤에 실시한 두 번째 테스트 라운드에서는 이슈의 수가 줄었다. 그리고 이를 수정한 세 번째 라운드에서는 사용자 테스트가 눈에 띄게 나아지기 시작했다. 대부분의 사용자가 아무런 문제 없이 테스트를 완료했고 나는 이러한 진전을 이룬 것이 자랑스러웠다.

나는 테스트가 끝날 때마다 참가자에게 해당 프로덕트를 사용할 가능성이 얼마나 되는지 질문하기 시작했다. 테스트가 아주 순조로웠음에도 불구하고 사용자의 약 20%는 프로덕트를 사용하지 않을 거라고 대답했다. 내 입장에서는 이 결과가 충격이었는데 무엇보다도 테스트가 성공적이었고 부정적인 피드백도 많지 않았기 때문이다. 더욱이 테스트에 참가한 고객의 대다수가 개인화된 뉴스 프로덕트에 대해 어느 정도의 관심을 표현했기에 나는 이들이 우리의 타깃 고객 프로필에 충분히 잘 부합한다고 느꼈다. 나는 우리 프로덕트를 사용하지 않을 거라는 20%의 참가자에게 이유를 물었고 전혀 예상하지 못한 굉장한 사실을 알게 되었다. 사용자 세그먼트마다 뉴스를 제공받을 때 특별히 선호하는 방식이 있다는 사실이었다. 이에 나는 인터뷰에서 발견 질문을 할 때 사람들에게 어떤 방식으로 뉴스를 제공받고 싶은지 묻기 시작했다. 결과적으로 말해 사람들이 뉴스를 제공받고 싶은 방식은 세 가지로 갈렸는데 세 방식 사이에 차이가 뚜렷했다. 알고 보니 우리의 프로덕트 접근법은 이 셋 중 *하나*와 가장 잘 맞도록 디자인되어 있었다. 이를 알게 되자 우리는 시장을 더 잘 이해할 수 있었다. 온라인 뉴스는 대중적인 소비재로 독자가 많아 온라인 뉴스 시장이 선호도에 따라 여러 세그먼트로 나뉘는 것은 자연스러운 일이다. 우리는 세 가지 방식 모두를 해결하려는 디자인은 말이 되지 않고 세 가지 유형의 사용자 중 어느 누구도 만족시키지 못할 거라고 결론 내렸다. 그래서 우리는 배운 내용을 반영해 타깃 고객 정의를 다듬었다.

이 사례는 사용성 이슈가 프로덕트 마켓 핏 평가를 어떻게 방해할 수 있는지 그리고 탁월한 사용성이 강력한 프로덕트 마켓 핏과 어째서 동의어가 아닌지 보여 준다. 또한 사용자 테스트가 가설을 검증하고 수정하는 데에 어떻게 도움이 되는지 정확히 알려 준다(앞의 사례에서는 타깃 고객 정의를 도와줬다).

사용자 테스트는 린 툴킷에서 강력한 도구이다. 제대로만 하면 충족되지 않은 니즈, 가치 제안, MVP 기능 집합, UX와 같은 프로덕트 마켓 핏 피라미드의 여러 계층에서 수립한 가설에 대해 매우 귀중한 피드백을 얻을 수 있다. 하지만 사용자 테스트는 본질적으로 올바른 유형의 고객과 인터뷰하고 있다는 가정에 기반한다는 것에 주목해야 한다. 타깃 시장 고객과의 인터뷰가 관건이다. 가치 제안과 MVP 기능 집합을 훌륭히 정의하고, 환상적인 클리커블 와이어프레임 세트를 디자인하고, 사용자 테스트를 완벽하게 진행할 수 있다. 하지만 잘못된 유형의 고객과 인터뷰하고 있다면 필요한 데이터를 얻지 못할 가능성이 크다. 실은 타깃 고객에게서 얻는 것과는 크게 다른 *나쁜* 데이터를 얻게 될지도 모른다. 잘못된 고객 유형으로부터 수집한 데이터를 바탕으로 MVP를 이터레이션하면 잘못된 방향으로 갈 수 있다. 이는 프로덕트 마켓 핏이라는 약속의 땅이 아니라 낭떠러지를 향해 나아가는 꼴이다.

사용자 테스트에서 주요 사용성 이슈를 전부 해결한 뒤에도 프로덕트 마켓 핏을 달성하지 못하고 있다면, 가치 제안이나 MVP 또는 UX 디자인에 관한 가설을 다시 점검해 봐야 한다. 하지만 타깃 고객에 관한 가설을 재고해야 하는 경우일 수도 있으니 이러한 가능성도 배제하지 마라.

10장에서는 사용자 테스트에서 획득한 데이터를 사용해 MVP 후보를 개선하고, 프로덕트 마켓 핏을 달성하기 위해 신속한 이터레이션을 활용하는 방법을 알아보자.

# 이터레이션과 피벗으로
# 프로덕트 마켓 핏을 개선하라

9장에서는 MVP의 프로덕트 마켓 핏을 평가하기 위해 사용자 테스트 라운드를 실시하는 방법을 알아보았다. 이번 10장에서는 각 테스트 라운드를 완료한 뒤 무엇을 할 것인가에 집중한다. 린의 핵심은 빠르게 학습하고 이터레이션하는 것이다. 이는 테스트 라운드의 피드백에서 배운 내용을 토대로 가설과 MVP를 수정하여 다시 고객을 대상으로 테스트하는 것을 뜻한다. 여기서는 프로덕트 마켓 핏을 개선하기 위해 사용자 테스트 라운드를 빠르게 반복하는 것이 관건이다. 지금부터 그렇게 할 수 있는 방법을 자세히 알아보자.

## 10.1 만들기-측정-학습 루프

에릭 리스는 저서 《린 스타트업》에서 이 반복적인 학습 개념을 설명한다 (에릭 리스는 린 스타트업을 상표로 등록했다). 리스의 '만들기-측정-학습 루프'(build-measure-learn loop)는 많은 사람이 이터레이션과 검증된 학습 (validated learning)의 중요성을 이해하게 해 주었다. 하지만 나는 사람들이 BML 루프에 대해 어떻게 말하고 이를 어떻게 적용하는지 관찰한 결과 논의해 볼 만한 미묘한 차이가 있음을 알게 되었다.

여기서 '만들기'가 반드시 실제로 프로덕트를 만들어야 한다는 뜻이 아니라는 점을 분명히 할 필요가 있다. 사용자 테스트에서 사용하는 클리커블 와이어프레임 세트를 작성하는 것도 '만들기'로는 전혀 손색이 없다. 린 개념에서 '만들기'는 고객을 대상으로 테스트할 수 있는 무언가를 갖춘다는 뜻이며 이는 라이브 프로덕트일 수도 있고 와이어프레임이나 목업 같은 디자인 산출물일 수도 있다. "테스트할 무언가를 디자인한다."는 표현이 더 포괄적이고 더 정확한 설명이므로 나는 이 단계를 '디자인'이라고 부르는 것이 맞다고 생각한다. 이 단계의 목표는 리소스를 최소한으로 투입해 가설을 테스트할 수 있는 무언가를 찾아내고 만드는 것이다.

'측정'이라고 하면 수치 데이터만 떠올리기 쉽지만, '측정'이 뜻하는 것처럼 반드시 정량적일 필요는 없다는 점을 명심하라. 무언가를 정량적인 데이터로 증명하려고 애쓰는 사람이 많다. 이렇게 할 수 있다면 분명 좋은 일이지만, A/B 테스트가 가설을 테스트하거나 무언가를 학습하는 유일한 방법은 아니다. 고객을 관찰해 얻는 모든 정보는 '측정'에 해당된다. 비록 통계적으로는 의미가 없을지언정 정성적 테스트 결과도 '측정'으로 볼 수 있다. 핵심은 고객을 대상으로 가설을 테스트하는 것이다. 따라서 이 단계에서는 '테스트'가 더 포괄적이고 더 정확한 명칭이다.

'학습' 단계는 흥미롭다. 이 단계에서는 사실 두 가지 일이 동시에 일어난다. 먼저, 각 테스트의 결과에서 새로운 것을 배운다. 그다음 배운 것을 반영해 방금 진행한 테스트의 가설을 수정한다. '학습'을 이처럼 별도의 두 단계로 나누면 전체 그림이 더 선명해진다. 바로 '학습'과 '가설 수립'이다. 잘 생각해 보면 이 전체 과정은 '만들기'에서 시작되는 게 아니라 몇 가지 초기 가설에서 시작된다. 무엇을 만들지 결정하기 위한 토대로 가설 말고 달리 무엇이 있겠는가?

## 10.2 가설 수립-디자인-테스트-학습 루프

이와 같은 이유로 이 책은 '만들기-측정-학습 루프'를 수정한 '가설 수립-디자인-테스트-학습 루프'(hypothesize-design-test-learn loop)를 사용한다. 그림 10.1에 그 내용이 있다.

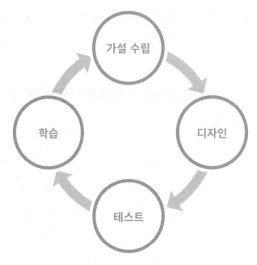

**그림 10.1 가설 수립-디자인-테스트-학습 루프**

이 루프를 따를 때 문제 영역에서 해결 영역으로, 그리고 다시 문제 영역으로 돌아가게 된다. 먼저 '가설 수립' 단계에서 문제 영역에 대한 가설을 세운다. 그런 다음 '디자인' 단계에서 가설을 테스트할 가장 좋은 방법을 찾아낸다. 가설을 토대로 디자인 산출물이나 프로덕트를 만들 때 문제 영역에서 해결 영역으로 이동한다. '테스트' 단계에서는 고객에게 프로덕트나 산출물을 보여 주고 관찰하며 이는 검증된 학습('학습' 단계)으로 이어진다. 검증된 학습을 토대로 가설을 수정하고 개선하는 것으로 루프는 완성된다. 이렇게 수정된 가설은 앞의 루프를 통해 다음 이터레이션의 방향을 제시한다. 즉, 해결 영역의 프로덕트나 디자인 산출물을 고객에게 보여 주고 피드백을 받아 문제 영역에서의 사고(thinking)를 테스트하고 개선한다.

　더 빨리 배울수록 더 빨리 고객 가치를 증대하고 프로덕트 마켓 핏을 개선할 수 있다. 하지만 학습은 여러 단계 중 하나일 뿐이다. 더 많이 배

우려면 전체 루프를 다시 돌아야 한다. 이 루프를 모노폴리 게임이라고 생각해 보자. '학습'은 게임을 반복할 때마다 지나가는 '출발'(Go) 칸이다. 모노폴리 게임에서는 '출발' 칸을 지나갈 때 200달러를 벌고 린 프로덕트 프로세스에서는 검증된 학습을 얻는다. '학습' 단계와 '가설 수립' 단계는 상당히 빠르게 진행되는 경향이 있으므로 이 루프를 돌 때 속도는 대개 얼마나 빠르게 디자인하고 테스트할 수 있는가에 달려 있다.

가설의 옳고 그름을 검증하고 가설을 새로 수립할 때마다 그림 10.2 에 다시 나오는 프로덕트 마켓 핏 피라미드를 참조해야 한다. 여기서는 각 가설이 프로덕트 마켓 핏 피라미드의 어느 계층과 관련되는지 확인해 야 한다. 각 계층은 바로 아래 계층의 가설을 토대로 한다. 피라미드 꼭대 기에 가까운 계층일수록 수정하기가 쉽지만, 아래 계층의 가설을 변경하 면 상위 계층에 커다란 영향을 미칠 수 있다. 예를 들어 페이지의 UX 디 자인을 개선하여 사용성을 높이는 것은 비교적 경미한 사안이다. 반면에

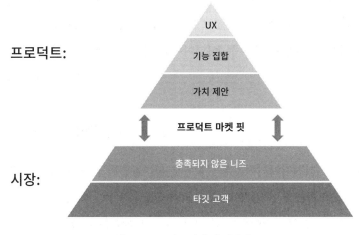

그림 10.2 프로덕트 마켓 핏 피라미드

특정 고객 편익이 중요하지 않다고 가정하는 가치 제안을 수립했는데, 실제로는 이것이 중요하다는 고객 피드백을 받았다고 해 보자. 그렇다면 가치 제안을 수정해야 하는데 이는 MVP 기능 집합과 UX 디자인에까지 영향을 미치게 된다. 따라서 사용자 테스트에서 학습한 내용을 바탕으로 먼저 가장 낮은 계층의 이슈부터 해결하는 것이 바람직하다. 가장 낮은 계층의 이슈가 해결된 것을 확인한 후에 다음 계층의 이슈로 초점을 이동할 수 있다.

## 10.3 사용자 테스트 이터레이션

9장에서 말했듯이 각 사용자 테스트는 MVP에 관해 귀중한 정보를 알려준다. 각 테스트가 끝난 뒤에는 프로덕트 팀과 함께 바로 관찰 결과를 공유하고 학습 내용을 취합하기 위해 디브리핑(debriefing)을 하는 것이 좋다. 각 사용자 테스트 라운드에서 얻은 핵심적인 관찰 결과를 정리할 때 표 10.1과 같은 양식을 사용하는 것을 추천한다.

각 테스트 라운드가 완료되면 모든 사용자의 피드백을 살펴 긍정적이든 부정적이든 동일한 피드백을 제공한 사용자가 몇 명인지 확인해야 하는데, 이를 백분율로 표현할 수 있다. 이러한 백분율은 MVP에서 우선적으로 변경할 항목을 정하는 데 유용하다. 예를 들어 같은 테스트 라운드에 참가한 사용자 모두 또는 대부분이 동일한 이슈를 제기했다면, 이를 해결하는 데 더 높은 우선순위를 부여해야 한다. 사용자 한둘이 언급한 이슈는 우선순위에서 뒤로 밀어도 괜찮다. 반드시 다음 테스트 라운드를 시작하기 전에 해결하려는 이슈를 식별하라.

### 10.3.1 1차 라운드

9장에서 소개한 사례를 이어서 살펴 보자. 먼저, 1차 라운드에서 사용자 다섯 명에게 얻은 테스트 결과를 열 하나에 요약했다. 표 10.1, 1차 라운드 열을 보라. 사례를 단순화하기 위해 긍정적인 피드백은 제외했다. 우리는 1차 라운드에서 네 가지 이슈를 발견했다.

1. 사용자의 80%가 Y 기능이 없다고 불만을 제기함
2. 사용자의 60%가 '회원가입' 링크를 찾지 못함
3. 사용자의 60%가 등록 과정을 어려워함
4. 사용자의 40%가 태그라인을 이해하지 못함

1차 라운드에서 드러난 이슈를 하나씩 살펴보자. Y 기능이 빠진 것은 MVP 기능 집합 이슈이다. 이 경우는 Y 기능을 고려한 결과 이를 가치 있다고 판단해 추후 개발할 계획이었으나, MVP에 꼭 넣어야 할 기능이라고

| | 1차 라운드 | 2차 라운드 | 3차 라운드 | 4차 라운드 |
|---|---|---|---|---|
| **기능 집합** | | | | |
| - Y 기능이 없다고 불만을 제기함 | 80% | 0% | 0% | 0% |
| - Y 기능이 X 기능과 함께 작동해야 한다고 말함 | 해당 없음 | 80% | 0% | 0% |
| **UX 디자인** | | | | |
| - '회원가입' 링크를 찾지 못함 | 60% | 0% | 0% | 0% |
| - 등록 과정을 어려워함 | 60% | 40% | 0% | 0% |
| - Y 기능이 사용하기 어렵다는 의견이 있음 | 해당 없음 | 80% | 40% | 0% |
| **메시지 전달** | | | | |
| - 태그라인을 이해하지 못함 | 40% | 0% | 0% | 0% |
| 얼마나 가치 있는가?(1~10, 중앙값) | 7 | 8 | 9 | 9 |
| 얼마나 사용하기 쉬운가?(1~10, 중앙값) | 5 | 6 | 7 | 9 |

**표 10.1 4차에 걸친 사용자 테스트 라운드 결과 추적하기**

는 생각하지 않았다. 그런데 고객들로부터 Y 기능이 필요하다는 피드백을 받은 후 Y 기능을 MVP에 추가하기로 결정했다. 디자이너가 Y 기능의 디자인을 생각해 냈고 이를 디자인 산출물에 추가했다.

사용자들이 '회원가입' 링크를 찾지 못한 것은 시각 디자인 이슈이다. 이를 해결하기 위해 시각 디자이너는 링크를 더 잘 보이는 곳에 배치하고 더 크게 만들었으며 버튼에 화면에서 눈에 띄는 컬러를 입혔다. 시각 디자이너는 이 모든 것을 반영해 시각 산출물을 업데이트했다.

등록 과정이 어려운 것은 인터랙션 디자인 이슈이다. 인터랙션 디자이너는 사용자가 겪는 등록 과정 문제를 해결하기 위해 등록 과정을 수정하고 이를 반영한 디자인 산출물을 업데이트했다.

고객 상당수가 태그라인을 이해하지 못한 것은 사실 메시지 전달 이슈이다. 우리가 사용한 특정 표현이 의도한 의미를 정확히 전달하지 못한 것이다. 그리하여 프로덕트 팀이 차별화된 고객 편익이라고 생각한 것을 태그라인에 효과적으로 드러내지 못했다. 이에 우리는 브레인스토밍으로 여러 태그라인 아이디어를 도출하고 그중 마음에 드는 것을 선택한 다음 이에 따라 디자인 산출물을 업데이트했다.

### 10.3.2 2차 라운드

1차 라운드에서 발견한 네 가지 이슈를 해결했으니 이제 사용자를 새로 모집해 다시 테스트할 차례이다. 우리는 사용자 다섯 명을 대상으로 수정한 와이어프레임을 테스트했고, 그 결과는 표 10.1의 2차 라운드 열에 나와 있다. Y 기능을 추가한 후, 이 기능이 없다며 불만을 제기한 사용자가 한 명도 없었으므로 이는 진전이 있었다는 뜻이다. 또한 2차 라운드에서는 사용자 다섯 명 모두 '회원가입' 링크를 찾을 수 있었는데 이는 큰 개선이다.

하지만 등록 과정의 디자인을 수정했음에도 여전히 사용자의 40%는 등록 과정이 어렵다고 말했다. 충분히 그럴 수 있다. 고객 피드백을 토대로 프로덕트를 처음 수정할 때 항상 완벽하게 되는 것은 아니다. 2차 라운드에서는 사용자들이 앞 라운드에서 드러난 UX 이슈 중 일부를 더 이상 경험하지 않는다는 것을 확인했다. 하지만 이전 UX 이슈 중 하나에 대한 해결책이 우리가 예상했던 것만큼 효과적이지 않았다. 게다가 새로운 디자인 요소에서도 일부 경미한 이슈들이 발견되었다. 이러한 결과를 토대로 우리는 교차기능 팀(cross-functional team) 회의를 열어 등록 과정에서 여전히 해결되지 못한 이슈를 공유하고, 잠재적 솔루션을 브레인스토밍하고, 최고의 솔루션을 찾기로 결정했다. 이 회의에서 훨씬 더 쉬울 거라고 생각되는 새로운 버전의 등록 과정을 도출하고 이를 새로운 버전의 디자인 산출물에 반영했다.

우리는 새로운 태그라인이 1차 라운드에서 드러난 이슈를 더 이상 가지고 있지 않다는 점을 확인했고, 이에 매우 고무됐다. 하나의 라운드에서 발생률이 높았던 이슈가 배운 내용을 반영해 수정하여 실시한 다음 라운드에서 재발하지 않으면 정말 짜릿하다. 대개의 경우 이는 해당 이슈를 적절히 해결했고 이제 다른 것에 집중할 수 있다는 뜻이다.

이슈 하나를 해결한 뒤에도 업데이트한 MVP에서 새 이슈가 나타나는 경우도 있다. 예를 들어 2차 라운드의 고객들은 업데이트한 MVP에 Y 기능이 있는 것에 만족했지만 80%는 이 기능을 사용하기 어렵다고 느꼈다. 우리는 사용자 피드백으로 확인한 세부적인 사용성 문제를 토론한 후, Y 기능의 개선된 디자인을 도출하고 이에 따라 디자인 산출물을 업데이트했다.

우리는 또한 80%의 고객이 Y 기능을 X 기능과 함께 사용하기를 바란다는 점을 알게 되어 놀랐다. 우리는 Y 기능을 독립적인 기능으로 추가했기 때문이다. 지나고 나서 보니 두 기능을 함께 사용해야 한다는 사용자 피드백은 상당히 합리적이었고 두 기능의 유용성까지 높여 주었다. 우리는 두 기능의 디자인을 수정하고 디자인 산출물을 업데이트했다.

이터레이션함에 따라 이슈의 규모와 개수가 감소해야 옳다. 이 사례에서는 1차 라운드를 마치고 2차 라운드를 시작하기 전에 세 가지 이슈를 (Y 기능, '회원가입' 링크, 태그라인) 말끔히 해결했다. 그러나 등록 과정 이슈는 노력했음에도 성공적으로 해결하지 못했다. 또한 두 가지 이슈가 새로 나타났다. Y 기능이 사용하기 어렵고 X 기능과 함께 사용되어야 한다는 문제였다.

이터레이션할수록 전반적인 평점도 개선되어야 한다. 이 사례의 경우 가치 평점이 7점에서 8점으로 올랐으며 이는 Y 기능을 추가한 덕분일 것이다. 사용 용이성 평점도 5점에서 6점으로 상승했는데 이는 '회원가입' 링크를 개선하고 등록 과정을 부분적으로 개선한 결과로 보인다.

### 10.3.3 3차 라운드

2차 라운드에서 배운 것을 토대로 디자인 산출물을 업데이트한 다음 3차 라운드를 준비했다. 새로 모집한 고객 다섯 명을 대상으로 테스트를 진행했으며 그 결과는 표 10.1의 3차 라운드 열에 나와 있다. 이번에는 Y 기능과 X 기능이 함께 작동하지 않는다는 피드백이 전혀 없었고, 이 부문에서는 목표를 달성했다. 두 번째로 등록 과정을 다시 디자인한 후 다섯 명의 사용자 모두 어렵다는 불만을 제기하지 않고 이를 완료했다. 이는 큰 진전을 이뤘다는 증거이다. 반면 Y 기능을 다시 디자인했음에도 여전히 사용자의 40%가 이를 사용하기 어렵다고 느꼈다. 2차 라운드의 80%에서 수치가 감소한 것은 긍정적이지만, Y 기능은 중요한 기능이므로 사용 용이성을 좀 더 개선할 필요가 있었다.

프로덕트의 여러 항목을 개선하고 나서 가치 평점은 9점, 사용 용이성 평점은 7점까지 올랐다. 이로써 초기 MVP 이후에 상당한 진전을 이룬 성적표를 받았다. 이제 주요 기능(functionality)이 누락되었다는 피드백을 받지 않았고 메시지도 잘 전달되는 것처럼 보인다. 주로 UX 디자인을 개선해야 한다는 피드백을 받고 있는데 프로덕트 수명 주기의 초기 단계에서 흔히 있는 일이다. 예시를 단순화하기 위해 이번에는 몇 가지 주요 피드백 항목만 다뤘다. 사용자 테스트를 해 보면 사소한 피드백도 많이 받게 된다. 이러한 피드백을 해결하기 위해서도 프로덕트를 개선할 수 있고 마땅히 개선해야 한다. 가설 수립-디자인-테스트-학습 루프를 반복하면서 프로덕트 마켓 핏이 점차 개선되는 것을 볼 수 있어야 한다.

### 10.3.4 4차 라운드

3차 라운드를 마친 뒤 Y 기능의 사용 용이성을 높이기 위해 디자인을 추가로 개선하고 4차 라운드를 실시하기로 결정했다. 표 10.1의 4차 라운드 열을 보면, 이 라운드에서는 Y 기능이 사용하기 어렵다는 불만이 나오지 않았다. 또한 주요한 새 이슈도 전혀 없었다. 가치 평점은 9점으로 유지되었고 사용 용이성 평점은 9점으로 향상되었다.

이쯤 되면 MVP 디자인에 충분히 자신감을 갖고 프로덕트 프로세스에서 다음 단계로 넘어가도 되겠다고 느낀다. 테스트에서 사용한 산출물이 (인비전으로 제작한 클리커블 목업처럼) 하이 피델리티였다면 이제 MVP를 만든다. 반면 테스트 산출물이 (클리커블 와이어프레임 같은) 로우 피델리티였다면 클리커블 목업을 만드는 단계를 진행할 수 있다. 그렇지만 경우에 따라 디자인에 정말 자신이 있어서 시각 디자인을 완성한 후에 사용자 테스트를 하지 않아도 크게 위험하지 않다고 확신한다면, 하이 피델리티 디자인을 건너뛰고 코딩 단계로 직행하는 것도 나쁘지 않다. 기존 프로덕트에 단지 새 기능성을 추가할 때, 쉽게 적용할 수 있는 시각적 스타일 가이드가 이미 준비된 경우라면 이렇게 해도 문제가 되지 않는다.

MVP를 '충분히' 검증했는지 판단할 수 있는 확고한 규칙은 없다. 많은 가치를 얻을 수 있는 지점을 지나 얻을 가치가 없는데도 테스트를 지속하는 리스크가 분명히 존재한다. 분석 마비(analysis paralysis)[1]를 원하는 사람은 없을 것이다. 반대로 충분한 검증이 이뤄지기 전에 섣불리 프로덕트를 출시하면 디자인과 코딩을 재작업해야 하는 고통스러운 상황을 맞을 수 있다. 이렇기 때문에 적절한 균형을 맞춰야 한다. 하지만 아기 새는 둥지를 떠나야 할 때가 있듯이, 디자인 산출물에 대한 테스트를 멈추고 MVP를 만들어야 할 때가 온다. 이는 기대되는 전환점이다. 이는 당신을 라이브 프로덕트를 통해 진정한 고객 가치를 전달하는 것에 더 가까워지게 하며, 또한 고객과 함께 프로덕트를 테스트하는 다음 단계로 나아갈 수 있게 한다.

디자인 산출물로 테스트하는 것은 가정을 검증하고 확인해 프로덕트 마켓 핏을 달성하는 데 매우 유용하다. 라이브 프로덕트로 테스트하는 것이 훨씬 더 좋다. 산출물로 테스트할 때 고객은 프로덕트가 출시된다면 어떻게 할지 말해 준다. 그러나 하겠다고 말하는 것과 실제로 하는 것이 크게 다를 수도 있다. 그리고 언행이 일치하지 않을 때는 실제 고객 행동이 언제나 고객 의견을 이긴다. 게다가 라이브 프로덕트의 피델리티는 가능한 한도 내에서 최고 수준이어야 한다. 피델리티가 낮은 산출물에는 최종 프로덕트에 담기는 몇몇 세부 사항이 없을 수도 있다. 혹은 프로덕트를 만드는 과정에서 디자인 산출물과는 다른 점이 생길 수도 있다.

---

1  (옮긴이) 생각이 너무 많아 아무 행동도 못하고 결국 결정을 내릴 수 없게 되는 현상

라이브 프로덕트를 만든 뒤에는 현주소를 알기 위해 다른 라운드를 실시하는 게 가장 좋다. 이 테스트에서 직전의 디자인 산출물 테스트와 최소한 같거나 더 높은 프로덕트 마켓 핏 수준이 측정되는 것이 이상적이다. 만약 그렇지 않다면 라이브 프로덕트로 가설 수립-디자인-테스트-학습 루프를 이터레이션해야 한다. 이 단계에서 많은 기업이 프로덕트가 정식으로 출시될 준비가 될 때까지 비공개 베타를 사용하여 오직 한정된 고객만이 프로덕트를 볼 수 있게 한다.

### 10.3.5 유지할까, 피벗할까?

이제까지 매우 희망적인 장밋빛 그림을 제시했다. 당연히 수차례의 이터레이션 라운드와 많은 노력이 필요하겠지만 결국에는 프로덕트 마켓 핏을 달성하게 되지 않을까? 불행히도 끝내 프로덕트 마켓 핏을 달성하지 못하는 팀이 많다. 이들은 고객 테스트에서 좋은 피드백을 받지 못한다. 이터레이션하려고 노력해도 고객 테스트 결과가 좀체 나아지지 않는다. 결국 단단한 벽에 가로막힌 기분이 든다.

이제까지 설명한 경로를 따라가는 동안 몇 가지 문제가 발생할 수도 있다. 하나 이상의 가설이 틀릴 수도, 설령 가설이 맞더라도 프로덕트를 디자인하거나 만들거나 마케팅하는 단계에서 실행력이 부족할 수도 있다. 이터레이션을 시도하는 동안 진전이 없다면 잠시 멈추고 한 발 뒤로 물러서라. 팀원들과 함께 발생 가능한 모든 문제를 브레인스토밍하라. 각 문제를 그림 10.2의 프로덕트 마켓 핏 피라미드의 해당 계층과 연결시켜라. 어쩌면 진짜 문제가 발생하는 계층보다 더 높은 계층에서 이터레이션하고 있었음을 알게 될지도 모른다. 예를 들어 타깃 고객에 대한 가설이 틀렸는데 UX 디자인을 이터레이션해 봐야 거의 제자리걸음이지 않겠는가.

피라미드의 맨 아래 계층인 타깃 고객에서 시작해 계층을 하나씩 올라가며 어느 가설이 틀렸는지 찾아내야 한다.

주요 가설 중 하나를 변경하는 것을 피벗(pivot)이라고 부른다. 피벗은 선택한 경로를 따라 이터레이션하는 동안 흔히 경험하는 변화보다 더 크고 중대한 변화를 말한다. 요컨대 피벗은 방향을 크게 전환하는 것을 가리킨다. 예를 들어 타깃 고객을 새롭게 설정하는 것은 피벗이라고 볼 수 있다. 가치 제안에서 차별화 요소를 변경하기로 결정하는 것도 피벗에 해당한다. 그렇지만 UX 디자인에 변화를 주는 것은 피벗이 아니다.

성공적인 피벗에 대한 사례는 많다. 사진 공유 사이트 플리커(Flickr)는 루디코프(Ludicorp)가 개발한 '게임 네버엔딩'(Game Neverending)으로 시작되었는데, 이는 웹 기반의 대규모 다중 사용자 온라인 롤플레잉 게임(Massively Multiplayer Online Role-Playing Game, MMORPG)으로 소셜 인터랙션에 초점을 맞추었다. 루디코프는 웹 페이지에서 사진을 쉽게 공유할 수 있는 도구를 추가한 뒤에 고객들이 이 도구를 좋아하고 즐겨 사용한다는 사실을 발견했다. 이에 루디코프는 2004년 2월 피벗해 사진 공유 앱 플리커를 론칭했고 경이로운 성장을 달성한 플리커는 2005년 3월 야후!(Yahoo!)의 품에 안겼다.

사진 공유 앱 인스타그램은 체크인 앱 포스퀘어(Foursquare)와 마피아 워즈(Mafia Wars)[2]의 요소들을 결합한 HTML 5 소셜 앱 '버븐'(Burbn)으로 시작되었다. 버븐을 네이티브 아이폰 앱으로 재구현한 뒤에 창업자들은 버븐의 기능이 지나치게 많다고 생각했다. 이들은 사진, 댓글, 좋아요 기능만 남기고 나머지를 제거한 후 처음부터 새 앱을 개발하기로 결정했다. 이렇게 2010년 10월 세상에 등장한 인스타그램은 엄청난 성장 스토리를 써내려 갔고 2012년 4월 약 10억 달러에 메타에 인수되었다.

2　(옮긴이) 징가가 개발한 소셜 게임

린 프로덕트 프로세스에서 가장 어려운 부분 중 하나는 현재 집중하는 사업 아이디어를 계속 유지할지, 새로운 아이디어로 피벗할지, 전면 중단할지, 이 세 갈림길에서 결정하는 것일 수 있다. 마지막 선택지부터 알아보자. 프로덕트 마켓 핏 달성에 주어진 시간은 무한하지 않다. 대개 리소스의 제약으로 쓸 수 있는 시간이 제한된다. 스타트업 환경에서는 수익을 내기 전까지 외부 투자금에 의존해야 한다. 프로덕트 마켓 핏을 달성하지 못하거나 이 목표를 향해 중대한 진전을 이루지 못한다면, 다음 투자 라운드에서 자금을 조달하기 곤란할 수도 있다. 성공적인 회사 내에서 프로덕트를 개발할 때에도 고정된 예산과 일정 내에 성과를 내야 한다는 기대가 있다.

일부 스타트업은 1년 365일 피벗 중인 것처럼 보인다. 난관에 부딪힐 때마다 방향을 바꿔서도, 참신한 아이디어가 떠오를 때마다 이를 좇으려 현재 하는 일을 포기하는 반짝이는 물체 중후군(shiny object syndrome)에 빠져서도 안 된다. 나는 피벗을 세 번 했다면 시작한 곳에서 정반대로 향하고 있는 것이라는 농담을 자주 한다. 반대로 고집스럽게 계란으로 바위를 치는 헛수고를 계속할 뿐 한 발 뒤로 물러서서 다시 평가하려 하지 않는 사람들도 있다.

그렇다면 자금과 시간이 아직 남아 있다고 할 때, 기존 방향을 유지할지 아니면 피벗할지 어떻게 결정할 수 있을까? 이터레이션을 몇 차례 거친 뒤에도 프로덕트 마켓 핏이 개선될 기미가 보이지 않는다면 피벗을 고려하라. 최선을 다했지만 MVP에 대한 타깃 고객의 반응이 신통치 않다면, 다시 말해 MVP에 열렬히 반응하는 고객 유형을 아직 찾아내지 못했다면, 피벗을 모색하라.

때로는 테스트 결과로부터 가장 좋은 피벗 방향이 비교적 명확해지는 경우도 있다. 예를 들어 가치 제안에서 덜 핵심적인 부분에 고객들이 가장 공감할 수 있다. 이 경우 나머지 부분을 쳐 내고 해당 부분에 노력을 집중하는 게 좋다. 또는 타깃 시장이 서로 다른 하위 시장으로 구성되어 있고, 그중 한 하위 시장이 가치 제안의 어떤 측면을 정말 좋아한다는 것을 알게 될 수도 있다.

그림 10.3은 산에 오르는 비유를 통해 프로덕트 마켓 핏과 피벗을 설명한다. 첫 번째 산의 맨 아래에서 출발하는데, 이는 타깃 시장과 가치 제안 가설을 기반으로 추구하는 시장 기회를 의미한다. 산을 더 높이 오를수록 프로덕트 마켓 핏이 강력해진다. 1차 라운드를 통해 많은 것을 배우고 프로덕트를 개선한다. 2차 라운드에서 프로덕트 마켓 핏이 개선되었다는 결과를 얻지만 그다음 라운드에서는 개선폭이 크게 줄어든다. 프로덕트는 시작할 때보다 나아졌지만, 프로덕트 마켓 핏을 달성하려면 아직 갈 길이 멀다. 이후 두 번의 라운드에서 이런저런 아이디어를 시도해 봐도 아무 진전을 이루지 못하는 것 같다.

사용자 테스트를 실시하는 도중에 인접 시장 기회를 발견한다. 그림 10.3의 두 번째 산이다. 이 산은 첫 번째 산보다 더 높은데 잠재적으로 더 큰 시장 가치를 창출할 수 있기 때문이다. 당신은 가설을 수정하고 새로운 시장 기회를 추구하기 위해 피벗하기로 결정한다. 가설 수립-디자인-테스트-학습 루프로 이터레이션하여 프로덕트 마켓 핏을 개선하고 앞 산보다 훨씬 높은 곳까지 오른다.

이 비유는 이터레이션 과정에서 산을 얼마나 높이 올라갔는지(즉, 프로덕트 마켓 핏 수준)에 주의를 기울이도록 상기시켜 준다. 사용자 테스트 라운드가 끝날 때마다 산을 얼마나 올라갔는지(프로덕트 마켓 핏 개선율) 측정하도록 노력하라. 크게 진전했다는 생각이 들지 않는다면 다른

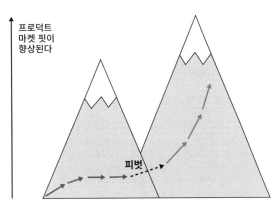

그림 10.3 프로덕트 마켓 핏을 높이기 위해 피벗하기

등산로를 찾아라(가설을 재검토하고 수정하라). 이렇게 했는데도 여전히 명백한 진전이 없다면, 일단 멈춰 서서 현재 오르고 있는 산(타깃 고객과 가치 제안에 관한 가설)을 재고하고, 더 쉽게 오를 수 있을 것 같은 산(새로운 시장 기회)을 찾아 주위를 둘러보라. 새로운 산을 선택하고(피벗), 그 산을 오르는 데 집중하라(더 높은 프로덕트 마켓 핏을 달성하기 위해 이터레이션하라).

2부를 마치기 전에 11장에서 실제 사례를 통해 린 프로덕트 프로세스를 적용했던 경험을 상세히 소개하고자 한다. 이 사례에서는 1차 사용자 테스트 라운드 이후 곧바로 다른 산을 공략했다. 지금부터 내가 어떻게 피벗하기로 결정했는지 그리고 이 피벗이 프로덕트 마켓 핏을 어떻게 크게 끌어올렸는지 알아보자.

11장

# 엔드투엔드
# 린 프로덕트 사례

린 프로덕트 프로세스의 여섯 단계를 각각 자세히 알아보았으니, 앞에서 설명한 개념을 더 확실히 이해할 수 있게 실제 사례를 살펴보자. 워크숍과 강연에서 이 사례를 공유했는데, 엔드투엔드 사례를 보며 린 프로덕트 프로세스를 어떻게 적용하는지 더 쉽게 이해할 수 있었다고 말하는 참석자들이 많았다.

## 11.1 마케팅리포트닷컴

내 클라이언트 한 사람이 마케팅리포트닷컴(MarketingReport.com)[1]이라는 프로덕트를 정의하고 평가하도록 도와 달라고 요청했다. 이 클라이언트의 회사는 성공적인 소비자 웹 서비스를 구축하고 이번에 잠재적인 시장 기회를 잡기 위해 또 다른 웹 서비스를 계획하고 있었다. 이 프로젝트를 위해 나는 회사의 경영진 두 사람과 UX 디자이너 한 사람과 긴밀하게 협조했다.

　새 서비스 아이디어는 홍보 우편물(Direct Mail, DM)과 관련 있는 광범위한 고객 문제에 – 많은 사람이 홍보 우편물을 가치 있게 생각하기는커녕 되려 성가신 골칫거리로 여긴다는 문제 – 초점이 맞춰져 있었다. 경영자들은 홍보 우편 산업에 대한 어느 정도의 인사이트를 갖고 있었으며 홍보 우편물이 고객을 프로파일링한 마케팅 데이터베이스를 기반으로 발송된다는 사실을 잘 알았다. 예를 들어 당신은 애완동물 체인점으로부터 원치 않는 고양이 모래 할인 쿠폰을 받을 수 있는데 이는 마케팅 데이터베이스에서 당신이 고양이를 키운다고 분류되었기 (또는 고양이를 키울 가능성이 높다고 판단되었기) 때문이다.

　이 아이디어는 고객으로 하여금 마케터가 설정한 자신의 프로필을 볼

---

1　(옮긴이) 해당 프로덕트는 현재 서비스 종료 상태이다.

수 있게 하고 그 프로필을 더 정확하게 만들 수 있게 하는 프로덕트를 제공하여 문제를 해결하는 것이었다. 예를 들어 고객이 고양이가 아니라 개를 키운다면 마케팅 데이터베이스를 직접 수정하여 고양이 모래가 아니라 개 사료 할인 쿠폰을 받게 하는 것이다. 경영자들은 이 아이디어가 신용 산업과 비슷하다고 생각했다. 매일 수천 건의 신용 관련 의사결정이 사람들의 신용 점수를 토대로 내려진다. 신용 보고 서비스가 등장하기 전에는 소비자 입장에서 자신의 신용 점수가 어떻게 결정되는지 잘 알지 못했다. 요컨대 소비자의 신용도는 각자의 신용 이력에 관한 '숨겨진' 데이터에 토대를 두었다. 따라서 대출 신청이 거절되어도 그 이유를 정확히 알지 못하는 경우도 있었다. 부정확한 상환 이력(payment history) 데이터가 ― 대출 상환금을 납부했는데 미납으로 보고되는 것처럼 ― 소비자에게 부정적인 영향을 미칠 수도 있었다. 신용 보고 서비스는 고객이 자신의 신용 등급의 근거 데이터를 확인하고 부정확한 정보를 수정할 수 있는 투명성을 제공한다. 마케팅리포트닷컴은 고객이 자신의 마케팅 데이터를 바로 이렇게 수정할 수 있게 하고 싶었다.

초기 아이디어는 마케팅리포트닷컴 서비스를 무료로 제공하고 대신에 서비스로 생성된 마케팅 데이터를 수익화하는 것이었다. 고객이 자신의 데이터를 확인해서 부정확한 내용을 수정하고 추가 정보를 입력할 수 있는 기능을 제공함으로써 광범위하고 정확한 프로필 데이터베이스를 구축할 계획이었다. 따라서 고객이 사용하고 싶어 하는 서비스를 정의하는 것이 관건이었다.

### 11.1.1 1단계: 타깃 고객을 선정하라
린 프로덕트 프로세스의 1단계는 타깃 고객을 식별하는 것이었음을 기억할 것이다. 우리는 이 초기 단계에서 마케팅리포트닷컴이 주류 소비재일 것이라는 데에 이견이 없었다. 1단계(타깃 고객)와 2단계(고객 니즈)가 밀접하게 연결되어 있어 이 단계에서는 타깃 시장 가설을 주류 소비자 이상으로 더 세분화하지 않았다. 제공하려는 고객 편익이 더 분명해지면 타깃 고객 가설을 정제할 것이기 때문이었다.

### 11.1.2 2단계: 충족되지 않은 니즈를 식별하라

타깃 고객을 선정한 다음 충족되지 않은 고객 니즈를 식별하는 2단계에 돌입했다. 경영자 두 사람은 마케팅리포트닷컴의 핵심 편익이 고객에게 '그것(홍보 마케팅 데이터베이스)이' 자신에 대해 아는 것을 알아낼 수 있는 권한을 부여하는 것이라는 점에 동의했다. 하지만 핵심 편익 외에 서비스가 제공할 수 있는 다른 여러 아이디어가 많았다. 그래서 우리는 서비스가 제공할 수 있는 여러 잠재적인 고객 편익을 두고 브레인스토밍하여 긴 목록을 만들었는데 다음은 그중 다섯 가지 아이디어이다.

1. 관심 있는 할인 혜택 발견하기
2. 불필요한 광고성 우편물 줄이기
3. 소비 행동에 대한 인사이트 얻기
4. 쇼핑 취향이 비슷한 사람과 만나고 교류하기
5. 마케팅 관련 데이터를 판매하도록 허용함으로써 수익 창출하기

우리는 어떤 고객 편익을 추구할지 결정하기 위해 여러 평가 기준을 마련했으며 그중 일부는 긍정적이고, 일부는 부정적인 요소였다. 각 편익은 다음 기준에 따라 평가되었다.

- 사용자 수요의 강도(strength of demand)(+)
- 획득한 마케팅 데이터의 가치(+)
- 경쟁 정도(−)
- v1 프로덕트를 만들기 위한 노력(−)
- 콘셉트를 확장하기 위한 노력(−)
- 회사 브랜드와의 적합도(+)
- 필수 파트너에 대한 의존도(−)

각 고객 편익에 추정치를 바탕으로 이러한 기준에 따라 점수를 매긴 결과 덜 매력적인 아이디어를 걸러 낼 수 있었다. 앞의 목록에서 1번부터 4번 까지의 고객 편익은 좀 더 깊이 검토할 가치가 있다고 여겨졌다.

### 11.1.3 3단계: 가치 제안을 정의하라

이 단계에서 나는 우리가 구상한 프로덕트의 범위에 포함되는 혜택과 제 외되는 혜택을 확실하게 하여 가치 제안을 명확히 하고 싶었다. 그래서 나는 경영진과 함께 워크숍을 열어 그림 11.1에서와 같이 프로덕트의 문 제 영역을 도표로 작성했다.

보다시피 관련 있는 편익을 하나로 묶었다. 핵심 편익은 (가운데에 있 는) 마케팅 회사가 알고 있는 내 정보 확인하기였다. 두 번째 편익군은 (맨 위) 광고성 우편물 줄이기와 나무 보호(친환경)였다. 세 번째 편익군 은 (맨 아래) 할인 구매, 자신의 소비에 관한 인사이트 획득, 소비 취향이 비슷한 사람과 만나고 교류하기였다.

이 문제 영역 도표에 포함된 세 개의 편익군을 하나의 프로덕트로 다루 기에는 너무 많아 보였다. 게다가 이러한 모든 편익을 해결하는 하나의

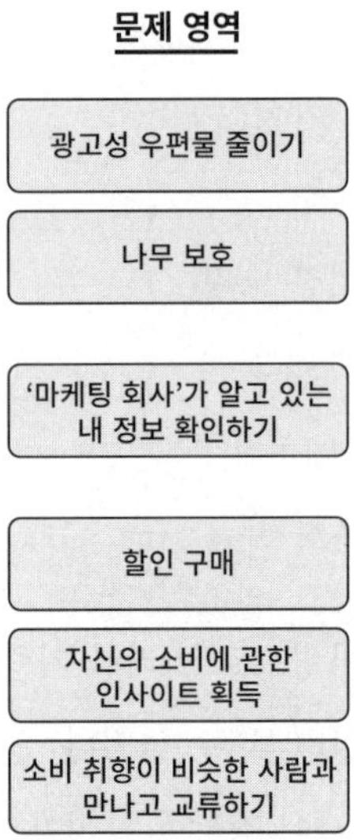

**문제 영역**

| |
|---|
| 광고성 우편물 줄이기 |

| |
|---|
| 나무 보호 |

| |
|---|
| '마케팅 회사'가 알고 있는<br>내 정보 확인하기 |

| |
|---|
| 할인 구매 |

| |
|---|
| 자신의 소비에 관한<br>인사이트 획득 |

| |
|---|
| 소비 취향이 비슷한 사람과<br>만나고 교류하기 |

그림 11.1 마케팅리포트닷컴의 초기 가치 제안

서비스를 만들면 일관성이 없을 것 같았는데, 특히 맨 위와 맨 아래 편익 군이 크게 달랐다. 더욱이 경영자 한 명은 맨 위 편익군을, 다른 경영자는 맨 아래 편익군을 마음에 들어 했다. 나는 전부 좋은 아이디어라고 생각 했으므로 가치 제안을 달리하는 두 가지 프로덕트 콘셉트를 추진하자고 제안했다. 첫 번째 콘셉트는 '마케팅 실드'(Marketing Shield)라고 불리며 위 쪽 두 편익군으로 구성되었다. 두 번째 콘셉트는 '마케팅 세이버'(Marketing Saver)라고 불리며 아래 두 편익군으로 구성되었다. 이렇게 하면 두 콘셉 트 모두에 '마케팅 회사가 알고 있는 내 정보 확인하기'라는 핵심 편익이 포함되지만 범위가 지나치게 넓지는 않았다. 경영진도 이 접근법에 동의 했다.

5장에서 나는 카노 모델을 사용해 편익을 필수, 성능 편익, 감동 요소로 분류하고 경쟁자까지 고려해서 프로덕트 가치 제안을 명확히 하라고 추천했다. 우리는 '마케팅 회사가 알고 있는 내 정보 확인하기'라는 핵심 편익을 감동 요소로 보았는데 이러한 서비스가 없었기 때문이다. 마케팅 세이버 콘셉트에서 시장에 고객에게 할인 혜택을 제공하는 다른 프로덕트들이 있는 것을 알고 있었으므로, '할인 혜택'은 성능 편익으로 보았다. 비슷한 맥락에서 소셜 네트워킹 프로덕트가 이미 존재했지만 꼭 쇼핑에 초점을 맞춘 것은 아니었기에 '소비 취향이 비슷한 사람과 만나고 교류하기'도 성능 편익으로 보았다. 자신의 재무 상황을 타인과 비교할 수 있는 다른 프로덕트를 알지 못했기 때문에 '자신의 소비에 관한 인사이트 획득'은 감동 요소로 보았다. 마케팅 실드 콘셉트에서는 '광고성 우편물 줄이기'를 감동 요소로 보았다. 친환경을 실천할 수 있는 다른 방법이 많이 있었기 때문에 '나무 보호'는 성능 편익으로 보았다.

### 11.1.4 4단계: MVP 기능 집합을 구체화하라

두 가지 콘셉트 각각에 대한 가치 제안을 결정한 다음 해결 영역에 대한 토론을 시작했고 이러한 편익을 제공할 수 있는 기능을 브레인스토밍했다. 그림 11.2에서 각 프로덕트 콘셉트를 위해 우리가 선택한 기능들을 확인할 수 있다.

'마케팅 회사가 알고 있는 내 정보 확인하기'라는 핵심 편익을 제공하기 위한 주요 기능은 장기간에 걸쳐 누적된 사용자의 마케팅 관련 정보를 담은 마케팅 보고서였다. 이 보고서는 각 고객의 구매 활동 데이터와 더불어 그들이 설문 조사, 우편 조사, 전화 조사에 제공한 답변에 토대를 두었다. 마케팅 보고서의 핵심은 고객이 마케팅 데이터베이스에 포함된 자신의 데이터를 알 수 있는 투명성을 제공하는 것이었다.

우리가 구상한 마케팅 보고서의 핵심 요소 두 가지는 마케팅 프로필과

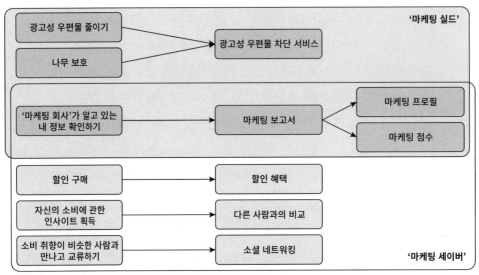

'마케팅 실드'

광고성 우편물 줄이기
나무 보호
→ 광고성 우편물 차단 서비스

'마케팅 회사'가 알고 있는 내 정보 확인하기 → 마케팅 보고서 → 마케팅 프로필 / 마케팅 점수

할인 구매 → 할인 혜택
자신의 소비에 관한 인사이트 획득 → 다른 사람과의 비교
소비 취향이 비슷한 사람과 만나고 교류하기 → 소셜 네트워킹

'마케팅 세이버'

그림 11.2 마케팅 실드와 마케팅 세이버의 기능

마케팅 점수였다. 프로필은 홍보 마케팅 회사가 사용하는 세분화된 소비자 군집에 기반했다. 이러한 군집에는 – '젊은 디지털 엘리트', '축구와 SUV', '교외 거주 은퇴자'같이 – 기억하기 쉽게 묘사된 이름이 붙어 있었으며, 이는 나이, 결혼 여부, 주택 소유 여부, 자녀 유무, 우편번호 등의 주요 인구통계학적 데이터를 기초로 했다. 마케터는 이러한 프로필을 사용하여 사람들에게 각자 맞춤화된 할인 혜택을 제안했다.

우리는 마케팅 점수라는 아이디어를 완전히 새로 구상하고 있었다. 마케팅 점수의 목적은 신용 점수와 – 개인의 전반적인 신용도를 나타내는 하나의 숫자 – 비슷한 역할을 하는 것이었다. 신용 점수와 마찬가지로 마케팅 점수는 마케터들이 보는 개개인의 전반적인 매력도를 하나의 숫자로 나타낸 것이었다. 신용 점수가 높을수록 금리 혜택이 커지는 것처럼 마케팅 점수가 높을수록 추가 할인 혜택을 제공받는 방식이었다. 우리는 고객의 마케팅 점수를 결정할 때 고려할 몇 가지 요인을 찾아냈다.

맨 아래 편익군에서 주요 편익은 할인 혜택이다. 이는 고객이 관심 있는 제품 유형과 서비스를 확인하고 그런 다음 관련 할인 혜택을 받게 되는 아이디어였다. 마케팅리포트닷컴은 고객과 자사 제품을 홍보하고 싶은 기업을 이어 주는 역할을 하려는 것이었다. 이 기능은 고객이 선호도를 직접 지정할 수 있는 사용자 인터페이스, 판매자 마켓플레이스, 매치메이킹 로직(matchmaking logic) 그리고 웹사이트와 이메일을 통해 할인 혜택을 전달하는 방식으로 구성될 예정이었다.

맨 아래 편익군에서 두 번째 기능은 자신을 다른 사람과 비교하는 것이다. 이는 고객이 소비 패턴이 비슷한 고객과 비교해 외식, 의류, 여가 등의 특정 영역에서 자신이 얼마나 더 많이 또는 더 적게 소비하는지 비교할 수 있게 하는 것이었다. 이런 인사이트를 통해 고객은 자신이 적절하다고 생각하는 방향으로 소비 행동을 수정할 수 있게 된다.

맨 아래 편익군에서 세 번째 기능은 소비 패턴이 비슷한 사람과 교류할 수 있는 기능이다. 고객들이 자신과 비슷한 소비자를 통해 신제품을 발견하거나 할인 혜택에 관한 정보를 얻는다는 아이디어이다. 당시 소셜 네트워킹이 비교적 인기가 있었으므로 우리는 온라인 쇼핑과 연관된 소셜 기능성을 일부 실험해 보고 싶었다.

맨 위 편익군의 기능은 광고성 우편물 차단 서비스이다. 이 서비스는 '광고성 우편물 줄이기'와 '나무 보호'라는 두 가지를 해결한다. 처음에는 '오즈의 마법사' 방식의 MVP로 고객을 대신해 수동으로 수신 거부 요청을 작성하고 제출할 계획이었다. 이후 필요할 경우 더 자동화된 솔루션으로 전환할 예정이었다.

## 11.1.5 5단계: MVP 프로토타입을 만들어라

기능 집합을 정의했으니 이제 5단계로 넘어가 이러한 기능에 생명을 불어넣는 디자인 산출물을 구현할 차례였다. 코딩을 시작하기 전에 고객과 대면 방식으로 디자인 산출물을 테스트하고 싶었으므로 미드 피델리티 (Mid Fidelity, 미드-파이(Mi-Fi)) 목업으로 테스트하기로 결정했다. 목업은 시각적 디자인 요소를 – 컬러, 폰트, 그래픽, 스타일링 – 충분히 갖추어 사용자에게 프로덕트를 효과적으로 보여 줄 수 있었지만, 픽셀 단위의 완벽함까지는 고려하지 않았다.

가장 먼저, 프로덕트 구조(정보 구조)와 사용자 경험 흐름(인터랙션 디자인)을 구상하고 정의하기 시작했다. 고객은 서비스를 설명하는 이메일을 수신하는 것으로 경험을 시작하게 된다. 이메일에는 '당신의 마케팅 보고서를 확인하세요'라는 콜투액션과 랜딩 페이지로 연결되는 링크가 첨부되었다. 랜딩 페이지에는 이 서비스가 좀 더 자세히 설명되어 있었고 '보고서 보기'라는 핵심 전환 버튼이 있었다. 각 고객에게는 고유 코드가 부여되어 이메일에 들어갔다. 고객이 '보고서 보기' 버튼을 클릭하면 '정보 검토하기' 페이지로 넘어갔다. 이 페이지에는 이름, 주소, 결혼 여부, 가구 소득 범위 등 인구통계학적인 주요 정보를 나열한 양식이 있었다. 이 페이지에서 고객은 마케팅 데이터베이스에 기록된 자신의 정보를 보고 부정확한 정보를 수정할 수 있었다. 이 페이지에서 '계속하기' 버튼을 누르면 마케팅 리포트 페이지로 이동하게 했다.

마케팅 리포트 페이지는 프로덕트에서 온보딩 과정을 거쳐 이동하는 메인 페이지였다. 이 페이지는 모듈로 구성된 대시보드로, '마케팅 실드'와 '마케팅 세이버' 각각의 모듈을 단순히 변경하는 것(swap out)만으로 두 콘셉트에 동일한 범용 디자인(general design)을 사용할 수 있었다. 두 프로덕트 콘셉트 모두 마케팅 리포트 대시보드에 마케팅 프로필과 마케팅 점수 모듈이 포함되어 있었는데, 이들이 핵심 기능 아이디어였기 때문이다. 나머지 모듈들은 콘셉트에 따라 달라졌다. 마케팅 실드 버전에는 '광고성 우편물 차단' 모듈이 포함되었다. 마케팅 세이버 버전에는 할인 혜택, 다른 사람과의 비교, 소셜 네트워킹을 다루는 모듈이 있었다.

마케팅 리포트 페이지는 고객이 다른 페이지로 이동할 수 있는 내비게이션 허브였다. 고객은 각 모듈을 클릭해서 더 상세한 전용 페이지로 드릴 다운(drill down)할 수 있었다. 예를 들어 할인 혜택 전용 페이지에서 고객은 휴가, 전자제품 등 관심 가는 제품과 서비스 유형을 직접 선택할 수 있었다. '광고성 우편물 차단' 전용 페이지는 홍보 우편물의 다양한 카테고리 목록을 보여 주었고 사용자는 더 이상 받고 싶지 않은 카테고리를 선택할 수 있었다. 또한 이 페이지에는 '마케팅 실드 프리미엄'(Marketing Shield Premium)이라는 업셀링(upselling)[2] 제안도 들어 있었는데 이는 유료 서비스로서 사용자가 수신하는 광고성 우편물을 줄이고 마케팅 프로필 데이터에 대한 더 강력한 개인 정보 보호를 제공했다. 업그레이드된 서비스인 마케팅 실드 프리미엄을 제외하면 '마케팅 세이버'와 '마케팅 실드' 서비스는 모두 무료로 제공될 예정이었다.

### 11.1.6 6단계: 고객을 대상으로 MVP를 테스트하라

목업이 준비되었으니 6단계인 고객 테스트를 실시할 차례였다. 이 단계에서 우리는 테스트 참가자 모집을 시작하기 전에 타깃 고객 정의를 다시 검토하고 조정할 필요가 있었다. MVP 두 개의 가치 제안이 달랐기 때문에 각 MVP의 타깃 고객을 정의해야 했다. 둘 다 대중 소비자라는 타깃

---

2 (옮긴이) 상향 판매, 고객이 서비스를 추가하거나 더 비싼 제품을 구매하도록 장려함으로써 고객 가치를 높이는 것

고객의 큰 틀은 유지하되 세부 내용을 달리했다. 마케팅 실드는 프라이버시를 매우 중시하는 사람으로, 마케팅 세이버는 할인 구매와 할인 혜택에 큰 가치를 두는 사람으로 타깃 고객을 각각 수정했다.

### 11.1.6.1 타깃 시장에서 고객 모집하기

우리는 진행자에 의한 대면 테스트를 실시하기로 결정했고 내가 테스트 세션의 진행자를 맡았다. 데이터를 더 빠르게 수집하기 위해 일대일이 아닌 두세 명의 고객이 동시에 참여하는 그룹 테스트를 진행했다. 지역의 한 리서치 업체에 고객 모집 업무를 의뢰했고 그들은 내가 작성한 스크리너를 사용해 적합한 고객을 선별했다. 먼저 내가 사용한 스크리너 문항과 이러한 문항의 논리적 근거를 자세히 알아보자.

연구 대상이 타깃 시장에 속해 있음을 보장하기 위해 정규직 종사자(주 30시간 이상 근무)를 리서치 참가자의 첫 번째 조건으로 생각했다. 시간적으로 여유가 있는 비고용자나 은퇴자가 시장 리서치에 많이 참가하지만, 이들이 마켓리포팅닷컴의 타깃 시장을 반드시 대표한다고는 볼 수 없기 때문이다. 나는 최소 고등학교 졸업 이상의 학력을 요구했고 주류 오디언스를 대표할 수 있도록 다양한 학력 소지자를 모집했다. 또한 가구 소득이 최소 4만 달러 이상인 다양한 소득 수준의 참여자를 모집했다. 가정에 컴퓨터가 있어야 하고 주당 몇 시간 시간 이상 인터넷을 사용해야 했다(우리의 서비스가 웹으로 전달될 예정이었기 때문이다). 마지막으로 최근에 인터넷에서 프로덕트를 구매한 경험이 있는지도 확인하고 싶었다(우리의 서비스를 온라인에서 결제하는 데 익숙한지를 확인하기 위해서였다). 나는 이러한 모든 조건을 웹 기반 서비스가 지향하는 타깃 시장에 속하는 주요 고객인 직장인을 모집하기 위한 필수 자격 요건이라고 생각했다.

다음으로 해당 고객이 각 콘셉트(세이버 또는 실드)에 적합한 타깃 시장에 속하는지 확인할 방법을 결정해야 했다. 나는 과거 행동을 두 타깃 시장과의 적합도를 보여 주는 지표로 사용하기로 했다. 마케팅 세이버의 고유 편익은 절약인 만큼 이 그룹에는 돈을 절약하기 위한 여러 행동에 관해 질문했다.

- 지난 3개월 동안 쿠폰을 3장 이상 사용했나요?
- 코스트코 회원인가요?
- 지난 6개월 동안 이베이에서 구매한 적이 있나요?
- 구매 시 최저가를 찾기 위해 대체로 또는 항상 시간을 들여 조사하나요?

응답자는 "네" 하나당 세이버 점수 1점을 획득했다. 우리는 세이버 점수가 2점 이상인 사람을 세이버 타깃 시장으로 분류해야 한다고 판단했다.

비슷한 맥락에서 마케팅 실드는 프라이버시와 보안이 핵심이었으니 그 그룹에는 이러한 주제와 관련 있는 몇 가지 행동에 관해 질문했다.

- '수신 거부'를 신청한 적이 있나요?
- 발신자 ID 차단 기능을 사용하나요?
- 문서 세단기가 있나요?
- 지난 6개월 동안 바이러스 백신 소프트웨어를 구매한 적이 있나요?

응답자는 "네"라고 대답할 때마다 실드 점수 1점을 얻었다. 우리는 실드 점수가 2점 이상인 사람을 실드 타깃 시장으로 분류해야 한다고 판단했다.

두 가지 고객 세그먼트 중 어느 하나에도 부합하지 않는 응답자는 선택하지 않았다. 소수의 응답자가 두 세그먼트 모두에 부합했는데, 이는 둘의 기준이 상호 배타적이지 않았기 때문이었다(즉, 절약과 프라이버시 둘 다에 관심을 가질 수 있다).

리서치 참가자로 적합한 응답자를 대상으로 주소, 나이, 결혼 여부, 자녀 수, 주택 소유 여부, 가구 소득, 교육 수준, 직업, 인종 등에 관해 질문했다. 이 정보를 사용해 고객별로 맞춤화된 '정보 검토하기' 페이지 목업을 만들었다. 또한 이 정보를 사용해 각 고객의 마케팅 프로필을 해당하는 세분화된 고객 군집에 맞춰 조정했다. 이렇게 고객 맞춤화된 목업 덕분에, 일반 페이지(generic page)를 사용해 상상력을 발휘하게 하는 경우보다 훨씬 더 현실적인 경험을 테스트에서 고객에게 제공할 수 있었다. 실제로 대부분의 고객은 이 페이지를 처음 봤을 때 "어떻게 이 모든 정보를 수집했나요?"라며 놀라워했다. 우리는 고객에게 '마케팅 데이터베이스'가 당신에 대해 *정말로* 많은 것을 알고 있다는 사실을 확실하게 인식시켰으며 이는 바로 마케팅리포트닷컴의 핵심 가치 제안이었다.

우리는 리서치 세션을 진행할 날짜와 시간을 신중하게 결정했다. 테스트 참가 예정자가 정규직 직장인이었으므로 그들의 개인 일정을 최대한 배려해 퇴근 이후 시간으로 (저녁 6시와 8시) 선택했다. 기업이 흔히 저지르는 실수는 *자신의* 편의를 위해 *자신의* 근무 시간 중에 리서치 세션을 밀어붙인다는 점이다. 타깃 고객이 그 시간을 문제 없이 맞출 수 있다면 상관없다. 하지만 대부분의 직장인은 근무 시간 중에 만남을 갖기가 부담스럽다. 바로 이 때문에, 자칫하면 실제 타깃 고객을 대표하지 못할 정도로 리서치 참가자 유형이 왜곡될 수도 있다.

스케줄링의 부담을 덜기 위해 스크리닝 단계에서 응답자 모두에게 참석 가능한 리서치 세션 시간을 전부 알려 달라고 요청했다. 모든 응답자에 대한 정보를 얻은 후 나중에 모든 시간대를 채우는 것이 수월했다. 리서치 업체는 모든 시간대에 참여할 고객을 성공적으로 모집했다. 참가자 모집이 진행되는 동안 나는 사용자 테스트를 위한 스크립트를 작성했다. 각 세션은 90분이었다. 다음은 시간 배분을 포함한 사용자 테스트 스크립트의 전체적인 개요이다.

1. 자기 소개와 워밍업(5분)
2. 일반적인 발견 질문(15분)
   a. 홍보 마케팅 우편물
   b. 마케팅 회사가 알고 있는 내 정보 확인하기
   c. 자신과 다른 사람의 재무 상황 비교
3. 콘셉트별 질문(총 45분)
   a. 콘셉트의 핵심 주제에 관한 발견 질문(10분)
   b. 콘셉트 목업에 관한 피드백(35분)
4. 검토: 오늘 본 것과 관련해 가장 좋은 점 또는 가장 싫은 점은 무엇이었나요?(5분)
5. 브레인스토밍: 어떻게 하면 프로덕트를 더 유용하게 또는 가치 있게 만들 수 있을까요?(10분)
6. 프로덕트 명칭 후보에 관한 피드백(10분)
7. 감사 인사와 종료

스크립트와 목업을 테스트하기 위해 진짜 고객과 테스트하기 전에 마케팅리포트닷컴의 직원을 대상으로 파일럿 사용자 테스트를 했다. 이 결과를 반영해 스크립트 문항과 목업을 약간 수정했다. 이제 드디어 본 무대의 막을 올릴 준비가 끝났다!

삼 일간 저녁마다 두 세션을 진행했는데 각 세션에는 세 명의 고객이 예정되어 있었다. 세션의 절반은 마케팅 세이버 나머지 절반은 마케팅 실드에 할애했고 따라서 각 콘셉트에 총 아홉 명의 고객이 배정되었다. 결국 두 사람이 불참하는 바람에 콘셉트마다 고객 여덟 명을 인터뷰했다. 앞서 말했듯이 우리는 각 고객에게 맞춘 데이터를 목업에 반영했다. 클리커블 목업이 나오기 전이었기 때문에 각 목업을 한 페이지씩 인쇄했다. 각 고객 앞에 그들이 볼 순서대로 출력물을 가지런히 쌓아 두었다. 나는 스크립트에 따라 테스트를 진행하면서 고객이 목업 하나를 살펴볼 때마다 페이지를 넘겼다.

### 11.1.6.2 고객이 가르쳐 준 것

테스트 세션은 순조롭게 진행됐다. 고객 모두가 테스트에 집중했고 자신의 생각을 명확히 표현했다. 우리는 훌륭한 피드백을 많이 받았는데 배운 것을 하나도 놓치지 않으려 빠짐없이 기록했더니 무려 여덟 장이었다. 결과적으로 말해 두 콘셉트 모두 고객의 공감을 충분히 이끌어내지 못했다. 하지만 구름 사이로 몇 줄기 햇살이 비쳤다.

먼저, 두 콘셉트의 공통된 핵심 가치 제안은 – 마케팅 회사가 알고 있는 내 정보 확인하기 – 별로 호응을 얻지 못했다. 고객들은 마케팅 보고서와 마케팅 프로필을 어느 정도 흥미로워했지만 매력적이라고 생각하지는 않았다. 대부분의 고객이 마케팅 점수를 혼란스럽게 느꼈으며 매력도도 약했다.

세이버 콘셉트에서 자신을 다른 사람과 비교하는 기능과 소셜 네트워킹 기능은 고객들에게 별다른 인상을 주지 못했다. 하지만 고객들은 할인 혜택을 좋아했다(구름 사이로 비친 햇살 중 하나). 이는 세이버 콘셉트에서 가장 매력적인 부분이었다. 광고성 우편물 줄이기는 실드 콘셉트에서 강한 호소력을 발휘했고 나무 보호라는 부차적인 편익 또한 마찬가지였다. 그렇지만 '강한 호소력'이라고 해도 성공을 보장하기에는 턱없이 부족했다. 고객들은 우리가 테스트에서 보여 준 목업에 대해 질문과 우려가 많았다. 하지만 나는 우리가 이번에 배운 지식을 활용해 이러한 우려를 해소하고 한층 발전된 목업을 만들 수 있을 것이라고 자신했다. 해당 편익에 대한 충분한 관심이 잠재해 있다고 확신했다.

리서치가 끝난 뒤, 그림 11.2의 문제 영역과 해결 영역 도표에서 매력도를 기준으로 편익 상자를 강, 중, 약으로 구분해 초록, 노랑, 빨강으로 칠했다. 끝내고 보니 두 개의 초록색 섬이 분리되어 있는 것이 보였다. 세이버의 타깃 고객은 할인 혜택을, 실드의 타깃 고객은 광고성 우편물 차단을 좋아했다. 이로써 앞으로 집중해야 하는 두 가지 선택지가 명확해졌다. 남은 일은 어느 방향으로 피벗할지 선택하는 것뿐이었다.

### 11.1.7 이터레이션과 피벗으로 프로덕트 마켓 핏을 개선하라

두 콘셉트 모두 잠재적인 호소력이 컸지만 실드가 더 매력적이었다. 이미 (쿠폰스닷컴(coupons.com)처럼) 할인 혜택을 제공하는 웹사이트가 많았기 때문에 세이버의 경우 고객들은 우리 제안이 어떻게 차별화되는지 명확히 이해하지 못했다. 또한 고객들은 세이버에 대한 지불 의사(Willingness to Pay, WTP)가 낮았고, 그나마 세이버로 절약할 수 있는 액수보다 낮은 가격에만 돈을 낼 의향이 있다고 말했다. 더욱이 할인 혜택을 제공하는 기업과 계약을 체결하려면 많은 노력이 필요할 것이 불 보듯 뻔했고, 이 서비스는 클라이언트 회사의 브랜드와도 잘 맞지 않았다.

반면에 실드는 잠재적인 프로덕트 마켓 핏이 더 강력해 보였다. 고객들은 광고성 우편물 줄이기 서비스에 대해 더 지불할 의향이 있는 것처럼 보였다. 우리는 '마케팅 실드 프리미엄' 업그레이드 옵션으로 이 서비스의 유료화 콘셉트를 도입했다. 일부 고객은 초기의 무료 체험 기간 동안 서비스가 기대한 대로 작동한다면 추후에 유료 서비스를 이용할 의향이 있다고 말했다. 이와 같은 서비스에 얼마를 지불하겠냐고 물었을 때 일부는 작은 금액을 언급했지만 전반적으로 열렬한 반응을 얻지는 못했다. 그래도 세이버보다 실드가 클라이언트 회사의 브랜드와 더 잘 어울렸다.

### 11.1.7.1 피벗

1차 라운드에서 배운 것을 토대로 '마케팅 회사가 알고 있는 내 정보 확인하기'라는 기존의 핵심 가치 제안을 포기하고 광고성 우편물 차단 서비스로 피벗하기로 결정했다. 서비스 이름은 임시로 정크메일프리즈(Junkmail-Freeze)라고 정했다. 이 시점에 우리에게는 세 가지 선택지가 있었다. 첫 번째 선택지는 목업 세트를 다시 만들어 사용자 테스트를 실시하고 그다음 프로덕트를 만드는 방법이었다. 두 번째 선택지는 HTML과 CSS로 목업보다 피델리티가 높은 프로토타입을 코딩해 사용자 테스트를 거쳐 프로덕트를 만드는 것이었다. 세 번째 선택지는 사용자 테스트를 일절 생략하고 곧바로 프로덕트를 디자인하고 개발하는 방법이었다.

우리는 첫 번째 선택지를 낙점했다. 정크메일프리즈는 핵심 콘셉트에서 상당히 벗어나는 피벗이었으며, 우리는 지난 테스트를 통해 광고성 우편물 차단 서비스를 개선하는 방법에 관해 많은 것을 배웠다. 또한 목업 세트를 새로 만들고 테스트 참가자를 다시 모집하는 데에는 많은 시간이 필요하지 않을 터였다. 이번에는 시간과 돈을 절약하기 위해 테스트 참가자를 저번보다 줄이기로 결정했다.

### 11.1.7.2 학습을 토대로 이터레이션하기

기존 목업을 전부 폐기하고 처음으로 돌아가서 광고성 우편물 줄이기에 집중한 프로덕트를 디자인하기 시작했다. 부차적인 편익은 나무를 보호하는 것이었다. 우리는 새 MVP 프로토타입을 위해 매우 단순한 사용자 경험을 디자인했다. 이 경험은 친구가 정크메일프리즈를 추천하는 이메일에서 시작되는데, 편익을 설명하고 커다란 '시작하기' 전환 버튼이 있는 홈페이지로 연결되는 링크가 포함되어 있었다. 홈페이지에는 '더 알아보기' 링크도 있었다. '시작하기' 버튼을 클릭하면 이름, 주소, 이메일 주소, 비밀번호를 입력하는 간단한 회원가입 페이지로 이동했다. 이 페이지에서 '등록하기' 버튼을 클릭하면 '내 계정' 페이지로 이동하여 받고 싶지 않은 광고성 우편물 종류를 지정할 수 있었다. 이전의 다른 페이지는 정크메일프리즈가 제공하는 편익을 설명했지만 '내 계정' 페이지는 사용자가 프로덕트와 상호작용하며 이러한 편익을 누릴 수 있게 하는 핵심 페이지였다.

1차 사용자 테스트 라운드를 실시하기 전까지 우리는 정크메일프리즈의 관련 편익을 그저 광고성 우편물 줄이기라고만 생각했다. 그런데 고객들과 대화하면서 문제 영역에 관해 훨씬 많은 것을 배웠다. 우리는 거의 모든 고객이 특히 싫어하는 광고성 우편물 유형이 있음을 알게 되었다. 사전 승인된 신용카드 제안(preapproved credit card offer)과 신용카드 회사가 일종의 현금 서비스로 제공하는 수표(cash advance check)였다. 대부분의 고객에게는 (잠금 장치가 있는) 보안 우편함이 없었다. 따라서 누군가가 이러한 우편물을 훔쳐가 자신의 명의로 신용카드를 발급받거나 이 수표를 빼 가서 무단으로 사용할까 봐 걱정했다. 우리는 이러한 지식을 바탕으로 새 디자인에 적절한 메시지를 만들었다.

일반적으로 금융 관련 광고성 우편물이 가장 큰 걱정거리였다. 여기에는 앞에서 언급한 유형들뿐만 아니라 대출과 보험도 포함되었다. 고객들은 이러한 유형의 광고성 우편물이 신분 도용의 리스크를 증가시킨다고 걱정했다. 우리가 만난 고객은 모두 주변에 신분 도용으로 피해를 입은 사람이 있는 것처럼 보였다. 그래서 우리는 신분 도용 리스크 감소라는 편익을 메시지에 추가했다.

알고 보니 프라이버시에 민감한 많은 고객이 광고성 우편물을 파쇄하는 데 상당한 시간을 쓰고 있었다. 몇몇은 귀가할 때 우편물을 전부 꺼내 문서 세단기 옆에 서서 우편물을 읽으며 바로바로 파쇄한다고 했다. 어떤 사람들은 밤마다 이 일에 5분을 쓰는데 매일 5분이 쌓이면 결코 적은 시간이 아니다. 우리는 광고성 우편물을 줄이기에 '시간 절약'이라는 편익도 있음을 인식하고 이를 메시지에 추가했다.

또한 고객들이 크고 두꺼운 카탈로그를 골칫거리로 여긴다는 사실도 드러났다. 원치 않는 많은 카탈로그는 쓰레기일 뿐이며 사람들은 이를 내다버리는 것 자체를 번거롭고 상당한 종이 낭비로 생각했다. 그러나 사람들은 여전히 특정 카탈로그는 계속 받고 싶어 했는데 사람마다 원하는 카탈로그의 종류가 제각각이었다.

이뿐만 아니라 지역 광고물을 성가시게 여기는 고객도 많았다. 일명 동네 쿠폰북도 이 중 하나였는데 아예 열어 보지도 않고 버리는 사람이 태반이었다. 또 다른 유형으로는 슈퍼마켓 같은 지역 상점에서 보내는 광고지와 전단지가 있었다. 또한 구독 신청을 한 적도 없는 지역 신문을 무료로 받는 것도 불만거리였다.

이는 고객과의 대화가 문제 영역을 깊이 이해하는 데에 얼마나 도움이 되는지 보여 주는 훌륭한 사례이다. 우리는 정말 많은 것을 배웠고 결과적으로 새로 만든 '내 계정' 페이지에서 사용자가 7개 카테고리에서 최대 31종류의 광고성 우편물을 차단할 수 있게 했다. 사용자가 차단하고 싶은 광고성 우편물 종류를 선택한 뒤 '계속하기' 버튼을 클릭하면 등록이 완료됐다.

'등록 완료' 페이지에서는 사용자에게 두어 달 이내에 사용자가 선택한 카테고리에서 수신하는 광고성 우편물이 크게 감소할 것이라고 안내했다. 1차 사용자 테스트 라운드를 통해 우리는 고객들이 광고성 우편물 차단 서비스가 '효력을 발휘'하기까지 시간이 걸릴 거라고 예상한다는 것을 알게 되었다. 또한 우리는 운영적인 측면에서 각 고객에게 서비스가 실질적인 편익을 전달하기까지도 시간이 필요하다는 것을 알고 있었다.

'등록 완료' 페이지는 또한 사용자가 언제든지 정크메일프리즈에 다시 들어와 수신 거부하고 싶은 광고성 우편물 종류를 변경할 수 있다고 설명했다. 우리는 첫 번째 리서치 라운드에서 고객들이 설정을 변경할 수 있는 기능을 중요하게 생각한다는 것을 발견했다. 몇몇은 광고성 우편물을 차단했다가 자칫 원하는 우편물까지 받지 못하게 될까 봐 우려했다. 등록 완료 페이지의 이 메시지가 고객의 기대와 일치했기 때문에 대부분은 메시지를 읽었을 때 고개를 끄덕이거나 "이거 정말 좋은데요"라고 말했다.

우리는 즉시 가입하기를 꺼리는 고객을 위해 '자세히 알아보기' 경로를 제공했다. '자세히 알아보기' 페이지는 정크메일프리즈가 고객을 대신해 홍보 마케팅 회사와 접촉하고 수신자 명단에서 고객을 제외시키는 과정을 안내했다. 또한 고객이 중요하게 생각하는 홍보 우편물은 계속 받을 수 있다고 설명했다. 신분 도용은 광고성 우편물과 관련된 중대한 문제였으므로 신분 도용과 광고성 우편물이 어떻게 연결되는지 알려 주는 별도의 페이지도 제공했다. 이 페이지는 보안이 취약한 우편함들이 늘어선 사진과 함께 정크메일프리즈가 신분 도용 리스크를 어떻게 줄일 수 있는지 설명했다.

앞선 테스트 라운드에서 많은 고객들이 이 서비스를 누가 제공하는지를 물었기 때문에 '회사 소개' 페이지도 추가했다. 고객들은 회사와 그 현황에 대해 알고 싶어 했다.

### 11.1.7.3 2차 사용자 테스트 라운드

정크메일프리즈 목업을 준비하고 나서 사용자 모집을 시작했다. 이전에 사용했던 실드의 스크리너가 매우 효과적이었기에 그대로 사용했다. 이번에는 각각 두 명으로 이뤄진 세 그룹과 테스트 일정을 확정했다. 나는 광고성 우편물에 집중하여 리서치 스크립트를 업데이트했다. 각 테스트 세션은 (1차 라운드와 똑같이) 오후 6시와 8시에 시작해 90분간 진행했다. 지난 라운드에서 발견 질문에 많은 시간을 썼기 때문에 2차 라운드에서는 프로덕트의 세부 사항을 정확히 이해하는 데 집중하고자 목업 테스트에 더 많은 시간을 할애했다(35분이 아니라 45분). 내가 사용자 테스트를 진행했고 이번에도 참가자들은 테스트에 집중했으며 명확하게 의견을 제시했다.

### 11.1.7.4 프로덕트 마켓 핏 산을 오르다

2차 사용자 테스트는 개인적으로 이제껏 경험한 가장 멋진 테스트 중 하나였는데, 1차 테스트와 사뭇 다른 결과를 얻었다. 고객들 중 누구도 프로덕트에 대해 커다란 우려나 의문을 표하지 않았다. 오히려 목업을 살펴보면서 고개를 자주 끄덕였고 "오, 이거 좋은데요." 같은 평가가 자발적으로 나왔다. 사소한 의견이나 질문과 제안이 있었지만 모든 참가자가 우리 프로덕트를 정말 좋아했다. 첫 번째 테스트 라운드에서 주요 이슈를 파악하고 이를 적절히 해결한 목업으로 두 번째 테스트 라운드를 진행한 덕분이었다.

그렇다고 이번 목업이 '완성된' 것은 아니었다. 우리는 이번 목업을 통해 고객들이 광고성 우편물 차단 서비스에서 원하는 것을 더 깊이 이해할 수 있었다. 예를 들어 신용카드와 카탈로그 관련 광고성 우편물 차단을 위해 카테고리 수준에서 관리하는 것은 적합하지 않다는 사실을 알게 되었다. 신용카드와 카탈로그 카테고리에서 고객들은 선호하는 우편물을 회사별로 (신용카드는 체이스나 웰스 파고(Wells Fargo), 카탈로그는 노드스트롬(Nordstrom)[3]이나 엘엘빈(L. L. Bean)[4]처럼) 지정할 수 있기를 원했다. 또한 우리는 프로덕트의 메시지와 UX에 대한 피드백도 받아 프로덕트를 더욱 개선할 수 있었다.

이번에 고객들에게 이러한 서비스에 얼마나 지불할 의향이 있는지 물었을 때, 1차 라운드보다 지불 의사도 더 강했고 지불하려는 액수도 더 높았다. 고객과 가격에 대해 의논할 때는 언제나 약간 에누리해서 들어야 한다. 고객 행동과 마찬가지로, 고객이 지불하겠다고 말한 액수와 실제로 지불하는 액수가 다를 수 있기 때문이다. 고객이 얼마를 지불할지는 진짜 프로덕트를 출시하고 그들이 지갑을 열어 마음을 보여 줘야 하는 순간이 되기 전에는 절대 알지 못한다. 그러나 2차 라운드에서 프로덕트에 대한 고객의 관심이 저번보다 훨씬 강해진 것은 분명했다. 나는 이번 목업으로 다음 단계를 진행해도 될 만큼의 프로덕트 마켓 핏을 달성했다는 확신이 들었다.

이렇게 확신을 가진 이유가 하나 더 있었다. 각 테스트를 종료하면서

---

3  (옮긴이) 미국의 고급 백화점 체인
4  (옮긴이) 고품질의 아웃도어 의류와 장비를 제공하는 미국의 전통적인 아웃도어 브랜드

참가자에게 감사 인사와 함께 소정의 참가 사례비를 건넸을 때였다. 사례비를 받은 모든 고객이 이 서비스가 지금 운영 중인지 그리고 바로 가입할 수 있는지 물었다. 아직 서비스가 준비되지 않았다고 설명하자 모든 고객이 이메일 주소를 남길 테니 서비스가 출시되면 알려 달라고 요청했다. 첫 번째 테스트 라운드에서는 이런 반응을 보인 고객이 없었다. 이런 반응에는 고객의 진심이 담겨 있었으므로 나는 이를 프로덕트 마켓 핏에 대한 추가적인 증거라고 확신했다.

### 11.1.7.5 회고

이 프로젝트 전에도 나는 프로덕트나 프로덕트 콘셉트에 대한 사용자 피드백을 받기 위해 다양한 유형의 고객 리서치를 실시했고 사용자 중심 디자인을 실천하는 여러 팀에서도 활동했다. 하지만 온전히 린 방식으로 프로덕트 아이디어를 만들고 테스트한 것은 이 프로젝트가 처음이었다. 코딩을 하지 않고 목업에만 집중함으로써 빠르게 이터레이션할 수 있었다. 스크리너로 타깃 고객을 선별했기에 훌륭한 피드백을 주는 고객들을 모집할 수 있었다. 프로젝트 전체는 두 달이 걸리지 않았고 리소스도 매우 효율적으로 사용했다. 이토록 짧은 시간에 – 그것도 딱 한 차례의 이터레이션만으로 – 우리처럼 작은 팀이 프로덕트 아이디어를 크게 개선하고 높은 프로덕트 마켓 핏을 달성했다는 사실이 정말 뿌듯했다.

이 사례를 소개한 이유는 우리가 한 일이 대단히 특별하거나 독특한 것이 아니기 때문이다. 진짜다. 그저 린 프로덕트 프로세스를 따른 것이 전부였다. 누구든 우리가 달성한 결과를 이루지 못할 이유가 없다. 이 책의 린 프로덕트 프로세스를 따른다면 어떤 팀이든 자신들의 프로덕트 아이디어로 비슷한 결과를 얻을 수 있다. 당연히 린 프로덕트 프로세스가 전개되는 세부 내용은 저마다 상황에 따라 다를 것이다. 더 많은 이터레이션 라운드가 필요할 수도 있다. 피벗을 하지 않거나 한 번 이상 해야 할 수도 있다. 게다가 모든 프로덕트 아이디어로 프로덕트 마켓 핏을 달성할 거라는 보장도 없다. 하지만 가설을 테스트하고 프로덕트 마켓 핏이 어느 수준인지 자신 있게 평가하는 일은 얼마든지 할 수 있다.

앞서 말했듯이 디자인 산출물이나 실제 작동하는 라이브 프로덕트로 사용자 테스트를 할 수 있다. 리스크를 최소화하고 더 빠르게 진행하며 낭비를 피하기 위해 코딩을 시작하기 전 디자인 산출물에 대한 피드백부터 수집할 것을 강력히 추천한다. 이렇게 하면 코딩에 투자하기 전에 가설에 대한 확신을 더욱 가질 수 있다. 고객을 대상으로 목업이나 와이어프레임을 검증했다면 이제 드디어 프로덕트를 만들 차례이다. 린 프로덕트 프로세스에서 배우는 모든 것은 개발하려는 프로덕트를 더 잘 정의하는 데 도움이 된다. 다음 장에서는 프로덕트 구축을 어떻게 진행하는지 자세히 알아보자.

3부

# 프로덕트 구축과 최적화

12장

# 애자일 개발로
# 프로덕트를 만들어라

이 단계에 이르렀다는 것은 타깃 고객, 충족되지 않은 고객 니즈, 가치 제안, MVP 기능 집합, UX를 검증했다는 뜻이다. 그 결과 당신은 자신이 그린 청사진에 자신감이 생겼을 것이다. 프로토타입으로 프로덕트 마켓 핏을 검증하는 것도 굉장히 가치 있지만, 이제는 당신의 청사진을 고객이 실제로 사용할 수 있는 작동하는 프로덕트로 바꿀 때이다.

　당신이 정의한 프로덕트를 구축하는 것은 명백히 중요한 단계이며 흔들림 없는 실행력이 정말 중요하다. 청사진을 프로덕트로 만드는 과정에서 걸림돌이 될 만한 리스크가 많다. 어쩌면 기술적 타당성(technical feasibility)과 관련한 문제에 직면할 수도 있는데, 이는 당신이 디자인한 무언가를 보편적으로나 가용한 리소스만으로는 프로덕트로 만드는 게 너무 어렵거나 아예 불가능할 때 발생한다. 어쩌면 프로덕트가 기술적으로는 타당하지만 주어진 리소스에 비해 범위가 넓어 구축하는 데 너무 오랜 시간이 걸릴 수 있다. 좋은 시장 기회는 영원하지 않다. 경쟁이 치열해져 중요도 대 만족도 프레임워크의 제1사분면으로 이동하게 되기 전까지 한시적으로 존재할 뿐이다. 프로덕트 마켓 핏에서는 적절한 때에 적절한 프로덕트를 보유하는 것이 관건이다(5장에서 소개한 프로덕트 전략을 떠올려 보라). 범위가 적절하더라도 실행력이 부족하면 프로토타입의 잠재력에 한참 못 미치는 프로덕트가 만들어질 수도 있다. 이러한 유형의 리스크를 최소화하고 싶은 것이 당연한데 당신이 사용하는 프로덕트 개발 프로세스가 이에 지대한 영향을 미칠 수 있다. 12장에서는 더 적은 리스크로 더 빠르게 훌륭한 프로덕트를 전달하는 것을 도와주는 프로덕트 개발의 베스트 프랙티스를 소개한다.

## 12.1 애자일 개발

여기까지 이터레이션 접근법을 따라 온 것처럼 프로덕트를 구축할 때도 똑같이 할 수 있다. '애자일 개발'은 반복적이고 점진적으로 개선하는 다양한 프로덕트 개발 방법론을 설명하는 포괄적인 용어이다. 애자일 개발이 채택되기 전에는 대부분의 소프트웨어 프로덕트가 일련의 단계를 순차적으로 거치는 '폭포수'(waterfall) 접근법으로 개발되었다. 먼저 개발 팀이 모든 요구사항을 정의하고 그 후 프로덕트를 디자인한다. 디자인이 끝나면 프로덕트를 구현하고 그런 다음 테스트를 실시해 프로덕트가 의도한 대로 작동하는지 검증한다. 폭포수 개발론의 핵심적인 특징은 이전 단계가 100% 완료되기 전에는 다음 단계를 진행하지 않는다는 점이다. 다시 말해 개발 팀은 모든 요구사항을 정의하기 전에는 디자인을 시작하지 않고, 프로덕트 전체를 디자인하기 전에는 코딩을 시작하지 않는다. 이런 점에서 폭포수 방법론은 '대규모 선행 설계'(Big Design Up Front, BDUF) 접근법이라고도 불린다.

반면 애자일 방법론을 사용하는 팀은 프로덕트를 더 작은 여러 부분으로 나누어 요구사항 정의, 디자인, 코딩을 짧은 주기(cycle)로 반복한다. 애자일에는 몇 가지 이점이 있다. 첫째, 더 작은 증분 단위로 계획하기 때문에 시장의 변화나 다른 새로운 정보에 더 빠르게 반응할 수 있다. 둘째, 프로덕트가 고객에게 더 일찍 도달한다. 이는 진짜 프로덕트에 대한 고객 피드백을 더 빨리 들을 수 있다는 뜻이고, 고객 피드백은 이후의 프로덕트 개발 프로세스에 가이드가 된다. 셋째, 개발 팀은 더 작은 배치 크기로 작업함으로써 범위를 예측할 때 오류의 범위(margin of error, 허용 오차)를 줄일 수 있다.

작은 배치 크기라는 린 개념은 6장에서 이미 만나 보았다. 지금부터는 작은 배치 크기가 소프트웨어 개발에서 (또는 불확실성이 높은 조건에서 이뤄지는 모든 개발에서) 어째서 그토록 유용한지 파헤쳐 보자. 개발자가 새 기능성을 구현하기 위해 필요한 시간을 추정할 때 추정치에는 어느 정도의 불확실성이 있다. 이 불확실성은 실제 소요 시간이 추정 소요 시간과 달라지는 추정 오차(estimation error)로 귀결된다. 실제 기간과 추정 기간을 비교하는 좋은 방법은 후자에 대한 전자의 비율을 계산하는 것이다. 예를 들어 프로젝트가 예상보다 두 배 더 오래 걸렸다면 비율은 2×이고, 반대로 프로젝트를 완료하는 데 예상의 절반밖에 걸리지 않았다면 비율은 0.5×이다.

스티브 매코널(Steve McConnell)은 '불확실성의 원뿔'(cone of uncertainty)이라는 도표를 만들었는데 이는 소프트웨어 프로젝트의 전 생애에 걸쳐 예상되는 추정 오차의 범위를 단적으로 보여 준다. 매코널의 도표에서 추정 오차의 상한선과 하한선은 대칭 형태의 곡선을 이루고, 프로젝트가 시작될 때는 각각 4×와 0.25×에서 출발해 점점 줄어들다 끝날 때는 0으로 수렴한다. 프로젝트 초기의 추정 오차가 종료 무렵의 추정 오차보다 더 크다는 것은 직관적으로 이해되며 경험과 일치한다.

하지만 내 개인적으로는 대칭 구조를 이루는 추정 오차는 본 적이 없다. 다른 말로 적어도 내가 알기로 개발자가 태스크를 예상보다 일찍 끝낼 가능성과 예상보다 늦게 끝낼 가능성이 반반인 경우는 없다. 거의 대부분의 소프트웨어 개발 태스크는 예상보다 *더* 오래 걸린다. 당연히 일찍 끝나는 경우도 더러 있지만 긍정적인 놀라움의 크기는 부정적인 놀라움의 크기보다 훨씬 작은 경향이 있다. 이유가 무엇일까? 소프트웨어 추정 오차의 비대칭적인 특성을 더 잘 이해하려면 인식론 학자(epistemologist)이자 미국의 전 국방장관인 도널드 럼즈펠트(Donald Rumsfeld)의 발언을 보자.

> 알려진 앎(known known)이 있다. 이는 우리가 안다는 사실을 아는 것이다. 또한 우리는 알려진 미지(known unknown)가 있다는 것도 안다. 즉, 우리가 알지 못하는 것이 있음을 안다. 이뿐만 아니라 알려지지 않은 미지(unknown unknown)도 있다. 이는 우리가 알지 못한다는 것을 알지 못하는 것이다.

개발자는 태스크에 필요한 노력을 추정할 때 '알려진 앎'을 고려한다. 노련한 개발자는 알려진 미지도 고려해 추정할 것이다. 물론 알려진 앎이나 알려진 미지를 정확하게 이해하지 못해서 발생하는 추정 오차도 있다. 그러나 나는 반복적인 추정에서 가장 큰 돌발 변수는 알려지지 않은 미지이며 이것이 추정 오차 분포를 비대칭적으로 만드는 원인이라고 생각한다.

쉬운 예로 개발 태스크 A는 5분, 개발 태스크 B는 5개월이 걸릴 것으로 추정된다고 해 보자. 두 태스크 모두 알려지지 않은 미지의 것일 수 있다. 하지만 불확실성의 원뿔에서 위쪽 곡선을 보면 알 수 있듯이 불확실성은 범위가 커질수록 비선형적인 형태를 띤다. 5분짜리 태스크가 통제 불능 상태가 될 가능성은 매우 낮다. 5개월짜리 태스크는 범위가 5분짜리 태스크보다 30,000배 더 크기 때문에 알려지지 않은 미지의 것이 숨어 있을 공간이 훨씬 더 많다.

개발자가 큰 태스크를 더 작은 태스크로 나누기 위해 필요한 사고와 조사를 거치면 알려지지 않은 미지의 것을 알려진 미지의 것으로 전환해 그 수를 줄일 수 있다. 이렇게 해도 알려지지 않은 미지의 것을 완벽하게 피할 수는 없지만 더 작은 배치 크기를 사용하면 알려지지 않은 미지의 것을 더 관리하기 쉽게 통제하고 프로덕트를 더 일정하게 출시할 수 있다. 반면에 폭포수 프로젝트는 대체로 범위가 크기 때문에 처음 추정치보다 훨씬 더 오래 걸리는 것으로 악명이 높다.

이러한 시간 지연 외에도 애자일의 열혈 옹호론자 일부가 폭포수 방법론에 맹공을 퍼붓는 또 다른 이유가 있다. 그들은 앞 단계에 의존하는 순차적인 단계로 이루어진 프로세스라는 개념 자체를 강력하게 반대하기 때문이다. 이들은 마치 애자일이라면 단계에 연연하지 않고 곧바로 코딩을 시작해도 괜찮다는 식으로 행동한다. 하지만 이는 너무 지나친 확대 해석이다. 애자일에서도 코딩을 하기 전에 설계를 해야 한다. 다만 훨씬 더 작은 증분 단위로 진행할 뿐이다.

프로젝트에 따라서는 폭포수 방법론이 *더 나은* 접근법이라는 점에 주목할 필요가 있다. 예를 들어 인간을 우주로 보낼 때 최소 기능만 갖춘 우주선에 태우고 싶지는 않을 것이다. 내 경력은 핵 추진 잠수함을 설계하는 것으로 시작되었다. 우리는 잠수함 건조를 시작하기 전에 모든 요구사항을 철저히 점검했고 설계를 수차례 검토했다. 이러한 상황에서는 실패의 리스크가 너무 크다. 자칫하면 사람이 목숨을 잃을 수도 있다. 또한 웹사이트를 구축하기 위한 코드와는 달리 – 이는 마음대로 빠르게 변경할 수 있다 – 우주선이나 잠수함은 건조된 후에는 무언가를 변경하기가 훨씬 어렵다. 실패에 따르는 리스크나 변경 비용이 너무 클 때는 구현을 시작하기 전에 신뢰 수준을 끌어올리는 데 더 많은 시간을 투자하는 것이 현명하다.

애자일 개발의 핵심 원칙은 2001년에 작성된 애자일 선언문(Agile Manifesto)[1]에 명시되었다. 애자일은 고객 가치 창출에 집중함으로써 작동하는 소프트웨어를 조기에 지속적으로 전달하는 것을 촉진하는 방법론이다.

1  *http://agilemanifesto.org*

애자일의 핵심은 사용자 스토리를 통해 고객을 중심에 두고 프로덕트를 정의하는 것이다. 6장에서 소개했듯이 사용자 스토리는 특정 기능(functionality)이 제공해야 하는 편익을 간략히 설명하는 것으로 그 편익이 누구를 위한 것이고 사용자가 그 편익을 왜 원하는지를 포함한다. 잘 작성된 사용자 스토리는 보통 다음과 같은 템플릿을 따른다.

[사용자 유형]으로서
나는 [바라는 편익]을 하기 위해
[무엇]을 하고 싶다

애자일은 또한 비즈니스 담당자와 개발자가 가능한 한 대면해서 매일 협업하므로 교차기능적인 팀 간 긴밀한 커뮤니케이션과 강력한 협업을 촉진한다. 엄격한 계획을 고수하도록 독려하는 대신 애자일은 변화에 빠르게 반응할 수 있는 유연성을 강조한다. 애자일 팀은 상세한 요구사항 전체를 사전에 명세화하려고 하기보다는 짧은 이터레이션 사이클로 피드백을 수집하고 학습하면서 작은 배치 크기의 작업을 완료하는데 이로써 변화에 빠르고 유연하게 반응할 수 있다. 마지막으로 애자일은 피드백과 실험을 통해 프로덕트 개발 프로세스를 지속적으로 개선하는 것을 목표로 한다.

애자일 개발에는 익스트림 프로그래밍(eXtreme Programming, XP)과 린(Lean) 소프트웨어 개발을 포함해 여러 종류가 있다. 지금부터 가장 널리 사용되는 애자일 방법론 두 가지, 스크럼(Scrum)과 칸반(kanban)을 간략히 알아보자.

## 12.2 스크럼

스크럼은 가장 인기 있는 애자일 프레임워크이다. 스크럼은 이를 실천하는 방법을 상세히 설명하는 규범적 가이드(prescriptive guidance)가 있어서 비교적 쉽게 도입할 수 있다. 스크럼의 핵심은 팀이 기간이 한정된(time-boxed) 증분 단위로 작업한다는 점이다. 스프린트(sprint) 또는 이터레이션으로 불리는 이 작업 구간은 기간이 정해져 있다. 2주짜리 스프린트가 매우 보편적이지만 기업에 따라서는 1주, 3주, 4주 스프린트를 사용하기도 한다.

팀이 완료하는 모든 작업은 사용자 스토리의 프로덕트 백로그(product backlog)에서 나온다. 백로그는 우선순위가 매겨진 할 일 목록이다. 사용자 스토리는 스크럼에서 명시된 세 가지 역할 중 하나인 프로덕트 오너(Product Owner, PO)가 작성해 프로덕트 백로그에 게시한다. 프로덕트 오너의 역할은 고객과 이해관계자에게서 얻은 정보를 기반으로 우선순위를 정해서 사용자 스토리 백로그를 만드는 것이다. 대개는 팀 내 프로덕트 매니저가 프로덕트 오너의 역할을 수행한다. 어떤 기업에서는 프로덕트 매니저 외에 전담 PO가 따로 있고 이 둘은 긴밀하게 손발을 맞춘다. 전담 프로덕트 매니저가 없는 소규모 스타트업에서는 대체로 창업자 중 한 사람이 이 역할을 맡는다.

두 번째 역할은 '개발 팀원'이다. 스크럼 가이드에 따르면 팀은 개발을 완료하기까지 필요한 모든 기술을 갖춘 다기능 팀(multidisciplinary)이어야 한다. 일반적으로 스크럼 팀은 몇몇 개발자를 포함하는데 이들의 역할은 스토리 크기를 추정하고 프로덕트를 구축하는 것이다. 팀에서 개발자 외에 중요한 나머지 세 역할은 UX 디자이너, 시각 디자이너, 품질 보증(QA) 테스터이다. 전통적인 스크럼 가이드는 팀원을 이러한 역할에 따라 명확히 구분하지 않지만 팀 내에 여러 전문 역할이 있음을 아는 것이 좋다. 디자이너는 사용자 경험을 디자인해 사용자 스토리에 생명을 부여하고 사용자 경험은 디자인 산출물을 통해 전달된다. 잘 작성된 사용자 스토리에는 스토리가 완벽히 작성되었고 의도한 대로 작동하는지 확인하는 데 사용되는 인수 기준이 포함된다. QA 테스터는 프로덕트가 인수 기준을 충족하는지 확인하고 프로덕트 품질을 보장하는 역할을 한다.

스크럼 팀은 다섯 명에서 아홉 명으로 구성하는 것이 이상적이다. '피자 두 판의 법칙'(two pizza rule)을 들어 보았을지도 모르겠다. 피자 두 판으로 모든 팀원이 식사를 해결할 수 없다면 팀 규모가 너무 크다는 얘기이다. 이 규모는 스프린트마다 유의미한 양의 작업을 완료하기에 충분한 인원이다. 그러면서도 화합이 잘 되는 응집력 있는 팀처럼 느껴지고 대규모 그룹에서 흔히 발생하는 커뮤니케이션 문제를 피할 수 있을 만큼 크기가 작다.

세 번째 역할은 스크럼 마스터(Scrum Master)로 이들은 스크럼 프로세스로 팀을 지원하고 시간이 경과함에 따라 팀의 생산성을 향상시켜야 하는 책임을 진다. 더 큰 회사에는 둘 이상의 스크럼 팀과 협업하는 스크럼 마스터가 있을 수도 있지만, 종종 리드 개발자(dev lead)나 개발 매니저가 이 역할을 맡는다. 스크럼 가이드와는 다르게 간혹 스크럼 마스터 역할을 확실하게 전담하는 사람이 없는 팀도 있다. 이런 팀에서는 스크럼 마스터 역할이 무시되거나 그 책임이 팀원 사이에 분산되기도 한다.

스크럼 팀은 다음 스프린트가 시작되기 전에 이를 준비하기 위한 활동을 한다. 프로덕트 오너는 다음 스프린트에서 다룰 사용자 스토리가 명확하게 작성되어 팀이 이해할 수 있도록 백로그를 그루밍(grooming), 즉 정제할 것이다. 대개의 경우 PO가 리드 개발자나 개발 매니저와 함께 백로그

그루밍 회의(백로그 정제 회의(backlog refinement meeting)라고도 불린다)에
서 이 일을 한다.

그림 12.1은 스크럼에서의 워크플로, 회의, 산출물을 시각적으로 묘사
한 것이다.

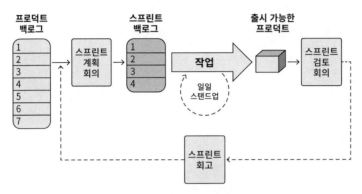

그림 12.1 스크럼 프레임워크

스프린트를 시작할 때마다 스크럼 팀은 스프린트 *계획 회의*를 열어 이터
레이션에서 구현하고 싶은 스토리를 결정하고 이러한 스토리를 프로덕
트 백로그에서 스프린트 백로그로 이동시킨다. 이 프로세스의 일부로 스
크럼 팀은 노력의 상대적인 척도인 *스토리 포인트*를 사용해 각 스토리의
범위를 추정해야 한다. 포인트를 추정하는 것은 종종 과학보다는 예술에
가깝다. 포인트를 부여할 수 있는 시스템은 다양하다. 일부 시스템에서
는 스토리에 1, 2, 3, 4, 5, 6 등의 숫자로 포인트를 부여할 수 있다. 일반
적으로는 피보나치 수열(Fibonacci series)[2]로 포인트를 매기는 접근법이 흔
하며 여기서 유횻값은 1, 2, 3, 5, 8, 13 등이다. 이 방법은 추정값 사이에
뚜렷한 차이가 나타난다는 것이 장점이다. 인기 있는 또 다른 포인트 시
스템은 '2의 거듭제곱' 척도인데, 1, 2, 4, 8, 16 등으로 나열되어 추정값 사

---

2  (옮긴이) 첫째와 둘째 항이 1이고 그 뒤의 모든 항은 바로 앞 두 항의 합인 수열

이에 차이가 훨씬 더 부각된다. *티셔츠 사이즈*도 많이 사용하는 기법인데, 이는 말 그대로 소, 중, 대, 특대 같은 사이즈로 스토리의 범위를 추정한다.

당신이 선택한 점수 범위에서 최고점을 받은 스토리는 범위가 크고 불확실성이 높아 6장에서 설명한 것처럼 더 작은 스토리 여러 개로 쪼개야 한다. 한 번의 이터레이션에서 완료하기에는 너무 큰 스토리는 *에픽*(epic)이라고 불리는데 에픽은 스프린트를 시작하기 전에 *반드시* 작은 스토리 여러 개로 나눠야 한다. 많은 애자일 트래킹 도구는 에픽을 사용해서 관련된 여러 스토리를 유기적으로 구조화할 뿐만 아니라 여러 번의 이터레이션에 걸쳐 이러한 스토리를 관리할 수 있게 해 준다.

스토리 포인트가 다소 추상적으로 생각된다면 이것이 실제로 - 적어도 처음에는 - 추상적이기에 그렇다. 스토리 포인트의 목표는 스크럼 팀이 각 이터레이션에서 얼마나 많은 스토리 포인트를 완료하는가를 - 속도(velocity)로 불린다 - 추적해 팀의 작업 수용량(capacity for work)을 판단하는 것이다. 팀이 자신들의 평균 속도, 즉 이터레이션당 완료한 평균 스토리 포인트를 계산한 다음에는 이 평균값을 사용해 스프린트를 계획할 수 있다. 스토리 포인트는 처음에는 다소 추상적이긴 하지만 경험값(empirical value)을 판단하기 위한 잣대가 된다. 속도를 계산하려면 스토리 포인트 추정값을 수치로 표현할 필요가 있다. 따라서 티셔츠 사이즈 기법을 사용하는 스크럼 팀은 각 사이즈를 상대적인 점수로 변환해야 할 것이다.

그림 12.2는 팀이 다양한 이터레이션에 걸쳐 속도를 어떻게 추적하는지 보여 주는 예시이다. 가로축은 이터레이션을 나타내는데 시간 경과에 따라 순차적으로 번호가 매겨진다. 세로축은 각 이터레이션에서 완료한 스토리 포인트의 수를 가리킨다. 12차례의 이터레이션에서 이 팀의 속도

는 (22 스토리 포인트에서 40 스토리 포인트로) 다양했는데 이는 일반적이다. 이러한 변동성에도 불구하고 추세선을 보면 팀의 속도가 시간이 흐름에 따라 꾸준히 향상되었음을 알 수 있다.

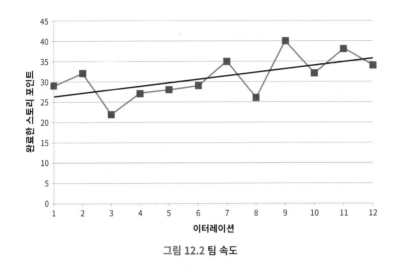

그림 12.2 팀 속도

스크럼 팀은 스토리 추정 오차를 줄이고 속도를 더 안정적으로 유지하기 위해 여러 기법을 사용한다. 스크럼 팀은 보통 팀원 한 사람에게 스토리를 제시하고 크기를 결정하도록 하기보다 모두가 함께 스토리 포인트를 토론하고 추정한다. 이뿐만 아니라 알려진 다양한 크기의 사용자 스토리로 레퍼런스 세트를 만드는 팀도 있다. 스토리를 레퍼런스 스토리와 비교하면 범위를 더욱 정확하게 추정하는 데 유용하다.

플래닝 포커(planning poker)는 그룹이 신뢰할 수 있는 추정치를 빠르게 생성하기 위해 즐겨 사용하는 기법이다. 팀원 각자는 여러 장의 카드를 받는데 각 카드에는 포인트의 추정값(1, 2, 3, 5, 8처럼)이 할당되어 있다. 팀이 스토리에 대한 토론을 마치면 팀원 각자는 자신이 추정한 포인트의 카드를 선택한 후 모두 동시에 카드를 공개한다. 팀원 각자가 추정한 스토리 포인트가 일치할수록 추정치의 정확도에 대한 신뢰도가 높아진다. 만약 추정치 사이에 큰 차이가 있다면 스토리에 대해 좀 더 토론하고 일치된 추정치를 도출하려 노력한다. 팀은 종종 각 스토리를, 구현하기 위해 필요한 코딩 작업 세트로 나눈다. 이렇게 하면 스토리에 필요한 작업을 철저하게 고려하고 어떤 것도 간과하지 않을 수 있다. 또한 대개 전체 스토리의 포인트를 추정하는 것보다 더 작은 크기로 나눈 작업 단위 각각의 노력을 추정하기가 더 쉽다. 어떤 팀은 이러한 작업의 크기를 포인트로 추정하고, 어떤 팀은 작업 시간으로 크기를 추정하는 방법을 좋아한다. 또 다른 팀은 전체 스토리를 작은 단위의 작업으로 나누되, 각 작업의 크기를 추정하지 않고 전체 스토리 수준에서만 추정치를 고수하기도 한다.

스프린트 계획을 수립하고 나면 팀은 스프린트에서 완료하려는 스토리 세트를 명확히 이해해야 한다. 프로덕트 백로그에서 우선순위가 가장 높은 스토리를 선택해야 하며 이러한 스토리의 포인트 총계가 팀의 이터레이션 예상 속도와 일치해야 한다. 각 개발자의 스킬 세트가 상이한 팀에서는 각 스토리를 특정 개발자에게 할당해 스프린트의 작업량을 팀원 사이에 균형 있게 적절히 분배하는 방법도 좋은 아이디어이다.

스크럼 팀은 스프린트 중에 일일 스크럼 미팅을 열며 많은 팀이 짧게 끝내려 서서 미팅한다는 점에서 스탠드업이라고 불린다. 일일 스크럼 미팅은 대개 그날의 계획을 토론하기 위해 첫 일과로 진행하며 15분 내외가 일반적이다. 팀원 각자는 전날 자신이 한 일과 오늘 할 일 그리고 진행에 방해가 되는 모든 일을 간략히 설명한다.

스크럼 팀은 스프린트 백로그에서 우선순위가 가장 높은 사용자 스토리부터 구현하고 필요하다면 협업한다. 팀이 작업을 관리하고 추적하도록 도와주는 스크럼 도구가 많은데, 그중 지라 애자일(JIRA Agile)[3], 랠리(Rally), 디지털에이아이 애질리티(Digital.ai Agility), 피보탈 트래커(Pivotal Tracker)가 특히 인기 있다.[4] 이러한 도구를 사용하면 프로덕트와 스프린트 백로그를 관리하기가 수월하고 스프린트 계획을 세우는 데도 도움이 된다. 팀원들은 이 도구들을 사용해 각 사용자 스토리의 진행 상태를 '작업 예정'에서 '개발 중', '코드 완료', '완료됨'과 같은 식으로 업데이트하면서 추적한다.

스크럼 팀은 진척 상황을 추적할 때 번다운 차트(burndown chart)를 – 이터레이션 완료까지의 잔여 작업량을 보여 준다 – 사용한다. 번다운 차트는 팀이 추적하기 위해 사용하는 단위에 따라서 포인트나 시간으로 잔여 작업량을 표시할 수 있다. 그림 12.3은 일별 번다운 차트의 예시로서, 가로축은 스프린트 일수, 세로축은 스프린트의 잔여 스토리 포인트를 나타

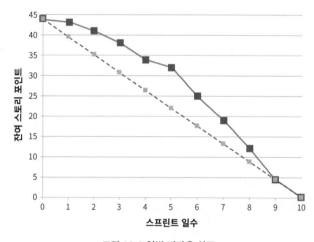

그림 12.3 일별 번다운 차트

3 (옮긴이) 현재는 지라 소프트웨어(Jira Software)를 사용하여 애자일 보드, 스프린트 관리 등 애자일 프로젝트 관리를 위한 기능을 이용할 수 있다.

4 (옮긴이) 요즘에는 아사나(Asana), 트렐로(Trello), 애저 데브옵스(Azure DevOps) 같은 도구들도 널리 채택되고 있다.

낸다. 이 차트는 스프린트의 '0일 차'와 완료해야 하는 포인트에서 시작되는데 여기서는 45 포인트이다. 스프린트의 작업 일수는 10일이고 이는 2주짜리 스프린트를 의미한다(평일만 계산한다). 스프린트가 끝날 때 팀의 잔여 스토리 포인트가 0이 되는 것이 이상적이다.

QA 테스트는 스프린트 중에 이뤄진다. 속도를 높이기 위해 팀은 개발자가 스토리를 완료할 때마다 스토리를 테스트해야 한다. 스토리가 팀의 인수 기준을 충족하면 인수되고 그렇지 않으면 거부되어 개발 단계로 돌아간다. 또한 팀은 개발이 완료된 후에 프로덕트 전체를 테스트하고 발견된 버그를 수정할 수 있도록 스프린트 종료 시점에 시간을 따로 배정해야 한다. 테스트에 관해서는 이 장 뒷부분에서 자세히 알아보자.

각 스프린트를 종료하는 시점에서의 목표는 프로덕트에 기능성을 추가하는 '증분' 작업을 완료하는 것이다. 스크럼 가이드는 각 팀이 '완료됨'의 의미를 자체적으로 정의할 것을 권장한다. 많은 팀에서 '완료'는 출시할 수 있는 프로덕트를 의미하는데 이는 '출시 가능한(shippable) 프로덕트' 혹은 '잠재적으로 릴리스 가능한(potentially releasable) 프로덕트'로 불린다. 상당수 팀은 각 스프린트가 종료된 직후 스프린트의 결과물을 론칭함으로써 이터레이션과 동일한 횟수로 새로운 프로덕트를 릴리스한다. 일부 팀은 사이클이 더 긴 별도의 릴리스 프로세스를 구축해 여러 스프린트의 결과물을 하나로 모아서 릴리스한다. 어떤 배포 프로세스를 따르든 목표는 스프린트의 종료 시점에 프로덕트가 반드시 출시 가능한 상태가 되도록 하는 것이다. 스프린트가 끝날 때마다 팀은 스프린트 검토 회의(스프린트 데모 회의(sprint demo meeting)라고도 불린다)를 열어 자신들이 개발한 결과물을 시연한다. 이 회의는 프로덕트가 반드시 기대한 대로 작동하도록 도와주고 모든 참석자가 팀의 진척 상황을 직접 확인할 수 있다. 고객이

나 이해관계자가 이 회의에 참석해 향후 스프린트에서 고려할 피드백을
제공하는 것이 이상적이다.

다른 애자일 방법론과 마찬가지로 스크럼도 시간이 지남에 따라 팀의
프로세스를 지속적으로 개선하는 것에 집중한다. 이를 위해 스크럼 팀은
직전 스프린트가 어떻게 진행됐는지 면밀히 돌아보는 *회고(retrospective)*의
시간을 갖는다. 이러한 회의에서 팀은 잘한 점, 잘못한 점, 다음 스프린트
를 위해 개선하고 싶은 점을 토론한다. 어떤 팀은 스프린트가 끝날 때마
다, 어떤 팀은 두세 차례의 스프린트가 종료된 후에 회고를 진행한다.

지금까지 스크럼의 기본 내용을 간략히 살펴보았다. 더 자세히 알고 싶
다면 스크럼 가이드 홈페이지[5]에서 최신 버전의 스크럼 가이드를 확인
하라.

## 12.3 칸반

또 다른 대표적인 애자일 개발 방법론은 칸반으로, 이는 토요타가 자동차
생산 방식을 개선하기 위해 만든 시스템을 변형한 프로세스이다. 토요타
생산 시스템은 적시(just-in-time) 생산과 낭비 요소 제거에 집중했다. 나는
버지니아공대(Virginia Tech) 대학원 프로그램에서 린 소프트웨어 개발 운
동에 영감을 준 린 생산과 오리지널 칸반 시스템을 배웠다.

생산 현장 근로자는 시스템에 작업을 추가할 때 물리적인 신호로 종이
카드인 칸반을 사용한다. 소프트웨어 개발 분야에서 이러한 카드를 도입
하면서 가상의 카드로 변형되었으며 각 카드는 하나의 작업 항목을 나타
내지만 실제로는 풀 신호(pull signal)를 생성하지 않는다. 다음번의 작업 항
목을 적극적으로 당겨 오는 것은 팀원의 몫이다.

---

5 *http://scrumguides.org*

**292**    12장 애자일 개발로 프로덕트를 만들어라

칸반의 핵심 원칙은 작업을 시각화하는 것이다. 각 카드는 사용자 스토리 또는 사용자 스토리를 지원하는 개발 태스크이다. 칸반 카드는 칸반 보드에 나열되고 칸반 보드는 각각의 상태를 나타내는 열로 구성된다. 칸반 보드의 열은 워크플로 순서에 따라 왼쪽에서 오른쪽으로 배열된다. 그림 12.4는 칸반 보드의 예시이다. 이 칸반 보드에는 '백로그', '준비됨', '개발 중', '개발 완료', '테스트 중', '테스트 완료', '배포됨'과 같은 열들이 왼쪽에서 오른쪽으로 나열되고 각 열은 다음과 같이 정의된다.

- 백로그: 아직 시작하지 않은 작업 항목. 개발 우선순위에 따라 분류
- 준비됨: 백로그에서 당겨 와 개발 준비가 된 항목
- 개발 중: 개발자가 작업을 시작한 항목
- 개발 완료: 개발자가 작업을 마쳤지만 아직 테스트를 거치지 않은 항목
- 테스트 중: 테스트 과정에 있는 항목
- 테스트 완료: 테스트를 성공적으로 통과했지만 아직 배포되지 않은 항목
- 배포됨: 론칭된 항목

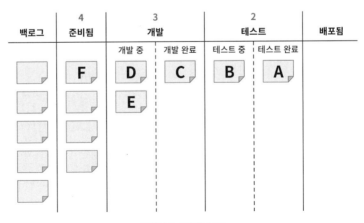

그림 12.4 칸반 보드

일부 열은 진행 중인 작업을 (개발 중, 테스트 중과 같이) 가리키는 반면 나머지 열은 작업을 기다리는 항목을 나타내며 (준비됨, 개발 완료와 같이) 이른바 작업 대기열이다. 작업 중이던 항목을 완료해 유휴 작업 수용량(spare capacity)이 생기는 팀원이 적절한 대기열에서 우선순위가 가장 높은 항목을 당겨 와(pull) 작업을 시작한다.

작업 항목이 각 단계를 거쳐 진행되는 것에 맞춰 해당 항목의 카드도 다음 열로 이동한다. 언제든 칸반 보드를 보기만 해도 팀의 현재 작업 상태를 쉽게 시각화할 수 있다. 또한 카드가 가장 많이 쌓인 열을 보면 어디서 병목 현상이 발생하는지 한눈에 알 수 있다.

눈치챘을 수도 있는데 그림 12.4에서 '테스트' 열의 상태는 하나가 아니라 둘이다. 앞의 상태는 테스트가 진행 중인 ('테스트 중') 항목을 말하고 뒤의 상태는 '테스트 완료' 항목이다. '개발' 열도 마찬가지로 상태가 두 가지이다. 이는 팀의 작업 상태를 더 명확하게 보여 주는 것은 물론이고 병목 지점을 더 쉽게 식별하는 데도 도움이 된다.

칸반 방법론에서 진행 중인 작업의 양은 '진행 중 작업'(Work In Progress, WIP)의 양을 제한함으로써 관리된다. 팀은 각 열에 포함될 수 있는 최대 카드 개수를 결정하는데 이를 *WIP 제한*으로 부른다. 팀원들은 각 작업 상태에 따라 작업 항목을 순차적으로 앞으로 *당겨 온다*. 하지만 다음 열에 유휴 작업 수용량이 있을 때만 작업 항목을 다음 열로 이동시킬 수 있다. 이 규칙은 작업이 순조롭게 진행되도록 만들고 안정적인 워크플로를 구축하는 데에 유용하다. 팀은 워크플로를 최적화하기 위해 시간이 지남에 따라 WIP 제한을 세밀하게 조정해야 한다. WIP 제한은 각 열의 맨 위에 표시된다. 그림 12.4에서처럼 종종 관련 있는 '진행 중'과 '완료', 두 상태의 카드 개수 전체를 통제하기 위해 (두 열 각각에 별도의 WIP 제한을 부여하는 것이 아니라) 하나의 WIP 제한을 사용한다. 예를 들어 '개발' 카드는 총 세 개를 초과할 수 없다. 이는 카드가 완료 상태에서 오른쪽으로 이동하도록 만드는 데 도움이 된다.

그림 12.4의 작업 항목 카드를 보자. 카드 D 작업을 하던 개발자가 작업을 완료하면 이 카드를 '개발 중'에서 '개발 완료'로 옮길 것이다. 하지만 '준비됨' 열에 있는 카드 F를 당겨 오지는 못할 것이다. '개발'의 최대 WIP 제한이 세 개이기 때문이다. 마찬가지로 카드 B에 대한 QA 테스트가 끝나서 이 카드를 '테스트 완료'로 옮겨도 '테스트'의 WIP 제한이 두 개이므로 카드 C를 앞으로 당겨 올 수 없다. 작업을 다음 단계로 진행하려면 '테스트 완료' 카드 둘 중 하나가 배포되어야 한다. 그리고 나서야 카드 C를 '테스트 중' 열로 당겨 올 수 있고 이렇게 '개발'에 유휴 작업 수용량이 생기면 '준비됨' 열에 있던 카드 F를 '개발 중'으로 당겨 올 수 있다.

한편 칸반 보드를 수영장 레인(swimlane) 형태로 – 카드를 각 행에 따라 가로로 나열하는 방식 – 체계적으로 구조화할 수도 있다. 수영장 레인 기법으로 카드를 범주화하는 방법은 많다. 수영장 레인처럼 카드를 우선순위에 따라 나열해도 되고(높은 행일수록 우선순위가 높다), 에픽이나 사용자 스토리 각각에 행을 부여할 수도 있다. 팀원 각자에게 행을 하나씩 할당해 각자의 워크플로를 보다 명확하게 보여 줘도 좋다. 이뿐만 아니라 각 프로젝트를 독립적인 행에 배열하면 관련된 다양한 프로젝트를 보드 하나에서 추적하는 장점이 있다.

칸반은 워크플로에 초점을 맞춘다. 스크럼과 달리 칸반 방법론에는 기간이 정해진 이터레이션이 없다. 작업 항목은 작업이 진척됨에 따라 칸반 보드의 왼쪽에서 오른쪽으로 계속 이동한다. 사용자 스토리의 범위를 반드시 추정할 필요가 없기 때문에 스크럼 방법론의 속도 개념도 (이터레이선당 완료되는 스토리 포인트) 사실상 적용되지 않는다. 그러나 팀의 *처리량*(throughput), 즉 주당 작업 항목 10개처럼 특정 기간에 완료한 작업 항목의 수는 측정할 수 있다. 팀의 처리량을 장기적으로 추적한다면 팀이 프로세스를 개선하고 칸반 접근법에 능숙해지면서 처리량이 증가할 것이다.

칸반에서 보편적으로 사용하는 지표 두 가지는 *사이클 타임*(cycle time)과 *리드 타임*(lead time)이다. 사이클 타임은 항목 하나의 작업이 시작된 시점부터 고객에게 전달될 때까지 걸리는 평균 시간을 의미하고, 리드 타임은 (예를 들어 고객 요청처럼) 작업 항목 하나가 생성된 시점부터 전달될 때까지 소요되는 평균 시간을 말한다. 한 가지를 꼭 기억해야 한다. 사이클 타임과 리드 타임이 반드시 작업량과 연관된 것은 아니라는 점이다. 예를 들어 한 시간이면 완료할 수 있는 작업 하나가 있는데 아무도 이 작업을 하지 않아서 계속 대기 상태라면 리드 타임은 훨씬 더 길어질 수 있다.

칸반 시스템의 워크플로는 그림 12.5처럼 누적 흐름 다이어그램(cumulative flow diagram)으로 시각화할 수 있는데, 이는 매일 업무가 끝날 때 각 작업 상태에 카드가 몇 장 있는지 보여 주는 누적 영역(stacked area)이다. 단순화하기 위해 그림 12.5에서는 '백로그', '작업 중', '완료', 이렇게 작업 상태 세 가지만 표시했다. 그림을 보면 알 수 있듯이 사이클 타임은 '작업 중' 항목의 너비이고, 리드 타임은 '백로그'와 '작업 중' 항목의 너비를 합친 것이다. WIP는 '작업 중' 항목의 높이로 표시된다.

칸반 사고방식은 지속적인 개선에 집중한다. 따라서 팀은 작업을 더 빠르게 더 잘 할 수 있는 방식을 정기적으로 찾아보고 토론해야 한다. 핵심은 팀이 프로세스를 개선하고 더욱 능숙해지는 것에 맞춰 리드 타임과 사이클 타임이 감소되어야 한다는 것이다.

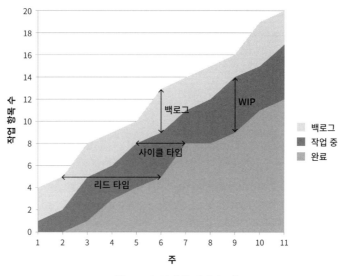

그림 12.5 누적 흐름 다이어그램

많은 팀에서 백로그는 끊임없이 변한다. 즉, 한때 중요했던 항목이 새로운 항목이 추가됨에 따라 덜 중요해진다. 이터레이션 하나에서 스프린트 백로그가 대개 고정되는 스크럼과 달리, 칸반 팀은 백로그를 언제든 변경할 수 있다. 이처럼 급변하는 상황에서는 사이클 타임 지표에 집중하는 것이 더 좋은 선택이 될 수 있다. 그렇지만 팀의 처리량이 감소하는 것을 미연에 방지하려면 백로그 항목을 개발할 준비가 되기까지 걸리는 시간도 계속 주시해야 한다.

사이클 타임은 작업 항목의 범위에 따라 크게 달라질 수 있다. 범위가 작은 항목은 사이클 타임이 짧아지고 범위가 큰 항목은 사이클 타임이 길어진다. 일부 칸반 팀은 작업 항목에 더욱 정확한 사이클 타임 값을 부여하기 위해 앞서 설명한 티셔츠 사이즈 접근법을 (소, 중, 대 등) 사용한다. 이런 경우 티셔츠 사이즈에 따라 사이클 타임이 달라진다.

칸반은 스크럼만큼 단계적인 프로세스가 규범적이지 않다. 다만, 상당
수 칸반 팀이 일일 스탠드업과 주기적인 회고를 진행한다.

### 12.3.1 칸반 도구

많은 소규모 프로덕트 팀이 화이트보드를 칸반 보드로 사용하는데 각 작
업 상태를 나타내는 열을 화이트보드에 그리고 포스트잇으로 작업 항목
을 표시한다. 이렇게 하면 항목을 이동하기도 쉽고 누구든 이 보드를 보
고 팀의 작업 상태를 한눈에 알 수 있다.

칸반을 관리할 수 있는 디지털 도구는 많다. 그중 트렐로(Trello)는 널리
쓰이는 비주얼 보드 애플리케이션으로 소프트웨어 개발을 관리하기 위
해 사용된다. 실제로는 개발이 아닌 작업을 관리하는 데도 자주 쓰인다.
특히 프로덕트 매니저와 디자이너가 트렐로를 즐겨 사용하며 이들은 팀
전체의 개발 보드에 반영되는 자신만의 작업 보드를 이용하기도 한다. 칸
반에 지라 애자일을 사용하는 팀도 드물지 않고, 이 외에 스위프트칸반
(SwiftKanban)과 플랜뷰 린키트(Planview LeanKit)를 포함해 인기 있는 칸반 도
구가 다수 있다.

칸반 전용 도구는 아니지만, 확인해 볼 가치가 있는 또 다른 애플리케
이션은 피보탈 트래커이다. 나는 언젠가 새 프로덕트를 만들기 위해 피보
탈 랩스(Pivotal Labs)[6]와 작업한 적이 있는데, 이때 트래커를 사용했다. 여
담이지만 피보탈 랩스와의 작업은 보람 있는 경험이었다. 트래커는 사전
에 정의된 각 작업 상태를 나타내는 열로 이뤄진 비주얼 보드를 사용하
고 칸반과 스크럼을 조합한 흥미로운 접근법을 지원한다(실제로 '스크럼
반'(Scrumban)이라고 불리는 애자일 방법론이 있으니 관심이 있다면 확인

---

6 (옮긴이) 미국 샌프란시스코에 본사가 있는 애자일 소프트웨어 개발 컨설팅 업체로 피보탈 트
    래커를 개발했다.

해 보라).

피보탈 트래커는 스토리 포인트를 추정하고 속도를 계산할 수 있는 기능을 제공한다. 이 기능을 사용하지 않으면 칸반과 더 비슷하게 느껴지고 사용하면 스크럼과 더 비슷하게 느껴진다. 다만, 스크럼과 달리 현재 스프린트의 백로그가 고정되어 있지 않고 동적으로 결정된다. 스토리는 우선순위에 따라 나열되고, (계산된 속도와 스프린트의 잔여 시간을 기반으로 하는) 완료될 스토리 포인트의 추정치를 토대로 현재 이터레이션에 자동으로 포함되거나 제외된다. 트래커가 스크럼과 더 비슷하기를 바란다면 '수동 계획'(manual planning) 모드를 ('커밋'(commit) 모드라고도 불린다)를 사용해서 스토리를 스프린트 백로그에 고정할 수 있다.

## 12.4 당신에게 맞는 애자일 방법론을 선택하는 방법

스크럼과 칸반을 개략적으로 이해했으니 팀에 맞는 방법론을 어떻게 결정하는지 알아보자. 어떻게 결정해야 할까? 각 방법론의 열혈 옹호자는 둘이 크게 다르다고 생각할지 몰라도, 사실 두 방법론은 공통적인 애자일 원칙을 공유하는 부분이 많다. 내 경험에서 보면 애자일 프레임워크는 신발과 비슷하다. 자신에게 얼마나 잘 맞는지 알려면 직접 시도해 보는 수밖에 없다. 보통은 자신에게 가장 어울릴 것 같은 방법론을 선택해서 몇 달간 사용해 보는 것이 현명하다. 스크럼이나 칸반 중 하나를 먼저 시도하는 팀이 많다. 잘 맞으면 선택한 방법론을 고수하고 잘 맞지 않으면 다른 방법론으로 갈아탄다. 두 가지 신발을 다 신어 보고서야 팀에 어떤 것이 더 잘 맞는지 결정할 수 있을 것이다.

하지만 두 가지 신발을 전부 신어 보지 않고도 처음부터 제일 잘 맞는 신발을 선택할 가능성을 높여 주는 몇 가지 유익한 아이디어가 있다. 칸반은 소규모 개발 팀에 가장 적합한 경향이 있다. 프로세스의 오버헤드(overhead)가 더 낮고 사전에 정의된 이터레이션 기간이 없어서 프로덕트를 더 빠르게 전달할 수 있다. 그러나 하나의 개발 조직이 다수의 팀으로 성장함에 따라 칸반으로 작업하기가 갈수록 어려워지기도 한다. 작업에 대해 정의된 케이던스(cadence)가 없는 것이 이러한 현상을 야기하는 원인일 수 있는데, 이는 모두의 생각을 일치시키려면 커뮤니케이션이 더 많이 필요하기 때문이다. 협업을 잘하는 팀은 칸반의 규모를 확장하는 데 문제가 없다. 당신의 조직이 다수의 개발 팀 간에 작업을 조정해야 한다면 예측 가능한 스크럼 케이던스가 있으면 도움이 된다.

정식 출시일이라는 개념은 모든 애자일 방법론에서 거의 유명무실하다. 대부분의 폭포수 조직은 매달 또는 분기별로 론칭해야 하는 기능성을 명시하는 하향식 로드맵을 사용하는 것에 익숙하지만, 이러한 기한은 지연 때문에 종종 환상에 불과하다. 폭포수에서 애자일로 전환하더라도 많은 조직이 프로덕트 백로그에 관해 여전히 폭포수의 사고방식에서 벗어나지 못한다. 나는 폭포수에서 애자일로 전환하는 과정에서 어정쩡하게 양다리 걸친 기업을 설명하기 위해 '애자일폴'(Agilefall)이라는 용어를 즐겨 사용한다. 변경 불가능한 마감 기한(hard deadline)이라는 애착 담요를 버리기 어려운 조직이라면 칸반보다 스크럼이 더 어울릴 것이다. 적어도 스크럼에서는 각 이터레이션이 끝날 때 작업이 완료되는 것이 확실하고 기능마다 몇 차례 스프린트가 필요한지 대략적으로 추정할 수 있다. 대부분의 칸반 팀은 노력이나 완료일을 추정하는 데 시간을 쓰지 않는다. 그렇다고 칸반에서 신뢰 수준이 비교적 높은 추정치를 도출하는 것이 불가능하다는 말은 아니다. 사이클 타임을 면밀히 추적하고 단순한 통계 기법을 사용하면 가능하다. 하지만 많은 칸반 팀이 이런 수준의 추적과 정밀함에는 도달하지 못한다.

어떤 애자일 방법론을 선택하는가와는 상관없이 좋은 작업 관리 도구를 – 애자일 방법론마다 도움을 받을 수 있는 작업 관리 도구가 많다 – 사용할 것을 강력히 추천한다. 일부 팀이 저지르는 실수 하나는 자신들의 개발 방법론에 최적화된 것이 아니라 범용적인 도구를 사용하는 것이다. 이번에도 자신에게 가장 잘 맞을 것 같은 도구를 먼저 사용해 보기 바란다. 한두 달 뒤에 만족스러운 결과를 얻지 못하면 다른 도구를 시도하면 된다.

내 경험에서 보면 특정 방법론이나 도구를 싫어하는 개발 팀이 많았는데 그럴 수 있다. 그러나 '남의 떡이 커 보이는' 증후군을 가진 팀들도 있었다. 특히 후자는 어떤 방법론이나 도구를 짧은 기간 시도하다가 헌신짝처럼 버리고, 다른 방법론이나 도구를 한 달간 사용한 뒤에 또다시 불평하고, 이런 식의 행태를 반복했다. 몇 가지 방법론이나 도구를 사용하고서도 충분히 효과적인 것을 찾지 못하겠다 싶을 때는 한 걸음 물러나 깊이 생각해 보는 것이 좋다. 이는 팀이 꼭 필요한 수준의 의지나 훈련 또는 둘 모두가 부족하다는 징후일 수도 있다.

비슷한 맥락으로 팀원 모두가 애자일 훈련 프로그램에 참가하면 대단히 유용할 수 있다. 나는 모든 팀원이 충분히 이해하지 못한 상태에서 새 방법론을 채택하는 팀을 많이 보았다. 이러한 팀의 상당수가 고전하는 것은 당연한 결과이다. 새 방법론을 채택하기 전에 팀원들이 이를 얼마나 알고 있는지 평가하는 것이 좋다. 일부 팀원이 이전 직장에서 스크럼이나 칸반으로 작업한 경험이 있더라도 각자 사뭇 다른 방식으로 사용했을 가능성이 있다. 당신이 새로운 기대치를 설정하지 않는다면 팀원들은 당신도 자신들이 익숙한 프랙티스를 따른다고 생각할 것이다. 프로덕트 개발 프로세스가 어떤 식으로 이뤄져야 하는지에 관해 팀원 모두가 한날한시에 똑같은 이야기를 듣는 것은 강력한 효과를 낸다. 이렇게 하면 모두가 동일한 기대치를 가질 수 있고 오해가 줄어들며 생산성이 향상될 수밖에 없다.

## 12.5 애자일로 성공하는 방법

어떤 애자일 방법론을 선택하든 프로덕트를 성공적으로 구축하는 데 도움을 주는 조언이 또 있다.

### 12.5.1 기능 간 협업

애자일은 기능 간 협업(cross-functional collaboration)에 의존한다. 프로덕트 매니저, 디자이너, 개발자, QA 테스터는 물론이고 매일 무언가를 말해야 하는 여타 팀원 사이에 자유로운 커뮤니케이션이 자주 이뤄져야 한다. 한 기능 팀이 작업한 프로덕트를 워크플로의 다음 기능 팀에게 '벽 너머'로 던지는 사일로가 생겨서는 안 된다. 어느 정도의 실시간 대면 커뮤니케이션은 공통의 이해와 팀 속도를 극대화하는 데 정말 중요하다. 또한 높은 성과를 내는 팀은 효과적으로 협업하기 위해 채팅 같은 커뮤니케이션 도구, (지라 애자일 같은) 개발 추적 도구, (위키와 구글 독스 등의) 지식 협업 도구를 사용한다.

　모든 기능 단위가 프로세스 전 과정에 관여해야 하지만 어떤 단계에서는 특정 기능 단위가 나머지 기능 단위들보다 더 깊이 관여하고 작업을 주도하는 것이 자연스럽다. 요컨대 프로덕트 매니저가 사용자 스토리를 작성하고, 디자이너가 산출물을 생산하고, 이후 개발자가 코딩하고, 마지막으로 테스터가 프로덕트를 테스트한다. 그러나 프로덕트 개발은 팀 스포츠이다. 개발자와 테스터도 프로덕트 의사결정, 사용자 스토리, UX 디자인 등을 뒷받침하는 이론적 근거를 이해할 수 있도록 개발 프로세스 초기에 어느 정도 관여하는 것이 좋다. 따라서 그들이 모든 단계에서 질문하고 무언가를 기여하도록 독려하는 팀 분위기가 조성되어야 한다. 비슷한 맥락에서 프로덕트 매니저와 디자이너도 개발과 테스트 과정에 참여해야 하는데 무엇보다 이런 단계에서 예상하지 못한 질문이나 이슈가 종종 나타나기 때문이다. 내가 일할 당시 인튜이트 직원들이 즐겨 하던 말마따나, 좋은 아이디어는 어디서든 나온다. 팀원들이 서로를 지칭할 때 얼마나 자주 '그들'이 아니라 '우리'라고 말하는지 보면 협업 수준을 판단할 수 있다.

효과적으로 협업할 때 팀은 비전을 공유하고 오해를 줄임으로써 민첩하게 일하게 된다. 팀원 각자는 매일 프로덕트와 관련해 수많은 의사결정을 한다. 팀 전체가 비전을 공유하고 목표와 이론적 근거를 이해한다면 팀원 각자가 이러한 비전을 지원하는 의사결정을 내릴 가능성이 더 크다.

### 12.5.2 가차 없는 우선순위

우선순위를 매긴 백로그는 항상 최신 상태로 관리되어야 한다. 리소스가 허락될 때 구현할 다음 사용자 스토리 집합을 명확히 해 두는 것이 중요하다. 이렇게 하면 신속하게 행동할 수 있다. 대체로 하이테크 부문의 프로덕트 팀은 요구사항과 우선순위가 빠르게 변하는 역동적인 환경에서 운영된다. 항목의 우선순위를 높음, 중간, 낮음으로 구분하는 것으로는 충분하지 않다. 예를 들어 백로그에 우선순위가 높은 항목이 15개라면, 개발자가 시간이 생길 때 어떤 것을 먼저 시작해야 하는지 명확하지 않을 것이다. 우선순위에 레벨을 두면 도움이 되겠지만 이것만으로는 부족하다. 각 레벨 내에서 백로그 항목을 또다시 우선순위로 정리할 필요도 있다. 나는 *가차 없는 우선순위*(ruthless prioritization)를 (분명히 말하지만 이는 모호한 것과 정반대의 우선순위를 가리키기 위해 널리 사용되는 표현이다) 정말 좋아한다. 백로그 항목의 우선순위를 정해 두면 다음번에 처리해야 하는 항목이 무엇인지 명확해진다. 이뿐만 아니라 새로운 요구사항이 생길 때 이것이 백로그의 어디에 속하는지 훨씬 쉽게 판단할 수 있다.

백로그 항목의 우선순위를 정할 때는 단호하면서도 유연한 자세가 관건이다. 매 순간 자신의 우선순위를 명확히 알고 있어야 한다. 동시에 새 요구사항이나 달라지는 요구사항을 백로그에 빠르게 반영할 수 있어야 한다. 이를 물과 얼음에 비유해 보자. 거의 대부분 시간 동안 백로그는 얼음처럼 우선순위가 동결 상태로 고정되어 있다. 그러나 요구사항이 생기거나 우선순위가 변하면 백로그 항목을 재배열하기 위해 잠깐 얼음을 녹여 물로 만든다. 백로그 항목의 우선순위를 새롭게 정하고 나면 백로그를 다시 얼린다. 이 접근법을 따르면 백로그는 언제든지 누구에게나 최신 상태로 유지된다. 따라서 개발자는 다른 누구와도 상의할 필요 없이 우선순위가 가장 높은 항목을 당겨 와서 코딩을 시작할 수 있다.

### 12.5.3 개발자를 위해 프로덕트를 적절히 정의하라

개발자에게 팀이 원하는 프로덕트를 만드는 데 필요한 정보를 제공하는 것이 중요하다. 대개는 잘 작성된 사용자 스토리 목록과 이에 기반해 만든 와이어프레임이나 목업이면 충분하다. 팀에 적절한 스타일 가이드가 이미 있고 프로덕트에 주요한 UX 컴포넌트가 새로 추가되지 않을 때는 대개 와이어프레임만으로 충분하다. 하지만 시각 디자인 세부 사항을 전달할 필요가 있다면 목업을 사용해야 한다. UX 컴포넌트가 전혀 없이 순전히 백엔드에서 작동하는 기능이라면 와이어프레임이나 목업이 필요하지 않다. 팀은 행복 경로만을 ─ 즉, 이상적인 사용자 행동 경로만을 ─ 정의해서는 절대 안 된다. 오히려 적용할 수 있는 다양한 조건과 상태를 심사숙고할 필요가 있다. 여기에는 균형을 잡는 기술이 필요하다. 한편으로는 개발자들이 중요한 측면을 전부 고려했다는 확신을 가지고 자신 있게 프로덕트 구축을 시작할 수 있도록 명확한 정의를 제공해야 한다. 다른 한편으로 구현이 심각하게 지연될 정도로 아주 오래 모든 세부 사항에 대해 전전긍긍하는 분석 마비를 겪고 싶지는 않을 것이다.

### 12.5.4 개발자보다 앞서 나가라

UX 디자인을 애자일 개발 프로세스에 통합하느라 애를 먹는 팀이 많다. 스크럼 가이드는 이러한 통합에 관한 베스트 프랙티스를 명시적으로 다루지 않는다. 디자이너가 사용자 스토리를 와이어프레임으로 구현하는 것과 동시에 개발자가 그것을 코딩하려고 하면 죽도 밥도 안 된다.

애자일 팀이 속도를 최대한 끌어올리려면 개발자가 새 사용자 스토리에 착수할 때 곧바로 코딩을 시작할 수 있어야 한다. 이를 위해 팀은 개발자가 코딩을 시작하기 전에 사용자 스토리와 디자인 산출물을 완성해야 한다. 워크플로를 안정적으로 유지하기 위해 디자이너는 현재 스프린트보다 최소 한두 스프린트를 앞서 나갈 필요가 있다. 다른 말로 스프린트 N이 끝날 때 디자이너는 이미 스프린트 N의 바로 다음이나 다다음 스프린트를 위한 디자인 산출물을 완성해야 한다. 물론 디자이너가 디자인 산출물을 만들려면 디자인의 토대로 사용할 견고한 사용자 스토리가 필요하므로 프로덕트 매니저는 디자이너가 작업 중인 스프린트보다 한두 스프린트를 앞서 작업해야 한다.

목표는 개발자가 일감에 굶주리는 일이 절대 없도록 최소 한 차례 스프린트에 해당하는, 완벽히 정리된 백로그를 항상 준비하는 것이다. 여기에는 어느 정도의 균형이 필요한데 상황은 변할 수 있으므로 너무 많은 스프린트를 미리 명세화하는 것은 바람직하지 않기 때문이다. 이 상황은 스크럼의 관점에서 설명한 것이지만 이는 칸반에도 적용된다. 프로덕트 매니저는 디자이너의 사이클 타임을 토대로 '디자인 준비' 대기열에, 디자이너는 개발자의 사이클 타임을 고려해 '개발 준비' 대기열에, 충분한 카드가 있도록 해야 한다.

프로덕트 매니저도 디자이너도 외부와 단절된 진공 상태에서 단독 플레이해서는 안 된다. 팀은 현재 스프린트 중에 미래 스프린트를 위한 사용자 스토리와 디자인을 검토하고 토론하는 것에 얼마간의 시간을 할애할 필요가 있다.

### 12.5.5 스토리를 작게 쪼개라

애자일하게 일하려면 작은 단위(chunk)로 작업하는 것이 필수이다. 앞서 말했듯이 사용자 스토리는 어느 정도 합리적인 수준의 최대 크기(즉, 스토리 포인트 수)를 초과해서는 안 된다. 이뿐만 아니라 스토리를 가능한 한 가장 작은 크기로 나누도록 노력해야 한다. 포인트가 5점인 스토리가 있다면, 3점 스토리와 2점 스토리로 나눌 방법을 찾아라. 2점 스토리 두 개와 1점 스토리 하나로 쪼개면 더 좋다. 처음에는 어려워 보일 수 있지만 거의 모든 일이 그렇듯이 이도 연습하면 나아진다. 스토리를 더 이상

쪼갤 수 없다면, 개발자가 그 스토리를 구현하기 위해 필요한 태스크로 잘게 나눠야 한다. 만약 개발자가 이를 어려워한다면 스토리를 구현하기 위해 따라야 하는 단계를 열거하는 것에서부터 시작하라.

스토리와 태스크의 범위가 작을수록 추정 오차도 작아진다. 사용자 스토리를 더 작은 여러 조각으로 나누려면 스토리를 더 세밀하게 살펴봐야 하는데 이렇게 하면 불확실성과 리스크를 줄일 수 있다. 스토리를 잘게 쪼개다 보면 일부 요소가 나머지 요소보다 더 중요하다는 사실이 드러나기도 하는데, 이를 통해 우선순위를 더 세밀하게 정제할 수 있다. 이 조언은 칸반에도 적용되며 스토리 포인트를 사용하지 않는 경우에도 해당한다. 범위가 큰 카드 각각을 범위가 작은 카드 여러 개로 나누도록 해보라.

12장에서는 프로덕트를 만들 때 애자일 기법을 어떻게 사용할 수 있는지에 관한 기본적인 사항을 광범위하게 알아보았다. 애자일 프로덕트 개발 프로세스에서 중요한 또 다른 영역은 프로덕트를 구축해서 고객에게 릴리스하기 전에 프로덕트의 품질을 점검하는 테스트이다. 테스트는 품질 보증(QA)의 일환으로 기업이 고품질의 프로덕트를 출시하기 위해 시행하는, 더욱 포괄적이고 전문 영역인 품질 보증의 일부이다.

## 12.6 품질 보증

소프트웨어 프로덕트는 본질적으로 복잡하다. 소프트웨어 프로덕트가 의도한 그대로 작동하는 경우는 거의 없기 때문에 소프트웨어 프로덕트를 릴리스하기 전에 프로덕트 품질을 보증하기 위한 계획을 수립할 필요가 있다. 프로덕트 품질을 잘 관리하지 못하면 고객 불만, 매출 감소, 팀

리소스의 막대한 고갈 같은 골치 아픈 문제를 야기할 수 있다.

결함을 가능한 한 일찍 발견하는 것은 낭비를 줄이는 데 도움이 되는 린 원칙이다. 프로덕트를 론칭한 이후 발견된 주요 버그는 개발 중에 발견된 버그보다 훨씬 값비싼 대가를 치르게 한다. 첫째, 이는 고객에게 부정적인 영향을 미친다. 둘째, 팀이 프로덕션 단계에서 발생하는 버그의 근본 원인을 파악하고 이를 수정하는 데 더 많은 시간이 소요되는데, 이는 팀이 더 이상 그 코드 작업에 활발하게 참여하고 있지 않기 때문이다. 셋째, 결함이 현재 진행형이므로 버그를 고쳐 새로운 코드를 배포하기까지 고객의 불편이 지속된다.

QA 테스트가 소프트웨어의 품질을 끌어올리는 탁월한 방법이기는 하지만 유일한 방법은 아니다. 예를 들어 코딩 표준은 팀 내 여러 개발자가 재량적 판단에 따른 코딩 스타일의 차이를 피하고 코딩 방식을 일치시킴으로써 품질 이슈를 야기할 수 있는 불일치 요소를 제거하는 데 도움이 된다. 또한 코딩 표준이 있으면 개발자가 서로의 코드를 훨씬 쉽게 이해하고 수정할 수 있어서 코드를 디버깅하고 유지보수하기가 더 수월해지고 개발자의 생산성도 향상된다.

코드 리뷰에서는 어떤 개발자가 작성한 코드를 다른 개발자가 검토하면서 코드 작성자가 놓친 실수를 잡아낼 수 있다. 더욱이 검토자가 코드를 개선할 수 있는 좋은 아이디어를 제시하는 경우도 종종 있다. 코드 리뷰는 테스트하기 전에 결함을 발견해 수정할 수 있는 기회이자 개발자들이 서로 배울 수 있는 훌륭한 방법이다.

코드 리뷰보다 한 단계 더 나아간 방법이 짝 프로그래밍(pair program-ming)이다. 개발자 두 명이 동시에 함께 코드를 작성한다. 두 사람은 한 대의 컴퓨터와 키보드 앞에 나란히 앉아 같은 화면을 본다. '진행자'(driver) 역할의 개발자가 키보드를 제어하면서 코드를 작성하고, '관찰자'(ob-server) 역할을 하는 두 번째 개발자는 짝이 작성하는 코드를 실시간으로 검토한다. 둘은 수시로 역할을 바꾼다. 두 개발자가 짝을 이뤄 코딩하면 학습이 촉진되고 대개는 더 나은 프로덕트 디자인과 더 높은 품질로 귀결된다. 짝 프로그래밍은 널리 알려진 또 다른 애자일 방법론인 익스트림 프로그래밍의 핵심 원리 중 하나이다.

다시 QA 테스트 이야기로 돌아가자. QA 테스트는 크게 수동 테스트와 자동화 테스트로 나눌 수 있다. 수동 테스트에서는 한 명 혹은 둘 이상의 테스터가 프로덕트를 직접 사용하면서 프로덕트가 기대한 대로 작동하는지 검증한다. 테스터는 프로덕트가 구축된 방식이나 프로덕트를 만드는 데 필요한 기술을 전혀 몰라도 되기 때문에 수동 테스트는 '블랙박스'(black box) 테스트라고도 불린다. 많은 기업에는 QA 테스트를 전담하는 전담(full-time) 테스터가 있다. 전담 QA 테스터가 없는 기업에서는 테스트 업무를 (개발자와 프로덕트 매니저 같은) 개발 팀원이 맡게 된다. 이럴 때는 개발자들이 보통 자신이 작성한 코드를 직접 테스트하게 된다. 전담 QA 테스터가 있으면 개발자가 자신의 코드를 검사할 때보다 예상하지 못한 문제를 발견할 가능성이 더 높다는 이점이 있는데 이들은 새로운 관점으로 테스트에 임하기 때문이다. 또한 전담 QA 인력이 있는 경우 테스트가 대체로 더 철저하게 이뤄지는 경향이 있다. 첫째, QA 테스터는 자신의 주된 임무이니만큼 테스트에 더 많은 시간을 쓸 수 있다. 둘째, 유능한 QA 테스터는 체계적으로 테스트함으써 더 많은 조건을 검사한다. 셋째, 노련한 QA 테스터는 소프트웨어 오류를 일으키는(software break) 방법을 요령껏 찾아낼 줄 알고 테스트에서 발생하는 보편적인 이슈도 잘 안다.

자동화 테스트에서는 소프트웨어가 프로덕트를 테스트하고 실제 결과와 예상된 결과를 비교한다. 처음에 누군가가 (일반적으로 개발자나 테스터가) 자동화된 테스트 케이스 각각을 정의해야 하지만, 일단 테스트 케이스가 작성되면 필요할 때마다 테스트에 사용할 수 있다. 테스트 라운드가 끝날 때마다 성공한 테스트와 실패한 테스트에 관한 보고서가 생산된다. 자동화 테스트의 이점은 수동 테스트, 특히 반복 실시되는 테스트에 필요한 막대한 노력을 아낄 수 있다는 점이다. 하지만 자동화 테스트는 팀이 작성하는 테스트 케이스 세트보다 더 좋은 결과를 생산할 수 없다는 리스크가 있다. 예를 들어 테스트 케이스가 작성되지 않은 기능성은 테스트할 수 없을 것이다. 수동 테스트에서는 프로덕트를 실행하는 테스터가 지적 능력과 창의력을 발휘해 자동화 테스트 케이스에 명시되지 않은 다양한 조건과 조합을 테스트하는 경우도 종종 있다. 수동 테스트에서 발견된 이러한 사항은 프로덕트가 릴리스되기 전에 누락된 자동화 테스트 케이스로 추가되어야 한다. 또한 팀이 기능성이나 사용자 인터페이스를 변경할 때는 관련된 테스트 케이스를 적절하게 수정해야 한다.

팀은 새 기능성을 개발하거나 기존 기능성을 개선할 때 프로덕트의 두 가지 측면을 테스트해야 한다. 첫째는 *검증 테스트*(validation testing)로, 추가하거나 개선한 기능성이 의도한 대로 작동하는지, 즉 기능성이 관련 사용자 스토리와 디자인 산출물과 일치하는지 확인하는 것이다. 때때로 프로덕트는 디자인된 방식과 다르게 구현되는데 이는 실수나 오해가 원인인 경우가 많다. 또한 개발자가 의도적으로 디자인과 다르게 프로덕트를 구현할 수도 있는데 이는 명시된 대로 프로덕트를 구현하는 것이 불가능했거나 개발자가 더 쉽게 구현할 수 있는 솔루션을 선택했기 때문이다. 심지어 프로덕트가 명시된 대로 정확히 구현된 경우에도 팀이 무언가를 놓쳤거나 올바르게 하지 못했다는 것을 나중에 깨닫게 될 수도 있다. 이러한 이슈는 검증 테스트에서 모두 발견되어야 한다.

프로덕트 테스트의 두 번째 측면은 추가하거나 개선된 기능성을 구축하는 과정에서 기존의 어떤 기능성도 의도치 않게 손상되지는 않았는지 확인하는 것이다. 예를 들어 프로덕트에 기능 D를 추가하더라도 기능 A와 B와 C가 기능 D를 추가하기 전처럼 작동하는지 확인하는 것이다. 이를 *회귀 테스트*(regression testing)라고 부르는데 여기서 '회귀'는 '더 나쁜 상태로 돌아간다'는 의미로 기존 기능성에 없던 버그가 생기는 것을 뜻한다.

많은 기업이 수동 테스트와 자동화 테스트를 결합하여 사용하는데 이는 매우 강력한 시너지 효과를 낼 수 있다. 수동 테스트는 새 기능성을 처음 테스트할 때 (검증 테스트) 유용한데 팀이 관련 있는 모든 테스트 케이스를 생각하지 못했을 가능성이 크기 때문이다. 수동 테스터는 조합과 조건을 달리하며 특이 케이스(corner case)를 찾아낼 수 있다. 시간이 지나면서 더 많은 기능성을 구축하고 프로덕트의 규모가 커짐에 따라 회귀 테스트의 부담도 덩달아 커진다. 프로덕트의 범위가 작을 때는 수동 회귀 테스트를 할 수 있지만 프로덕트의 범위가 커지는 것에 맞춰 QA 팀을 확장하기란 일반적으로 불가능하다. 그렇기 때문에 회귀 테스트에는 자동화 테스트가 매우 적합하다. 팀에서 새 기능성을 추가할 때마다 테스트 케이스를 새로 추가하고 필요한 경우 기존의 테스트 케이스를 업데이트하면 그만이다.

## 12.7 테스트 주도 개발

많은 애자일 프로덕트 팀이 *테스트 주도 개발*(Test-Driven Development, TDD)
기법을 사용한다. 이는 개발자가 코드를 작성하기 전에 자동화 테스트 케
이스부터 작성하는 접근법이다. 기능성을 추가하든 기존 코드를 개선하
든 개발자는 코딩에 앞서 어떻게 테스트할지 고민하고 테스트 케이스를
작성한다. 이 테스트 케이스는 처음 실행할 때 *실패해야 하는데* 개발자가
코드를 아직 변경하지 않았기 때문이다. 첫 테스트가 실패하지 않으면 이
는 개발자가 테스트 케이스를 올바르게 작성하지 않았다는 뜻이다. 개발
자는 완벽하다고 생각될 때까지 코드를 작성하고 그런 다음 다시 테스트
한다. 코드가 테스트를 통과하지 못하면 개발자는 테스트를 통과할 때까
지 코드를 계속 작성한다. 테스트를 통과한 뒤에 개발자는 종종 코드의
동작에는 영향을 주지 않으면서 구조, 가독성, 유지보수성을 개선하기 위
해 코드를 *리팩터링*(refactoring)한다(이러는 동안에도 코드는 테스트를 반
드시 통과해야 한다).

테스트 주도 개발(TDD)은 여러 가지 장점이 있다. 무엇보다 TDD에서는
보통 *테스트 커버리지*(test coverage)가 더 높아지는데, 이는 프로덕트의 전체
기능성 중에서 자동화 테스트로 검증되는 비율이 높아지기 때문이다. 그
결과 팀이 감지하지 못한 회귀 버그(regression bug)를 놓치는 일이 줄어들
고 기존 코드를 수정할 때 팀의 자신감이 높아진다. (자동화 테스트 덕분
에 아무것도 손상되지 않았음을 쉽게 검증할 수 있기 때문이다.) TDD는
시간이 흐르면서 프로덕트에 변화가 생겨도 테스트를 유지보수하는 데
약간의 오버헤드만 요구될 뿐이다. 하지만 프로덕트의 범위가 커지는 것
에 맞춰 자동화 회귀 테스트를 확장하고 싶다면 − TDD를 사용하든 아니
든 − 기능성을 개발할 때마다 테스트 케이스를 새로 작성할 필요가 있다.

## 12.8 지속적 통합

많은 프로덕트 팀이 프로덕트 개발을 더욱 빠르게 이터레이션하기 위해 지속적 통합(continuous integration)을 선택한다. 지속적 통합을 설명하려면 소프트웨어 개발자가 코드를 어떻게 관리하는지부터 알아볼 필요가 있다. 개발 팀은 버전 관리 시스템을 사용해 코드에 시도한 모든 변경 사항을 추적한다. 이렇게 하면 변경 사항을 쉽게 확인하고 관리할 수 있다. 또한 버전 관리는 코드 베이스를 이전의 어떠한 상태로도 복구하는 과정을 단순화하여 원치 않는 변경 사항을 되돌릴 수 있다. 이 글을 쓰는 현재 시점에는 깃(Git)이 애자일 개발에서 가장 널리 사용되는 버전 관리 시스템이라고 해도 틀리지 않다.

개발자가 코드를 변경하거나 추가할 때는 메인라인(mainline) 또는 트렁크(trunk)라고 불리는 현재의 안정된 코드 베이스 버전에서 시작한다. 개발자는 버전 관리를 사용해 트렁크의 별도 사본(브랜치(branch)라고 불린다)에서 원하는 작업을 시작하는데 이 사본을 수정해도 트렁크에 아무 영향을 주지 않는다. 새 기능성 구현이 완료되면 개발자는 버전 관리 시스템에 자신의 변경 사항을 커밋한다. 커밋 전에 각 개발자는 적절한 테스트 케이스를 작성해 단위 테스트(unit test)를 실시하고 모든 케이스가 테스트를 통과하는지 확인해야 한다. 개발자 팀은 모든 개발자가 병렬(parallel) 방식으로 작업하며 각자 자신의 변경 사항을 커밋한다. 새 코드를 트렁크에 병합하여 출시하기 전에 모든 변경 사항을 결합하거나 '통합'하여 새로운 버전의 전체 프로덕트를 만든다. 바로 이 시점에 통합 테스트(integration test)를 실시해 새로운 프로덕트가 의도한 대로 작동하는지 확인한다.

역사적으로 통합은 보통 수동 프로세스로 이뤄졌다. 지속적 통합은 자동화된 빌드 프로세스를 사용해 최신 코드 커밋을 기반으로 새로운 프로덕트 버전을 만든다. 새로 빌드된 프로덕트는 자동으로 테스트되고 팀은 테스트 통과 여부에 대한 알림을 받는다. 팀이 모든 이슈를 수정하고 새로운 코드가 모든 테스트를 통과하면 배포 준비가 끝난다. 팀마다 지속적 통합을 수행하는 횟수와 간격은 제각각이다. 어떤 팀은 매일, 또 어떤 팀은 하루에 여러 번, 또 어떤 팀은 코드가 커밋될 때마다 지속적 통합을 진행한다. 지속적 통합의 장점은 크게 두 가지가 있다. 첫째, 지속적으로 통합하지 않을 때보다 팀이 프로덕트 개발 이슈를 더 빨리 파악해 해결하도록 도와주고 이로써 팀의 이터레이션 속도가 향상된다. 지속적 통합은 낭비를 최소화하기 위해 가능한 한 일찍 결함을 찾아내는 린 원칙과 일치한다. 자주 통합하지 않으면 그 사이에 감지되지 못한 이슈가 누적되어 커다란 골칫거리가 될 위험이 있지만 지속적 통합에서는 각 이슈가 생길 때마다 팀이 곧바로 처리할 수 있어 이런 위험이 없다. 둘째, 지속적 통합의 또 다른 혜택은 코드가 언제나 출시 가능한 상태이고 원할 때면 언제든 최신 프로덕트를 전달할 수 있는 유연성이 커진다는 점이다. 테스트 커버리지는 지속적 통합이 얼마나 유익한가에 영향을 미치는데 커버리지가 높을수록 더 유익하다.

## 12.9 지속적 배포

지속적 통합을 실시하는 많은 팀은 *지속적 배포*(continuous deployment)도 함께 실행하며 모든 테스트를 성공적으로 통과한 코드는 자동으로 배포된다. 어떤 기업은 (고객이 접근할 수 없는 내부 환경인) 스테이징 환경

(staging environment)에 자동 배포하고 어떤 기업은 곧바로 프로덕션에 배포한다. 지속적으로 배포하기 위해서는 배포 프로세스를 자동화해야 한다. 운영 태스크를 자동화하는 기술의 발전은 민첩하게 변화에 대응하고 회복력 있는 시스템을 대규모로 구축하고 운영하는 데 중점을 둔 *데브옵스*라는 새로운 분야가 이끌고 있다.[7] 지속적 배포 시스템의 성공 비결은 일명 자동화된 롤백(automated rollback)에 있다. 이는 어떤 것이든 문제가 감지되면 이전 버전의 코드로 빠르게 되돌릴 수 있는 능력을 말한다. 프로덕트의 건강 상태(health)를 추적하는 지표들이 자동화된 롤백을 촉발하는 트리거로 사용된다.

예시를 하나 들어 보자. 한 개발자가 웹사이트에 새 기능을 구현하는 코드를 커밋한다. 커밋된 변경 사항은 지속적 통합을 거쳐 모든 테스트를 통과한 다음 자동으로 프로덕션 환경에 배포된다. 하지만 새 코드가 배포되자마자 웹사이트의 페이지 로딩 시간이 허용 수준 이상으로 길어져 고객들이 사용하는 웹사이트의 성능이 크게 떨어졌다. 이렇게 페이지 로딩 시간이 길어지면 자동 롤백이 발생하여 라이브 프로덕트 버전을 이전 버전의 코드로 되돌린다.

지속적 배포가 순조롭게 작동하려면 견고한 분석 시스템이 필요하다. 먼저, 지속적 배포가 적절히 작동하기 위해서는 서버의 건강 상태와 성능을 추적하는 기술 지표와 프로덕트의 사용 실태를 추적하는 지표가 필요하다. 예를 들어 새 코드가 배포된 이후 사용자가 로그인할 수 없거나 몇몇 핵심 기능성을 사용할 수 없다면 시스템이 이를 감지할 수 있어야 한다. 또한 비즈니스의 건강 상태를 추적하는 분석도 필요하다. 예를 들어 이커머스 사이트에 새 코드를 배포한 직후 고객 주문 건수가 급감했다면

---

**7** (옮긴이) 오늘날 소프트웨어 개발 환경에서 데브옵스는 표준적인 방식으로 자리 잡아가고 있다.

자동으로 롤백을 트리거하도록 해야 한다.

12장에서는 프로덕트 개발과 관련 있는 기본 내용을 폭넓게 다루었다. 특히 몇 가지 중요한 개념을 개략적으로 설명했고 이러한 개념에 대한 조언을 소개했다. 12장의 주제 중 상당수는 별도의 책으로 출판될 정도로 중요한 내용이다. 애자일 개발, QA, 데브옵스 분야에서의 이러한 베스트 프랙티스는 최첨단 기술을 발전시켰고 프로덕트 팀의 효율성을 크게 높여 주었다. 이 모든 아이디어의 공통점은 리스크 부담은 낮추되 더 빠르게 훌륭한 프로덕트를 구축하도록 돕는다는 것이다.

프로덕트를 출시한 후에는 분석의 힘을 활용할 수 있다. 견고한 분석 플랫폼은 비즈니스가 어떤 상태이고 고객이 프로덕트를 어떻게 사용하는지 이해할 수 있게 해 준다. 시간이 흐르고 변경 사항이 발생할 때마다 지표를 분석함으로써 귀중한 인사이트를 얻고 프로덕트의 개선을 이끌어 낼 수 있다. 13장과 14장에서는 분석을 활용하여 프로덕트와 비즈니스를 최적화하는 법을 알아보자.

13장

# 핵심 지표를
# 측정하라

v1 프로덕트를 만들 때 사용할 수 있는 고객 리서치 기법은 론칭 전과 후가 다르다. 론칭 전에는 고객 기반이 없으므로 잠재 고객을 대상으로 하는 정성적 리서치에 크게 의존하여 프로덕트에 대한 직접적인 피드백을 얻는다. 물론 론칭 후에도 고객 인터뷰를 통해 프로덕트에 대한 피드백을 받을 수 있지만 라이브 프로덕트가 출시되어 이를 사용하는 고객 기반이 있으면 학습할 수 있는 기회가 증가한다. 이제 분석과 A/B 테스트와 같은 정량적 학습 기법까지도 활용할 수 있다. 13장에서는 프로덕트와 비즈니스에 대한 모델을 수립하고 측정하기 위해 분석을 어떻게 사용할 수 있는지 설명한다. 14장에서는 13장에서 배운 내용을 바탕으로 분석을 사용해 개선하는 구조화된 프로세스를 설명하고 아울러 사례 하나도 소개한다.

## 13.1 분석 대 다른 학습 기법들

분석을 본격적으로 탐구하기 전에 내 동료이자 UX 디자인과 리서치 부문의 성공적인 임원인 크리스천 로러(Christian Rohrer)가 개발한 프레임워크부터 알아보자. 이 프레임워크는 고객으로부터 배울 수 있는 다양한 방법을 범주화한다. 그림 13.1은 로러의 프레임워크를 단순화한 예시이다. 세로축은 고객에게서 수집하는 정보 유형을 나타내는데 태도 정보(attitudinal information)와 행태 정보(behavioral information)로 구분된다. 태도 정보는 고객이 자신의 태도와 의견에 대해 말하는 내용이다. 예를 들어 고객에게 랜딩 페이지의 목업을 보여 주었다고 하자. 고객이 초록색 계열의 컬러 스킴이 마음에 들고, 커다란 '구매' 버튼을 누를 가능성이 매우 높을 거라고 말한다. 이 두 가지 피드백 모두 태도 정보를 전달한다.

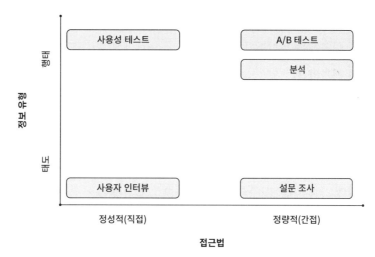

**그림 13.1** 리서치 기법 프레임워크

반면, 행태 정보는 고객이 실제로 하는 액션과 관련 있다. 앞의 시나리오의 경우 랜딩 페이지를 론칭한 후 일대일 사용자 테스트를 실시하여 고객 중 누가 '구매' 버튼을 클릭하는지 확인할 수 있다. 또한 분석을 활용하면 랜딩 페이지를 방문한 사용자 중에서 '구매' 버튼을 누른 비율도 알 수 있다. 이 두 가지 모두 행태 정보를 제공한다.

그림 13.1 프레임워크의 가로축은 정보를 수집하는 접근법으로, 정성적 방법과 정량적 방법으로 나뉜다. 예를 들어 잠재 고객의 페인 포인트와 선호도를 이해하기 위해 잠재 고객 10명과 일대일로 인터뷰한다고 해보자. 또는 고객 한 사람이 웹사이트를 사용하는 모습을 지켜본다고 해보자. 두 사례 모두 정성적 테스트로 고객을 직접 관찰하는 것에 의존하는 리서치 유형이다.

반면, 정량적 정보는 여러 고객에게 얻은 결과를 집계하여 생성된다. 개별 고객을 일대일로 관찰하는 것이 아니라 규모가 큰 그룹에 대한 통계적 결과를 분석하는 것이다. 예를 들어 '구매' 버튼을 클릭한 고객 비율을 확인해 전환율을 추적하거나 사용자 수천 명에게 설문 조사를 이메일로 발송해 태도와 선호도를 물을 수 있다. 두 경우 모두에서 결과를 분석하면 정량적 학습을 얻을 수 있다.

## 13.2 오프라 대 스팍

정성적 학습과 정량적 학습은 모두 중요하며 사실상 상호 보완적이다. 정량적 리서치를 통해서는 얼마나 많은 고객이 특정 액션을 하는지 (또는 하지 않는지) 알 수 있되, 고객이 그 액션을 *왜* 하는지 (또는 하지 않는지) 그 이유는 알지 못할 것이다. 반대로 정성적 리서치는 고객이 특정 액션을 하는 근본적인 이유를 이해하는 데 도움이 되지만, 이유별로 이 액션을 하는 사람이 *얼마나* 많은지는 알 수 없다. 시장 리서치는 정성적 리서치로 시작해 고객에게 물어야 하는 적절한 질문과 고객이 보여 주는 반응을 ('이유를') 이해하는 것이 매우 일반적이다. 이 정보로 무장한 다음 정량적 리서치를 진행해 각 대답을 들려 주는 고객이 얼마나 되는지 ('몇 명인지') 알아낸다.

나는 정성적 기법과 정량적 기법 각각을 '오프라 대 스팍'이라고 부르는 것을 좋아하는데 두 가지 방식의 차이를 강조할 수 있어서 그렇다. 미국의 인기 방송인 오프라 윈프리(Oprah Winfrey)는 뼛속까지 정성적인 인물이다. 오프라는 초대 손님과 일대일로 대화하고 장시간의 심층 인터뷰를 진행해 상대방이 어떤 사람이고 어떤 생각을 하는지 알아낸다. 〈스타트랙〉(Star Trek)에서 논리적인 인물로 그려지는 스팍(Spock)은 순전히 정량적이다. 스팍은 객관적인 데이터와 수치로 증명되는 것에 엄격히 근거해 의사결정을 한다. v1 프로덕트의 프로덕트 마켓 핏을 검증할 때는 오프라 접근법이 가장 중요하다. 론칭 이후에도 오프라 접근법을 계속 사용할 수 있지만 그때는 스팍 접근법을 추가로 사용해 프로덕트를 최적화할 수 있다.

## 13.3 사용자 인터뷰

그림 13.1의 프레임워크에서 사분면 각각은 각기 다른 학습 유형을 보여준다. 사용자 인터뷰는 정성적 접근법과 태도 정보에 해당하는 제3사분면에 위치한다. 사용자 인터뷰를 할 때는 사용자의 니즈와 선호도를 파악하는 데 집중한다. 또한 문제는 물론이고 이와 관련된 맥락에 대해 사용자가 어떻게 생각하는지 알아내고자 한다. 여기서 행동 관찰은 목적이 아니다. 열린 질문을 던지되, 주로 사용자의 생각을 경청하고 태도에 주의를 기울인다. 고객 인터뷰를 효과적으로 진행하는 방법에 관해서는 9장의 조언을 참고하라.

## 13.4 사용성 테스트

사용성 테스트는 정성적 접근법과 행태 정보의 조합인 제2사분면에 위치한다. 사용자 인터뷰와 마찬가지로 사용성 테스트도 각 사용자가 해야 하는 말에 관심을 기울인다는 점에서 정성적 기법이다. 하지만 사용성 테스트는 행태에 관심이 더 많다. 사용자가 어떤 프로덕트에서 특정 액션을 할지 안 할지 (태도 정보) 물어보는 대신, 사용자가 실제로 액션을 하는지 (행태 정보) 관찰하는 것이다. 주요 목표는 고객이 프로토타입이나 프로덕트를 사용하는 것을 관찰해 행동에 대해 학습하는 것이다. 이뿐만 아니라 경쟁사 프로덕트에 대한 사용성 테스트를 실시해 귀중한 인사이트를 얻을 수도 있다.

사용성에 초점을 맞추더라도 대부분의 사용자 테스트는 태도 정보와 행태 정보가 혼재된 결과를 도출할 수밖에 없다. 9장에서 알아보았듯이 많은 사용자 테스트에서는 고객에게 몇 가지 발견 질문을 직접적으로 한다. 고객에게서 얻으려는 정보의 종류와 고객이 제공하려는 정보의 종류를 항시 유념하는 것이 중요하다.

## 13.5 설문 조사

설문 조사는 그림 13.1의 프레임워크에서 정량적 접근법과 태도 정보를 획득하는 제4사분면에 자리한다. 설문 조사는 많은 수의 사용자로부터 결과를 얻어 전체적인 결과를 확인하는 것이 목표라는 점에서 정량적이고, 고객이 자신의 생각을 말해 주므로 태도 정보와 관련 있다. 즉, 고객이 프로덕트를 사용하는 행태 정보는 수집하지 않는다.

이 책은 다른 종류의 사용자 리서치에 비해 설문 조사에는 많은 지면을 할애하지 않았는데, 내 경험상 설문 조사가 오용되는 경우가 아주 흔했기 때문이다. 잘 디자인된 설문 조사는 유용한 정보를 생산할 수 있다. 그러나 무엇을 알기 위해 설문 조사를 사용할 수 있는지 반드시 알아야 하고 이러한 목적 외에 설문 조사를 사용해서는 안 된다. 예를 들어 사용하기 쉬운 사진 공유 앱을 개발할 계획이라고 하자. 이럴 경우 1,000명을 대상으로 설문 조사를 하고 그들에게 이 앱을 사용할 가능성이 얼마인지 0에서 10까지 점수를 매겨 달라고 요청한다면 이는 과욕이다. 왜 그럴까? 첫째, 고객은 이 프로덕트에 대해 거의 아무것도 모른다. '사용하기 쉬운 사진 공유 앱'이라는 설명은 프로덕트에 대해 단 다섯 단어의 정보만 전달할 뿐이다. 이는 클리커블 와이어프레임 세트가 아니고 목업도 아니며 진짜 앱은 더더욱 아니다. 따라서 고객에게는 대답의 근거로 삼을 만한 정보가 많지 않다. 이런 상황에서 자신이 그 앱을 사용할지 어떻게 정확히 예상할 수 있겠는가? 이런 경우처럼 응답자가 충분한 정보를 알 수 없는 무언가에 대해 묻고 답변을 요청하는 설문 조사자가 아주 많다.

둘째, 설문 조사에는 태도 데이터가 반영되므로 그 결과를 의심하면서 신중하게 받아들여야 한다. 응답자는 새 프로덕트를 사용할 가능성이 얼마인가에 대해 낙관적이거나 비관적인 응답을 할 수 있지만, 종종 실제 행동과 일치하지 않는다. 나라면 새로운 프로덕트를 위한 랜딩 페이지를 사용해 스모크 테스트를 진행하겠다. 페이지에 '구매' 버튼을 넣거나 베타 대기자 명단에 등록하기 위해 이메일 주소를 알려 달라고 요청한 다음 전환율을 관찰할 것이다. 같은 질문이라도 이런 행태 데이터를 통하면 설문 조사보다 더욱 신뢰할 만한 결과를 얻을 수 있다.

셋째, 설문 조사에서는 질문에 사용된 문구와 단어 그리고 응답자에게 제시되는 답변 선택지가 결과에 커다란 영향을 미칠 수 있다. 설문 조사 데이터를 토대로 몇몇 중요한 의사결정을 하는 경우라면, 어떻게 질문하는가에 따라 매우 다른 결과를 얻을 수 있다는 생각만으로도 약간 무서워진다. 좋은 질문 디자인과 나쁜 질문 디자인의 차이를 명확히 구별하지 못하는 사람은 잘못된 결과를 얻을 위험이 있다. 사람들이 시장 리서치로 박사 학위를 받는 데는 다 이유가 있다. 오해하지 마시길. 당신은 설문 조사를 사용할 수 있고 또 사용해야 한다. 다만 설문 조사가 알고 싶은 것을 얻기 위한 올바른 도구인지 꼭 확인하고 좋은 설문 조사를 디자인하는 기술을 적용해야 한다(혹은 그렇게 할 수 있는 사람을 찾아라).

설문 조사와 궁합이 나쁜 질문 유형이 있다면 설문 조사는 어디에 적합할까? 응답자가 대답하기 위해 필요한 정보를 알고 있는 태도에 관한 간단한 질문과는 궁합이 잘 맞는다. 4장에서 설명한 것처럼 중요도와 만족도를 측정하기 위해 설문 조사를 사용하는 것은 좋은 예이다. 설문 조사는 사람들이 프로덕트와 브랜드에 대해 어떤 인상을 가지고 있는지 확인하게 도와준다. 또한 고객이 경쟁자와 비교해 당신의 프로덕트를 어떻게 인식하는지 알고 싶을 때 사용해도 된다. 주기적으로 고객에게 동일한 질문을 하는 추적 설문 조사(tracking survey)는 장기간에 걸친 추세를 식별하는 데 유용할 수 있다.

### 13.5.1 순수 추천 고객 지수

설문 조사 기반의 지표 가운데 가장 널리 사용되는 하나는 순수 추천 고객 지수(Net Promoter Score, NPS)이다. 이 지표는 하나의 질문으로 얻은 결과에 토대를 둔다. "(프로덕트 X를) 친구나 동료에게 추천할 가능성이 얼마나 되나요?" '추천 가능성' 척도는 0점에서 10점까지 제시되고, 10점은 '매우 높음', 0점은 '없음'을 말한다. 9점이나 10점을 주면 추천 고객(promoter), 7점이나 8점이라고 말하면 중립 고객(passive), 6점 이하라고 대답하면 비추천 고객(detractor)으로 분류된다. NPS는 추천 고객의 비율에서 비추천 고객의 비율을 차감한 값으로 범위는 −100에서 +100까지이다.

NPS는 프로덕트에 대한 고객 만족도를 보여 주는 태도 척도이며 프로덕트 마켓 핏의 대리 지표(proxy indicator)이다. 고객은 크게 만족하는 프로덕트만 추천한다. 한 차례 NPS 설문 조사 라운드에서 얻은 평균 점수도 약간 도움이 되지만, 주요 가치는 주기적인 설문 조사를 통해 NPS를 장기적으로 추적하는 데서 나온다. 프로덕트 마켓 핏을 개선함에 따라 NPS가 증가해야 하기 때문이다. 당연히 이슈가 불거질 때는 NPS가 감소할 수 있다. NPS는 전반적인 고객 정서를 측정하기 때문에 프로덕트만이 아니라 고객 서비스나 고객 지원 같은 다양한 영역에서 발생하는 이슈에 대한 경각심을 일깨워 주는 효과도 볼 수 있다. 바로 이런 이유로 점수를 요청하는 질문에 더해 고객에게 그런 점수를 준 이유를 묻는 열린 질문을 포함시키는 것이 중요하다. 이뿐만 아니라 당신의 NPS를 경쟁자들의 NPS는 물론이고 프로덕트 카테고리의 벤치마크와 비교해도 좋다.

## 13.5.2 숀 엘리스의 프로덕트 마켓 핏 질문

숀 엘리스(Sean Ellis)는 유능한 마케터이자 린 스타트업 전문가로 '그로스 해커'(growth hacker)[1]라는 용어를 만들었으며 관련 커뮤니티 사이트[2]를 운영하고 있다. 고객 인사이트 기업 퀄라루(Qualaroo)[3]의 CEO이기도 한 엘리스는 이제까지 많은 기업이 고객 기반을 크게 확장하도록 도와주었다.

나와 마찬가지로 엘리스도 프로덕트 마켓 핏을 달성할 *때까지*는 비즈니스를 성장시키기 위해 투자해서는 안 된다고 주장한다. 그래서 엘리스는 프로덕트 마켓 핏 수준을 평가할 수 있는 설문 문항 하나를 만들었다. 설문 조사에서 당신의 프로덕트 사용자에게 "더 이상 (프로덕트 X를) 사용할 수 없다면 어떤 기분일까요?"라고 묻는 것이다. 사용자가 선택할 수 있는 답변 네 가지는 다음과 같다.

---

1 (옮긴이) 그로스 해킹(growth hacking)은 성장을 뜻하는 그로스(growth)와 유의미한 정보를 빼오다는 뜻의 해킹(hacking)의 합성어이다. 비즈니스 목표 달성을 위한 핵심 지표를 정하고, 이 지표를 개선하기 위한 가설을 설정해 아이디어를 낸 다음, 이런 아이디어의 실제 효과 여부를 검증하기 위해 실험과 학습을 반복하는 일련의 프로세스로 스타트업에 최적화되어 있다. 그로스 해커는 이러한 프로세스를 주도하며 데이터 기반의 전략을 통해 기업의 빠른 성장을 이끌어 내는 전문가이다.

2 *http://growthhackers.com*

3 *http://qualaroo.com*

- 매우 실망함
- 약간 실망함
- 실망하지 않음(실망할 정도로 유용하지 않음)
- 해당 없음 − (더 이상 프로덕트 X를) 사용하지 않음

엘리스는 많은 프로덕트에 대해 이 설문 조사를 진행한 뒤 경험 법칙을 하나 도출했다. '매우 실망함'이라고 응답한 사용자 비율이 40%를 넘기는 프로덕트는 프로덕트 마켓 핏을 달성했을 가능성이 높다는 것이었다. 프로덕트 카테고리에 따라서 기준점은 약간 다르겠지만, 이는 보편적으로 적용할 수 있는 좋은 경험 법칙이다. 정확한 결과를 얻기 위해 엘리스는 프로덕트를 두 번 이상 사용했고 최근에도 사용한 고객을 무작위로 추출한 표본 집단에 이 설문지를 발송하는 것을 추천한다. 이 질문을 한 후에는 앞서 NPS와 관련해 추천한 질문처럼, "이 답변을 선택한 이유를 알려주세요."라고 주관식 질문(open-ended)을 후속 문항으로 제시하는 게 좋다.

## 13.6 분석과 A/B 테스트

그림 13.1에서 제1사분면은 정량적 접근법과 행태 정보의 조합으로 분석과 A/B 테스트가 여기에 위치한다. 분석을 통해 고객의 실제 행동을 측정할 수 있으므로 고객이 하겠다고 말하는 것과 고객이 *실제로* 하는 행동 사이에 발생하는 어떠한 단절에 대해서도 걱정하지 않아도 된다. 또한 사용자 행동에 대한 정성적 리서치와는 달리 분석은 많은 고객의 행동을 집계하여 통계적으로 유의미한 결론에 이를 수 있다.

예를 들어 랜딩 페이지를 만들었다고 하자. 분석을 통해 전환율이 5%에 불과하다는 결과를 얻었는데 이는 필요한 또는 예상한 전환율보다 훨

씬 낮은 수치였다. 이에 기존 랜딩 페이지를 개선해 새로운 버전의 랜딩 페이지를 디자인해서 사용성 테스트를 실시하고 피드백을 얻었다. 피드백은 대체로 긍정적이었다. 사용자 10명 중 9명이 '회원가입' 버튼을 클릭할 의향이 있다는 결과를 얻었고 이를 토대로 새로운 랜딩 페이지를 론칭하기로 결정했다. 론칭하기 전까지는 사실상 새로운 디자인의 영향을 추정할 수 있는 방법이 없다. 진짜 전환율은 90%가 아닐 확률이 높다. 이 수치는 진행자가 있는 사용성 테스트의 특성상 인위적으로 높아진 것이다. 새로운 랜딩 페이지의 전환율이 상승할 거라고 기대할 수는 있지만 사용성 테스트 결과만으로 얼마나 상승할지 정량화하기는 어렵다.

A/B 테스트는 고객 트래픽의 일부를 새로운 버전의 랜딩 페이지로, 나머지 트래픽은 기존 버전으로 보낸 다음 각각의 결과를 추적한다. 이렇게 하면 두 버전의 전환율 차이를 알아낼 수 있다. 그리고 트래픽 양이 많을수록 전환율의 차이를 더 정확히 정량화할 수 있다.

모든 프로덕트 팀에는 고객이 프로덕트를 어떻게 사용하는지 완전히 이해하기 위한 분석이 절대적으로 필요하다. 그렇다고 분석만으로 전체 그림을 이해할 수 있다는 뜻은 아니다. 고객을 알려면 정성적 리서치도 필요하다. 하지만 분석이 없으면 눈을 가리고 비행(flying blind)하는 것과 다르지 않다. 피터 드러커(Peter Drucker)가 했던 유명한 말이 있다. 측정할 수 없으면 관리할 수 없다. A/B 테스트는 분석을 기반으로 하여 당신이 시도한 변화의 영향을 확실하게 이해할 수 있는 방법을 제시한다. A/B 테스트는 실험할 수 있는 플랫폼을 제공하고 린 프로덕트 팀이 빠르게 혁신하도록 해 주는 강력한 도구이다.

로러가 만든 프레임워크의 전체 버전에 '사용 콘텍스트'라는 세 번째 차원이 포함된다는 것은 주목할 가치가 있다. 로러는 리서치 기법별로 프로덕트 사용 콘텍스트를 구분한다. '프로덕트를 자연스럽게 사용'(natural use, 예: 분석), '사용 설명서에 따라 프로덕트를 사용'(scripted use, 예: 사용성 테스트), '프로덕트를 사용하지 않음'(not using the product, 예: 발견 인터뷰) 등이다. 로러가 20가지 UX 리서치 기법을 범주화한 프레임워크의 전체 버전을 자세히 살펴보기 바란다. 닐슨노먼그룹(Nielsen Norman Group)의 웹사이트[4]에서 이 프레임워크를 찾을 수 있다. 또한 XD 스트래티지(XD strategy)[5]의 웹사이트[6]에서 로러의 여러 출판물과 블로그 게시글을 볼 수 있다.

분석과 A/B 테스트가 어디에 적합한지 명확히 알았으니 지금부터는 강력한 이들 도구를 활용할 수 있는 프레임워크를 몇 가지 알아보자.

## 13.7 분석 프레임워크

어떤 비즈니스든 비즈니스 성과를 설명하기 위해 추적할 수 있는 수많은 지표가 있다. 개선을 고려할 수 있는 지표가 너무 많기 때문에 비즈니스 전체를 아우르는 종합적인(holistic) 분석 프레임워크가 있으면 크게 도움이 된다. 이런 프레임워크는 여러 지표가 어떻게 연관되는지 명확히 파악하고 집중할 지표를 식별하는 데도 용이하다.

### 13.7.1 인튜이트에서 실행한 분석

나는 인튜이트에서 새 웹 프로덕트를 출시하고 나서 프로덕트와 비즈니스를 추적하고 개선하고 싶었다. 이에 비즈니스의 주요 요소 네 가지를 포함하는 분석 프레임워크를 만들었다.

---

4   *http://nngroup.com/articles/which-ux-research-methods*
5   (옮긴이) 경험 디자인과 전략 수립에 관한 코칭 및 컨설팅 서비스를 제공하는 업체
6   *http://xdstrategy.com*

1. **획득**: 마케팅 프로그램이 웹사이트로 유도하는 잠재 고객(신규 방문자)은 얼마일까?

2. **전환**: 웹사이트를 방문하는 잠재 고객 중에서 고객으로 회원가입하는 비율은 얼마일까?

3. **리텐션**(retention, 유지): 장기적으로 활성 상태를 유지하는 고객 비율은 얼마일까?

4. **매출**: 고객이 창출하는 매출은 얼마일까?

프로덕트를 출시한 후 회원으로 가입하는 고객이 꾸준했고 매출이 지속적으로 창출되었으므로 우리는 프로덕트 마켓 핏에 대해서는 상당히 낙관하고 있었다. 그러나 전환율에 문제가 있음을 깨달았다. 우리가 예상했던 것보다 회원으로 가입하는 잠재 고객의 비율이 낮았던 것이다. 우리 프로덕트의 특성상 회원가입 과정이 여러 페이지로 구성되어야 했었다. 우리는 분석을 통해 회원가입 과정의 각 단계에서 얼마나 많은 잠재 고객이 이탈하는지 측정했다. 그런 다음 분석으로 발견한 가장 큰 문제 영역들에 초점을 맞춰 사용성 테스트를 실시했다. 테스트 결과 UX 디자인 이슈가 몇 가지 드러났고 이러한 인사이트를 바탕으로 UX 디자인을 빠르게 집중적으로 개선했다. 개선된 버전의 프로덕트를 출시했을 때 전환율이 40%나 개선되었다. 재미있는 사실은 다양한 유스 케이스(use case)와 사용성 이슈로 상세한 모델을 구축하고 매우 정확한 지표 데이터를 확보한 덕분에 개선 추정치와 실제 개선율의 차이가 2%p를 넘지 않았다는 점이다.

이 사례는 정량적 리서치와 정성적 리서치를 어떻게 상호 보완적으로 쓸 수 있는지 잘 보여 준다. 정량적 리서치는 전환율 문제가 있음을 드러내고 사람들이 어디서 가장 많이 이탈하는지 보여 준 스모킹 건(smoking gun)이었지만, 그 이유는 알려 주지 못했다. 반면 정성적 리서치는 이러한 이슈를 이해하고 해결하는 데 필요한 인사이트를 제공했다. 프로덕트를 개선해 출시한 다음 실시한 정량적 리서치는 우리가 만든 변화의 영향력을 명확히 보여 주었다.

### 13.7.2 프렌드스터에서 실행한 분석

2년 후 나는 선구적인 소셜 네트워크 프렌드스터로 둥지를 옮겼다. 이번에도 프로덕트와 비즈니스를 추적하고 개선하는 데 분석을 사용하고 싶어서 두 마리 토끼를 한꺼번에 잡을 프레임워크를 만들었다. 중요한 핵심 지표가 사용자 수라는 것은 회사도 잘 알았다. 소셜 프로덕트는 사용자 수에 따라 가치가 기하급수적으로 증가하는 네트워크 효과(network effect)의 덕을 톡톡히 본다. 또한 당시는 소셜 네트워킹의 초창기로 시장의 왕좌를 차지할 기회가 누구에게나 열려 있었다. 사용자 기반(user base)을 확장하는 가장 좋은 방법은 기존 고객이 가능한 한 많은 비고객을 프렌드스터에 초대해서 가입하게 만드는 것이었다. 평균적으로 볼 때 고객 한 사람이 끌어들인 잠재 고객 중 한 명 이상이 신규 활성 고객으로 전환되면 (바이럴을 매개로 하지 않는(nonviral) 높은 성장률은 물론이고) *바이럴 성장(viral growth)*을 달성할 수 있다. 기존 고객이 신규 고객을 유치하는 상세한 일련의 단계를 *바이럴 루프*(viral loop)라고 부른다.

프렌드스터에서 나는 바이럴리티(virality)[7]를 최적화할 수 있도록 바이럴 루프를 위한 분석 프레임워크를 만들었다. 이 프레임워크는 바이럴을 매개로 하지 않는 고객 획득은 제외하고 오직 바이럴을 통한 고객 획득만 포함했다. 또한 잠재 고객이 진짜 고객이 되려면 등록 과정을 거쳐야 했

---

**7** (옮긴이) 바이러스가 확산되는 방식처럼 정보 제공자가 메시지를 퍼뜨리면 이를 받아들이는 정보 수용자를 중심으로 오프라인과 온라인에서 메시지가 2차로 확산되는 현상

으므로 전환을 포함했고, 활성 고객만이 프렌드스터에 가입하라고 친구를 초대할 수 있었으므로 리텐션도 넣었다. 반면에 매출은 제외했다(매출은 별도로 추적했다). 이 분석 프레임워크를 실제로 적용한 세부적인 사례는 다음 14장에서 알아보자.

이제까지 소개한 분석 프레임워크 두 개의 비즈니스 목표가 인튜이트와 프렌드스터에만 국한되는 것은 아니다. 사실상 모든 비즈니스에 폭넓게 적용될 수 있다. 크게 보면 거의 모든 기업에는 공통 목표 다섯 가지가 있다.

1. 잠재 고객이 제품을 인지하게 만든다
2. 잠재 고객을 진짜 고객으로 전환한다
3. 가능한 한 많은 고객을 오래 유지한다
4. 고객에게서 매출을 창출한다
5. 기존 고객이 제품에 대한 입소문을 퍼뜨리게 해서 잠재 고객을 확보한다

### 13.7.3 스타트업 해적 지표

2007년 내 삶에 데이브 매클루어를 만나는 커다란 행운이 찾아왔다. 매클루어에 대해 들어 본 적이 있을지 모르지만 모르는 사람을 위해 설명하자면, 그는 스스로를 "괴짜, 마케터, 투자자, 블로거, 말썽꾸러기"라고 묘사한다. 그는 스타트업 시드 펀드이자 액셀러레이터인 500스타트업[8]의 창립 파트너이다. 그 해에 매클루어는 한 강연에서 자신이 만든 '스타트업 해적 지표'(Startup Metrics for Pirates, 줄여서 해적 지표) 프레임워크를 소개했다. 그 내용이 인튜이트와 프렌드스터에서 내가 만든 두 프레임워크와

---

8  *http://500.co*

상당히 비슷해 나는 기분이 정말 좋았다. 매클루어가 아이디어를 매우 단순하고 효과적인 방식으로 제시해서 그 프레임워크가 얼마나 가치 있고 적용성이 뛰어난지 곧바로 이해할 수 있었다.

매클루어와 나는 용어 두 개에서만 약간 달랐다. 첫째, 매클루어는 전환 대신에 *활성화*(activation)라는 용어를 사용했다. 매클루어의 활성화는 내가 정의한 전환을 아우르는 좀 더 포괄적인 용어로 잠재 고객이 실제 고객이 되는 것 외에 프로덕트에 관여할 수 있는 다른 방법도 포함한다. 예를 들어 잠재 고객이 서비스에 가입하지 않고도 프로덕트에 관한 소식을 받아 보고자 이메일 주소를 제공할 수 있다. 이 액션은 진정한 의미에서 고객으로의 전환이라고 볼 수 없겠지만 활성화 지표로는 측정될 수 있다. 둘째, 매클루어는 기존 고객의 액션을 통해 잠재 고객이 프로덕트에 대해 처음 알게 된다는 개념을 설명하기 위해 *추천*(referral) – 포괄적이고 탁월한 용어이다 – 이라는 단어를 사용했다. 매클루어는 이 프레임워크를 '스타트업 해적 지표'라고 명명했는데, 다섯 가지 지표의 – 획득(acquisition), 활성화(activation), 리텐션(retention), 매출(revenue), 추천(referral) – 첫 철자를 따면 'AARRR!'(느낌표는 효과를 살리기 위해 추가했다)이 되기 때문이다[9].

매클루어는 그날 강연에서 프레임워크를 구성하는 다섯 요소 각각에 대해 핵심 지표 두세 개를 추적하라고 추천했다. 이는 좋은 방법이다. 예를 들어 전환 퍼널(conversion funnel)이 전환을 추적할 수 있는 유일한 종합 지표는 아니며, 더욱 세부적인 전환 지표를 추적할 수 있어야 한다(또한 추적해야 한다). 이런 점에서 매크로 지표(macro-metric)와 이에 관련된 마이크로 지표(micro-metric)를 구분할 수 있어야 한다. 특정 매크로 지표를

---

9   (옮긴이) 영미권 문화에서 AARRR를 발음하면 '아르~'로 마치 해적이 내는 소리와 같다고 해서 이런 이름이 붙여졌다고 한다.

추적하기 위한 최상의 마이크로 지표를 식별하는 일은 내가 '분석 양파 벗기기'라고 부르는 과정의 일부로, 이에 대해서는 조금 뒤에 알아보자.

키스메트릭스는 AARRR 프레임워크를 묘사하는 환상적인 도표를 만들었는데 나는 그림 13.2처럼 이를 약간 수정했다. 키스메트릭스가 이 도표를 만든 것은 우연이 아니다. 이 회사의 CEO 겸 창업자 히텐 샤(Hiten Shah)는 린 스타트업과 분석에 관한 최고의 사고 리더 중 한 사람이다.

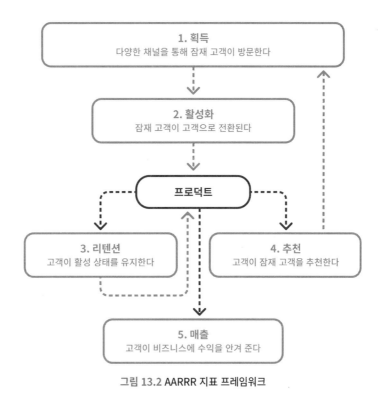

그림 13.2 AARRR 지표 프레임워크

## 13.8 가장 중요한 지표를 식별하라

비즈니스 생애에서 언젠가는 AARRR 모델의 매크로 지표 다섯 가지 중 하나가 나머지 모든 지표보다 중요해진다. 나는 이를 '가장 중요한 지표'(Metric That Matters Most, MTMM)라고 부른다. 물론 다른 지표를 개선함으로써 비즈니스를 개선할 수도 있다. 그러나 지금 당장 비즈니스를 개선할 수 있는 기회 중에서 ROI가 가장 큰 지표는 바로 MTMM이고, 여기서 '지금 당장'이 핵심이다. 어느 순간 MTMM에서 중대한 진전을 이루고 나면 이 지표가 더는 MTMM이 아니게 된다. 이제 다른 지표에 ROI가 더 높은 기회가 있을 것이기 때문이다. 예를 들어 프로덕트를 출시했는데 회원가입 과정을 끝까지 완료하는 비율이 겨우 10%라는 사실을 알게 되었다고 하자. 이에 회원가입 전환율을 당장 비즈니스의 MTMM으로 결정하고 회원가입 과정에 대한 사용자 테스트를 실시해 몇 가지 사용성 이슈를 발견했다. 또한 한 브라우저에서 회원가입 양식이 작동하지 않는다는 결과도 얻었다. 그래서 서버 로그를 점검했더니 가끔 어떤 에러가 발생하는데 이 때문에 회원가입 양식이 의도한 대로 작동하지 않는다는 것이 드러났다. 프로덕트 팀이 최선을 다해 이러한 모든 이슈를 해결하고 나니 마침내 회원가입 전환율이 90%까지 개선되었다. 이렇게 되면 회원가입 전환율은 더는 MTMM이 아니다. 이제 다른 지표가 비즈니스 개선에 더 높은 ROI 기회를 제공한다.

MTMM이 변하는 것은 수확 체감 현상 때문이다. 처음에 특정 비즈니스 지표를 최적화하는 것에 집중할 때는 얼마 지나지 않아 낮게 달린 과일을 발견하게 된다. 이는 많이 노력하지 않아도 커다란 개선으로 이어지는 아이디어를 말한다. 이 개선 아이디어를 구현하고 나면 다음 기회에서의 ROI가 낮아지며 진전이 많아질수록 ROI가 계속 감소한다.

새 프로덕트의 경우 매크로 지표를 최적화하는 과정에는 대개 자연스러운 진행 순서가 있다. 보통 MTMM은 리텐션에서 시작해 전환으로 바뀌고 그다음 획득으로 옮겨 간다. 왜 그러한지 지금부터 알아보자.

### 13.8.1 리텐션을 가장 먼저 최적화하라

새 프로덕트를 개발할 때 최우선 목표는 프로덕트 마켓 핏을 달성하는 것이다. 고객이 프로덕트를 가치 있게 여긴다는 사실을 알기 전까지는 고객 획득에 많은 리소스를 투자하는 것이 타당하지 않으며 전환을 최적화하는 것도 이치에 맞지 않다. 획득과 전환에 시간을 쓰는 것은 비즈니스에 별다른 영향을 미치지 못하면서도 지금 당장 가장 중요한 것에 써야 하는 귀중한 시간을 앗아간다. 고객이 프로덕트를 가치 있다고 생각한다면 계속 사용할 것이고 그렇지 않다면 사용하지 않을 것이다. 리텐션은 프로덕트 마켓 핏과 가장 밀접하게 관련 있는 매크로 지표이다. 따라서 새 프로덕트의 경우 일반적으로 리텐션이 첫 번째 MTMM이다.

### 13.8.2 획득보다 전환을 먼저 최적화하라

일단 높은 리텐션율로 프로덕트 마켓 핏을 단단하게 확보하고 나면 정문으로 들어온 고객 중에 프로덕트를 계속 사용할 비중이 충분히 높을 거라는 확신을 품을 수 있다. 대개의 경우 리텐션 다음에는 정문에 나타나는 잠재 고객을 최대한 많이 안으로 끌어들이는 것에 노력을 집중하는 것이 타당하다. 이를 추적하는 매크로 지표인 전환이 이제 MTMM이 된다. 전환이 아니라 획득에 집중하는 게 낫지 않겠냐고? 훨씬 더 많은 잠재 고객을 정문 앞으로 유인하겠다는 뜻이겠지만, 전환율이 지나치게 낮으면 문

앞까지 온 많은 잠재 고객이 결국 발길을 돌리게 된다. 전환을 먼저 최적화하면 잠재 고객의 고객 전환 비율이 더 높아지고, 획득에 집중할 때 투자 수익률을 훨씬 더 높일 수 있다.

### 13.8.3 획득 최적화하기

리텐션과 전환을 최적화한 다음에는 획득에 집중하는 것이 합리적일 때가 많다. 잠재 고객을 유인하는 새로우면서 더 나은 방법을 알아내야 한다. 이를 위해 새로운 획득 채널과 다양한 획득 채널, 타깃 시장 내의 여러 고객 세그먼트, 메시지, 가격, 홍보 등을 탐색할 수 있다. 대개는 이런 식의 탐색에서 작은 표본 크기로 각 아이디어를 테스트하는 실험을 거치고, 어떤 아이디어가 효과적이라는 실험 결과를 얻고 나면 이 아이디어를 좀 더 확장하여 실행해 봐야 한다.

획득은 크게 '유료 획득'과 '무료 획득'으로 나눌 수 있다. 유료 획득은 구글이나 페이스북에 프로덕트를 광고하는 것처럼 잠재 고객을 유인하기 위해 돈을 지불하는 것이다. 바이럴 마케팅은 공짜이다. 기존 사용자의 행동이 다른 사람으로 하여금 프로덕트를 시도하게 하지만, 기존 사용자에게 어떤 비용도 지불하지 않는다. 자연 검색(organic search)도 무료로 고객을 획득할 수 있는 채널이다.

유료 획득과 무료 획득은 획득과 매출 중 어디에 먼저 집중하는 것이 타당한가에 영향을 미치므로 둘을 구분하는 것이 중요하다. 고객을 획득하는 주된 방식이 무료이거나 저렴하다면 고객 획득 비용을 매출에 의지할 필요가 없으므로 매출과는 상관없이 획득을 최적화하는 데 집중해도 된다. 반면에 값비싼 방식의 유료 획득에 의존하는 비즈니스는 리스크를 줄이기 위해 획득보다 매출 최적화에 집중하는 것이 더 우선한다고 결정할 수도 있다. 그런 다음 각 고객이 어느 정도 매출을 창출할 거라는 자신이 생겼을 때 더 많은 고객을 획득하는 데 더 과감히 투자해야 한다.

추적하고 최적화할 수 있는 지표는 수없이 많다. 성공적인 프로덕트를 만드는 첫 걸음이 프로덕트 마켓 핏을 달성하는 것에서 시작된다는 점에서 보면 프로덕트 마켓 핏을 측정하는 가장 좋은 방법을 식별하는 것이 중요하다. 강연과 워크숍에서 종종 나는 청중에게 "프로덕트 마켓 핏을 측정하기 위해 딱 하나의 지표만 추적할 수 있다면 어떤 것을 선택할까요?"라고 묻는다. 대개 다양한 대답이 나오곤 한다. 매출이 궁극의 척도라고 주장하는 사람도 있고, 고객 기반의 성장률이 가장 중요하다고 생각하는 사람도 있다. 이 두 지표는 비즈니스가 처한 상황에 따라서 비즈니스의 MTMM이 될 수도 있다. 하지만 내가 의도한 질문의 요지는 '프로덕트 마켓 핏을 측정하기 위해'라는 문구에 있다. 프로덕트 마켓 핏을 측정할 수 있는 가장 좋은 지표는 리텐션이다. 이제 리텐션과 리텐션 측정을 좀 더 깊이 살펴보자.

## 13.9 리텐션율

리텐션율은 프로덕트를 적극적으로 사용하는 고객 비율을 측정하는 것으로, 활성 고객 수를 전체 고객 수로 나눠서 구한다. 프로덕트를 계속 사용하는 고객 비율을 알기 위해 리텐션율을 장기적으로 추적하고 싶은 것은 당연하다. 즉, *전체* 사용자에 대해 리텐션율을 집계해서 전체적인 상황을 파악해야 한다. 리텐션율에는 다른 어떤 지표에도 존재하지 않는 복잡성이 하나 있는데, 고객마다 프로덕트를 처음 사용하는 날짜가 다르다는 점이다. 이는 (대부분의 지표처럼) 리텐션을 달력 날짜(calendar date)의 관점에서 생각할 수 없다는 뜻이다. 리텐션에 관한 한, 각 사용자가 회원으로 가입한 이후 경과된 일수를 계산하는 '상대 일수'(relative days)를 사용해 데이터를 집계하는 것이 가장 직관적이다.

### 13.9.1 리텐션 곡선

리텐션 곡선은 고객 리텐션을 직관적으로 시각화하는 방법이다. 그림 13.3은 리텐션 곡선의 예시이다. 세로축은 재방문 사용자 비율을 가리키고 가로축은 첫 사용 이후 경과된 일수(또는 주수나 개월 수)를 나타낸다. 곡선에 표시된 각 점의 수치는 한 사용자 집단의 회원가입과 사용 데이터를 토대로 계산되었다. 리텐션 곡선은 언제나 Day 0에 (각 사용자가 회원가입한 날) 100%에서 시작되고, 시간이 지날수록 프로덕트를 재사용하는 고객이 줄어듦에 따라 감소하는 경향이 있다. Day 1에 (회원가입 다음 날) 리텐션이 큰 폭으로 하락할 수도 있다. 따라서 대개의 리텐션 곡선은 Day 0이 아니라 Day 1을 맨 앞에 표시해야 곡선의 가독성이 높아진다.

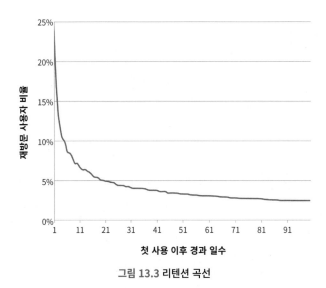

그림 13.3 리텐션 곡선

그림 13.3의 리텐션 곡선에서, Day 1의 수치가 약 20%라는 것에 주목하라. 이는 프로덕트를 사용한 고객의 약 80%가 재방문하지 않았다는 의미이다. 이러한 '초기 이탈률'(initial drop-off rate)은 리텐션 곡선의 고유한 핵심 매개변수 중 하나이다. 프로덕트 카테고리마다 초기 이탈률은 제각각이다. 그림 13.3의 예시는 한 모바일 앱의 리텐션 곡선인데 모바일 앱은 최초 이탈률이 매우 높은 프로덕트 카테고리이다. 생각해 보면 사람들은 끊임없이 새 모바일 앱을 설치하고 사용한다. 그러나 한 번 사용하고 나면 그 앱을 다시 사용하지 않는 경우가 많은데, 그 앱이 마음에 확실히 각인되지 못했기 때문이다. 대개는 그 앱의 아이콘이 스마트폰 속 아이콘의 바다에 묻히고 만다. 그 앱의 존재를 일깨워 주는 어떤 트리거가 없다면 사용자는 그 앱을 영원히 잊을 가능성이 크다. 바로 그래서 모바일 앱의 경우 '눈에서 멀어지면 마음에서도 멀어지는' 문제를 해소하기 위해 알림이 매우 중요하다.

리텐션 곡선의 두 번째 독특한 매개변수는 초깃값에서부터 감소하는 속도이다. 급격하게 감소하는 리텐션 곡선도 있고 시간이 경과함에 따라 완만하게 하락하는 곡선도 있다. 리텐션 곡선은 0을 향해 지속적으로 하락할 수도, 어떤 지점에서 평평해지며 수평선(점근선(asymptote))을 이룰 수도 있다. 만약 리텐션 곡선이 0으로 향한다면 그 그룹의 고객 모두를 잃게 된다는 뜻이다. 곡선이 어떤 수치에서 수평을 이룬다면 이것이 최종적인 고객 잔존율(terminal value)이다. 수평을 이룬 리텐션 곡선의 잔존률이 리텐션 곡선의 세 번째 독특한 매개변수이다. 어떤 프로덕트는 5%에서, 또 어떤 프로덕트는 20%에서 수평에 이를 수도 있다.

리텐션 곡선의 독특한 매개변수 세 가지는 – 초기 이탈률, 하락 속도, 잔존율 – 프로덕트 마켓 핏과 직결되는 척도이다. 프로덕트 마켓 핏이 강할수록 초기 이탈률과 하락률은 낮아지고 잔존율은 높아진다. 프로덕트 마켓 핏이 약할수록 초기 이탈률과 하락 속도는 커지고 잔존율은 낮아진다. 이 셋 중 잔존율이 가장 중요한데, "프로덕트를 장기적으로 계속 사용하는 고객 비율은 얼마일까?"라는 물음에 답해 주기 때문이다. 프로덕트 A의 잔존율이 1%이고 프로덕트 B의 잔존율이 50%라면, 잔존율 말고 다른 모든 것을 몰라도 어떤 프로덕트의 프로덕트 마켓 핏이 더 좋은지는 (프로덕트 B) 불을 보듯 뻔하다.

프로덕트 마켓 핏은 다소 모호하고 측정하기 힘든 개념처럼 보인다. 그래서 리텐션 곡선이 프로덕트 마켓 핏을 측정하기 위해 사용할 수 있는 구체적인 수치를 제공한다는 점은 커다란 의미가 있다. 이는 리텐션율이 프로덕트 마켓 핏의 궁극적인 지표가 되는 주요한 이유이지만, 몇 가지 다른 이유도 있다. 리텐션율의 또 다른 장점 하나는 (획득처럼) 매크로 지표 프레임워크의 다른 모든 요소의 영향을 받지 않고 프로덕트 마켓 핏을 순수하게 측정할 수 있다는 점이다. 무슨 뜻일까? 예를 들어 활성 사용자 수를 프로덕트 마켓 핏의 척도로 사용하고, 모두의 바람대로 이 지표가 우상향 추세를 보이고 있다고 하자. 당연히 (획득과 전환을 통해) 신규 사용자가 계속 유입되는 경우에만 이러한 추세가 나타난다. 하지만 활성 사용자 수가 증가하는 것은 두 가지 측면으로 생각해 볼 여지가 있다. 신규 사용자 증가율이 낮아도 리텐션율이 높으면 활성 사용자 수가 증가한다. 반대로 리텐션율이 매우 낮지만 신규 사용자 증가율이 매우 높아도 동일한 결과가 나온다. 요컨대 활성 사용자를 추적하는 것만으로는 이 두 시나리오의 차이를 알 수 없다.

바로 그래서 사용자 수를 장기적으로 추적할 때 신규 사용자와 *재방문 사용자*를 구분하는 게 정말 중요하다. 재방문 사용자는 리텐션율을 계산할 때 분자로 사용되는 지표이다. 신규 사용자는 (특정 기간 중에) 프로덕트를 처음 사용하는 고객이다. 재방문 고객은 특정 기간 동안 프로덕트를 사용하되 이 기간 전에 프로덕트를 처음 사용한 고객이다. 재방문 사용자를 장기적으로 추적하는 것은 유용하다. 그리고 재방문 고객 그래프가 가능한 한 가장 가파른 기울기로 우상향하기를 바라는 것은 모두의 바람이다. 하지만 리텐션율과 달리 재방문 사용자는 순수한 리텐션 척도가 아니라는 점을 유념해야 한다. 재방문 사용자는 획득 및 전환과 떼려야 뗄 수 없는 관계이다. 재방문 사용자 수는 획득한 사용자 중에서 특정 시점에 잔류하는 전체 고객 수를 일컫는다. 반면 리텐션율은 계산하는 방식 때문에 특정 시점에서 "획득한 고객 중 활성 사용자의 비율은 얼마일까?"에 대한 답이다.

리텐션 곡선은 프로덕트 마켓 핏을 측정하고, 따라서 이 곡선은 시간 경과에 따라 프로덕트 마켓 핏이 얼마나 개선되는지 추이를 측정할 수 있는 방법이다. 기간별로 리텐션 곡선을 만들면 시간이 흐름에 따라 리텐션이 어떻게 변하는지 알 수 있다. 예를 들어 매달 새 리텐션 곡선을 작성하는 식이다. 이렇게 하면 각 달에 회원가입한 고객 데이터를 기반으로 하는 리텐션 곡선을 얻을 수 있다.

### 13.9.2 코호트 분석

공통 특징을 갖는 – 같은 달에 회원가입한 것처럼 – 사용자를 코호트(cohort)라고 한다. 여러 코호트의 지표를 시간 경과에 따라 분석하는 코호트 분석은 강력한 도구이다. 그림 13.4의 그래프는 세 코호트의 리텐션 곡선을 보여 준다. 가로축은 (그림 13.3의 일수 대신에) 각 코호트의 회원가입 이후 경과 주수이다. 그래프를 보면 알겠지만 코호트 A는 초기 이탈률이 가장 낮고 하락률이 가장 높으며 잔존율이 가장 낮다. 코호트 C는 초기 이탈률이 가장 높고 하락률이 가장 낮으며 잔존률이 가장 높다. 코호트 B 리텐션 곡선의 매개변수는 모두 코호트 A와 C 사이에 위치한다. 이 코호트 세 개의 리텐션 곡선 중에서 어떤 것을 원하는가? 나는 코호트 C의 곡선을 선택하겠다. 잔존율이 가장 높기 때문이다. 3주째부터 코호트 C는 활성 사용자 비율이 다른 두 곡선보다 높은데, 이는 더 높은 매출로 이어진다. 여담이지만 코호트 곡선 다섯 개 이상을 하나의 그래프에 표시하면-특히 곡선이 서로 교차하고 코호트 데이터에서 소음(noise)이 발생할 수 있어서-가독성이 떨어진다.

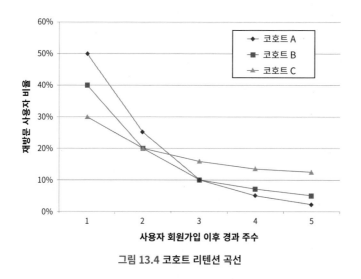

그림 13.4 코호트 리텐션 곡선

표 13.1은 여러 코호트의 리텐션 곡선을 만들기 위해 사용한 데이터를 기록하는 표준 양식이다. 먼저 첫 번째 열에서 각 행은 각각의 코호트이다. 이 예시는 1월부터 5월까지의 월별 코호트를-이 데이터는 6월 기준일 것이다-보여 준다. 각 코호트의 두 번째 열은 초기 사용자 수를 말한다.

이후 각 열은 회원가입 이후 경과된 개월 수에 따른 월별 코호트의 활성 사용자 수를 나타낸다. 회원가입 이후 경과 개월 수가 많은 코호트일수록 리텐션 곡선에 사용할 수 있는 데이터 포인트가 더 많아진다.

| 코호트 | 신규 사용자 | 활성 사용자 | | | | | |
|---|---|---|---|---|---|---|---|
| | | 1개월 후 | 2개월 후 | 3개월 후 | 4개월 후 | 5개월 후 |
| 1월 | 10,000 | 3,000 | 2,000 | 1,000 | 500 | 300 |
| 2월 | 8,000 | 2,700 | 2,000 | 1,000 | 700 | |
| 3월 | 9,000 | 3,200 | 2,500 | 1,500 | | |
| 4월 | 11,000 | 4,200 | 2,500 | | | |
| 5월 | 13,000 | 5,200 | | | | |

**표 13.1 코호트 원시 데이터(Raw Data)**

| 코호트 | 리텐션율 | | | | | |
|---|---|---|---|---|---|---|
| | 0개월 | 1개월 후 | 2개월 후 | 3개월 후 | 4개월 후 | 5개월 후 |
| 1월 | 100% | 30% | 20% | 10% | 5% | 3% |
| 2월 | 100% | 34% | 25% | 13% | 9% | |
| 3월 | 100% | 36% | 28% | 17% | | |
| 4월 | 100% | 38% | 23% | | | |
| 5월 | 100% | 40% | | | | |

**표 13.2 코호트 리텐션율**

표 13.1의 데이터는 표 13.2의 리텐션율을 계산하는 데 사용된다. 표 13.2의 각 칸에 기재된 백분율은 해당 행의 코호트와 열의 기간에 대한 리텐션율이다. 각 리텐션율은 (해당 코호트와 기간의) 활성 사용자 수를 해당 코호트의 초기 사용자 수로 나눠서 구한다. 표 13.2의 각 행은 리텐션 그래프에서 코호트 곡선으로 표시된다.

### 13.9.3 프로덕트 마켓 핏이 개선되는지 확인하라

시간이 흐름에 따라 프로덕트 마켓 핏이 개선된다면 코호트 리텐션 곡선이 위로 올라가고 경과 기간이 짧은 코호트일수록 잔존율이 높아진다. 그림 13.5는 우리 프로덕트를 사용하는 코호트 세 개의 리텐션 곡선을 보여주는데 시간이 지나면서 프로덕트 마켓 핏이 개선된 이상적인 예시이다. 코호트 A의 사용자는 24개월 전 우리가 MVP를 론칭했을 때 가입했다. 코호트 B의 사용자는 18개월 전, 코호트 C의 사용자는 12개월 전에 각각 가입했다. 그림 13.5를 보면 알 수 있듯이 시간이 지나면서 프로덕트 마켓 핏이 개선되었고 리텐션 곡선도 위로 올라가고 있다. 코호트 B와 코호트 C 각각은 직전 코호트보다 초기 이탈률이 더 낮고 하락률이 더 낮으며 잔존율이 더 높다.

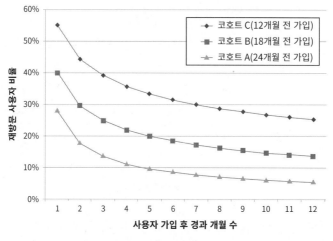

그림 13.5 시간 경과에 따라 리텐션율 개선하기

## 13.10 비즈니스 공식

AARRR 프레임워크는 상위 수준에서 모든 비즈니스에 적용되며 또한 적절한 시기에 적절한 지표에 집중하도록 도와주는 점이 커다란 강점이다. 그러나 어느 순간이 되면 비즈니스를 더욱 최적화하기 위해 비즈니스 모델을 고려할 필요가 있다. 이커머스, 구독, 광고를 포함해 몇 가지 보편적인 비즈니스 모델이 있다. 나는 클라이언트가 분석을 사용해 자신들의 비즈니스 모델에서 결과를 최적화하도록 도와주는 컨설팅 서비스를 제공해 왔다. 이를 위해 모든 사례에 강력한 도구 하나를 사용한다. 바로 비즈니스 공식이다.

무언가를 최적화하고 싶을 때 나는 공학과 수학을 공부한 사람으로서 가장 먼저 이를 공식으로 표현하고 싶은 본능이 깨어 난다. 학창 시절 수없이 반복했던 공식 하나를 떠올려 보자. 종속 변수 Y는 독립 변수 X와의 함수 관계로 표현되고, 여기서 목표는 Y 값을 가능한 한 최대로 만들어 주는 X 값을 찾는 것이다. 이 공식의 상급 버전에는 여러 변수가 포함되었지만 변수가 몇 개든 시작점은 같았다. X로부터 (또는 다양한 변수로부터) Y를 계산하는 방법을 알려 주는 공식이었다. 이는 이론적인 수학의 영역이지만 현실의 비즈니스 세계에도 비슷한 기법을 적용할 수 있다.

모든 비즈니스는 공식으로 표현될 수 있다. 목표는 비즈니스 성과를 최적화하는 데 사용할 수 있는 일련의 지표로 구성된 정량적인 표현을 도출하는 것이다. 비즈니스 공식을 어떻게 만드는지 아직 명확하게 이해되지 않는다면 사례를 통해 자세히 알아보자.

모든 비즈니스에 적용 되는 가장 기본적인 공식이 히니 있다.

$$이익 = 매출 - 비용$$

이 공식에 따르면 이익을 증가시키는 방법은 두 가지이다. 매출을 늘리거나 비용을 줄이는 것이다. 이 공식은 어떤 기간에도 사용할 수 있다(예: 일, 주, 월). 매출과 비용 지표는 최상위 지표로 실행 지표(actionable metric)[10]로는 쓸 수 없지만, 이 공식 자체는 좋은 출발점이다. 여기서 시작해 몇 차원 아래로 내려가 보자. 이러한 상위 지표를 쪼개 더욱 세부적인 지표 여러 개로 나누고 그런 다음 이러한 지표로 구성된 공식을 만들면 된다. 나는 이를 '분석 양파 벗기기'라고 부른다.

대부분의 하이테크 기업, 특히 프로덕트 마켓 핏을 달성하기 위해 노력하는 기업은 비용 절감보다는 매출 증대에 훨씬 더 집중한다. 이는 거의 모든 하이테크 프로덕트의 경제학에서 이유를 찾을 수 있다. 판매량이 증가함에 따라 각 추가 단위(additional unit)가 창출하는 증분 매출(incremental revenue, 또는 한계 수입(marginal revenue))은 그 추가 단위를 생산하기 위한 증분 비용(incremental cost, 또는 한계 비용(marginal cost))을 초과한다. 그리고 한계 수입과 한계 비용 사이의 격차는 판매량이 증가할수록 더 벌어진다.

페이스북은 이를 여실히 보여 주는 좋은 사례이다. 이 책을 쓰는 현재 기준, 페이스북의 사용자는 10억 명이 넘는다.[11] 이처럼 많은 사용자에게 웹사이트와 모바일 앱을 시기적절한 방식으로 제공하려면 소프트웨어를 운용하기 위한 서버, 저장 용량, 네트워크 하드웨어, 대역폭 모두 막대하게 필요하다. 그렇다면 페이스북은 각 신규 사용자를 위해 어떤 것이든 소프트웨어를 추가로 개발할 필요가 있을까? 신규 사용자가 가입할 때마다 서버를 추가할 필요가 있을까? 아니다. 신규 사용자와 관련해 요구되는 실질적인 증분 리소스는 사용자의 데이터를 저장하기 위한 아주 작은 저장 용량과 아주 조금 추가된 대역폭, 이 둘뿐일 것이다. 사실상 페이스

---

**10** (옮긴이) 다음 행동을 유도할 수 있는 지표로 실질 지표 또는 행동 지표로도 불린다.
**11** (옮긴이) 2024년 페이스북의 월간 활성 사용자 수(MAU)는 약 30억 명 이상이다.

북은 신규 사용자의 한계 비용이 0이다.

페이스북의 주요 매출원은 자사 프로덕트에 게시하는 광고이다. 각 신규 사용자는 소량의 증분적 광고 매출을 창출한다. 따라서 거의 0에 가까운 한계 비용과 소량의 증분 매출은 소량의 한계 이익으로 귀결된다.

이제 공식으로 돌아가서 매출을 실행 지표로 쪼개 보자. 매출을 쪼개는 방법은 다양하지만 대개는 '사용자 1인당'을 기준으로 하는 방법이 가장 효과적이다.

매출 = 사용자 수 × 사용자 1인당 평균 매출(Average Revenue Per User, ARPU)

이 공식은 근본적으로 매출을 확대시킬 수 있는 방법이 두 가지라는 것을 보여 준다. 사용자 수를 늘리거나 사용자 1인당 평균 매출(ARPU)을 증가시키는 것이다. 아마도 ARPU라는 용어를 들어보았을 텐데 이는 많은 비즈니스에서 관리하는 핵심 지표이다.

### 13.10.1 광고 수익 모델을 위한 비즈니스 공식

사용자와 ARPU를 더 구체적인 지표로 세분화하는 가장 좋은 방법은 수익 모델에 따라 다르다. 디스플레이 광고로 매출을 창출하는 비즈니스를 운영하는 시나리오로 이를 알아보자. 광고 기반의 많은 프로덕트에서는 광고를 보는 사람이 반드시 등록 사용자(registered user)가 아니어도 된다. 유튜브(YouTube)와 《뉴욕 타임스(New York Times)》 웹사이트처럼 인기 있는 콘텐츠 사이트를 생각해 보라. 이때에는 방문자(visitor)라는 용어를 사용한다. 웹 분석(web analytics)에서 추적하는 방식이 미묘하게 다르다는 점을 고려할 때 순 방문자(unique visitors)라는 용어는 특정 기간 동안 각 방문자를 한 번만 계산한다는 점을 명확히 보여 준다. 따라서 광고 비즈니스의 매출 공식은 다음과 같다.

$$매출 = 방문자 수 \times 방문자 1인당 평균 매출$$

디스플레이 광고는 노출(impression)을 기준으로 광고주에게 판매된다. 노출은 누군가가 방문한 페이지에 광고가 실렸다는 것을 말할 뿐, 방문자가 그 광고를 실제로 보았다는 뜻은 아니다. 예를 들어 광고주가 10만 번 노출되는 캠페인을 구매했다고 하자. 이 노출 캠페인을 판매한 미디어 사이트는 자사 사이트에 광고를 게재하고 몇 번 노출되었는지 기록하며, 10만 번 노출되고 나면 광고 캠페인은 종료된다. 광고 비용은 노출 1,000건당 비용 또는 'CPM'(Cost Per Mille, 'mille'는 로마자 또는 라틴어로 1,000을 뜻한다) 단위로 부과된다. 이 캠페인의 CPM은 10달러였고 10만 번 노출에 대한 전체 광고 비용은 1,000달러였다. CPM은 다양한 유형의 광고를 동일한 조건하에 비교하는 좋은 방법이기도 하다. 이 때문에 종종 'eCPM'(effective CPM)이 더 포괄적이고 광범위한 용어로 사용된다. 이제 방문자 1인당 평균 매출은 다음과 같이 확장될 수 있다.

$$방문자 1인당 평균 매출 = 방문자 1인당 노출수 \times eCPM \div 1,000$$

사실 eCPM은 더 작게 나눌 수는 없다. 이제까지 소개한 모든 공식에서 봤듯이, eCPM은 매출에 비례하는 영향을 미치는 세부 지표이다. eCPM을 두 배로 늘리면 매출도 두 배로 증가한다.

방문자 1인당 노출 수는 어떻게 더 쪼갤 수 있을까? 이러한 공식 각각이 특정 기간에 적용된다는 사실을 명심하라. 그렇다면 해당 기간 동안 방문자 한 사람에게 보여지는 광고 노출 수를 결정하는 요인은 무엇일까? 방문자는 같은 기간에 사이트를 여러 차례 방문할 수도 있으므로 이를 모델화할 수 있다. 광고는 웹 페이지에 게재되므로 평균적으로 방문자가 방문하는 웹 페이지가 (페이지뷰(pageview)라고 한다) 많을수록 광고 노출 수가 많아진다. 마지막으로 각 페이지에 광고가 얼마나 많이 노출되는지 통제할 수 있으니 이 역시 반영할 수 있다. 따라서 방문자 1인당 노출 수는 다음과 같이 확장될 수 있다.

$$\text{방문자 1인당 노출 수} = \frac{\text{방문 수}}{\text{방문자 수}} \times \frac{\text{페이지뷰 수}}{\text{방문 수}} \times \frac{\text{노출 수}}{\text{페이지뷰 수}}$$

이 공식에서 세 가지 지표 각각은 우리가 통제하거나 영향을 미칠 수 있는 변수이다. 이 셋 중 어떤 값이라도 변하면 매출도 이 변화에 비례한다. 예를 들어 콘텐츠를 종종 업데이트하거나 방문자에게 재방문을 유도하는 이메일을 발송함으로써 방문 횟수를 높일 수 있다. 또한 콘텐츠를 여러 페이지로 분산하거나 관련 콘텐츠로 이어지는 링크를 포함함으로써 방문자가 방문할 때마다 더 많은 페이지를 보도록 유도할 수 있다. 이뿐만 아니라 각 페이지에 더 많은 광고를 게재하는 방법도 있다. 물론 페이지 하나에 광고를 많이 배치하면 언젠가는 리텐션 지표가 영향을 받을 만큼 사용자 경험에 부정적인 영향을 미칠 위험이 크다.

　방문자 1인당 평균 매출을 가능한 한 많이 확장하고 난 뒤에는 방문자 수를 확장하면 된다. 앞서 말했듯이 신규 사용자(또는 방문자)와 재사용자를 구분하는 게 좋다.

$$\text{방문자 수} = \text{신규 방문자 수} + \text{재방문자 수}$$

신규 방문자는 (특정 기간 동안) 프로덕트를 처음 방문하는 사람이다. 전체 신규 방문자 수는 다양한 방식으로 쪼갤 수 있는데 방문자의 유입

채널이나 소스를 기준으로 쪼개는 것도 하나의 방법이다. 많은 비즈니스는 예를 들어 자연 검색 대 클릭당 비용(Pay Per Click, PPC) 광고 같이, 무료 채널과 유료 채널 중 어떤 경로로 유입되었는가에 따라 신규 사용자를 범주화한다. 바이럴 루프가 구축된 프로덕트라면 바이럴을 통한 획득 여부에 따라 신규 사용자를 두 집단으로 구분해도 된다. 한 걸음 더 나가 바이럴로 유입된 신규 사용자 수를 세부적으로 나눠 바이럴 루프 지표를 사용하는 수식으로 만들 수도 있다.

재방문자는 특정 기간 동안 프로덕트를 방문한 사람 중, 그 이전에도 프로덕트를 방문한 적이 있는 사람들이다. 재방문자는 직전 기간의 전체 방문자 수에 리텐션율을 곱해서 구할 수 있다. 다만, 이때의 리텐션율은 앞서 살펴본 리텐션율과는 다소 다른데 방문자의 전체 생애가 아닌 오직 (이번 달에서 다음 달같이) 연속되는 두 기간에 국한되기 때문이다. 따라서 혼동하지 않도록 이 리텐션율은 '재방문율'(return rate)이라고 부르자. 재방문 고객 수를 구하는 공식은 다음과 같다.

$$\text{재방문자 수}_T = \text{방문자 수}_{T-1} \times \text{재방문율}$$

현재 시점을 표시하기 위해 첨자 $T$를 사용했고 이전 시점을 표시하기 위해 $T-1$을 추가했다. 재방문자와 방문자는 단순히 측정하는 값이며 이에 직접적으로 영향을 미치려는 것은 아니다. 재방문율이 우리가 개선하기 위해 노력할 변수이다. 예를 들어 주간 또는 월간 이메일에 인기 있거나 추천하는 콘텐츠로 이어지는 링크를 추가해 재방문을 유도할 수 있다. 재방문율은 다음 두 지표로 계산할 수 있다.

$$\text{재방문율} = \frac{\text{재방문자 수}_T}{\text{방문자 수}_{T-1}}$$

한 걸음 물러나서 생각해 보면 매우 고차원적인 공식에서 시작했지만 이 공식의 두 항, 즉 방문자 수와 방문자 1인당 평균 매출을 계속 쪼개 마침내 여러 실행 지표를 도출했다는 사실을 알 수 있다. 이게 바로 내가 말하는 '양파 껍질 벗기기'이다. 이 책은 편의상 광고 기반 비즈니스의 양파를 벗겼지만 어떤 비즈니스라도 이렇게 할 수 있다.

## 13.10.2 구독형 수익 모델을 위한 비즈니스 공식

구독 기반 비즈니스와 관련해서는 앞서와 같은 상세한 설명은 생략하고 양파 껍질을 벗겨 보려 한다.

$$이익 = 매출 - 비용$$

이번에도 비용을 세분화하는 것이 아니라 매출을 증대하는 것에 집중한다.

$$매출 = 유료 사용자 수 \times 유료 사용자 1인당 평균 매출$$

모든 사용자가 유료 구독자는 아니라는 사실을 감안해 이 수식에서는 사용자 대신에 유료 *사용자*라는 용어를 사용한다. 30일간 무료 체험을 제공하는 경우가 여기에 해당된다. 또한 무료 구독과 유료 구독을 모두 제공하는 *프리-미엄*(freemium)[12] 비즈니스 모델을 사용하는 경우도 여기에 포함해도 된다. 이 사례에서는 프리-미엄이 아니라 (우리 서비스는 전부 유료 구독 서비스이다) 무료 체험을 제공한다고 가정하겠다.

$$유료 사용자 수 = 신규 유료 사용자 수 + 반복 유료 사용자 수$$

---

12 (옮긴이) 공짜를 뜻하는 프리(free)와 유료를 의미하는 프리미엄(premium)을 합친 말이다.

앞서의 광고 수익 모델 사례처럼 이번에도 유료 사용자 수를 이 기간 동안 획득한 신규 사용자 수와 이전 기간부터 잔류한 유료 사용자 수로 구분한다.

$$\text{반복 유료 사용자 수}_T = \text{유료 사용자 수}_{T-1} \times (1 - \text{해지율})$$

이번 역시 앞선 사례처럼, 이 기간의 반복 유료 사용자는 (현 기간: T로 표시) 앞선 기간에서 잔류한 유료 사용자 수와 (직전 기간: T-1로 표시) 연결하여 구한다. 해지율은 이전 기간의 유료 사용자 중 다음 기간에서 구독을 취소하는 비율이다. 이는 구독형 비즈니스가 추적할 뿐만 아니라 개선하기 위해 노력하는 매우 중요한 지표이다. 반복 유료 사용자와 관련된 지표는 이 정도면 충분히 쪼갰으므로 신규 유료 사용자 수에 집중하여 이 지표를 쪼개 보자.

$$\text{신규 유료 사용자 수} = \text{무료 체험 사용자 수} \times \text{무료 체험 전환율}$$
$$+ \text{직접 유료 회원가입 수}$$

사이트를 방문하는 잠재 고객 일부는 유료 서비스 중 하나를 곧바로 구독할 수도 (직접 유료 회원가입 수) 있다. 반면에 먼저 무료 체험부터 신청하는 잠재 고객도 (무료 체험 사용자 수) 있기 마련이다. 무료 체험 사용자 중에서 일정 비율만이 유료 구독으로 전환하고 이는 무료 체험 전환율로 측정된다.

잠재 고객을 획득하는 다양한 채널을 기준으로 무료 체험 사용자를 더 세분화할 수 있지만 이에 관한 공식은 생략하겠다. 다만 한 가지, 이렇게 세분화할 때 잠재 고객에서 무료 체험 사용자로의 전환율을 보여 주는 지표를 포함하는 게 좋다. 이는 마케팅에 기울인 노력이 (랜딩 페이지, 이메일 캠페인 등) 효과적인지 측정하는 데에 도움을 준다.

　두 번째 예시는 첫 번째 사례와는 전혀 다른 수익 모델을 갖는 비즈니스 공식을 보여 준다. 즉, 이 공식은 모든 비즈니스에 적용할 수 있다. 팀원들과 머리를 맞대고 앉아 비즈니스 공식을 명확히 정의해야 한다. 이는 측정하고 개선하고자 하는 핵심 지표를 식별하기 위함이다. 비즈니스 공식은 각 지표의 변화가 전반적인 비즈니스 성과에 얼마나 영향을 미치는지 이해하여 개선 항목의 우선순위를 정할 수 있게 해 준다.

## 13.11 수익성 달성하기

지금까지는 특정 기간에 (예: 일, 주, 월) 적용되는 비즈니스 공식에 대해 알아보았지만, 비즈니스 공식을 적용하는 또 다른 방법도 있다. 시간은 무시하고 고객 1인당을 기준으로 살펴보는 것이다.

$$\text{이익} = \text{고객 수} \times \text{고객 1인당 이익}$$

이렇게 이익을 수식화하는 방식은 프로덕트 마켓 핏을 달성하지 못한 상황이라면 적절하지 않을 수 있다. 그러나 프로덕트 마켓 핏에 도달했고 수익성을 달성하기 위해 노력하는 중이라면 매우 중요하다. 이 공식에서 고객 1인당 이익은 개선해야 할 지표이다. 이제 양파 껍질을 한 겹 벗겨 보자.

$$\text{고객 1인당 이익} = \text{고객 1인당 매출} - \text{고객 1인당 비용}$$

이 공식을 더 세분화함으로써 비즈니스의 '고객 1인당' 경제학에 대한 인사이트를 제공하는 아주 좋은 방법이 있다. 매출에만 온전히 초점을 맞췄던 앞 사례와는 달리, 수익성을 달성하기 (또는 개선하기) 위해 노력할 때는 비용도 살펴볼 필요가 있다. 비용 가운데에서도 매출을 발생시키는 고객을 획득하는 것과 관련 있는 비용에 집중해야 한다. 앞의 공식에서 우변의 두 변수 각각을 약간 재조정한 새 지표로 바꾸면 이렇게 할 수 있다. 지금부터 이 공식과 지표를 자세히 알아보자.

$$\text{고객 1인당 이익} = \text{고객 생애 가치} - \text{고객 획득 비용}$$

### 13.11.1 고객 생애 가치

이 공식은 고객 1인당 이익을 표현하는 대안으로서 상당히 유용하다. 고객 생애 가치(Customer lifetime value(LTV))는 고객 한 사람이 발생시키는 이익이며 고객 획득 비용은 전혀 고려하지 않는다. 고객 획득 비용(Customer Acquisition Cost, CAC)은 신규 고객 한 사람을 획득하기 위해 지불하는 평균 금액이다. 이 비용을 독립적인 지표로 분리한다면 추적하고 개선할 수 있다. LTV가 고객 획득 비용보다 클 때 각 신규 고객은 비즈니스에 이익을 안겨 준다. LTV를 개선하기 위해 사용할 수 있는 실행 지표를 원한다면 양파 껍질을 하나 더 벗겨야 한다.

$$\text{LTV} = \text{ARPU} \times \text{평균 고객 생애} \times \text{매출 총 이익률}$$

이 공식에 ARPU, 즉 (기간별) 사용자 1인당 평균 매출 – 앞서 설명한 것과 정확히 동일한 지표 – 개념이 다시 등장한다. 예를 들어 모든 구독자가 월 10달러씩 지불한다면 ARPU는 월 10달러이다. 평균 고객 생애는 평균 고객이 비즈니스와 얼마나 오랜 기간 관계를 유지하는가를 말한다. ARPU를 평균 고객 생애로 곱하면 평균 고객이 (매출을 창출하는 고객으로 잔류하는 전 기간에 걸쳐) 창출하는 총 매출을 알 수 있다. 고객 데이터를 분석해 평균 고객 생애가 10개월이라는 결과를 얻었다고 하자. 이 경우 평균 생애 매출은 월 10달러씩 10개월, 즉 총 100달러가 된다.

매출 총 이익률(gross margin)은 프로덕트나 서비스를 고객에게 제공하는 데 소요되는 비용을 고려하는 비율이다. 많은 하이테크 기업은 매출 총 이익률이 높으니 (80% 이상) 단순화를 위해 이 용어는 무시하자.

고객 매출이 일시에 발생하지 않고, 시간이 지남에 따라 장기적으로 발생한다는 사실을 고려해 자본 비용(cost of capital)[13] 또는 할인율(discount rate)[14]을 적용해 현금 흐름을 할인하는 더욱 복잡한 LTV 모델들이 있다. 하지만 여기서는 이러한 복잡한 모델까지 고려할 필요가 없다. 가장 정확한 LTV 척도를 도출하는 것이 아니라 그저 자신이 추적하고 개선할 수 있는 실행 지표들로 LTV를 세분화하는 게 목표이기 때문이다.

이 공식에 따르면 ARPU를 늘림으로써 LTV를 증가시킬 수 있다. 그리고 ARPU는 기존 프로덕트의 가격을 인상하거나 기존 고객에게 프로덕트를 더 많이 판매하거나 더 비싼 프로덕트를 추가함으로써 늘릴 수 있다.

LTV를 증가시킬 수 있는 또 다른 방법도 있다. 평균 고객 생애를 늘려라. 이렇게 하려면 매 기간마다 구독을 중단하는 유료 고객 비율인 해지율을 감소시키면 된다. 고객이 서비스 제공자에게 직접 지불하지 않는 수익 모델을 포함시키기 위해, 해지율 대신에 이탈률(churn rate)이라는 보다 광범위한 용어가 사용된다. 이뿐만 아니라 이탈률은 1에서 (한 기간의 유료 고객 중에서 다음 기간에 잔류하는) 리텐션율을 뺀 값으로 생각해도 좋다. 평균 고객 생애는 사실상 다음의 간단한 공식을 사용해 이탈률로 계산할 수 있다.

---

**13** (옮긴이) 기업이 자본 사용의 대가로 자본 제공자에게 지불하는 비용
**14** (옮긴이) 투자에 대한 수익을 현재 가치로 계산할 때 사용되는 금리로 미래의 현금 흐름(cash flow)을 현재의 가치로 바꾸는 것을 할인이라고 부르고, 이때 적용되는 비율이 할인율이다.

$$\text{평균 고객 생애} = \frac{1}{\text{이탈률}}$$

예를 들어 이탈률이 매달 5%라면 고객 생애는 20개월이다. 이탈률을 낮출 수 있는 방법은 세 가지이다. 더 나은 고객 서비스와 지원을 제공하는 것, 프로덕트의 품질과 신뢰성을 개선하는 것, 프로덕트가 고객 니즈를 지속적으로 충족하게 만드는 것이다. 이탈률은 측정하고 개선하기 위해 노력할 지표이므로 이탈률의 관점에서 LTV를 재정의해 보자. 매출 총 이익률은 제외하고, 다음 공식은 LTV를 증가시킬 수 있는 두 가지 방법이 ARPU를 높이는 것과 이탈률을 감소시키는 것이라는 사실을 명확히 보여준다.

$$\text{LTV} = \text{ARPU} \times \frac{\text{매출 총 이익률}}{\text{이탈률}}$$

### 13.11.2 고객 획득 비용

고객 획득 비용(CAC) 이야기를 다시 해 보면, CAC는 특정 기간 동안 획득하는 신규 고객 수와 동일 기간 영업 및 마케팅에 지출한 비용을 알면 계산할 수 있다.

$$\text{CAC} = \frac{\text{영업 및 마케팅 비용}}{\text{획득한 신규 고객 수}}$$

이 공식은 CAC를 계산하는 편리한 방법이지만, 실제로 적용하기에는 한계가 있다. 보다 실질적인 실행 지표를 사용하기 위해 CAC 공식을 다음과 같이 세분화하자.

$$CAC = \frac{\text{획득당 비용}}{\text{잠재 고객 전환율}}$$

획득당 비용(Cost Per Acquisition, CPA)은 잠재 고객 1인을 획득하기 위해 소요하는 평균 비용을 가리킨다. 예를 들어 구글 애즈에 광고를 게재하고 클릭당 비용(CPC)으로 1달러를 지불한다고 하자. 이럴 경우 누군가가 광고를 클릭하면 웹사이트에 접속하게 되므로 CPA는 1달러이다. 고객 1인당 이익을 확대하는 방법은 CAC를 줄이는 것이고, CAC는 CPA를 감소시킴으로써 줄일 수 있다. 그리고 CPA는 더 저렴한 마케팅 프로그램과 채널을 통해 낮출 수 있다. 예를 들어 CPC가 더 낮은 키워드나 구매 가능한 저렴한 광고 인벤토리(inventory, 광고 지면)를 찾으면 된다. (디스플레이 광고 같은) 노출 기반 광고의 경우는 (광고 클릭률을 증가시키는 것처럼) 광고 효과를 개선함으로써 CPA를 줄일 수 있다.

사람들이 구글에서 어떤 광고를 클릭할 때 그들은 해당 광고의 랜딩 페이지나 홈페이지에 도달하고 이로써 잠재 고객이 된다. 그들은 이러한 페이지에서 프로덕트에 대해 더 많은 것을 알아내고 고객이 될 수 있다. 고객으로 전환되는 잠재 고객 비율이 잠재 고객 전환율이다. 그렇다면 이 지표는 어떻게 개선할 수 있을까? 메시지와 UX 디자인을 개선하는 것을 포함해 랜딩 페이지를 전환에 최적화하면 된다. A/B 테스트는 랜딩 페이지 최적화에 사용할 수 있는 훌륭한 도구이다.

이익을 창출하기 위해서는 LTV가 CAC보다 더 커야 하고, 둘의 차이가 클수록 이익도 커진다. 어떤 비즈니스는 두 지표의 차이가 아니라 CAC에 대한 LTV 비율에 집중하고 싶어 한다. 예를 들어 SaaS 비즈니스에서는 일반적으로 LTV 대 CAC 비율이 3 이상이어야 성공적이라고 평가한다.

13장에서는 비즈니스를 측정하고 최적화 프레임워크를 만들기 위해 분석을 지렛대로 활용하는 방법을 알아보았다. 프로덕트를 출시하기 전에는 정성적 학습에 더 많이 의존한다. 그러나 라이브 프로덕트를 출시한 뒤에는 자유롭게 사용할 수 있는 분석이 풍부해진다. 예를 들어 코호트 분석으로 시간 경과에 따른 리텐션율을 추적함으로써 프로덕트 마켓 핏의 현재 수준을 평가할 수 있다. 또한 AARRR 프레임워크와 비즈니스 공식을 사용해 개선해야 하는 핵심 지표를 식별할 수 있다. 이뿐만 아니라 수익성을 달성하고 개선하기 위해 LTV와 CAC를 사용할 수 있다. 14장에서는 13장의 내용을 기반으로 린 프로덕트 분석 프로세스(Lean Product Analytics Process)를 설명한다. 이는 비즈니스 지표를 최적화하기 위해 반복적으로 사용할 수 있는 프로세스이다. 또한 린 프로덕트 분석 프로세스와 13장에서 소개한 원칙을 적용하는 사례 역시 소개한다.

14장

# 프로덕트와
# 비즈니스 최적화에
# 분석을 사용하라

13장에서는 핵심 지표를 정의하고 측정하는 방법을 다루었고 분석을 사용해 프로덕트와 비즈니스를 개선하기 위한 기본 토대를 놓았다. 라이브 프로덕트의 장점은 프로덕트에 어떤 변화를 시도할 경우 분석을 사용함으로써 결과를 분명히 알 수 있다는 것이다. A/B 테스트 프레임워크를 잘 활용하면 쉽게 실험하고 빠르게 개선할 수 있다. 이 두 가지를 잘 실행하는 기업은 경쟁에서 우위를 점하게 된다. 경쟁에서 지금의 비즈니스 규모는 덜 중요해지는 대신에 고객에게서 얼마나 빠르게 학습하고 이터레이션할 수 있는가가 경쟁력의 밑거름이 된다. 속도 자체가 무기가 된 급변하는 오늘날의 세상에서는 다윗이 하룻밤 사이에 골리앗을 쓰러뜨릴 수도 있다. 지금부터 프로덕트와 비즈니스를 최적화하기 위해 분석의 힘을 활용하는 방법을 알아보자.

## 14.1 린 프로덕트 분석 프로세스

나는 여러 회사에서 그들과 함께 분석 프레임워크를 정의하고 구현해 왔으며 이를 바탕으로 프로덕트와 비즈니스를 최적화했다. 이 과정에서 나는 분석을 활용해 개선을 이끌어내는 간단하고 반복 가능한 프로세스를 개발했다. 이것이 린 프로덕트 분석 프로세스인데 그림 14.1에 설명해 두었다.

린 프로덕트 분석 프로세스의 첫 번째 단계는 핵심 비즈니스 지표를 정의하는 것이며 이 부분은 13장에서 설명했다. 다음 단계는 핵심 지표들을 측정해서 각 지표의 *기준값*(baseline value)을 마련하고 이를 통해 현재 상황을 파악하는 것이다. 이 단계가 비교적 쉽게 들릴 수도 있겠지만, 사실 많은 기업이 여기서 어려움을 겪는다. 프로덕트에 대한 지표 관

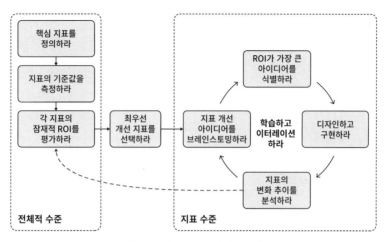

그림 14.1 린 프로덕트 분석 프로세스

리 – 또는 측정 – 에는 많은 노력이 들어간다. 더욱이 이는 지표를 정하는 것으로 끝나지 않는다. 대개는 수집한 지표 데이터가 정확한지, 관리하고 싶었던 데이터가 맞는지 확인하는 노력도 추가적으로 들여야 한다. 구글 애널리틱스, 키스메트릭스, 믹스패널, 플러리 같은 분석 패키지를 사용하면 이 과정을 좀 더 쉽게 할 수 있다. 많은 핵심 지표의 데이터가 종종 프로덕트의 데이터베이스에 저장되어 있어서 많은 기업들이 서드파티 패키지와 자체 제작한 분석 코드를 혼합하여 사용한다. 목표는 각 지표의 추이를 시간 경과에 따라 쉽게 파악할 수 있는 분석 대시보드를 구축하는 것이다.

지표에 대해 정확한 기준값을 설정했다면 다음 단계는 각 지표의 상승 잠재력(upside potential)을 평가하는 것이다. 이 단계에서는 ROI 렌즈를 통해 각 지표를 평가한다. 각 지표를 자동차 대시보드나 공기 펌프에 부착된 게이지의 다이얼로 생각하면 이해하기가 쉽다. 다이얼에서 바늘이 현재 가리키는 숫자가 이 지표의 기준값이다. 그리고 상승 잠재력을 평가한다는 것은 바늘을 움직이는 것이 – 각 지표를 개선하는 것이 – 얼마나 쉬운지 혹은 어려운지 평가한다는 뜻이다. 각 지표의 개선도 수확 체감 곡선을 따르므로 이 곡선에서 자신의 위치가 어디인지 대략적으로 추정해야 한다.

그림 14.2는 서로 다른 세 가지 지표에 대한 ROI 곡선이다. 각 도표에서 세로축은 지푯값이다(높을수록 좋다). 비즈니스 공식을 통해 각 지푯값이 얼마나 증가해야 원하는 상위 지표(예: 매출)가 개선되는지 이해해야 한다. 가로축은 필요한 투자 수준을 나타낸다. 각 ROI 곡선은 해당 지표의 개선 가능성이고, 동그라미는 해당 곡선에서 기준값이 어디에 위치하는지를 가리킨다.

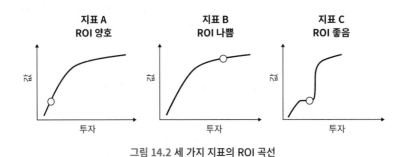

그림 14.2 세 가지 지표의 ROI 곡선

지표 A는 ROI 곡선에서 바닥에 가깝지만, 기울기가 매우 가파르다. 따라서 비교적 적은 노력으로도 이 지푯값을 크게 개선할 수 있다. 어쩌면 이는 지표 A를 개선하기 위한 작업을 아직 시작하지 않은 상황일 수 있다. 반면 지표 B는 ROI 곡선에서 정점에 가깝고 곡선 기울기가 평평하다. 이는 많은 노력을 기울여도 지표 B의 개선이 미미할 것이라는 뜻이다. 이는 이미 지표 B를 개선하는 데 상당한 노력을 기울인 경우일 수 있다.

대부분의 지표는 지표 A와 B의 곡선처럼 전형적인 수확 체감 곡선을 보여 준다. 하지만 적은 노력으로도 지푯값을 크게 개선할 수 있는 기회들이 있는데 그림 14.2의 지표 C가 여기에 해당한다. 이런 기회를 '은탄환'(silver bullet)이라고 부르자. 은탄환 기회는 작은 변화로도 큰 영향을 미쳐 프로덕트나 비즈니스의 일부가 이전보다 훨씬 높은 성과를 내는 특별한 사례이다. 이러한 은탄환 기회는 보통 철저한 분석을 통해 발견된다.

린 프로덕트 분석 프로세스에서 각 지표의 상승 잠재력을 평가한 뒤에는 가장 유망한 개선 기회가 될 지표를 선택할 차례이다. 이것이 13장에서 알아본 '가장 중요한 지표'(MTMM)이다. 그림 14.1을 보면 알 수 있듯이 이 시점부터 모든 지표를 아우르던 관점에서 벗어나 MTMM에만 집중하게 된다.

여기서는 브레인스토밍으로 최우선 지표를 개선할 수 있는 아이디어를 가능한 한 많이 떠올리는 게 좋다. 그런 다음 각 아이디어가 이 지표를 얼마나 개선할지 추정하라. 추정할 때는 "모바일에 최적화된 등록 페이지 버전을 만들면 전환율이 20%에서 30%로 증가할 것이다" 같은 가설을 세운다. 또한 각 아이디어에 소요될 노력을 추정하여 ROI를 평가할 수 있어야 한다(이는 6장에서 알아보았다). 그런 다음 ROI가 가장 높은 아이디어를 선택하라.

이제는 최고의 개선 아이디어를 디자인하고 구현할 차례이다. 이상적으로는 A/B 테스트 프레임워크를 사용해 일부 사용자에게만 개선된 버전을 출시하는 게 바람직하다. 이렇게 하면 현재 버전과 개선된 버전의 상대적인 성과를 비교 평가할 여러 지표의 결괏값을 동시에 얻을 수 있다. A/B 테스트 프레임워크가 없고 개선하고 싶은 지표가 비교적 안정적인 값을 유지하고 있다면, 개선된 버전을 출시해서 출시 전과 후를 비교해도 된다. 하지만 다른 알 수 없는 요인이 결과에 영향을 미치는 리스크를 줄여 준다는 점에서는 A/B 테스트가 더 낫다.

타깃 지표가 개선되기를 바라는 것은 당연하다. 하지만 바람과는 달리
이 지표가 개선되지 않더라도 귀중한 학습을 얻었으므로 진전을 이룬 것
이며 이러한 학습을 활용해 향후 이터레이션 과정에서 더 나은 가설을 세
울 수 있을 것이다. 이제 아이디어 목록으로 돌아가서 지표를 개선할 수
있는 다음 최선의 아이디어를 선택하고 그림 14.1의 오른쪽에 나와 있는
과정을 반복한다.

몇 가지 아이디어를 시도하고 나면 마침내 타깃 지표가 개선되는 것을
확인할 수 있을 것이다. 계속 이터레이션하면서 이 지표를 꾸준히 개선할
수 있지만, 결국 수확 체감을 경험하게 된다. 어느 시점이 되면 다른 지
표가 더 큰 개선 기회를 제공하기 마련이다. 그림 14.1에서 알 수 있듯이
바로 이때 전체적 지표 관점으로 돌아가서 다음으로 개선할 최우선 지표
(MTMM)를 식별하고 이 지표를 개선하기 위한 이터레이션 루프를 다시 시
작한다.

이 프로세스를 반복하면 비즈니스를 체계적으로 개선할 수 있는 동력
이 생긴다. 강력한 분석 프레임워크와 다양한 대시보드를 갖추면 비즈니
스가 어떤 상황인지 쉽게 추적할 수 있다. A/B 테스트 플랫폼을 구축했
다면 새로운 아이디어가 현재의 최선안(챔피언)보다 더 나은지 지속적으
로 실험하고 확인할 수 있다. 분석 프레임워크, 대시보드, A/B 테스트 플
랫폼, 지속적인 개선 프로세스 같은 핵심 요소가 갖춰진 뒤에 남은 제한
요소는 얼마나 빠르게 창의적이고 좋은 아이디어를 찾아내어 린 프로덕
트 분석 프로세스에 투입할 수 있는가뿐이다.

### 14.1.1 지역 최적점을 피하라

이것은 중요한 교훈으로 이어진다. *지역 최적점(local maximum)*에 갇히지 않도록 주의하라. 지표를 개선하다 보면 더는 개선할 것이 없어 보이는 지점에 도달할 수 있다. 물론 때로는 지표를 완벽하게 최적화했기 때문에 더는 개선할 것이 없는 경우도 있다. 그러나 때로는 지역 최적점에 갇혀 있을 뿐이고 완전히 다른 대안이나 접근 방식을 고려하면 지표를 더욱 개선할 수 있는 가능성도 있다.

예를 들어 랜딩 페이지가 있다면 A/B 테스트를 실시해서 콜투액션 버튼의 전환율이 가장 높은 컬러를 찾아낼 수 있다. 구글은 클릭률이 가장 높은 도구모음의 컬러를 찾기 위해 41가지 파란색 색조에 대해 A/B 테스트를 한 것으로 유명하다. 하지만 전환율이 가장 높은 버튼 컬러를 찾은 다음에 이터레이션을 중단한다면 지역 최적점에 갇힐 위험이 크다. 오히려 메시지, 이미지, 페이지 레이아웃 등에 관한 다양한 아이디어로도 실험해서 전환율을 더 높일 수 있도록 노력해야 한다. 개선 속도는 좋은 아이디어를 얼마나 빠르게 식별하고 구현하는가에 달려 있다. A/B 테스트는 실험을 용이하게 만들어 주지만, 어떤 가설을 테스트할지 판단하는 것은 온전히 당신의 몫이다. 잠재적인 개선 아이디어를 찾을 때는 지역 최적점에 갇히지 않도록 반드시 그물을 넓게 펼쳐라.

## 14.2 린 프로덕트 분석 적용 사례: 프렌드스터

린 프로덕트 분석 프로세스를 강화하고 이 프로세스를 구현하는 데 도움을 주고자 나는 이 프로세스를 실행했던 한 엔드투엔드 사례를 소개하려 한다. 이는 실제 사례이며 내가 프렌드스터에서 이 프로세스를 적용해 단

일주일 만에 핵심 지표 하나를 두 배 이상 증가시킨 이야기이다.

내가 프로덕트 책임자로서 소셜 네트워킹 스타트업 프렌드스터에 합류했을 때 바이럴을 통한 고객 획득은 누가 봐도 중요했다. 프렌드스터는 이미 광범위한 사용자 기반을 구축했고 광고 매출도 어느 정도 궤도에 올랐지만, 사용자 1인당 평균 매출은 고객 획득 비용을 정당화하기에는 턱없이 부족했다(대규모 소비자 비즈니스에서는 이러한 일이 종종 발생한다). 다행히도 이를 역전시킬 수 있는 방법이 있었다. 바이럴 마케팅으로 사용자를 공짜로 획득할 수 있었던 것이다. 프렌드스터 같은 소셜 네트워킹 프로덕트의 가치는 네트워크 효과에 편승해 활성 사용자 수에 따라 기하급수적으로 증가한다. 사용자 기반을 빠르게 증가시키는 것이 성공 비결이라는 사실은 분명했고 이 목표를 이루는 가장 확실한 지름길은 바이럴 마케팅이었다. 따라서 바이럴 성장을 개선하는 것을 최우선 목표 중 하나로 결정한 것은 당연한 수순이었다. 프렌드스터의 모든 임직원도 바이럴 성장 개선이 중요하다고 생각했지만, 사실상 누구 하나 회사의 바이럴 성장이 어떤 상황인지 측정하지 않았다. 이에 나는 린 프로덕트 분석 프로세스의 첫 단계부터 시작했다. 핵심 지표를 정의하는 일이었다.

### 14.2.1 핵심 지표를 정의하라

당시 프렌드스터는 신규 사용자를 추적하는 중이었고 초대를 받아 가입한 신규 사용자와 그렇지 않은 사용자, 이렇게 두 부류로 나눠서 추적할 수 있었다. '초대받은 신규 사용자'는 개선하고 싶은 상위 지표였지만, 실행 지표는 아니었다. 그래서 이 상위 지표를 쉽게 개선할 수 있는 실행 지표로 세분화하기 위해 앞서 소개한 비즈니스 분석 기법을 적용했다.

기존 고객을 매개로 신규 고객을 획득하는 일련의 단계를 프렌드스터의 바이럴 루프로 정의했는데 이 과정은 그림 14.3에 담았다. 이 바이럴 루프는 왼쪽 아래 상자의 현재 사용자에서 시작된다. 하지만 모든 사용자가 바이럴 마케팅을 통해 신규 사용자를 창출하는 것은 아니다. 등록된 사용자 수는 많지만, 그중에서 활성 사용자만이 프렌드스터에 친구를 초대한다(비활성 사용자는 친구를 초대하지 않는다). 따라서 활성 사용자를 별도로 분리했다. 활성 사용자는 프렌드스터를 이용하지 않는 친구(잠재 사용자)에게 이메일 초대장을 보낸다. 잠재 사용자가 이메일 초대장을 받으면 일부는 프렌드스터에 가입하기 위해 링크를 클릭하고 일부는 링크를 클릭하지 않는다. 등록 과정을 시작하더라도 끝까지 완료하는 잠재 사용자가 있는가 하면 중도에 포기하는 사람도 있다. 초대받은 사람이 등록 과정을 성공적으로 완료하면 사용자로 전환되고, 사용자는 활성 사용자가 되는 식으로 바이럴 루프가 반복된다.

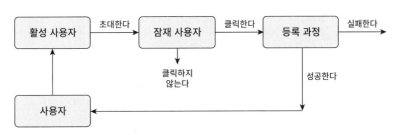

**그림 14.3 프렌드스터 바이럴 루프**

바이럴 루프를 정의한 후에는 이를 추적할 수 있는 지표를 알아내야 했다. 활성 사용자 수 같은 '최소 단위' 지표는 사용자 규모에 따라 수치가 크게 변동하므로 추적 대상에서 제외했다. 대신에 시간이 지남에 따라 대등하게 비교할 수 있는 '정규화된'(normalized) 비율 지표를 찾고자 했다. 마침내 이러한 기준은 물론이고 전부 합쳤을 때 바이럴 루프의 모든 측면을

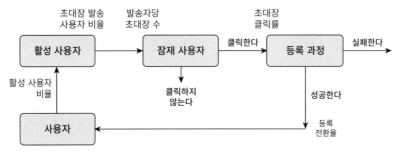

**그림 14.4 프렌드스터 바이럴 루프 지표**

포괄적으로 파악할 수 있는 지표 다섯 가지를 생각해 냈다. 그림 14.4를 참고하라.

1. **활성 사용자 비율**: 이 지표는 활성 사용자 수를 전체 등록 사용자 수로 나눈 값이다

2. **초대장 발송 사용자 비율**: 모든 사용자가 초대장을 발송한 것이 아니므로 이 지표로 초대장을 발송한 사용자만 별도로 분리할 수 있었다. 이 비율은 초대장을 보낸 사용자 수를 전체 활성 사용자 수로 나누면 된다

3. **발송자당 초대장 평균 발송 수**: 사용자가 초대장을 발송했을 때 한 번에 한 명만 초대할 수도 여러 친구를 한꺼번에 초대할 수도 있었다. 이 지표는 발송된 전체 초대장 수를 초대장을 보낸 사용자 수로 나눈 값이다

4. **초대장 클릭률**: 이메일 초대장에 첨부된 링크를 클릭한 잠재 사용자 비율을 말하는 이 지표는 링크를 클릭한 잠재 사용자 수를 초대장을 받은 전체 잠재 사용자 수로 나눠서 구한다

5. **등록 전환율**: 등록 페이지에 들어온 잠재 사용자 중에 등록 과정을 완료한 비율이다. 등록을 마친 잠재 사용자 수를 등록 페이지를 방문한 전체 잠재 사용자 수로 나눈 값이다

이러한 지표 다섯 개는 (예를 들어 지난 30일간처럼) 어떤 기간에도 적용되고 모든 기간에 대해 계산할 수도 있다. 지표 다섯 개의 값을 전부 곱하면 바이럴 루프의 *바이럴 계수*(viral coefficient)[1]를 구할 수 있다. 바이럴 계수가 1보다 크면 프로덕트가 자타공인 '입소문을 탔다'는 뜻이며 이는 현재 모든 사용자가 한 명 이상의 신규 사용자를 끌어들임으로써 – 초임계(supercritical) 상태의 원자로처럼 – 성장세가 기하급수적으로 가속된다는 뜻이다. 그러나 프로덕트는 바이럴 상태를 장기간 유지할 수 없다(만약 프로덕트가 바이럴 상태를 장기간 유지한다면 인터넷에 접속할 수 있는 모든 사람이 사용자가 되고 만다). 바이럴 프로덕트가 높은 시장 침투율(market penetration)을 달성한 뒤에는 향후 가입할 수 있는 잠재 사용자가 많지 않기 때문이다. 페이스북이 바로 이런 위치에 오른 사례이다. 한편 바이럴 계수가 1보다 낮아도 여전히 높은 수준이라면 – 예를 들어 0.4처럼 – 이를 가볍게 봐서는 안 된다. 이런 경우에도 바이럴 마케팅을 통해 기간마다 사용자 기반이 40%씩 공짜로 늘어나고 있다는 뜻이기 때문이다.

## 14.2.2 지표 기준값을 측정하라

이러한 지표 다섯 가지를 식별한 후 린 프로덕트 분석 프로세스의 다음 단계는 각 지표의 기준값을 설정하는 일이다. 오늘날의 서드파티 분석 패키지와 내가 프렌드스터에서 일하던 시절에 사용할 수 있었던 분석 패키

---

1 (옮긴이) 마케팅 캠페인이 얼마나 빠르고 효과적으로 확산되는지를 나타내는 지표

지는 하늘과 땅 차이이다. 프렌드스터는 이러한 지표를 추적하고 계산하기 위해 직접 코드를 작성했다. 등록 사용자, 활성 사용자, 이메일 클릭 수 등 각각의 최소 단위 지표를 위한 데이터부터 수집했다. 그런 다음 이들 지표로부터 비율 지표 다섯 가지를 계산했다.

지금부터는 사례를 단순화하기 위해 이 중 지표 세 가지와 각 지표의 기준값에 집중해 보자.

- 초대장 발송 사용자 비율 = 15%
- 발송자당 초대장 평균 발송 수 = 2.3
- 등록 전환율 = 85%

### 14.2.3 각 지표의 ROI 잠재력을 평가하라

린 프로덕트 분석 프로세스에서 다음 순서는 가장 큰 개선 기회가 될 거라고 예상되는 지표를 선택하는 것이다. 잠깐 상상해 보라. 이제까지 알려 준 제한적인 정보뿐이라고 할 때, 앞의 셋 중 어떤 지표를 가장 먼저 개선하겠는가? 이를 어떻게 결정하겠는가?

다시 말하지만, 이런 경우에 각 지표의 잠재적 개선 아이디어에 대한 구체적인 정보는 없다. ROI 접근법에서는 각 지표가 현실적으로 달성할 수 있는 수익 혹은 증가치를 추정하는 것이 어렵다. 정보가 많지 않을 때 요긴한 꿀팁이 있다. 지표의 *가능한 최대 개선치*를 추정하는 것이다. 이를 지표의 *상승 잠재력*이라고 부르자. 상승 잠재력은 이 지표의 현재 기준값과 도달 가능한 최댓값을 고려해 추정할 수 있다. 그림 14.5는 지표 세 개를 사용해 이 개념을 설명하고 있다.

등록 전환율부터 살펴보자. 등록 전환율은 백분율로 표시하며 최저 0%

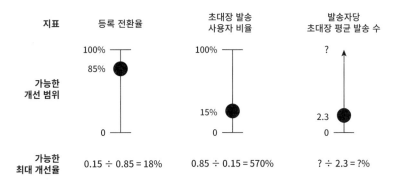

그림 14.5 지표의 상승 잠재력

에서 최고 100퍼센트까지가 가능한 범위이다. 현재 등록 전환율은 85%이다. 따라서 어떻게 개선하든 이 지표를 (100%까지) 증가시킬 수 있는 범위는 15%p가 최대이다. 이 상승 잠재력을 백분율로 표현하기 위해 15%를 85%로 나눠 18%라는 값을 얻는다. 말인즉, 등록 전환율의 최대 상승 잠재력은 18%이다.

두 번째 지표인 초대장 발송 사용자 비율도 가능한 범위가 0%에서 100%이다. 현재 이 지푯값은 15%이므로 이론적으로는 이 지표를 최대 85%p까지 개선할 수 있다. 이 상승 잠재력을 백분율로 표현하기 위해 85%를 15%로 나누고 570%라는 결과를 얻는다. 그러므로 초대장 발송 사용자 비율은 등록 전환율보다 상승 잠재력이 훨씬 더 크다.

마지막으로 발송자당 초대장 평균 발송 수를 알아보자. 보다시피 이 지표는 백분율이 *아니다*. 그리고 최솟값은 0이다. 현재 기준으로 발송자당 초대장 평균 발송 수는 2.3이다. 그렇다면 이 지표의 최댓값은 어느 정도일까? 다른 지표 두 개와는 달리 이 지표의 현잿값만으로 정확히 말하기는 어려워 보인다. 이 지표의 상승 잠재력을 계산하려면 적어도 최댓값에 대한 추정이 필요하다. 이 값이 무한대일 수도 있을까? 아니다.

세상의 사람 수는 유한하기 때문이다. 다만, 각 사용자가 자신의 모든 친구를 프렌드스터에 가입하라고 초대할 수도 있으니 최댓값은 프렌드스터 사용자의 평균 친구 수에 가까울 것이다. 이 숫자는 얼마일까? 정확하지는 않지만, 대략 100명에서 200명 사이가 합리적인 추정치라고 생각했다. 1990년대 심리학자 로빈 던바(Robin Dunbar)는 한 사람이 최대한 안정적으로 유지할 수 있는 사회적 관계의 수를 연구했다. 던바는 이 인맥의 한계가 150명이라고 – 이는 던바의 수라고 불린다 – 결론내렸고, 이는 내가 추정한 범위의 중간값이다. 150을 사용해 발송자당 평균 초대장 발송 수의 상승 잠재력을 계산하면 150 ÷ 2.3 = 6,520%이다. 심지어 보수적으로 추정해서 100을 사용하더라도 이 지표의 상승 잠재력은 다른 두 지표를 크게 능가한다.

그림 14.5를 보면 기시감이 들지도 모르겠다. 그림 14.2에서 소개한 지표 세 개의 ROI 곡선을 다시 보라. 비슷한 점이 보이는가? 초대장을 발송하는 사용자 비율은 ROI가 양호한 지표 A와 비슷하고, 등록 전환율은 ROI가 나쁜 지표 B를 닮았으며, 발송자당 초대장 평균 발송 수는 지표 C와 유사할 수도 있다. 하지만 바늘을 얼마까지 움직일 수 있고 이를 위해 노력이 얼마나 필요한지 알 때까지는 발송자당 초대장 평균 발송 수가 정말로 지표 C와 비슷한지 단정하기 어렵다.

### 14.2.4 최우선적인 개선 지표를 선택하라

나는 발송자당 초대장 평균 발송 수를 개선하는 데 집중하기로 했다. 이 지표가 상승 잠재력이 훨씬 크다는 것이 주된 이유였지만, 다른 이유도 있었다. 첫째는 이 지표를 개선하기 위해 사람의 행동 변화를 요구할 필요가 없었기 때문이다. 이미 15%의 사용자가 초대장을 보내고 있었기 때문에 우리는 이들이 초대장을 더 많이 보내도록 유도할 생각이었다. 반면 친구를 초대한 사용자 비율을 높이려면 행동 변화가 필요할 *터*였다. 친구를 초대하게 만들려고 최선을 다했음에도 이유야 무엇이건 나머지 85%의 사용자는 친구를 초대하지 않기로 결정했고, 이 지표의 바늘을 크게 움직일 수 있는 방법을 알아내기가 더 어려웠다. 또 다른 이유는 친구를 초대하기 위한 당시의 사용자 경험이 요구하는 액션이 지나치게 많다는 점을 알고 있었고, 친구 초대 사용자 경험을 더 편리하게 개선할 수 있다고 확신했기 때문이다.

### 14.2.5 지표 최적화 루프

이러한 이유로 발송자당 초대장 평균 발송 수를 최우선적으로 개선할 지표로 선택한 다음, 린 프로덕트 분석 프로세스의 다음 단계로 넘어갔다. 바로 이 시점에서 그림 14.1의 오른쪽에 있는 지표 최적화 루프에 진입했다. 나는 팀원들과 잠재적인 개선 아이디어를 브레인스토밍했고, 아이디어 각각이 지표를 얼마나 개선할지 그리고 이렇게 하기 위해 얼마나 많은 노력이 필요할지 토론했다. 토론 결과, ROI가 가장 높은 아이디어는 주소록 가져오기(address book importer)라고 결론을 내렸다. 오늘날은 주소록 가져오기가 보편적이지만, 당시에는 존재하지 않았다. 프렌드스터의 사용자 상당수는 지메일과 야후!메일 같은 자신의 이메일 계정과 연결된 주소록에 친구들의 이메일 주소를 저장했다. 주소록 가져오기에서 사용자는 먼저 자신의 이메일에 로그인할 때 사용하는 자격 증명(credential)을 입력하고 그런 다음 연락처 정보를 프렌드스터로 가져오기할 수 있을 *터*였다. 우리가 디자인한 주소록 가져오기는 가져오기한 연락처 목록을 보여주고 사용자가 자신이 초대하고 싶은 연락처를 선택할 수 있도록 했다.

우리는 이러한 가져오기 기능을 만들면 발송자당 초대장 평균 발송 수를 크게 개선하는 데 도움이 될 거라는 가설을 수립했다.

기술 구현 측면에서는 초기의 개발 작업 중 일부를 모든 이메일 제공업체에 적용할 수 있었지만, 이메일 서비스마다 어느 정도의 개별 작업이 필요했다. 이 시점에서 나는 주소록 가져오기 기능을 여러 작은 부분으로 쪼개고 이메일 제공업체별로 기능 청크를 만드는 것이 유익할 거라는 사실을 깨달았다(6장을 참조하라). 그래서 일단은 최소한의 노력으로 가설을 테스트하고자 하나의 이메일 서비스에서만 작동하는 주소록 가져오기 MVP를 만들기로 결정했다. 이에 프렌드스터의 사용자 정보를 분석했고 야후!메일을 가장 많이 사용한다는 사실을 알게 되었다. 요컨대 이 기능 청크의 ROI가 가장 높았다. 그다음 단계는 이 솔루션을 디자인하고 구현하는 것이었고, 프로덕트 매니저 한 명과 개발자 한 명이 약 일주일에 걸쳐 이 작업을 완료했다.

### 14.2.6 은탄환일까, 불발탄일까?

우리는 개선 버전을 론칭함으로써 린 프로덕트 분석 프로세스에서 가장 기대되는 단계에 진입했다. 지표가 어떻게 변하는지 관찰하는 것이었다. 그림 14.6의 그래프는 개선 버전을 론칭하기 전과 후의 지표를 보여 준다. 세로축은 발송자당 초대장 평균 발송 수, 가로축은 날짜이다. 많은 웹사이트와 마찬가지로 프렌드스터의 사용 패턴에도 계절성(seasonality)이 있었다. 즉, 많은 지표가 평일과 주말 사이에 차이가 컸다. 그리하여 대부분의 지표에 대해 7일 평균을 추가해서 추세를 더 쉽게 확인할 수 있게 했다. 그림 14.6의 일별 데이터 포인트는 사실상 직전 7일간의 지표 평균값을 나타낸다.

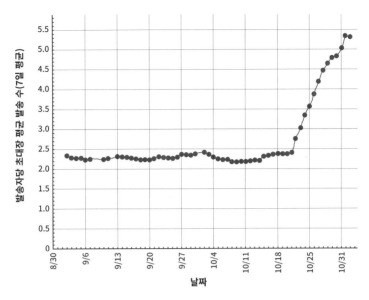

그림 14.6 발송자당 초대장 평균 발송 수: 론칭 전과 후

그래프를 보면 지푯값이 2.2~2.4 사이에 머무르며 비교적 안정적으로 유지되는 기준 데이터가 한 달 넘게 이어졌다. 완만하고 수평적인 흐름을 보이던 그래프가 급격하게 우상향으로 변하기 시작하는 지점이 우리가 개선 버전을 론칭한 날과 일치한다. 7일 평균으로 표시했기 때문에 주소록 가져오기 기능을 출시한 후 새로운 평균값이 그래프에 반영되기까지는 며칠이 걸렸다. 발송자당 초대장 평균 발송 수는 날마다 상승했고 마침내 5.3 부근에서 안정화되었다. 정말 세상을 다 가진 기분이었다!

이번 개선은 확실하게 은탄환이었다. 고작 일주일치 작업으로 핵심 지표를 두 배 이상 개선한 것이다(5.3 ÷ 2.3 = 2.3배)! 비즈니스 공식으로 돌아가서 이 지표가 2.3배 개선된 것은 바이럴 성장으로 획득하는 신규 사용자 수가 2.3배 개선되는 결과로 직결되었다. 주목할 점은 이메일 제공업체 단 한 곳에 대한 주소록 가져오기를 만들었을 뿐이라는 점이다.

이는 우리 가설이 옳았음을 정량적 증거로 명백하게 입증했기에 우리는 여타 이메일 제공업체에 대해서도 가져오기 기능을 추가하는 후속 작업에 돌입했고, 이 모든 작업이 완료되었을 때 발송자당 초대장 평균 발송 수는 더욱 개선되었다.

이후에도 얼마 동안 발송자당 초대장 평균 발송 수라는 핵심 지표를 개선하려 노력했으나 마침내 식별할 수 있는 ROI가 높은 개선 아이디어를 전부 소진했다. 이 시점에서 우리는 이 지표의 개선 루프에서 빠져나와 더 높은 ROI가 기대되는 다른 바이럴 루프 지표 개선에 집중하기 시작했다.

이 사례는 분석을 사용해 비즈니스를 개선하는 일이 얼마나 쉬울 수 있는지 보여 준다. 린 프로덕트 분석 프로세스를 적용하면 누구나 우리와 비슷한 결과를 얻을 수 있다. 11장의 마케팅리포트닷컴 사례에서도 그랬지만, 내가 한 일은 조금도 특별하지 않다. 그저 이 책에서 소개하는 프로세스와 원칙을 따른 것이 전부였다.

## 14.3 A/B 테스트로 최적화하기

7장에서 설명한 대로 A/B 테스트(분할 테스트라고도 불리는)는 두 가지 (또는 그 이상의) 대안을 동시에 테스트하여 성과를 비교하는 정량적 기법이다. 내가 프렌드스터에서 일하던 당시에는 쉽게 구할 수 있는 A/B 테스트 도구가 없었고, 내부 도구로 개발하려면 귀중한 엔지니어링 리소스가 상당히 필요했을 터였다. 그리하여 선택한 방법이 지표를 '사전-사후' 방식으로 비교하는 것이었는데 결과적으로 이는 탁월한 선택이었다. 지금은 각 개선 아이디어에 대해 A/B 테스트를 수행하는 것이 이상적이라고 본다. 기존 버전과 새로운 버전을 동시에 테스트하면 잠재적인 변동 요인을 피하는 데 도움이 된다.

A/B 테스트에서 중요한 개념 중 하나는 통계적 유의성이며 이는 성과 차이와 표본 크기에 따라 결정된다. 테스트의 통계적 신뢰 수준은 온라인 도구로 계산할 수 있다. 그러니 통계적 유의성을 계산하는 공식은 몰라도 되지만, 성과 차이가 크고 표본 크기가 클수록 통계적 유의성이 높아진다는 점은 알아야 한다. 표본 크기가 너무 작으면 통계적으로 유의미한 결과를 얻지 못할 것이다. 대안 두 가지가 매우 비슷한 성과를 보일 경우 통계적으로 의미 있는 차이를 식별하려면 표본 크기가 상당히 커야 할 수 있다.

오늘날은 옵티마이즐리, 언바운스, 키스메트릭스, 비주얼 웹사이트 옵티마이저, 구글 콘텐츠 실험 (구글 애널리틱스의 일부이다) 등 상용화된 서드파티 A/B 테스트 도구가 차고 넘친다. 한편 자체적인 사내 A/B 테스트 플랫폼을 구축하기로 선택하는 기업도 많다. 서드파티 도구든 자체 플랫폼이든 A/B 테스트 도구를 사용하면 하나 이상의 변형군을 직접 지정하고 이러한 변형군 사이에 트래픽을 무작위로 분산할 수 있다. 또한 타깃 지표의 결과를 지속적으로 추적하고 표본 크기에 따른 통계적 신뢰 수준과 각 변형군의 성과까지도 알 수 있다.

많은 기업이 특히, 기존 프로덕트에 중대한 변화를 시도할 때 A/B 테스트를 자사 프로덕트 출시 과정에 포함하고 있다. 이들 기업은 새로운 버전을 출시하면서 기존 버전을 즉시 교체하는 대신 대부분의 사용자에게는 기존 버전을 유지한 채 소수의 사용자에게만 새로운 버전을 '론칭'하는 방식을 쓴다. 그런 다음 기존 버전과 새로운 버전의 핵심 지표를 비교한다. 프로덕트 팀은 새로운 버전의 사용자 비중을 늘리기 전에 개선하고 싶은 지표가 더 나아졌고 다른 핵심 지표가 크게 나빠지지 않았는지 확인한다. 이 프로세스를 스로틀링(throttling)이라고 부르며 프로덕트를 출시한 이후 리스크를 줄이는 데 유용한 린 원칙 적용법이다. 지표가 좋게 나오면 모든 사용자에게 새로운 버전이 제공되고 기존 버전은 역사 속으로 사라진다.

넷플릭스는 마케팅 부문과 프로덕트 부문 모두에서 엄격한 A/B 테스트를 실시하는 것으로 유명하다. 언젠가 질의응답(Q&A) 사이트 쿼라(Quora)에 "넷플릭스는 회원가입 외에 어떤 항목들을 A/B 테스트하나요?"라는 질문이 올라온 적이 있었다. 넷플릭스의 최고 프로덕트 책임자(Chief Product Officer, CPO) 닐 헌트(Neil Hunt)가 답을 달았다. "간단히 말해 거의 모든 것입니다." 그런 다음 넷플릭스가 사용자 인터페이스 변형군, 추천 알고리즘, 버튼의 위치와 크기, 페이지 로딩 시간, 비디오 스트리밍 인코딩의 품질 수준 등을 어떻게 테스트하는지 설명했다. 마지막으로 헌트는 이렇게 답변을 마쳤다.

> 우리는 우리가 실증적 테스트에 집중하는 것을 정말 자랑스럽게 생각합니다. 우리를 겸손하게 만들어 주기 때문이죠. 대개의 경우 고객이 무엇을 원하는지 정말 모른다는 사실을 깨닫게 되죠. 테스트 피드백을 통해 정확한 사실을 빠르게 알 수 있어요. 고객 경험에 영향을 미치는 요소들을 최적화하기 위해 노력을 집중하는 데도 도움이 되고요.

### 14.3.1 A/B 테스트만으로 충분할까?

A/B 테스트는 증거에 기반해서 프로덕트 의사결정을 내리는 궁극의 도구이다. 많은 사용자의 실제 행동에서 데이터를 얻기 때문에 사용자가

말하는 것과 실제 행동이 일치하지 않을 리스크가 없다. 또한 사용자가 오롯이 혼자 테스트를 수행하므로 테스트 결과가 왜곡될 리스크도 없다. 당연히 프로덕트 팀이 정량적 테스트에만 – 오프라 윈프리를 잊지 마라 – 의존할 수는 없다. 어떨 때는 행동의 근간이 되는 이유를 이해하기 위해 정성적 학습으로 정량적 테스트를 보완할 필요도 있을 것이다.

MVP가 없어 의사결정에 사용할 수 있는 정량적인 하드 데이터(hard data)가 부족했던 프로덕트 팀이 이제는 빠르고 반복적인 A/B 테스트를 즐기는 수준에 이르렀으니 장족의 발전이다. 어쩌면 프로덕트 마켓 핏을 달성하는 과정에서 모든 정성적 테스트와 학습을 일절 생략한 채 곧장 MVP 후보를 론칭해서 A/B 테스트를 시도하고 싶을지도 모르겠다. 이 접근법은 보나 마나 리소스 낭비이자 실패의 지름길이다. 이 시나리오에서 A/B 테스트의 종착지가 어디일지 거의 확실하다. 프로덕트 마켓 핏에서 멀리 떨어진 지역 최적점의 하한값이다.

그림 14.7에서 다시 소개하는 프로덕트 마켓 핏 피라미드를 보며 마지막으로 정리해 보자. 한 계층에서 설정하는 가설은 이보다 높은 모든 계층에 영향을 미친다. UX는 가장 쉽게 변경할 수 있는 계층이다. 기능 집합도 변경할 수는 있지만 노력이 좀 더 필요하다. 하지만 프로덕트 마켓 핏의 토대가 되는 타깃 고객, 그들의 충족되지 않은 니즈, 가치 제안은 일단 프로덕트를 만들고 난 다음에는 변경하기 어렵다. 이들 세 계층에서 가설을 확정하고 나면 가설은 서로 맞물린 지각처럼 고정된다. 프로덕트를 이미 완성한 후에 이 중 하나를 옮기려고 하면 프로덕트의 많은 부분이 관련성을 잃게 될 것이다. 이는 지진으로 건물이 무너져 돌무더기가 되는 것과 같다. 이럴 경우 건물 잔해를 뒤져 쓸 만한 물건을 찾듯이 프로덕트에서 가능한 한 많은 부분을 되살리고 재사용하고 싶은 게 인간의

본능이다. 하지만 이렇게 하는 것은 해결 영역에 부담스러운 제약을 더 얹을 수 있고, 이는 다시 문제 영역의 가설을 변화시킬 때 최적의 환경을 제공하지 못한다. 오히려 새로운 토대 위에 건물을 처음부터 다시 올리는 편이 더 나을 것이다.

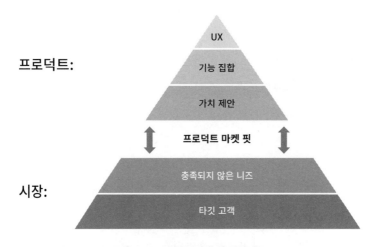

프로덕트:
- UX
- 기능 집합
- 가치 제안

**프로덕트 마켓 핏**

시장:
- 충족되지 않은 니즈
- 타깃 고객

**그림 14.7 프로덕트 마켓 핏 피라미드**

린 프로덕트 프로세스는 리스크를 최소화하면서도 프로덕트 마켓 핏을 달성할 가능성을 최대화하는 순서로 핵심 가설을 검증할 수 있도록 설계한 순서를 따른다. A/B 테스트는 문제 영역보다 해결 영역에 더 적합하다. 프로덕트 마켓 핏 피라미드의 하위 세 계층에서는 가설을 수립하고 테스트하며 개선하기 위해 정성적 리서치가 필요하다. 프로덕트를 출시한 다음에는 더 정성적인 학습에서 더 정량적인 학습으로 나아가는 것이 자연스럽다. 요약하면 정성적 학습은 프로덕트를 정의하는 데 도움을 주고 정량적 학습은 프로덕트를 최적화하는 데 도움을 준다. 성공적인 프로덕트를 만들려면 오프라와 스팍, 즉 감성과 이성 둘 다 필요하다.

15장

# 결론

고객이 사랑하는 프로덕트를 만들도록 돕는 것이 이 책의 목표이다. 이 여정은 프로덕트 마켓 핏 피라미드에서 시작했다. 프로덕트 마켓 핏을 구성하는 요소 다섯 가지와 이러한 요소가 어떻게 연결되는지 정의한 이 피라미드는 쉽게 실천할 수 있는 실용적인 모델이다. 시장은 타깃 고객과 그들의 니즈로 구성되고 프로덕트는 가치 제안, 기능 집합, 사용자 경험의 조합으로 이뤄진다. 프로덕트 마켓 핏을 달성하려면 다섯 계층 각각에서 핵심 가설을 세워야 한다.

린 프로덕트 프로세스는 여섯 단계 로드맵에 따라 가설 설정부터 테스트까지 안내한다.

1. 타깃 고객을 선정하라
2. 충족되지 않은 고객 니즈를 식별하라
3. 가치 제안을 정의하라
4. 최소 기능 제품(MVP)의 기능 집합을 구체화하라
5. MVP 프로토타입을 만들어라
6. 고객을 대상으로 MVP를 테스트하라

린 프로덕트 프로세스는 문제 영역에서 시작해 해결 영역으로 나아간다. 먼저, 타깃 고객을 선정하고 페르소나를 사용해 타깃 고객을 설명한다. 그런 다음 고객 가치를 최대한 창출할 수 있도록 중요도 대 만족도 프레임워크에 기반해서 중요하지만 충족되지 않은 고객 니즈를 식별한다. 그리고 카노 모델을 적용해 타깃 고객의 니즈를 더 잘 충족하는 차별화된 가치 제안을 정의한다. 이러고 나면 MVP 접근법을 따르고 가치 제안의 핵심 영역을 전달하기 위해 필요한 최소한의 기능성 집합을 식별하는 데 집중한다. 이제 해야 하는 숙제는 훌륭한 UX 디자인 원칙을 적용해 MVP

기능 집합에 생명을 불어넣어 사용하기 쉽고 즐거운 사용자 경험을 제공하는 프로토타입을 만드는 것이다.

린 프로덕트 프로세스의 마지막 단계에서는 프로덕트 마켓 핏을 평가하기 위해 타깃 고객을 대상으로 MVP 후보를 테스트한다. 이들 고객은 문제 영역보다 해결 영역에서 더 나은 피드백을 줄 수 있다. 리소스를 절약하고 더 빠르게 이터레이션하려면 프로덕트를 실제로 만들기 전에 클릭하거나 탭할 수 있는 목업 같은 디자인 산출물로 테스트하는 것이 이상적이다. 이 테스트에서 얻은 지식을 바탕으로 가설과 MVP 후보를 수정한다. 그런 다음 프로덕트 마켓 핏 수준이 지속적으로 개선되기를 희망하면서 가설 수립-디자인-테스트-학습 루프로 계속 이터레이션하고 하나의 루프가 끝날 때마다 사용자 테스트 라운드를 실시한다. 테스트 중에 더 유망한 기회를 식별하고 이 기회를 잡기 위해 하나 이상의 근본적인 가정을 변경하여 피벗을 결정할 수도 있다.

프로덕트 마켓 핏을 검증했으면 드디어 MVP를 구축할 차례이다. 리스크를 줄이고 고객 가치를 더 빠르게 전달하려면 애자일 개발 방식을 통해 점진적이고 반복적인 방식으로 프로덕트를 구축해야 한다. 품질 보증과 테스트 주도 개발은 프로덕트 품질 개선에 기여하고 지속적 통합과 지속적 배포는 개발 프로세스의 속도를 높이는 데 도움이 된다.

론칭 이후에는 분석을 활용해 고객이 프로덕트를 어떻게 사용하는지 이해해야 한다. 리텐션율은 프로덕트 마켓 핏을 측정하는 정량적인 척도를 제공하고 코호트 분석은 시간 경과에 따른 리텐션율의 변화 추이를 보여 준다. 리텐션율이 만족스러운 수준까지 오르고 나면 데이브 매클루어가 만든 AARRR 프레임워크(획득, 활성화, 리텐션, 매출, 추천)에서 다른 매크로 지표를 개선하는 데 집중해도 좋다. 비즈니스 공식을 정의하면 비즈니스의 핵심 지표를 식별할 수 있으며 린 프로덕트 분석 프로세스를 통해 이러한 지표를 체계적으로 최적화함으로써 매출과 수익성을 높일 수 있다.

린 프로덕트 프로세스와 이 책에서 소개한 다양한 지침과 아이디어가 모두에게 유용하길 바란다. 이제 마지막 선물로 이 책을 마무리하려 한다. 성공적인 프로덕트를 창조하는 10가지 베스트 프랙티스이다.

1. **뚜렷한 관점을 갖되 열린 마음을 유지하라.** 당신도 이미 깨달았을 수도 있지만, 프로덕트를 만드는 일은 심약한 사람에게 맞지 않다. 불확실한 상황 속에서 끊임없이 의사결정을 내려야 하기 때문이다. 따라서 자신만의 확고한 관점과 단호한 결단력을 갖추는 게 중요하다. 동시에 가장 불확실하고 가장 위험한 영역들을 테스트할 방법도 알아내야 한다. 테스트할 때도 처음의 관점을 고집하기보다는 객관적인 태도와 증거에 기반하여 판단해야 한다. 열린 마음으로 경청할 때 많은 것을 배울 수 있으며 이를 바탕으로 자신의 사고를 수정하고 발전시켜라

2. **가설을 명확히 하라.** 프로덕트를 만들기 위해서는 내려야 하는 의사결정도 많고 수립해야 하는 가정도 많다. 프로덕트를 바라보는 흥미로운 방법 중 하나는 프로덕트가 지금의 모습이 되기까지의 모든 가설이 모인 결과물이라고 보는 것이다. 수립한 가설은 최대한 명확하게 표현하라. 가설을 글로 써 보면 믿을 수 없을 정도로 명확해진다. 미국 해군 제독 하이먼 G. 리코버(Hyman G. Rickover)의 말마따나 "자신의 주장을 글로 쓰는 것보다 사고 과정을 예리하게 만들어 주는 것은 없다." 팀원 각자도 자신의 가설을 명확히 표현해야 하고, 당신은 팀

의 가설을 투명하게 공개해야 한다. 모든 팀원이 검토할 수 있는 공간에 가설을 게시해 공개적으로 토론할수록 가설은 더 나아지기 마련이다

3. **가차 없이 우선순위를 정하라.** 프로덕트를 개발할 때는 여러 아이디어가 리소스를 차지하려는 경합(resource contention)이 발생하고 이 과정에서 타협(tradeoffs)은 피할 수 없다. 우선순위가 모호하면 비효율과 우유부단함으로 이어지기가 쉽다. 바로 이래서 백로그와 다른 모든 할 일 목록을 우선순위에 따라 정렬할 것을 권장한다. 무엇이 가장 중요한지 명확하게 정해 두면 귀중한 리소스와 시간을 현명하게 사용할 수 있다. 피터 드러커의 말을 새겨듣자. "시간은 가장 희소한 자원이며 시간을 관리하지 못하면 다른 어떤 것도 관리할 수 없다."

4. **범위를 작게 유지하여 집중하라.** 범위를 의도적으로 작게 유지하는 것은 우선순위 설정과 관련 있다. 6장에서 설명했듯이 작은 배치 크기로 작업하면 집중력이 높아지고 더 빠르게 완료할 수 있으며 고객 피드백을 더 신속하게 받을 수 있다. 목표 달성에 필요한 것 이상으로 욕심내지 내지 않도록 주의하라. 오해하지 마시길. 범위가 큰 태스크를 무조건 피하라는 말이 아니다. 그저 리스크를 줄이고 더 빠르게 이터레이션하기 위해 큰 태스크를 더 작은 태스크로 나눠야 한다는 뜻이다

5. **고객과 대화하라.** 고객은 프로덕트 마켓 핏을 판단하는 심판자이며 이를 달성하기 위해 필요한 배움을 제공하는 조력자이다. 고객과 더 빨리, 더 자주 대화할수록 좋다. 사용자 테스트를 더 쉽게 예약하고

실시하도록 해 주는 시스템을 구축하는 것은 노력을 기울일 가치가 있다. 일단 시스템이 구축되고 나면 시간이 지남에 따라 더 많은 고객과 대화할 수 있기 때문이다. 마지막 사용자 테스트 이후로 지나치게 오랜 시간이 지나지 않게 주의하라. 그렇지 않으면 고객은 언제나 예상치 못한 가르침으로 당신을 깜짝 놀라게 할 것이다

6. **만들기 전에 테스트하라.** 자신들의 가설을 하나도 테스트하지 않고 성급하게 프로덕트를 구축하는 팀이 많다. 그러나 프로덕트 마켓 핏을 검증하기 전에 프로덕트를 만들면 십중팔구 리소스 낭비로 끝난다. 진짜 프로덕트보다는 디자인 산출물로 이터레이션하는 것이 더 빠르고 돈도 절약할 수 있다. 게다가 팀이 프로덕트를 만들고 나면 자연스럽게 프로덕트에 애착이 생기며 결국 팀이 덜 개방적이 되고 큰 변화를 시도하는 것 자체를 꺼리게 될 수 있다

7. **지역 최적점을 피하라.** 14장에서 언급했듯이 지역 최적점은 자신이 고려한 선택지 내에서 최고의 결과를 달성했지만, 이러한 선택지 바깥에 – 자신이 고려하지 않은 – 더 나은 대안이 있을 가능성이 있다는 뜻이다. 프로덕트 마켓 핏이나 핵심 지표를 더 개선할 수 없다면 지역 최적점에 도달한 것이다. 이 시점에서 더 나아가기 위해서는 지역 최적점에서 빠져나와 새로운 관점으로 생각할 필요가 있다. 현재의 사고에서 벗어나 더 높은 수준에서 생각하고 확산적 사고를 통해 탐구할 가치가 있는 새로운 아이디어를 생각해 내라

8. **유망한 도구와 기법을 시도하라.** 팀원들은 종종 이전에 자신이 경험한 도구와 기법을 사용한다. 일부 프로덕트 팀은 도구와 기법과 관련

해 다소 폐쇄적일 수 있으며 더 나은 솔루션을 찾는 대신 자신들이 아는 것에만 안주할 수도 있다. 반면에 상당수 프로덕트 팀은 현재의 도구와 기법보다 더 낫다고 판단되면 새로운 도구와 기법을 적극적으로 탐구한다. 최신 유행을 좇아 끊임없이 바꾸고 싶지는 않겠지만, 다른 사람들과 도구와 기법에 관한 의견을 교환하고 어느 정도 최신 상태를 유지하는 것은 가치가 있다. 팀의 작업 방식을 크게 개선할 수 있는 유망한 새 아이디어를 시도해 봐야 한다

9. **반드시 팀에 필요한 올바른 기술을 확보하라.** 이 책이 다루는 광범위한 주제를 보면 알겠지만, 성공적인 프로덕트를 개발하려면 폭넓은 기술이 필요하다. 소프트웨어 프로덕트의 경우 프로덕트 관리, 사용자 리서치, 인터랙션 디자인, 시각 디자인, 카피라이팅, 애자일 개발, 프런트엔드 코딩, 백엔드 코딩, 품질 보증, 데브옵스, 분석 등의 기술이 필요하다. 프로덕트 팀마다 이러한 중요한 기술에 대해 서로 다른 수준을 갖고 있다. 팀이 강점을 지닌 기술과 약점인 기술이 무엇인지 평가하라. 현재 상황에서 가장 큰 변화를 가져올 기술 향상 분야를 파악하고 이에 따라 팀을 보강하기 위해 노력하라. 예를 들어 신규 채용, 계약직 고용, 자문 서비스 활용, 교육 훈련 등을 통해서 말이다

10. **팀의 협업을 육성하라.** 나는 프로덕트 개발은 팀 스포츠라고 자주 말한다. 선수 다섯 명으로 구성된 농구 팀을 떠올려 보자. 가드, 포워드, 센터가 각자 자신의 역할을 맡고 있다. 득점이라는 목표를 향해 선수 다섯 명이 하나의 팀으로서 자신의 움직임을 조정하고 서로에게 공을 패스하며 경기를 해야 한다. 새로운 기능을 만드는 프로덕트 팀도 득점하기 위해 협력하는 농구 팀과 비슷하다. 프로덕트 매니저는 사용

자 스토리를 작성하고 백로그의 우선순위를 정함으로써 상대 진영의 골대를 향해 공을 드리블하며 나간다. 그런 다음 프로덕트 매니저는 인터랙션 디자이너에게 공을 넘긴다. 인터랙션 디자이너는 각종 흐름(flow)과 와이어프레임을 디자인한 후 시각 디자이너에게 공을 넘긴다. 시각 디자이너는 하이 피델리티 목업으로 룩 앤드 필을 창조하고 개발자에게 공을 넘긴다. 사용자 스토리와 목업을 토대로 프로덕트를 구현하는 개발자는 슛을 날려 득점을 올린다. 뛰어난 기술만으로는 훌륭한 프로덕트 팀이 될 수 없다. 팀원 각자는 자신이 맡은 역할은 물론이고 팀 내 동료의 역할도 이해하고 팀이 목표를 달성하기 위해 모두가 어떻게 함께 일하는지도 알아야 한다. 가끔은 업무에서 벗어나 하나의 팀으로서 어떻게 일하는지, 어떻게 하면 더 잘할 수 있는지에 대해 논의해야 한다. 손발이 잘 맞는 팀의 일원이 되면 즐겁고, 협업이 잘 되면 성공적인 프로덕트를 만들 가능성도 높아진다

이 책의 컴패니언 웹사이트[1]를 꼭 방문해서 책의 모든 주제와 관련된 최신 정보를 만나 보기 바란다. 또한 이 웹사이트는 훌륭한 프로덕트를 만드는 데 열정을 바치는 사람들과 아이디어를 공유하고 토론할 수 있는 공간이기도 하다. 다음 채널을 통해 온라인에서도 나와 만날 수 있다.

- 엑스(X) @danolsen: *http://twitter.com/danolsen*
- 링크드인(LinkedIn): *http://linkedin.com/in/danolsen98*
- 슬라이드셰어(SlideShare): *http://slideshare.net/dan_o*
- 린 프로덕트 미트업(Lean Product Meetup): *http://meetup.com/lean-product*
- 올슨 솔루션(Olsen Solutions) 컨설팅: *http://olsensolutions.com*

---

1   *http://leanproductplaybook.com*

이 책의 아이디어를 직접 적용하는 생생한 이야기를 들을 수 있기를 고대하며 어떤 질문이나 피드백도 환영한다. 나에게 연락하려면 dan@lean productplaybook.com으로 메일을 보내 달라. 부디 이 책의 아이디어가 유용하게 쓰이고 모두가 프로덕트로 성공 스토리를 쓰는 밑거름이 되기를 희망한다.

# 감사의 말

가장 먼저 멋진 아내 바네사(Vanessa)에게 온 마음을 다해 고마움을 전한다. 바네사의 전폭적인 지원이 없었다면 이 책은 세상의 빛을 보지 못했을 것이다. 이 책을 시작하기 전에도 우리 부부의 삶은 상당히 바쁘게 돌아가고 있었다. 이런 상황에 내가 집필에 매진할 수 있도록 커다란 부담을 넓은 아량으로 기꺼이 떠안은 아내에게 진심으로 감사한다.

어머니, 아버지, 두 분이 주신 모든 사랑과 지지와 응원과 행복에 감사드립니다.

소피아(Sofia)와 제이비어(Xavier), 고맙구나. 매일 나를 웃게 만드는 너희는 내가 가장 멋진 내가 되고 싶은 이유란다.

늘 우리 가족 곁을 지켜 주는 다이앤(Diane), 우리 삶이 순조롭게 굴러가도록 애써 주는 당신의 모든 노력에 감사함을 전한다.

존 와일리 앤 선즈(John Wiley & Sons)의 내 담당 편집 팀인 리처드 내러모어(Richard Narramore), 크리스틴 무어(Christine Moore), 티퍼니 콜론(Tiffany Colon), 아비라미 스리칸단(Abirami Srikandan), 이 책을 세상에 내놓기 위해 보여 준 여러분의 노고에 감사한다. 특히 이 책의 가능성에 대한 비전을 알려 준 리처드, 꼭 필요한 조언과 격려는 물론이고 내 집필 과정의 귀중한 조력자가 되어 준 크리스틴에게 진심 어린 감사를 보낸다.

데이브 매클루어(Dave McClure)에게 큰 신세를 졌다. 내가 순회 강연을 시작할 수 있도록 해 준 것을 포함해 내게 아낌없이 베풀어 준 지원까지, 당신 같은 사람은 세상 어디에도 없을 것이다. 데이브, 정말 고마워요.

내 원고를 읽고 검토해 준 많은 리뷰어에게 감사한다. 리언 바너드(Leon Barnard), 엘리 바이트-주리(Eli Beit-Zuri), 루카 캔델라(Luca Candela), 어낸드 찬드라세카란(Anand Chandrasekaran), 그레그 코언(Greg Cohen), 스티븐 콘 (Steven Cohn), 샘 크리스코(Sam Crisco), 마이크 구스(Mike Goos), 카렌 핸슨 (Kaaren Hanson), 로라 클라인(Laura Klein), 토머스 쿤자푸(Thomas Kunjappu), 알렉시스 롱지노티(Alexis Longinotti), SC 모아티(SC Moatti), 마이클 놀런(Michael Nolan), 크리스천 퍼크너(Christian Pirkner), 돈 피트(Don Pitt), 히텐 샤(Hiten Shah), 수닐 샤르마(Sunil Sharma), 크리스티나 바케라(Christina Vaquera). 여러분의 피드백은 믿을 수 없을 만큼 귀중했고 촉박한 요청에도 시간을 내 줘 정말 고맙게 생각한다.

자신의 훌륭한 작업물을 참조하도록 기꺼이 허락해 준 고마운 사람들이 있다. 숀 엘리스(Sean Ellis), 크리스틴 류(Christine Liu), 데이브 매클루어, 제프리 무어(Geoffrey Moore), 벤 노리스(Ben Norris), 저시 패서넌(Jussi Pasanen), 크리스천 로러(Christian Rohrer), 히텐 샤, 후안마 테익시도(Juanma Teixidó), 베카 테츨라프(Becca Tetzlaff), 앤서니 얼윅(Anthony Ulwick), 모두에게 감사를 전한다.

이 책과 관련해 유용한 조언을 아끼지 않았던 마티 케이건(Marty Cagan), 장-크리스토프 퀴렐럽(Jean-Christophe Curelop), 다이애나 캔더(Diana Kander), 애시 모리아(Ash Maurya), 브라이언 올리리(Brian O'Leary), 데이비드 밴더그리프(David Vandagriff), 알렉산드라 왓킨스(Alexandra Watkins), 브루스 윌리엄스(Bruce Williams)에게 감사한다.

켄 파인(Ken Fine), 마이크 구스, 스티브 그레이(Steve Grey), 크리스 하세 (Chris Haase), 크리스천 퍼크너, 존 게이트우드(John Gatewood), 아이번 게이트우드(Ivan Gatewood), 리치 섕크(Rich Shank), 가이 보더(Guy Borda), 맷 맥파

틀린(Matt McPartlin), 타이 아마드-테일러(Ty Ahmad-Taylor), 마티 케이건, 정청명(Chung Meng Cheong), 그레그 코언, 스티븐 콘, 샘 크리스코, 숀 엘리스, 조시 엘먼(Josh Elman), 카렌 핸슨, 로라 클라인, 란지스 쿠마란(Ranjith Kumaran), 톰 리(Tom Lee), 에런 레비(Aaron Levie), 알렉시스 롱지노티, 알렉스 로페스(Alex Lopes), 잭 린치(Jack Lynch), 제프 마지온칼다(Jeff Maggioncalda), 댄 마텔(Dan Martell), 데이브 매클루어, 스콧 미틱(Scott Mitic), SC 모아티, 마이클 놀런, 켄 노턴(Ken Norton), 알베르토 사보이아(Alberto Savoia), 짐 샤인먼(Jim Scheinman), 제프 셜트(Jeff Schulte), 히텐 샤, 제프 탕그니(Jeff Tangney), 조 울프(Joe Wolf), 카이 쉬(Kai Xu), 여러분의 우정과 지지에 고개 숙여 감사한다.

운 좋게도 굉장한 여러 기업에서 뛰어난 사람들과 함께 일하며 많이 배울 수 있었다. 엄격한 사고의 높은 기준을 정하는 특별한 조직인 미 해군 원자력 추진 프로그램(Naval Nuclear Propulsion Program, 혹은 Naval Reactors)에서 교차기능 팀들과 협업하며 고도로 복잡한 프로덕트를 디자인하고 구축하는 방법을 배웠다. 이곳에서 내 멘토가 되어 준 짐 키어니(Jim Kearney), 스티브 로저스(Steve Rodgers), 칼 우스터먼(Carl Oosterman), 빌 셜리(Bill Shirley)에게 고맙다는 말을 꼭 하고 싶다.

잊지 못할 2년간 많은 가르침을 주었고 멋진 동기와 선후배 동문을 내 삶에 선물해 준 스탠퍼드 경영대학원에도 감사한다.

내 지식의 지평을 넓혀 준 인튜이트에서 동고동락했던 훌륭한 모든 임직원에게 감사의 마음을 전한다. 특히 강력한 팀을 구축했고 좋은 추억을 한아름 선사해 준 내 멘토, 스티브 그레이에게 깊이 감사한다.

헌신과 노력을 아끼지 않았던 유어버전(YourVersion)의 팀원들에게 진심 어린 감사를 보낸다. 생애 첫 CEO로서 나는 여러분에게서 그리고 우리가 나누었던 경험에서 아주 많이 배웠다. 우리가 함께 일군 성취도, 한계를 뛰어넘어 새로운 프로덕트 기능을 빠르게 구축하고 테스트하며 출시했던 과정도 정말 자랑스럽다.

내 강연과 워크숍에 참석했거나 영상을 시청한 모든 사람에게, 슬라이드셰어(SlideShares)에 업로드한 내 슬라이드를 본 모든 사람에게, 내 게시글을 읽은 모든 사람에게 심심한 감사를 전한다. 내 이야기를 귀담아 들어 준 것도 이 책의 아이디어를 널리 퍼뜨리도록 도와준 것도 전부 고맙다.

내가 주최하는 린 프로덕트 앤드 린 UX 실리콘밸리 미트업(Lean Product & Lean UX Silicon Valley Meetup)에서 뜨거운 열정으로 매달 베스트 프랙티스를 공유하고 함께 토론하는 회원, 강연자, 후원자 모두에게 고마움을 표한다.

마지막으로, 함께 일할 기회를 주고 내가 이 책의 아이디어를 다듬고 개선하도록 도와준 모든 클라이언트에게 깊은 감사를 보낸다. CEO와 창업자는 물론이고 프로덕트 리더와 팀원들까지 훌륭한 많은 사람을 만나고 함께 일할 수 있어서 영광이었다. 고마운 사람이 너무 많아 일일이 소개하지 못하지만 굳이 말 안 해도 당사자는 알 것이다. 여러분 각자에게 내 진심이 닿길 바란다. 또한 이 책을 집필하는 동안 아낌 없이 지원해 준 메달리아(Medallia)와 파이낸셜 엔진스(Financial Engines)의 팀원 모두에게 특별한 감사를 전하고 싶다.

# 참고 문헌

- Cooper, Alan. 1999. *The Inmates Are Running the Asylum*. Indianapolis: Sams. (《정신병원에서 뛰쳐나온 디자인》, 안그라픽스)

- Moore, Geoffrey. 2014. *Crossing the Chasm, 3rd ed*. New York: Harper Business. (《제프리 무어의 캐즘 마케팅》, 세종)

- Ries, Eric. 2011. *The Lean Startup*. New York: Crown Business. (《린 스타트업》, 인사이트)

- Ulwick, Anthony. 2005. *What Customers Want*. New York: McGraw - Hill.

# 참고 자료

다음 목록은 이 책에서 소개한 도구와 내가 유용하다고 생각하는 도구를 한데 모은 것이다. 또한 추천 도서 목록과 도움이 되는 인물과 블로그를 정리한 목록도 포함되어 있으니 확인해 보기 바란다. 모두가 이 책에서 다룬 주제와 관련 있는 정보를 얻을 수 있는 훌륭한 리소스이다. 리소스의 최신 목록을 알고 싶다면 이 책의 컴패니언 웹사이트(*http://leanproductplaybook. com*)에서 찾을 수 있다.

## 도구

### UX 디자인

- Balsamiq*: http://balsamiq.com*
- Axure*: http://axure.com*
- UXPin*: http://www.uxpin.com*
- Sketch*: http://bohemiancoding.com/sketch*
- InVision*: http://invisionapp.com*
- Flinto*: https://www.flinto.com*
- Marvel*: https://marvelapp.com*
- OmniGraffle*: https://www.omnigroup.com/omnigraffle*
- Bootstrap*: http://getbootstrap.com*

### 사용자 리서치

- UserTesting: *http://usertesting.com*

- Userzoom: *https://www.usertesting.com/platform/userzoom*

- Ask Your Target Market: *http://aytm.com*

- Qualaroo: *https://qualaroo.com*

- SurveyMonkey: *https://surveymonkey.com*

- GoTo: *https://www.goto.com*

- Screenleap: *http://screenleap.com*


### 애자일 개발

- Trello: *https://trello.com*

- JIRA Agile: *https://atlassian.com/software/jira/agile*

- Pivotal Tracker: *http://pivotaltracker.com*

- Rally: *https://rallydev.com*

- Digital.ai Agility: *https://digital.ai*

- SwiftKanban: *https://www.nimblework.com/products/swiftkanban*

- Planview LeanKit : *https://www.planview.com*


### 분석과 A/B 테스트

- Google Analytics: *http://google.com/analytics*

- KISSmetrics: *https://www.kissmetrics.io*

- Mixpanel: *https://mixpanel.com*

- Flurry: *http://flurry.com*

- Optimizely: *https://www.optimizely.com*

- Unbounce: *http://unbounce.com*

- Visual Website Optimizer: *http://vwo.com*

## 추천 도서

- *What Customers Want* by Anthony Ulwick
- *UX for Lean Startups* by Laura Klein(《린 스타트업 실전 UX》, 한빛미디어)
- *The Lean Startup* by Eric Ries(《린 스타트업》, 인사이트)
- *Running Lean* by Ash Maurya(《린 스타트업》, 한빛미디어)
- *Crossing the Chasm* by Geoffrey Moore(《제프리 무어의 캐즘 마케팅》, 세종)
- *Inside the Tornado* by Geoffrey Moore(《토네이도 마케팅》, 세종)
- *Inspired* by Marty Cagan(《인스파이어드》, 세종)
- *The Inmates Are Running the Asylum* by Alan Cooper(《정신병원에서 뛰쳐나온 디자인》, 안그라픽스)
- *Don't Make Me Think* by Steve Krug(《사용자를 생각하게 하지 마!》, 인사이트)
- *Rocket Surgery Made Easy* by Steve Krug(《스티브 크룩의 사용성 평가, 이렇게 하라!》, 위키북스)
- *The Non-Designer's Design Book* by Robin Williams(《디자이너가 아닌 사람들을 위한 디자인북》, 고려원북스)
- *The Elements of User Experience* by Jesse James Garrett(《사용자 경험의 요소》, 인사이트)
- *Measuring the User Experience* by Tom Tullis and Bill Albert(《사용자 경험 측정》, 지앤선)
- *Designing for Emotion* by Aaron Walter(《감성 디자인 》, 웹액츄얼리코리아)
- *Smart Choices* by John Hammond, Ralph Keeney, and Howard Raiffa (《스마트 초이스》, 21세기북스)
- *Pretotype It* by Alberto Savoia
- *Information Visualization* by Colin Ware(《데이터 시각화, 인지과학을 만나다》, 에이콘출판사)

## 인물과 블로그

| 인물/웹사이트 | 엑스 | 웹사이트 URL |
| --- | --- | --- |
| 에릭 리스(Eric Ries) | @ericries | http://startuplessonslearned.com |
| 스티브 블랭크(Steve Blank) | @sgblank | http://steveblank.com |
| 애시 모리아(Ash Maurya) | @ashmaurya | http://practicetrumpstheory.com |
| 데이브 매클루어(Dave McClure) | @davemcclure | https://www.linkedin.com/in/davemcclure |
| 히텐 샤(Hiten Shah) | @hnshah | https://hitenism.com |
| 키스메트릭스(KISSmetrics) | @KISSmetrics | https://www.kissmetrics.io |
| 숀 엘리스(Sean Ellis) | @SeanEllis | http://startup-marketing.com |
| 그로스해커스(GrowthHackers) | @GrowthHackers | https://growthhackers.com |
| 앤드루 첸(Andrew Chen) | @andrewchen | http://andrewchen.co |
| 로라 클라인(Laura Klein) | @lauraklein | http://usersknow.com |
| 댄 마텔(Dan Martell) | @danmartell | http://danmartell.com/blog |
| 데이비드 스콕(David Skok) | @BostonVC | http://forentrepreneurs.com |
| 루크 브로블레프스키(Luke Wroblewski) | @lukew | http://lukew.com/ff |
| A List Apart | @alistapart | http://alistapart.com |
| 500 글로벌(500 Global) | @500GlobalVC | https://500.co |

# 찾아보기